西安交通大学研究生“十四五”规划精品系列教材

应用统计学及Python应用

赵春艳　编著

中国财经出版传媒集团
中国财政经济出版社

图书在版编目（CIP）数据

应用统计学及 Python 应用 / 赵春艳编著. -- 北京：中国财政经济出版社，2022.9
西安交通大学研究生“十四五”规划精品系列教材
ISBN 978 -7 -5223 -1516 -4

Ⅰ.①应… Ⅱ.①赵… Ⅲ.①统计分析－应用软件－研究生－教材 Ⅳ.①C819

中国版本图书馆 CIP 数据核字（2022）第 110838 号

责任编辑：陆宗祥　　　　责任印制：史大鹏
封面设计：卜建辰　　　　责任校对：胡永立

应用统计学及 Python 应用
YINGYONG TONGJIXUE JI Python YINGYONG

中国财政经济出版社 出版
URL：http：//www. cfeph. cn
E - mail：cfeph@ cfeph. cn

社址：北京市海淀区阜成路甲 28 号　邮政编码：100142
营销中心电话：010 - 88191522
天猫网店：中国财政经济出版社旗舰店
网址：https：//zgczjjcbs. tmall. com
北京财经印刷厂印刷　各地新华书店经销
成品尺寸：170mm × 240mm　16 开　21.75 印张　350 000 字
2022 年 9 月第 1 版　2022 年 9 月北京第 1 次印刷
定价：65.00 元
ISBN 978 - 7 - 5223 - 1516 - 4
（图书出现印装问题，本社负责调换，电话：010 - 88190548）
本社质量投诉电话：010 - 88190744
打击盗版举报热线：010 - 88191661　QQ：2242791300

前　言

统计学是一门应用性非常强的学科，在经济、管理领域的各个方面都有广泛的应用。了解现代统计学的基本思想，掌握现代统计学方法，可以增强对社会经济现象的认识能力，改善经济科学研究的手段，提高实际工作的决策水平。

本教材是在多年给研究生讲述《应用统计学》讲稿的基础上完成的，共包括十一章内容，系统阐述了应用统计学的理论和方法。在简要介绍统计数据的搜集、整理方法的基础上，以较大的篇幅阐述了各种统计分析方法的原理及应用。同时，书中尽可能地吸收最新的研究成果，以适应研究生教学需求。根据编著本教材的初衷，本教材有如下几个特点：

第一，突出统计方法思想的讲述。研究生统计学的学习，不仅仅是掌握统计量、模型、代入软件应用的简单过程，需要更深入了解统计方法的产生原理，做到融会贯通。针对研究生科研及工作后经济数据分析能力培养的需要，本教材注重讲述统计方法的思想，让学生掌握统计方法的精髓，并能加以灵活应用。本教材大量地吸收了数理统计学的内容，并不加证明地给出了与一些方法有关的定理、公式，让学生了解方法产生的根源，为他们进一步对方法进行改进、创新提供广阔的空间。

第二，突出前沿统计方法的介绍。作为研究生教材，需要让学生了解前沿统计理论与方法，让学生能紧跟理论前沿，从而激发学生研究兴趣，提高学生统计理论水平，提升学生数据分析的能力。同时，在相关问题阐述基础上，延伸到计量经济学相关内容，一方面可以让学生了解应用统计学知识在计量经济学中的应用，另一方面也让学生能实现知识学习的融会贯通。

第三，突出统计方法的应用。在讲述统计方法理论基础上，辅以了案例说明方法应用；书中在介绍每种统计分析方法后，都附有相应的例题，在每一章结束后，都用一个大的案例涵盖本章所有的内容，阐明统计方法的具体应用。这些例题、案例都与实际的经济、管理问题比较接近，让学生能很容易地将统计方法应用到实际经济问题的解决和研究中。

第四，突出统计分析软件的使用。Python 是大数据分析中广泛使用的统计软件，为使学生能熟练掌握 Python，并能应用于各种经济数据分析中，本教材给出 Python 的实现过程，绝大多数案例分析都是通过 Python 实现的，并详细说明了分析步骤。

本教材可以作为经济类、管理类研究生教材使用，也可作为教师及经济管理工作者的参考用书。定量分析在经济学研究中的地位越来越重要，通过定量分析论证的结论更具有说服力和可信度，而统计方法是实现定量分析的重要手段。通过本教材的学习，可以为经济类和管理类的研究生深入地研究本专业学科提供有力的分析手段。

本教材的编写中，郭冉、同瑶、张艺展三位研究生承担资料搜集、案例的软件实现工作，在此表示感谢！在本教材的编写过程中，参考了相关文献，在此向这些文献的作者表示感谢！

本教材的完成得到多方面的支持和帮助。首先，感谢西安交通大学研究生院的信任和支持，很荣幸作为西安交通大学研究生“十四五”规划教材获得资助；其次，感谢西安交通大学经济与金融学院的领导在项目的申请及本教材的编写过程中给予的指导和帮助；最后，感谢中国财政经济出版社的编辑同志们，他们严谨、认真的工作态度，保证了本教材的顺利出版。

尽管我们已经努力了，力求做到最好，但是我们知道，书中还有许多缺陷和不足，恳请读者批评指正。

2022 年 3 月于西安交通大学

目录 | CONTENTS

第一章　统计学概论

第一节　统计学发展历史

一、统计学的发展历史[①]

本部分通过简略回顾统计学的发展历史，进而从历史的角度来揭示大数据时代统计学的发展定位问题。统计学作为一门学科，已有300多年的历史。按统计方法及历史的演变顺序，统计学的发展史通常可以分为三个阶段，分别是古典统计学时期、近代统计学时期和现代统计学时期。

（一）古典统计学时期

古典统计学时期是指17世纪初至18世纪末统计学的创立时期。此时的欧洲正处于封建社会解体和资本主义兴起的阶段，工业、手工业快速增长，社会经历着重大变革。政治改革家们急需获得辅助国家经营和管理的数据证据，以促进社会经济更好地发展，于是一系列统计学的奠基工作在欧洲各国相继展开。这一时期，有三种学术流派对统计学的形成与发展产生了很大的影响，也可以说，他们是统计学的三个源流。

源流之一是英国的政治算术。16世纪末至17世纪初，英国资本主义发展正处于黄金时期，新兴资产阶级非常重视科学技术的发展，伦敦开始成为

① 课题组：《大数据时代统计学发展的若干问题》，《统计研究》2017年第1期，第5－11页。

欧洲经济活动的中心。经济的繁荣成为学术发展的契机。这一时期，有两本著作对统计学的发展有很重要的影响。一是人口学家约翰·格朗特（John Graunt，1620—1674）比较客观、系统地整理伦敦市 50 余年来的死亡人口清单，并以数量计算与分析死亡原因及人口的动态，出版了具有较大影响的《有关死亡表的自然及政治考察》一书。这本书被称为“真正统计学的肇端”。格朗特在书中写到：“我始终认为，为使各个社会成员能够各得其所，搞清数字是必要的。”他清楚地说明了统计学作为国家管理工具的作用。二是经济学家威廉·配第（William Petty，1623—1687）写出了《政治算术》这一划时代的名著。书中运用了数字、重量、尺度等手段，运用数量对比方法系统地分析了英国、法国和荷兰三国的国情、国力。他所采用的方法不是用“比较级或最高级的词语进行思辨式的议论”，而是用数字、图表说话，因此，配第被称为古典统计学的代表。

源流之二是德国的国势学。随着商业和手工业的发展，以及海外市场和殖民地的相继开拓，欧洲主要国家都深感调查国内外情况的必要。在 1660 年德国的各个大学中，普遍开设有关欧洲各国的国家组织、领土、人口、资源财富等诸项国势现状的课程。最有名的是德国学者阿亨·华尔（Gottfried Achenwall，1719—1772）于 1749 年发表的著作《欧洲近代各国国势学纲要》，很快流行于欧洲各国，并使欧洲各国接受了他将国势学更名为统计学的提法。国势学的研究对象虽然是社会经济现象，但其表达方法是有关国家各种显著事项的知识性的文字记述，它并不注意数量对比和数量计算。

源流之三是法国的概率论。人类在长期社会实践中，认识到客观事物存在着必然性和偶然性。随着商业的发展、航海运输的频繁以及保险事业的发展等，一些带有赌博性质的行业也应运而生。赌博游戏引起了数学家的极大关注。探讨与赌博有关的一些复杂问题，常常需要具备高超的智力和清晰的思维，其创始者当属法国数学家帕斯卡尔（Blaise Pascal，1623—1662）和费马特（Pierre de Fermat，1606—1665）。瑞士数学家贝努里（J. Bernoulli，1654—1705）将概率论和推算学连贯起来，而德国数学家高斯（G·F. Gauss，1777—1855）等导出了正态曲线理论，这标志着概率论和统计学的初步融合。

（二）近代统计学时期

18 世纪末至 19 世纪末为近代统计学发展时期。这 100 年间欧洲各国先后完成了工业革命，科学技术开始进入全面繁荣时期，天文、气象、社会人口等领域的数据资料达到一定规模的积累，对统计的需求已从国家层面扩展至社会科学各个领域。对事物现象静态性的描述也已不能满足社会需求，数理统计学派创始人凯特勒（A. J. Quetelet）率先将概率论引进古典统计学，提出了大数定律思想，使统计学逐步成为揭示事物内在规律、可用于任何科学的一般性研究方法。一些重要的统计概念也在这一时期被提出来，误差测定、正态分布曲线、最小二乘法、大数定律等理论方法的大量运用，为社会、经济、人口、法律等领域的研究提供了指导。

但是，近代统计学形成初期，由于研究领域、内容和方法各有侧重，开始分化成两派，即社会统计学派和数理统计学派。

近代社会统计学派的代表人物是德国统计学家恩格尔（ErnstEngel，1821—1896）和梅尔（Georg Von Mayr，1841—1925），他们是沿着凯特勒的“基本统计理论”向前发展的：在性质上，认为统计学是社会科学，从对象上说，包括静态和动态社会现象；从方法上说，即对同性质的社会现象进行大量观察。恩格尔在《比利时工人家庭生活调查》著作中，采用归纳法，概括出四项法则，统称“恩格尔法则”，后来，还引申出“恩格尔系数”，作为度量生活水平升降的标准。梅尔的主要著作有《社会生活中的规律性》《统计学和社会学》等，他认为统计学是一门独立的实质性社会科学，“脱离规律的探索，不能获得科学的认识”，他还把规律分为状态规律、频度规律、发展规律和相关规律。在研究范围上，他认为应该包括人口、政治、经济、道德、文教等方面。总之，社会统计学派认为：统计学是一门实质性的社会科学，研究对象是国家和社会的动态、静态的集团现象，研究方法主要是大量观察法，研究目的在于通过数量关系探索国家、社会的动态、静态集团现象的规律性。

近代数理统计学派的代表人物是英国优生学家葛尔登（Gallton，1822—1911），统计学家 K. 皮尔逊（K. Pearson，1857—1936）、艾奇渥斯（Francis Ysidro Edgewerth，1845—1926）和鲍莱（Arthur L. Bowley，1869—1957）。数理统计学派是沿着凯特勒“论数学和大量观察的关系”向前发展的。葛尔登在优生学研究中，第一次提出“回归”和“相关”的概念；K. 皮尔逊进一步通过生物学观测数据，发展了一系列频数曲线、回归方程和相关理论；艾奇渥斯在经济学研究中，主张应用数理统计方法，发表了一系列宣传数据统计的文章；鲍莱的《统计学原理》就是一本典型的数理统计学教材，在 20 世纪 30 年代曾风行一时。总之，数理统计学派研究的基本统计问题，在于求得一套通用的数学公式来描述待研究的整体，在于找出整体是基于何种结构的作用而产生出该整体的分布的。

（三）现代统计学时期

任何科学的发展，一方面是继承前人的成果，另一方面是与客观现实的结合。现代统计学作为一门独立的学科也不例外，一方面，它大量地继承了近代统计学的许多成果；另一方面，由于各国国情的不同，在继承和结合的过程中又有所选择。即便这样，现代统计学仍没有形成统一的统计学，而是分成现代社会经济统计学派和现代数理统计学派。两派在形成过程中受科学技术发展的影响，虽然相互融合和渗透，但仍“各自为政”。两派内部也存在着不同的观点，预示着统计还会有新的发展。

进入 20 世纪，科学技术的发展速度大大加快，以描述性方法为核心的近代统计已无法满足客观需求，统计学的重心继而转为推断性统计，进入了现代统计学阶段。20 世纪初随着细胞学的发展，农业育种工作全面展开。1923 年，英国著名统计学家费雪尔（R. A. Fisher）为满足作物育种的研究需求，提出了基于概率论和数理统计的随机试验设计技术以及方差分析等一系列推断统计理论和方法。推断性统计方法的进步对工农业生产和科学研究起到了很大的促进作用。

20 世纪 30 年代，随着社会经济的发展和医学先进理念的吸收融合，人们对于医疗保险和健康管理的需求日益增长，统计思想渗透到医学领域，形成了现代医学统计方法。这一阶段，统计在病理学、分子生物学、临床试验等生物医学领域获得了大量应用，这些领域的发展又促进统计方法不断创新，主成分估计、非参数估计、MME 算法等方法应运而生。随着现代生物医学的发展，计算机技术的进步，人类对健康的管理和疾病的治疗进入基因领域，对基因数据分析产生了大量需求。高维海量的基因数据具有全新的数据特征，由此一系列面向高维数据的统计分析方法又相继产生。

现代社会经济统计学派以美国、德国、日本和苏联的部分学者为代表。他们基本上是沿着恩格尔官方的政府统计的道路向前发展的，不同之处在于，承认在社会经济统计学理论中，尽可能运用一些数学方法（特别是数理统计方法），以适应现代社会、经济和科技管理的需要。

美国的经济学家查多克（Robert Chaddock，1879—1940）在《统计学原理和方法》一书中，强调了主体和客体这种意识与存在的关系，强调了搜集和掌握反映社会现象数字资料的原理和方法体系，并将其概括为“记录、分组、分析、比较、说明和估量论据”的全过程，这构成了统计学的整体。

德国的统计学家孚拉斯科波（Johannes Paul Flaskamper，1926—1979）在他的著作《普通统计学：统计学基础》一书中，主张吸收数理统计的解析方法（即推测统计方法），同时主张应包括普通数学的描述统计方法，并强调要考虑社会经济现象的质的一面，在质和量的关系中研究事物，积极倡导“事物论理”和“数理论理”平行应用于统计分析中。

日本统计学家绻川虎三在20世纪三四十年代出版了《统计应用的基本问题》和《统计学概论》。在这两本著作中，他积极主张统计学应成为“统计应用者的统计学”，倡导社会经济统计学派和数理统计学派的融合。

对现代社会经济统计学形成影响最大的当属苏联了。在十月社会主义革命取得胜利后，大多数统计学家意识到，随着社会经济制度的变革，必然产生与之相适应的统计理论和统计实践。但是，社会经济统计学的形成和发展并不是一帆风顺的，直到1954年苏联全国统计科学讨论会召开，并在今后出版了《统计理论》和《统计学》。他们认为统计学是一门社会科学，认为数理统计学中的方法可以得到应用，但它不是统计学，并认为统计学的分科是统计理论、经济统计学、部门统计学和统计史，它的探究对象是社会经济现象的数量方面，即数量规模、数量构成、数量界限和数量规律。

现代数理统计学派以英国的戈塞特（WilliamSealy Gosset，1876—1937）、费雪尔（Ronald Aylmer Fisher，1890—1962）和波兰的内曼（Jerzy Splawa Neyman，1894—1981）为代表。K. 皮尔逊仅展开了数据观察的理论，即通过大样本建立了描述统计学。人们在自然科学和工程技术的研究中不可能仅限于观察，而必须加以实践，必须克服多数科学与技术的实验要搜集大样本的困难。戈塞特受到从事的各种实验（农业的、生物的、化学的）特殊性的影响，感到“大样本理论”不能满足需要，后来他从被弄乱的卡片中抽样，计算经验的频数分布，并运用正态误差理论，建立起“小样本理论”即“t 分布”。费雪尔对戈塞特的研究成果，在1923年已作出证明，从而使戈塞特的“小样本理论”得到广泛传播和承认，推动数理统计从“描述”向“推断”发展。

波兰统计学家内曼和英国统计学家 E. S. 皮尔逊进一步完善和发展推测统计理论，即健全了假设检验和区间估计理论，他们在分层抽样和产品质量管理方面作出了突出的贡献。

印度的马哈拉诺比斯不仅在全世界首建印度统计学院，而且在抽样技术上发展了试点调查、最佳调查设计概率和交叉样本法。

美国的统计学家沃尔德（A. Wald，1902—1950）把现代数理统计学原有的估计理论和假设理论结合起来，形成“决策理论”，他从作出决策的观点出发来研究统计问题，从而扩大了统计研究的范围。美国的统计学家威尔克斯（S. S. Wilks，1906—1964）和科克伦（W. G. Cochran，1909—1980）分别在样本分辨理论和实验设计方面，加拿大统计学家费雷泽（D. A. S. Fraser，1925—）在非参数统计方法方面都作出了重大贡献。

从统计学的发展历程来看，它一直是沿着社会经济统计学和数理统计学两个分支而发展的，在不同国家、不同时期对两者的偏重也不同。我国受苏联的影响，20 世纪 90 年代以前侧重于社会经济统计学的研究与实践活动，近几年来，随着对统计学学科性质认识的深入，在研究和应用中越来越多地偏向于数理统计学，即使是在社会经济统计学中，也越来越多地加入了数理统计的内容，使得对社会经济现象研究的方法更趋向于科学化、合理化。事实上，两学派相争的根源在于对统计学学科性质认识的差异上，因此，探讨、明确统计学的学科性质尤为重要。

第二节　统计学的学科性质

一、统计学性质

正确理解统计学的概念十分必要。由于在不同场合“统计”一词可以具有不同的含义，现在大部分学者不主张深究“统计”一词的确切定义（也难以或无法确切定义）。一般认为，统计包含三方面内容：一是统计工作（statistical work），指统计数据的搜集活动；二是统计数据（statistical data），指统计工作的结果；三是统计学（statistics），指统计工作的理论概括。

那么，对于怎样准确界定统计学的性质，学者界也有一个认识过程。最早争论的焦点是，统计学是“实质性科学”还是“方法论科学”，最终“方法论科学”形成共识。但是，在“方法论科学”前提下，又形成两种代表性观点：一种观点认为，统计学是一门搜集、分析、表述和解释社会经济现象的方法论科学；另一种观点认为，统计学是一门搜集、分析、表述和解释客观现象的方法论科学。前者被称为“社会科学论”，后者被称为“边缘科学论”。我们认为，随着统计方法在多个领域的应用，统计学实际上已发展成为具有多个分支学科的“大家族”。“边缘科学论”，一方面说明了统计学既可以用于研究社会经济现象，又可以用于研究自然现象；另一方面，揭示了统计学是一套处理数据的通用技术（方法）。它告诉人们统计离不开数据，统计研究过程首先要有数据，要对数据进行一定的整理，而后再对数据进行分析和解释。统计处理数据的过程可以描述为：搜集数据→整理数据→分析数据→解释数据。

数据搜集是取得原始统计数据的过程，是统计分析的基础，而如何取得可靠的统计数据是统计学研究的内容之一。数据的搜集方法主要是观察法和试验法两种。观察法是通过调查和观测而搜集数据，试验方法是在试验室中控制实验对象而搜集数据。数据整理是统计数据的加工处理过程，其目的是使统计数据系统化、条理化和综合化，以符合统计分析的需要。数据整理是介于数据搜集和数据分析之间的一个必要环节，具体内容包括数据筛选、数据分组、数据表述等。数据分析是统计学的核心，它是通过统计方法来探索数据内在规律的过程。数据分析所用的方法从大的方向上可以分为描述统计方法和推断统计方法。描述统计（descriptive statistics）是研究如何取得反映客观现象的数据，内容包括数据搜集的方法、数据处理的方法、分布特征值分析的方法、指数分析的方法等。推断统计（inferential statistics）是利用样本信息推断总体特征，主要包括回归分析的方法、统计抽样的方法、多元统计分析的方法等。数据解释是对分析的结果进行解释说明，阐述客观事物特征、数量关系和数量规律等，数据解释包括对统计数据的误差检验、对事物发展的预测与预警。

二、统计学的研究对象

长期以来，人们把统计学的研究对象解释为客观现象的数量方面，但我们认为这只是统计工作的研究对象。根据社会经济统计活动和自然现象科学实验数据的考察活动情况，统计学对从事和开展这些活动的方法进行总结和探索，形成科学的统计方法，用以指导统计工作的实践。因此，统计学的研究对象可以概括为：研究和总结统计实践中形成的理论和方法，使这些理论和方法系统化和科学化，以达到对大量社会现象和自然现象总体数量特征及变化规律的正确认识。

统计学的研究对象具有数量性、大量性、具体性和广泛性这四个特征，且四者是紧密联系、不可分割的。

数量性是统计方法论区别于其他有关学科的一个显著特点。但是，利用统计学的方法研究客观事物数量特征时，应遵循质与量的统一的原则，即应密切联系“质”来研究“量”。因为从量的方面研究客观事物的发展变化规律的具体表现，只能帮助而不能代替从质的方面对客观事物进行规律性的研究和说明，也就是不能脱离说明该事物发展、变化规律的科学理论。

大量性是统计学方法论的主要特点。统计学要说明社会现象和自然现象的数量特征，是从总体上进行观察的，或者是从对构成总体的每个元素逐一观察过渡到总体认识，或者是选择足够的样本来推断总体，而不是具体地研究某一个个体量。所以，它的观察或实验数据必须是大量的或足够多的。

具体性是统计学方法论的又一重要特点，这是统计学和数学的主要区别。数学上所研究的量是脱离了具体对象的抽象的数量关系，而统计学所研究的量是具体的社会或自然现象在一定时间、地点、条件下的数量表现，它总是和现象背后的“质”密切结合在一起的。当然，统计学在表述现象的数量特征及关系时，离不开使用数学方法。

广泛性也是统计学方法论不可缺少的特点。众所周知，凡是需要用数字综合反映事物的本质和规律性的地方，都离不开统计学，可以说统计学无所不在。例如，对一次运动会或一场球赛的过程和结果要进行数量发现，这是体育统计；还有对宇宙天体的运行情况要进行天文条件分析，对地层构造和地下资源的分布情况要进行地质资源条件分析，对动物和植物生长繁殖要进行统计，对医疗保健和文化教育也要统计，等等。特别是社会经济统计，涉及整个社会现象，既有生产力，也包括生产关系；既有经济基础，还包括上层建筑。统计研究的广泛性，要求从业者必须具备有关的多方面知识。

三、统计学的分类

与任何其他的学科一样，随着对研究的逐步深入，统计学在发展过程中出现了许多既相互联系又各自区别的分支。出于不同的观察角度，或者出于不同的研究重点，常常有不同的分类。一般而言，大致有两种基本的分类：一是描述统计学和推断统计学；二是理论统计学和应用统计学。

（一）描述统计学和推断统计学

从统计学的概念中，我们已经知道，统计学研究的一个方面是搜集、整理、描述数字资料的方法，这部分内容就形成了描述统计学。例如，要计量居民生活费用的变动，首先要通过一定的行之有效的调查方法，搜集反映居民生活费用的数字；其次要对这些资料进行汇总、归纳和计算，将原始资料整理成为有条理的、能够说明被研究现象特征的科学指标；最后再以相应的统计图、统计表将这些结果表现出来。

统计学研究的另一个方面是利用样本数据推断总体特征，而这部分内容则形成了推断统计学。例如，要研究我国 14 亿人口的年龄构成、出生率、死亡率等人口特征，仅靠人口普查是不够的，因为人口普查需要大批训练有素的调查人员和大量的经费，不宜经常进行。在两次普查之间的年份所需的人口数据资料，通常是采用抽样调查的方法取得样本资料，依据样本资料所给予的信息来推算人口总体的上述特征。由于样本包含的总体信息必然不完备，用其推算总体难免有误差，而为了使这种误差尽可能小，或将其控制在可以接受的范围内，统计学就需研究抽取样本的方法、推算的方法，以使推算的结果尽可能准确，且失误尽可能小。

（二）理论统计学和应用统计学

理论统计学也即数理统计学，主要阐述统计学的数学原理，着重于阐明统计方法的数学原理，其理论基础是概率论。它主要包括：概率理论、抽样理论、实验设计、估计理论、假设检验理论、决策理论、非参数统计、时间序列分析、随机过程等。

将理论统计学的基本原理应用于各个学科领域，就形成了各种各样的应用统计学。例如，社会统计学、经济统计学、教育统计学、生物统计学等。

应用统计学着重研究统计方法如何被应用于某个具体的领域内，又是如何解决具体领域内的具体问题的。它除了包括各领域通用的方法，如参数估计、假设检验、方差分析等外，还包括某领域特有的方法，如经济统计学中的指数法、现代管理决策法等。应用统计学着重阐明这些方法的统计思想和具体应用，而不是统计数学原理的推导和证明。

四、统计学的研究方法

统计学的学科性质和研究对象决定着统计学的研究方法，而正确的研究方法又是完成研究任务的重要条件。

统计学的研究方法有很多，其中，大量观察法、归纳推断法和综合分析法是最重要的方法。

（一）大量观察法

统计学研究社会和自然现象，不是一事一物的印证，而是要从总体上进行考察。就总体中的全部或足够多数单位进行信息的采集、加工处理和综合分析，这种方法称为“大量观察法”。

大量观察法是由统计学研究对象的大量性和复杂性所决定的。大量的、复杂的社会和自然现象，都是在诸多因素的错综作用下形成的。现象总体所属各单位的特征及其数量表现有一定的甚至很大的差别，不能任意抽取个别或少数单位进行观察，必须在对被研究对象作初步定性分析的基础上，确定调查对象的范围，观察全部或足够多的基本单位，借以从中认识现象后面的客观规律。统计信息采集中的许多方法，如普查、统计报表、重点调查等，无不都是通过观察研究对象的大量单位来探究客观规律的。

（二）归纳推断法

通过统计信息的采集，观察总体中各单位的特征，由此得出关于客观总体的某种信息，这在逻辑上用的是归纳的方法。所谓归纳，是指由个别到一般，由事实到概括的推理方法。

归纳法可以从具体的事实中得出一般的知识，扩大了认识的领域，所以是统计研究中常用的方法。但是，我们常常遇到的问题是所观察的只是部分或有限单位，而所要判断的总体对象范围却是大量的甚至是无限的。这样就产生了用样本信息对全部总体数量特征作出判断的置信度问题，例如，根据某食品厂100盒食品的抽检质量结果来判断该食品厂所有食品的质量水平，这里面存在着所作结论有多大程度可以置信的问题。我们把以一定的置信标准，根据样本信息来判断总体数量特征的归纳推理方法，称为“统计推断法”。统计推断法可以用于总体数量特征的估计，也可以用于对总体某些假设的检验。这就是本书在后面要讲述的参数估计和假设检验。

（三）综合分析法

所谓“综合”，就是指对于大量观察获得的零乱的、分散的原生信息，运用各种综合指标以反映总体一般的数量特征。对大量原生信息进行加工处理并计算各种综合指标就可以显示某一现象在具体时间、地点、条件下所表现的结果，例如，总量规模、相对水平、集中趋势、离中趋势等，它概括地描述了总体分布的数量特征和变动趋势。

所谓“分析”，就是对综合信息的再分解，用来研究总体的差异和数量关系。首先运用统计分组法，通过划分性质不同的若干组，以显示现象的不同类型，然后在此基础上运用各种数量分析方法探讨总体内部的各种数量关系。常用的统计分析方法有动态趋势分析法、因素影响分析法、相关与回归分析法、多元统计分析法等，本书将在以后各章节中逐一介绍。

综合和分析，不能割裂开来，更不能对立起来，二者是既密切联系又相互依存的，它们共同反映客观现象的“质”与“量”。统计分组如果没有一定的指标来反映现象的规模水平，就不能揭示现象的数量特征，而统计指标如果没有科学的分组，就往往会掩盖矛盾而成为笼统的指标。

第三节 统计学的几个基本概念

一、总体和个体

个体是构成总体的基础，同时也是构成总数据的实体。

总体通常是由具有某种共同性质的许多组成的整体（集合），例如，由多个企业构成的集合，由多个居民户构成的集合，由多个人构成的集合，等等。组成总体的每一个元素被称为“个体”，又叫做总体单位，在由多个企业构成的总体中，每一个企业就是一个个体，也就是总体的一个单位。比如由多个居民户构成的总体中，每一个居民户就是一个总体单位，由多个人构成的总体中，每一个人就是一个总体单位。

总体范围的确定有时比较容易。比如，要检验一批灯泡的使用寿命，这一批灯泡构成的集合就是总体，每一个灯泡就是一个总体单位，总体的范围很清楚。但是，有些场合总体范围的确定则比较困难，比如，对于新推出的一种饮料，要想知道消费者是否喜欢，首先必须弄清哪些人是消费的对象，也就是要确定构成该饮料的消费者这一总体，事实上，我们很难确定哪些消费者消费该饮料，因而总体范围的确定就十分复杂。当总体的范围难以确定时，可根据研究的目的来定义总体。

总体根据其所包含的总体单位数目是否可数可以分为有限总体和无限总体。有限总体是指总体的范围能够明确确定，而且元素的数目是有限可数的。比如，由若干个企业构成的总体就是有限总体，一批待检验的灯泡也是有限总体。无限总体是指所包含的元素是无限的、不可数的。例如，在科学试验中，每一个试验数据可以看作一个总体的一个元素，而试验则可以无限地进行下去，因此，由试验数据构成的总体就是一个无限总体。

总体分为有限总体和无限总体，主要是为了判别在抽样中每次抽取是否独立。对于无限总体，每次抽取一个单位，并不影响下一次的抽样结果，因此每次抽取可以看作是独立的。对于有限总体，抽取一个单位后，总体元素就会减少一个，前一次的抽样结果往往会影响后一次的抽样结果，因此每次抽取是不独立的。这些因素会影响到抽样推断的结果。

构成总体的每一个别事物称为“总体单位”。例如，如果以全国所有工业企业作为研究对象，那么全国的工业企业就组成一个总体，而每一个工业企业就是一个总体单位；如果全国人口构成一总体，那么每一个中国人就是一个总体单位。

总体和总体单位的概念不是固定不变的，随着研究目的不同，它们可以相互转化。同一单位可以是总体，也可以是总体单位。上例的全国工业企业构成一个总体，每个工业企业就是一个总体单位。如果要研究某个工业企业职工工资状况，则该企业全部职工就成为总体，每个职工就是这个总体的总体单位。

二、分类变量、顺序变量和数值型变量

变量（variable）的特点是从一次观察到下一次观察会呈现出差别或变化。所以，人们把说明事物某种数量特征的概念称为变量，如“商品销售额”“受教育程度”“职工工资”等都是变量。变量的具体表现称为“变量值”，比如职工工资可以是300元、2000元、5000元等，这些数字就是变量值。统计数据就是统计变量的具体表现。变量可以分为以下几种类型。

（一）分类变量（categorical variable）。

说明事物类别的一个名称，称为“分类变量”。分类变量的数值表现就是“分类数据”。例如，“性别”就是个分类变量，其变量值则表现为“男”或“女”；“经济类型”也是一个分类变量，其变量值变现为“国有经济”“集体经济”“个体经济”等。

（二）顺序变量（rank variable）。

说明事物有序类别的一个名称，称为“顺序变量”。顺序变量的数值表现就是“顺序数据”。例如，“产品等级”就是个顺序变量，其变量值可以表现为“一等品”“二等品”“三等品”“等外品”等；“受教育程度”也是一个顺序变量，其变量值可以表现为“小学”“初中”“高中”“大学”等；一个人对某种事物的看法也是一个顺序变量，其变量值表现为“同意”“保持中立”“反对”等。

（三）数值型变量（metric variable）。

说明事物数字特征的一个名称，称为“数值型变量”。数值型变量的数值表现就是“数值型数据”。例如，“产品产量”“商品销售额”“零件尺寸”“年龄”“时间”等都是数值变量，它们的变量值可以表现为不同的数值。

数值型变量根据其取值的不同又分为离散型变量和连续型变量。

1. 离散型变量（discrete variable）。

只能取可数值的变量，称为“离散型变量”。离散型变量只能取有限个值，而且其取值都以整位数断开，可以一一列举，如“企业数”“产品产量”

等就是离散变量。

2. 连续型变量（continuous variable）。

可以取直线上或区域中任何值的变量，称为“连续型变量”。连续型变量的取值是连续不断的，不能一一列举，如“年龄”“温度”“零件尺寸的误差”等都是连续变量。

三、数据的分类

数据按照不同的特征可以分为不同的种类。

（一）按照数据的性质分为：品质型数据和数量型数据

1. 品质型数据。

品质型数据是区别于数量型数据的一种观测变量特征的数据表示，它主要用来刻画无法用数值度量的变量特征。比如，性别，男和女，是无法用数量进行度量的。数据是变量的具体表现，所以品质型数据主要是对顺序变量和分类变量进行度量，度量的变量无法进行加减乘除运算。

2. 数量型数据。

数量型数据就是可以用数量进行度量的数据，这一类数据主要刻画数值型变量，变量的特征是可以用数值进行度量和运算的。比如，年龄，可以度量到具体的数字，并且可以比较；又如，国内生产总值 GDP，可以用数值进行计算。

3. 区分两种数据类型的目的。

两种数据类型刻画的变量类型不同，品质型数据主要刻画分类变量和顺序变量；而数量型变量主要刻画数值型变量。

（二）按照数据与时间的关系分为：截面数据、时间序列数据和面板数据

1. 截面数据。

是指在同一时间截面上反映多个个体或者现象的同一特征变量的观测值，在样本数据中比较常见。如工业普查数据、人口普查数据、家庭收入调查数据等。横截面数据不要求统计对象及其范围相同，但要求统计的时间相同，它是按照不同单位个体来排列的。

2. 时间序列数据。

是指同一个体或者现象，随着时间变化的数据观测值。这个在计量经济学中最常见，比如1978年到2021年的国内生产总值GDP数据，人口总数等。时间序列数据的统计要求时间变化，但必须是同一个个体或者现象的观测值。

3. 面板数据。

是指多个个体的同一个特征变量随着时间不断变化的一个数据集，从横截面看，面板数据是由若干个体在某一时点构成的截面观测值；从纵剖面看每个个体都是一个时间序列。面板数据是近20年来计量经济学重要的发展内容之一，它能充分利用时间及截面数据信息描述变量之间的关系。比如，我国各省市从1978年到2021年间的GDP数据就是一个典型的面板数据，包含了截面、时间和变量三维信息。

四、面板数据模型概述

相较于截面数据和时间序列，面板数据的优点体现在：由于观测值的增多，可以增加估计量的抽样精度；对于固定效应模型能得到参数的一致估计量，甚至是有效估计量；面板数据建模比截面数据建模可以获得更多的动态信息，相较于时间序列，能看到个体数据信息。

（一）面板数据模型的形式

面板数据一般用双下标表示，即：

$$y_{it},\ i=1,\ 2,\ \cdots,\ N;\ t=1,\ 2,\ \cdots,\ T \tag{1.3.1}$$

i 表示个体，t 表示时间。若固定 t 不变，y_{it}是横截面上的 N 个随机变量；若固定 i 不变，y_{it}是纵剖面上的一个时间序列（个体）。面板数据模型可以分为三种类型：混合回归模型、变截距模型和变系数模型。

1. 混合回归模型。

如果从时间上看，不同个体之间不存在显著性差异；从截面上看，不同截面之间也不存在显著性差异，那么就可以直接把面板数据混合在一起用普通最小二乘法（OLS）估计参数。

如果从时间和截面看模型截距都不为零，且是一个相同的常数，以二变量模型为例，则建立如下模型：

$$y_{it}=\alpha+x_{it}'\beta+u_{it},\ i=1,\ 2,\ \cdots,\ N;\ t=1,\ 2,\ \cdots,\ T \tag{1.3.2}$$

其中，α 和 β 不随 i，t 变化，称为混合回归模型。

2. 变截距模型。

假定个体之间的差异仅反映在截距项，而斜率不变，为常数，则可以建立变截距模型。如式（1.3.3）所示。

$$y_{it}=\alpha_i+x_{it}'\beta+u_{it},\ i=1,\ 2,\ \cdots,\ N;\ t=1,\ 2,\ \cdots,\ T \tag{1.3.3}$$

其中，α_i 表示个体效应。根据影响个体截距的不同形式，可以分为个体固定效应变截距模型和个体随机效应变截距模型。

个体固定效应变截距模型可以用常数项的不同来说明，即在式（1.3.3）中，α_i 为各个个体的跨界面变化的常数。

个体随机效应变截距模型，将变截距模型中反映截面差异的截距项分为常数项和随机项两部分，并用其中的随机项反映被忽略的模型中反映个体差异的变量的影响。模型形式为：

$$y_{it}=\alpha+x_{it}'\beta+v_i+u_{it},\ i=1,\ 2,\ \cdots,\ N;\ t=1,\ 2,\ \cdots,\ T \tag{1.3.4}$$

估计变截距模型时，需要首先选择是固定效应模型还是随机效应模型。Hausman 等学者认为应该优先考虑随机效应模型，因为固定效应模型过于简单，并且在估计的过程中损失较多的自由度；但是相对于固定效应模型，随机效应模型也存在明显的的不足，估计随机效应模型时需要假定随机项与解释变量不相关，如果不满足的话则应该建立固定效应模型。因此，一般地，先建立随机效应模型，然后检验是否满足随机项与解释变量不相关的假设，如果不满足，则建立固定效应模型。Hausman 提出了检验的统计量，原假设为随机影响模型中个体影响与解释变量不相关，构造统计量 W，形式为式（1.3.5）。

$$H=(\hat{\beta}_{RE}-\hat{\beta}_{FE})[VAR(\hat{\beta}_{RE}-\hat{\beta}_{FE})]^{-1}(\hat{\beta}_{RE}-\hat{\beta}_{FE})\sim\chi^2(k) \tag{1.3.5}$$

其中，$\hat{\beta}_{RE}$是随机效应估计量，$\hat{\beta}_{FE}$是固定效应估计量。

Hausman 统计量即 Wald 统计量渐进服从自由度为 k 的 χ^2 分布，拒绝域在右侧，当统计量大于临界值时，拒绝原假设，说明相关，应该建立固定效应模型。

3. 变系数模型。

变系数模型是指面板模型的斜率随个体不同而不同，此时假定截距相同毫无意义，因此，变系数模型的形式中截距项和斜率均随个体的不同而有差异，模型形式为式（1.3.6）。

$$y_{it}=\alpha_i+x_{it}'\beta_i+v_i+u_{it}，\ i=1，2，\cdots，N；\ t=1，2，\cdots，T \tag{1.3.6}$$

（二）模型形式的选择

一般来讲，先根据 Hausman 检验选择变截距模型是固定效应还是随机效应，然后对混合回归模型、变截距模型和变系数模型进行选择。假设以上三个模型的残差平方和依次为 S_3、S_2、S_1，对以上三个模型进行选择的时候，提出如下假设：

$$\begin{aligned}&H_{10}：\beta_1=\beta_2=\cdots=\beta_n\\&H_{20}：\alpha_1=\alpha_2=\cdots=\alpha_n；\ \beta_1=\beta_2=\cdots=\beta_n\end{aligned} \tag{1.3.7}$$

具体操作时先检验 H_{20}，若接受 H_{20}，则模型为混合回归，无需进一步检验；若拒绝 H_{20}，则需检验 H_{10}。若接受 H_{10}，则模型为变截距模型；若拒绝 H_{10}，则模型为变系数模型。

检验 H_{20} 的统计量为 F_2，检验 H_{10} 的统计量为 F_1，形式分别为：

$$F_2=\frac{(S_3-S_1)/[(N+1)(k+1)]}{S_1/(NT-N(k+1))}\sim F[((N+1)(k+1)),N(T-k-1)] \tag{1.3.8}$$

$$F_1=\frac{(S_2-S_1)/[(N-1)k]}{S_1/(NT-N(k+1))}\sim F[(N-1)k,N(T-k-1)] \tag{1.3.9}$$

其中，k 为自变量个数，N 为截面个数，T 为时间长度。

五、指标和标志

（一）指标

指标又称“统计指标”，是反映总体现象数量特征的概念和数值。一个统计指标可以说明某一社会现象在一定时间、地点和条件下所达到的规模、水平或数量对比关系。例如，2021 年我国国内生产总值为 1143670 亿元，其中第三产业增加值为 609680 亿元。以上的数字及这些数字反映的内容就是统计指标。由此可见，统计指标是由两项基本要素构成的，即指标的概念和指标数值。上面提到的国内生产总值和第三产业增加值就是指标的概念，而 1143670 亿元和 609680 亿元则是指标数值。

统计指标按其所反映的数量特点不同，可以分为“数量指标”和“质量指标”。数量指标用来反映现象的总规模、总水平，也称为总量指标，用绝对数表示。例如，国内生产总值、人口总数、商品进出口总额、固定资产投资额等都是总量指标。

质量指标用来反映现象的相对水平或平均水平，具体包括相对指标和平均指标，分别用相对数和平均数表示，它们都是总量指标的派生指标，以反映现象之间的内在联系和对比关系。相对指标是两个有联系的总量指标对比计算的比率，用来表明总体内部或总体之间数量联系的综合指标，例如，产品合格率、人口密度、全员劳动生产率等都是相对指标。平均指标是反映社会经济现象总体各单位某一数量标志在一定时间、地点条件下所达到的一般水平，例如，平均工资、平均成本、平均利润、平均价格、平均劳动生产率等都是社会经济统计中经常应用的平均指标。

统计指标按其计量单位的不同，又可分为“实物指标”与“价值指标”。实物指标是根据事物的自然属性，采用自然物理单位计算的指标。实物指标的最大特征是具体、明了，可直观地反映事物发展的规模和水平，但是，实物指标对不同事物现象不能相加，缺乏综合概括能力。价值指标是以货币单位计算的统计指标，又称“货币指标”。价值指标的最大特点在于它代表一定的社会必要劳动量，因此具有广泛的综合性和概括能力，但比较抽象，同时受价格水平的影响。

（二）标志

标志又称“单位标志”，是总体单位的特征和属性的名称。不同的总体单位具有不同的标志。例如，以职工为总体单位时，性别、民族、工龄、业职工人数、产值等是它所具有的标志。

标志按其表现形式不同分为数量标志和品质标志。能够用数量表现的标志称为“数量标志”，如职工的年龄、工龄、收入等。不能用数量表现的标志称为“品质标志”，如职工的性别、民族、工种等。

在一个总体中，各总体单位表现相同的标志称为“不变标志”，表现不同的标志称为“变异标志”。变异标志又分为两种，即品质变异标志和数量变异标志。例如，以每个职工为总体单位时，性别是品质变异标志，它的具体表现是男或女，叫做“标志表现”或“变异表现”；工龄则是数量变异标志，习惯上称为“变量”，变量可能有的数值表现叫做“变量值”，也叫做“标志值”，如工龄表现为1年、2年、3年等。

指标与标志是密切联系的，根据一定的统计方法，对各个单位标志的具体表现进行登记、核算、汇总而形成的综合数值就是指标，统计指标都是用数值表示的。

随着计算机技术，尤其是互联网和多媒体技术的普及与飞速发展，人类社会被呈爆炸性增长的信息所包围。据国际商业机器公司（IBM）资料显示，目前数据的生成每日以千万亿字节来计算，全球近90%的数据是在过去两年产生的，大数据时代已经到来。大数据时代的到来，给统计学的发展带来了新的机遇，同时也带来了新的挑战。

第四节　大数据与数据科学

一、大数据及其特征

自20世纪以来，计算机技术呈飞跃式发展。计算机技术催生了大数据，并支撑了大数据的处理与分析。计算机技术可以说是大数据发展的基础。依照美国咨询公司麦肯锡（McKinsey）的定义，大数据是指那些规模超出了典型的数据库软件工具的能力来进行捕获、存储、管理和分析的数据集。与传统数据相比，大数据的“大”，不仅仅是体量上的扩充，也指数据的结构、形式、粒度、组织等各方面都更加复杂。凭借存储成本更低、运行效率更高的现代信息技术，可以认为大数据是一切可记录的数字化信号的集合。

2001年2月，Meta Group公司的分析师DouglasLaney第一次明确提出了大数据所具有的三个重要特征：规模、速度、多样化。Gartner公司更进一步把大数据表述为“所谓大数据，就是具有极大规模、快处理速度、种类多样化、有价值的数据集合，需要新的计算处理方法来支持决策强化、洞察发现和流程优化”。大数据分析是指对规模巨大的数据用适当的统计与计量分析方法进行分析，提供有用信息并形成结论。大数据的特点可以概括为五个V，即数据量大（volume），有价值（value），速度快（velocity），真实性（veracity），类型多（variety）。

1. 超大规模：大数据处理的数据量级超过了传统的规模。超大规模的数据量对数据存储架构、计算模型和应用软件系统都提出了全新的挑战。

2. 速度快：大数据的计算处理速度是可用性和效益性的一个重要衡量指标。20 世纪 90 年代开启的互联网时代所产生的互联网数据是大数据的一个主要来源。互联网领域的大数据应用主要包括社交网络、网络游戏、电子商务、精准营销、在线音频/视频、在线广告业务等，需要强大计算能力支撑和良好的在线用户体验。

3. 多样性：指大数据来源种类的多样性、异构性。

（1）按照其结构特征可以分为结构化数据、半结构化数据、非结构化数据。结构化数据是指关系模型数据，即以关系数据库表形式管理的数据。虽然从专业角度上看，结构化就是关系模型的说法并不准确，但针对目前业内现状，还是定义为关系模型最为妥善，因为它准确地代表了我们传统上最熟悉的企业业务数据。

半结构化数据是指非关系模型的、有基本固定结构模式的数据，例如，日志文件、XML 文档、JSON 文档、Email 等。

非结构化数据是没有固定模式的数据，如 WORD、PDF、PPT、EXL，各种格式的图片、视频等。

区分半结构化与非结构化的意义在于，对两者的处理方法是不同的：非结构化数据大多采用内容管理方法，而半结构化数据基本没有有效的管理方法。

结构化、半结构化、非结构化其实是按照数据格式分类；严格来讲，结构化与半结构化数据都是有基本固定结构模式的数据；半结构与非结构化数据与目前流行的大数据之间只是有领域重叠的关系，本质上两者并无必然联系。

业界有将大数据认同为半结构/非结构化数据，这是不正确的。因为大数据技术虽然最初是在半结构化数据领域发挥作用，但这种观点本质上是将数据处理技术与数据格式混淆了。

（2）按时效性又可分为离线非实时数据、在线实时数据。

（3）按关联特性又可分为非关联数据、关联型数据。

（4）按数据类型可分为文字、语言、图片、视频、数值等。

大数据的多样性、异构性使得数据存储、管理和快速查询异常困难。

4. 价值：大数据的价值是指它的价值低密度或者说碎片数据毫无价值，但大规模整体数据却体现价值的特性。这是大数据计算区别于传统数学统计学方法的关键之处。

5. 真实性：近年来，IBM、Oracle、Microsoft、Google、Amazon、Facebook 等跨国公司大力推动了大数据处理技术的发展，在自然科学、金融、医疗、移动通信等领域涌现出大量大数据应用成果。伴随着大数据的广泛应用，越来越多的学者开始关注和讨论大数据问题，形成了一些颇具影响力、有代表性的观点。其中最典型的是舍恩伯格和库克耶（2013）提出的大数据时代三个重要的思维转变：更多（不是随机样本，而是全体数据）、更杂（不是精确性，而是混杂性）、更好（不是因果关系，而是相关关系）。

二、大数据分析计算与经典统计学区别①

（一）研究对象

统计学研究的对象是数据，数据科学顾名思义也是以数据为研究对象，这就容易产生一种直观的错觉，似乎数据科学与统计学之间存在某种与生俱来的渊源关系。

其实，两者所指的“数据”并非同一概念。数据本身是一个很宽泛的概念，只要是对客观事物记录下来的、可以鉴别的符号都可以称之为数据，包括数字、文字、音频、视频等。统计学研究的数据虽然类型丰富，如类别数据、有序数据等定性数据，定距数据、定比数据等定量数据，但这些都是结构化数据；数据科学中的数据则更为宽泛，不仅包括这些传统的结构型数据，还包括文本、图像、视频、音频、网络日志等非结构型和半结构型数据，即大数据。

大数据（以半/非结构型数据为主）使基于关系型数据库的传统分析工具很难发挥作用，或者说传统的数据库和统计分析方法很难在可容忍的时间

① 魏瑾瑞、蒋萍：《数据科学的统计内涵》，《统计研究》2014 年第 5 期，第 3－9 页。

范围内完成存储、管理和分析等一系列数据处理过程，为了有效地处理这类数据，需要一种新的范式——数据科学。真正意义上的现代统计学是从处理小数据、不完美的实验等这类现实问题发展起来的，而数据科学则是因为处理大数据这类现实问题而兴起的。因此，数据科学的研究对象是大数据，而统计学以结构型数据为研究对象。退一步，单从数量级来讲，也已发生了质变。对于结构化的大规模数据，传统的方法只是理论上的（可行性）或不经济的（有效性），实践中还需要借助数据挖掘、机器学习、并行处理技术等现代计算技术才能实现。

（二）理论基础

数据科学中的数据处理和分析方法是在不同学科领域中分别发展起来的，譬如，统计学、统计学习或称统计机器学习、数据挖掘、应用数学、数据密集型计算、密集计算方法、MapReduce、Hbase、Storm 等。因此，有学者将数据科学定义为计算机科学技术、数学与统计学知识、专业应用知识三者的交集，这意味着数据科学是一门新兴的交叉学科。但是，这种没有侧重的叠加似乎只是罗列了数据科学所涉及的学科知识，并没有进行实质性的分析，就好似任何现实活动都可以拆解为不同的细分学科，这是必然的。

Cleveland（2001）首次将数据科学作为一门独立的学科提出时，将数据科学表述为统计学加上它在计算技术方面的扩展。这种观点表明，数据科学的理论基础是统计学，数据科学可以看作是统计学在研究范围（对象）和分析方法上不断扩展的结果。从研究范围的扩展来看，是从最初的结构型大规模数据（登记数据），到结构型的小规模数据（抽样数据）、结构型的大规模数据（微观数据），再扩展到现在的非（半）结构型的大规模数据（大数据）和关系数据等类型更为丰富的数据。从分析方法的扩展来看，是从参数方法到非参数方法，从基于模型到基于算法，一方面传统的统计模型需要向更一般的数据概念延伸；另一方面，算法（计算机实现）成为必要的“可行性分析”，而且在很多方面算法模型的优势越来越突出。

数据分析有验证性的数据分析（Confirmatory Data Analysis，CDA；Hypothesis—driven Discovery）和探索性的数据分析（Exploratory Data Analysis，EDA；Data—driven Discovery）两个基本取向，但不论是哪一种取向，都有一个基本的前提假设，就是观测数据是由背后的一个（随机）模型生成，因此，数据分析的基本问题就是找出这个（随机）模型。EDA 和 CDA 并不是替代关系，两者皆必不可少，强调 EDA 是因为它被低估了。

数据导向是计算机时代统计学发展的方向，这一观点已被越来越多的统计学家认同。但是，数据导向仍然有基于模型与基于算法两种声音（Breiman，2001），其中，前文提到的 EDA 和 CDA 都属于基于模型的方法，它们都假定数据背后存在某种生成机制；而算法模型则认为复杂的现实世界无法用数学公式来刻画，即不设置具体的数学模型，同时对数据也不做相应的限制性假定。算法模型自 20 世纪 80 年代中期以来，随着计算机技术的迅猛发展而得到快速成长，然而很大程度上是在统计学这个领域之外“悄然”进行的，比如人工神经网络、支持向量机、决策树、随机森林等机器学习和数据挖掘方法。

举例来说，大数据时代一个显著现象是更关注于数据的相关关系。舍恩伯格等在《大数据时代》中提到大数据的一个思维转变：“相关关系比因果关系能更好地了解这个世界。”国内外学者也开始更多地关注大数据时代相关分析方法的研究。针对相关分析展开的研究，人们对于自身和世界的认识有一个开放的信息系统视角，对事物的认识不再局限于封闭领域。例如，通过谷歌趋势服务，预测股市的涨跌，发现 Twitter 用户的情绪有助于预测股市等。在大数据时代下的相关关系分析，利用机器分析能力和计算能力来寻找到最优的关联物，相关分析在各个领域都涌现出了很多很好的应用成果，例如，亚马逊的推荐系统，基于数据进行抓取、挖掘和可视化呈现的数据新闻等，这些应用通过数据挖掘实现了从数据到价值的转变，创造出很好的经济利润和社会效益。

尽管对相关关系的分析颇具价值，但相关分析只是停留在数据表面。首先，相关关系强的对象之间可能并不存在本质上的关联性。例如，在 Google Flu Trends（GFT）的研究中，GFT 预测的流感样病例门诊数超过了 CDC（疾病预防控制中心）根据全美各实验室监测报告得出的预测结果的两倍，其主要原因是搜索的关键词很多只是从数据上看似与流感有关，但实际上无关联。其次，相关分析不能揭示因果关系。基于相关分析得出的结论往往是表面现象，反映它们有某种共同变化的趋势，但并不必然存在因果关系。如果直接基于相关分析结果做决策，有时可能会对决策造成误导。大数据时代需要更深层次的分析，而对因果关系的研究一定程度上能满足此需求。至今对于大数据的处理还存在很多挑战与问题，面对开放的大数据系统，统计思维和分析方法正在经历创新与变革。目前还缺少面向大数据的因果分析方法，可预见的是复杂而丰富的数据资源为复杂模型分析提供了更多可能性，因果关系研究可以在大数据时代获得更多的发展。因果关系研究意义深远，是大数据时代发展所需的理论基石，舍恩伯格等认为“相关关系比因果关系更重要”，这一结论恐怕过于片面，容易造成误导。

（三）技术维度

数据科学是基于数据的决策，数据分析的本质既不是数学，也不是软件程序，而是对数据的“阅读”和“理解”。技术虽然只是辅助数据理解的工具，但不可否认，统计分析逐渐向计算机科学技术靠近的趋势是明显的。这一方面是因为，数据量快速膨胀，数据来源、类型和结构越来越复杂，迫切需要开发更高效率的存储和分析工具，如 NoSQL、HDFS、MapReduce、HBase、Cassandra、Dynamo 以及 Storm（twitter）和 S4（yahoo!）等一些流计算方法，这些方法都具备显著的伸缩性和扩展性，可以很好地适应数据量的快速膨胀；另一方面，计算机科学技术的迅猛发展为新方法的实现提供了重要的支撑。对于大数据而言，大数据分析离不开计算机科学这个属性，这不单纯是因为需要统计软件来协助基本的统计分析和计算，而是大数据并不能像早先在关系型数据库中的数据那样可以直接用于统计分析。

事实上，面对越来越庞杂的数据，核心的统计方法并没有实质性的改变，改变的只是实现它的算法。因此，从某种程度上来讲，大数据考验的并不是统计学的方法论，而是计算机科学技术和算法的适应性。譬如，大数据的存储、管理以及分析架构，这些都是技术上的应对，是如何实现统计分析的辅助工具，而核心的数据分析逻辑并没有实质性的改变。因此，就目前而言，大数据分析的关键是计算机技术如何通过更新升级来适应这种变革，以便可以像从前一样满足统计分析的需要。

（四）应用维度

在商业应用领域，数据科学被定义为，将数据转化为有价值的商业信息的完整过程。数据科学家要同时具备数据分析技术和商业敏感性等综合技能。换句话说，数据科学家不仅要了解数据的来源、类型和存储调用方式，而且还要知晓如何选择相应的分析方法，同时对分析结果也能做出切合实际的解释。这实际上提出了两个层面的要求：一是长期目标是数据科学家从一开始就应该熟悉整个数据分析流程，而不是数据库、统计学、机器学习、经济学、商业分析等片段化碎片化的知识。二是短期目标实际上是一个“二级定义”，即，鼓励已经在专业领域内有所成就的统计学家、程序员、商业分析师相互学习。

三、数据科学范式对统计分析过程的直接影响

以前的大规模数据都是封闭于一个机构内的（数据孤岛），而大数据注重的是数据集间的关联关系。也可以说，大数据让孤立的数据形成了新的联系，是一种整体的、系统的观念。从这个层面来说，大数据称为“大融合数据”或许更为恰当。事实上，孤立的大数据，其价值十分有限，大数据的革新恰好就在于它与传统数据的结合、线上和线下数据的结合，应当放到更大的环境中使之产生“1 + 1 > 2”的价值。譬如，消费行为记录与企业生产数据结合，移动通讯基站定位数据用于优化城市交通设计，微博和社交网络数据用于购物推荐，搜索数据用于流感预测，利用社交媒体数据监测食品价等。特别是数据集之间建立的均衡关系，一方面无形中增强了对数据质量的监督和约束；另一方面，为过去难以统计的指标和变量提供了另辟蹊径的思路。从统计学的角度来看，数据科学（大数据）对统计分析过程的各个环节（数据收集、整理、分析、评价、发布等）都提出了挑战，其中，集中表现在数据收集和数据分析这两个方面。

（一）数据收集方面

在统计学被作为一门独立的学科分离出来之前（1900 年前），统计学家们就已经开始处理大规模数据了，但是这个时期主要是全国范围的普查登记造册，至多是一些简单的汇总和比较。之后（1920—1960 年）的焦点逐渐缩聚在小规模数据（样本）上，大部分经典的统计方法（统计推断）以及现代意义上的统计调查（抽样调查）正是在这个时期产生的。随后的 45 年里，统计方法因广泛的应用而得到快速发展。变革再次来自统计分析的初始环节——数据收集方式的转变：传统的统计调查方法通常是经过设计的、系统收集的，

而大数据是零散实录的、有机的，这些数据通常是用户使用电子数码产品的副产品或用户自行产生的内容，比如，社交媒体数据、搜索记录、网络日志等数据流等，而且数据随时都在增加（数据集是动态的）。与以往大规模数据不同的是，数据来源和类型更加丰富，数据库间的关联性也得到了前所未有的重视（大数据的组织形式是数据网络），问题也变得更加复杂。

因此，官方统计的数据来源已经无法局限于传统的统计调查，迫切需要整合部门行政记录数据、商业记录数据、个人行为记录数据等多渠道数据源，需要与部门和搜索引擎服务商展开更广泛的合作。

（二）数据分析方面

现代统计分析方法的核心是抽样推断（参数估计和假设检验），然而数据收集方式的改变直接淡化了样本的意义。比如，基于浏览和偏好数据构建的推荐算法，诚然改进算法可以改善推荐效果，但是增加数据同样可以达到相同的目的，甚至效果更好。所谓的“大量的数据胜于好的算法”与统计学的关键定律（大数定律和中心极限定理）是一致的。同样，在大数据分析中，可以用数量来产生质量，而不再需要用样本来推断总体。事实上，在某些场合（比如，社会网络数据），抽样本身是困难的。

数据导向的、基于算法的数据分析方法成为计算机时代统计学发展无法回避的一个重要趋势。算法模型不仅对数据分布结构有更少的限制性假定，而且在计算效率上有更大的优势。特别是一些积极的开源软件的支撑，以及天生与计算机的相容性，使算法模型越来越受到学术界的广泛重视。

大数据分析首先涉及存储、传输等大数据管理方面的问题。仅从数量上来看，信息爆炸、数据过剩、数据泛滥、丰富的数据贫乏的知识等，这些词组表达的主要是我们匮乏的、捉襟见肘的存储能力，同时，存储数据中有利用价值的部分却少之又少，或尘封窖藏难以被发现。这除了对开采工具的渴求外，还有抱怨盲目的记录，把过多精力放在捕捉和存储外在信息。在这种情况下，开采有用的知识等价于抛弃无用的数据。

然而，大数据时代的思路改变了，开始变本加厉、巨细靡遗地记录一切可以记录的数据。因为：数据再怎么抛弃还是会越来越多。我们不能通过删减数据来适应自己的无能，为自己不愿做出改变找借口，而是应该面对现实，提高处理海量数据的能力。退一步讲，该删除哪些数据呢？当前无用的数据将来也无用吗？显然删除数据的成本要大于存储的成本。

综上所述，数据科学对统计学影响表现在：

第一，数据科学不能简单地理解为统计学的重命名，因为两者所指“数据”并非同一概念。前者更为宽泛，不仅包括结构型数据，而且还包括文本、图像、视频、音频、网络日志等非结构型和半结构型数据；同时，数量级也是后者难以企及的（PB 以上）。但是数据科学的理论基础是统计学，数据科学可以看作是统计学在研究范围（对象）和分析方法上不断扩展的结果，特别是数据导向的、基于算法的数据分析方法越来越受到学术界的广泛重视。

第二，从某种程度上来讲，大数据考验的并不是统计学的方法论，而是计算机科学技术和算法的适应性。譬如，大数据的存储、管理以及分析架构，这些都是技术上的应对，核心的数据分析逻辑并没有实质性地改变。因此，大数据分析的关键是计算机技术如何更新升级以适应这种变革，以便可以像从前一样满足统计分析的需要。

第三，大数据问题很大程度上来自商业领域，受商业利益驱动，因此数据科学还被普遍定义为，将数据转化为有价值的商业信息的完整过程。这种强调应用维度的观点无可厚非，因为，此处是数据产生的“土壤”，符合数据科学数据导向的理念。

第四，数据科学范式对统计分析过程的各个环节都提出了挑战，集中表现在数据收集和数据分析两方面。数据收集不再是刻意的、经过设计的，而更多的是用户使用电子数码产品的副产品或用户自行产生的内容，这种改变的直接影响是淡化了样本的意义，同时增进了数据的客观性。事实上，在某些场合（比如，社会网络数据），抽样本身是困难的。数据的存储和分析也不再一味地依赖于高性能计算机，而是转向由中低端设备构成的大规模群组并行处理，采用横向扩展的方式。

第五，目前关于大数据和数据科学的讨论多集中于软硬件架构（IT 视角）和商业领域（应用视角），统计学的视角似乎被边缘化了，比如覆盖面、代表性等问题。统计学以数据为研究对象，它对大数据分析的影响也是显而易见的，特别是天然的或潜在的平衡或相关关系不仅约束了数据质量，而且为统计推断和预测开辟了新的视野。

面板数据模型案例分析

改革开放以来，伴随着经济和社会的变革，中国的经济取得了长足的发展，产业结构总体得到明显改善。当前，中国已经进入由高速发展向高质量发展转变的过程中，第一产业与第三产业此消彼长，三次产业的劳动结构发生变迁，劳动力也由第一、第二产业向第三产业转移，第三产业逐渐成为吸收劳动力的主要力量。对于产业结构与经济增长之间的关系，学者们要么用全国数据进行分析，要么从不同省份的时间序列数据中进行研究。显然，前者忽略了省份个体的差异，而后者的个别省份又无法代表整个国民经济的情况，但若用省份的面板数据就能够较好地对这一问题进行分析。

本案例拟对经济增长和产业结构关系进行分析。选取 1978—2019 年各省份的人均 GDP 与第一、二、三产业所占省份 GDP 比重，分别用混合回归模型、变截距模型、变系数模型对省份人均 GDP 以及三次产业所占省份 GDP 比重的影响进行回归，通过计算 F 统计量，确认模型的类型，并以第三产业为例对模型结果进行分析。

【分析】

从《中国统计年鉴》（1978—2019 年卷）中查询并计算出各省的人均 GDP 以及三次产业产值占本省 GDP 比重，运用面板数据模型回归来分析产业结构对经济增长的影响。面板数据模型分为以下三种：

1. 各个省份模型中截距项 α 与系数项 β 都相同，称为“混合回归模型”。

2. 各个省份模型中系数项相同，而截距项不同，称为“变截距模型”。变截距模型表明解释变量产业比重对被解释变量人均 GDP 的影响程度无差异，但是不同省份对人均 GDP 的影响不同，这一不同之处体现在截距项的变化上。

3. 各个省份模型中截距项与系数项均不相同，称为“变系数模型”。变系数模型表明不同省份既存在结构变化，也存在省份间差异，分别体现在系数和截距的变化上。

要检验应选用哪种模型，需要对三种模型对应的离差平方和以及 F 值进行计算。混合回归模型对应的离差平方和记为 S_3，变截距模型对应的离差平方和记为 S_2，变系数模型对应的离差平方和记为 S_1，经回归计算，得到表 1.1：

表 1.1　　模型的协方差检验表

	第一产业产值比重	第二产业产值比重	第三产业产值比重
S_3	12.4762	12.4702	7.6238
S_2	7.7864	5.7801	5.5604
S_1	4.8055	2.9037	4.7740
F_1	25.6395	40.9447	6.8087
F_2	32.9888	68.0882	12.3368

注：①计算 F 值所需参数为：$T=42$，$N=31$，$k=1$；
②临界值：$F_{0.05}(60,1240)=1.32$，$F_{0.05}(30,1240)=1.40$。

通过比较 F_2 和 F_1 与相应临界值的大小，发现第一、二、三产业均拒绝原假设，因此，对于第一、二、三产业，都应选用变系数模型。即：

$$y_{it}=\alpha_i+x'_{it}\beta_i+v_i+u_{it},\ i=1,\ 2,\ \cdots,\ 31;\ t=1,\ 2,\ \cdots,\ 42 \tag{1}$$

y_{it}表示第一、二、三产业所占比重，x_{it}为人均 GDP 的截面数据，α_i、β_i分别为截距项与系数，u_{it}为随机误差项。

表 1.2 为第三产业变系数模型中各省份模型的截距项与系数值。从表 1.2 中可以发现，人均收入的提高能促进产业结构升级，提高第三产业所占比重。发达地区的系数普遍小于落后地区，这是因为发达地区的第三产业发展程度较高，人均收入的提高对产业结构升级的影响显著性不如落后地区；而发达地区相对落后地区，其截距项较大，说明发达地区初始的第三产业比重较大，而落后地区第三产业初始值较小。可见，通过面板数据模型，我们既看到了变量间关系，又能捕捉到个体信息，显示了面板数据模型的优势。

表 1.2　　我国各省的变系数模型拟合结果

省份	截距项	斜率项	省份	截距项	斜率项
安徽	0.2763	3.80E-06	辽宁	0.2870	3.24E-06
北京	0.4209	3.62E-06	内蒙古	0.3292	1.49E-06
福建	0.3282	1.46E-06	宁夏	0.3494	2.58E-06
甘肃	0.2971	7.40E-06	青海	0.3498	1.82E-06

续表

省份	截距项	斜率项	省份	截距项	斜率项
广东	0.3331	2.70E−06	山东	0.2508	3.36E−06
广西	0.3083	3.43E−06	山西	0.3112	4.46E−06
贵州	0.2817	6.41E−06	陕西	0.3129	2.10E−06
海南	0.3420	4.79E−06	上海	0.3059	3.40E−06
河北	0.2732	3.58E−06	四川	0.2858	4.24E−06
河南	0.2513	3.60E−06	天津	0.3176	2.28E−06
黑龙江	0.2322	6.72E−06	西藏	0.3769	5.41E−06
湖北	0.2827	3.23E−06	新疆	0.2894	3.82E−06
湖南	0.2818	4.54E−06	云南	0.2776	6.39E−06
吉林	0.2817	3.23E−06	浙江	0.2784	2.85E−06
江苏	0.2568	2.54E−06	重庆	0.2883	3.62E−06
江西	0.2828	3.43E−06			

第二章　Python 数据分析工具及其应用

第一节　Python 数据分析工具简介

Python 是一个高层次的，结合了解释性、编译性、互动性和面向对象的计算机程序设计语言，由 Rossum 于 1989 年年底开发，第一个公开发行版发行于 1991 年。Python 源代码同样遵守 GPL（GNU General PublicLlicense）协议，Python 语法简洁而清晰，具有丰富和强大的类库。Python 的设计具有很强的可读性，相比其他语言经常使用英文关键字，以及一些标点符号，它具有比其他语言更有特色的语法结构。Python 的特点如下：

1. 易于学习：Python 有相对较少的关键字，结构简单，有明确定义的语法，学习起来更加简单。

2. 易于阅读：Python 代码定义得更清晰。

3. 易于维护：Python 的特色在于它的源代码是相当容易维护的。

4. 一个广泛的标准库：Python 最大的优势之一是，丰富的库是跨平台的，对 UNIX、Windows 和 Macintosh 兼容性很好。

5. 互动模式：互动模式的支持，可以从终端输入执行代码并获得结果的语言，互动地测试和调试代码片断。

6. 可移植：基于其开放源代码的特性，Python 已经被移植（也就是使其工作）到许多平台。

7. 可扩展：如果需要一段运行很快的关键代码，或者是想要编写一些不愿开放的算法，可以使用 C 或 C++完成那部分程序，然后从 Python 程序中调用。

8. 数据库：Python 提供所有主要的商业数据库的接口。

9. GUI 编程：Python 支持 GUI 可以创建和移植到许多系统调用。

10. 可嵌入：可以将 Python 嵌入到 C/C++程序，让用户获得“脚本化”的能力。

Python 需要安装 Pandas、NumPy、SciPy、statsmodels、Matplotlib 等一系列程序包，还需要安装 IPython 交互环境，目前有包括这些程序包的套装软件可供下载，本书将介绍其中的 Anaconda 以供读者学习使用。

详细内容请登录 Python 官方网站 https://www.Python.org 查询。

第二节　Python 数据分析工具的下载及安装

Anaconda 是一个专门用于统计和机器学习的 IDE（集成开发环境），它集成了 Python 和许多基础的库。如果业务场景是统计和机器学习，那么只要安装一个 Anaconda 就可以了，这样就省去了许多复杂的配置过程。Anaconda 支持 Windows、Mac、Linux 多种操作系统，其中包括 Pandas、NumPy、SciPy、Statsmodels、Matplotlib 等一系列程序包以及 IPython 交互环境。Anaconda 致力于提供最便捷的方式来使用 Python 进行数据科学计算和机器学习，让安装和运行复杂的科学数据运算和机器学习环境变得极其简单。

输入网址 https://www.anaconda.com/products/individual 进入 Anaconda 官网，界面如图 2－1 所示：

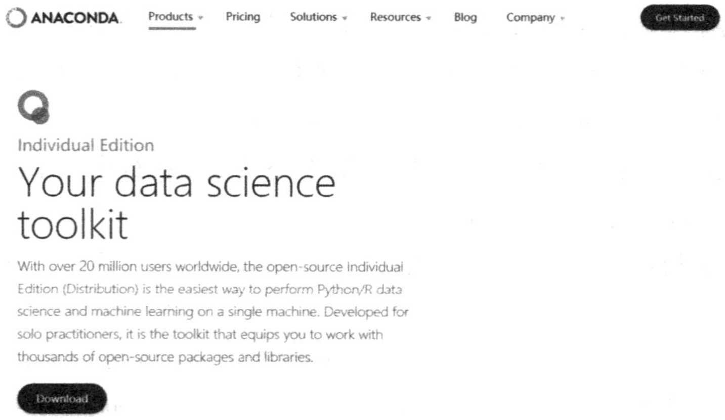

图 2－1　Anaconda 官网界面

点击 Download，选择电脑适合的版本进行下载（本例选择 Windows64 位版本），如图 2－2 所示。

图 2－2　Anaconda 安装包界面

按照自己的下载路径找到安装程序，如图 2－3 所示，并点击该安装程序进行安装。

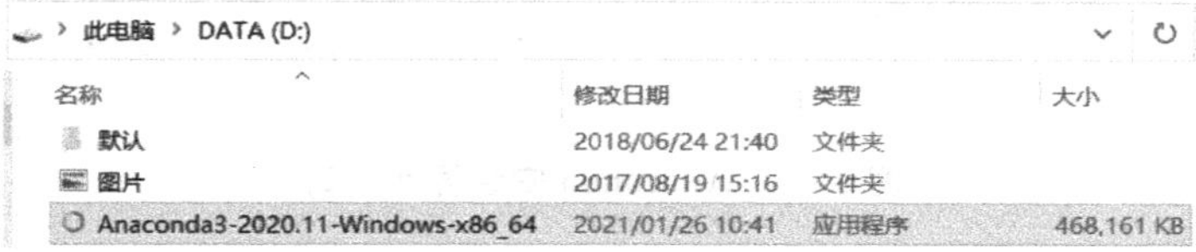

图 2－3　Anaconda 安装程序

双击 Anaconda 安装程序，来到图 2－4 的程序安装欢迎界面。点击 Next，开始安装。

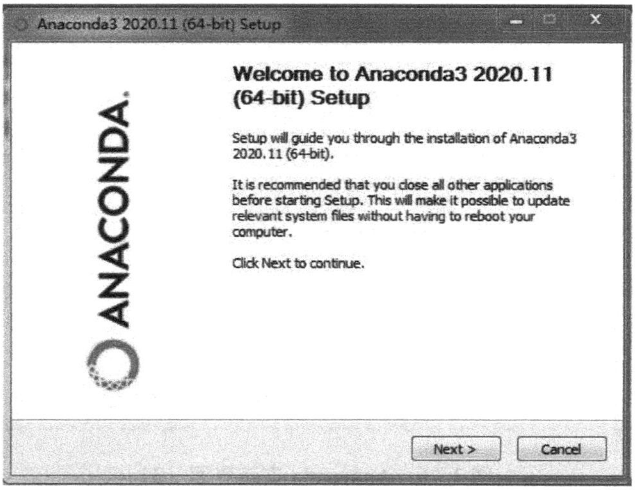

图 2－4　Anaconda 安装界面（1）

点击图 2－5 的 I Agree 按钮。

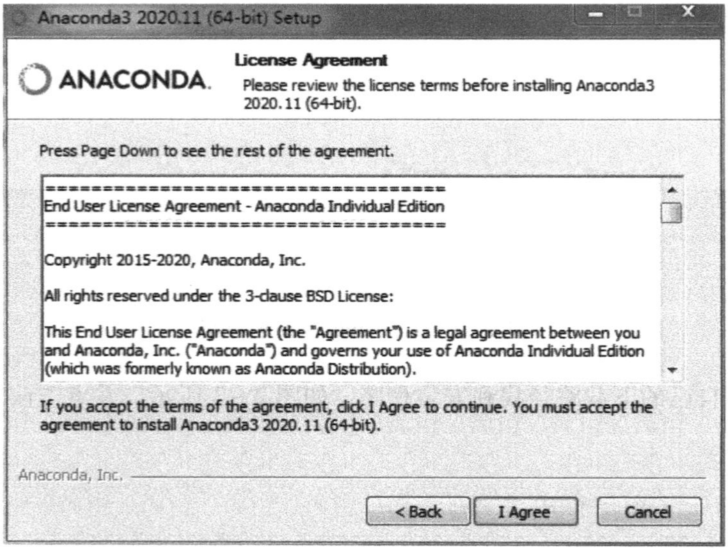

图 2－5 Anaconda 安装界面（2）

得到图 2－6 所示界面。

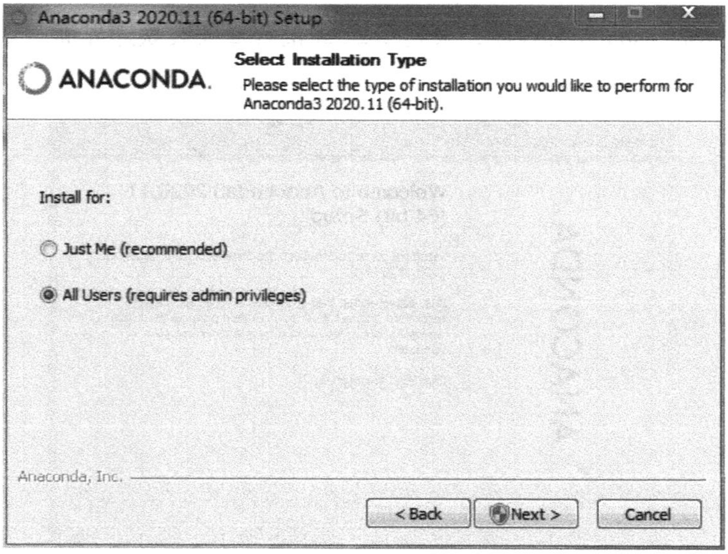

图 2－6 Anaconda 安装界面（3）

点击 Next，得到图 2－7。

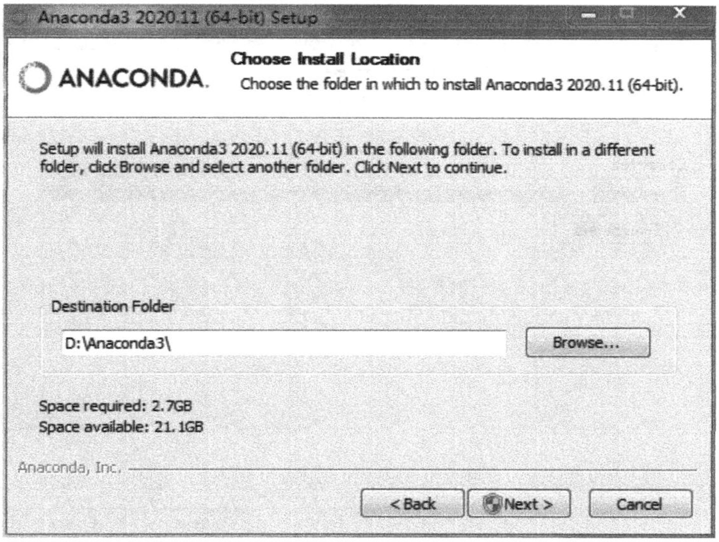

图 2－7　Anaconda 安装界面（4）

选择合适的安装路径后，点击 Next 得到图 2－8 所示界面。

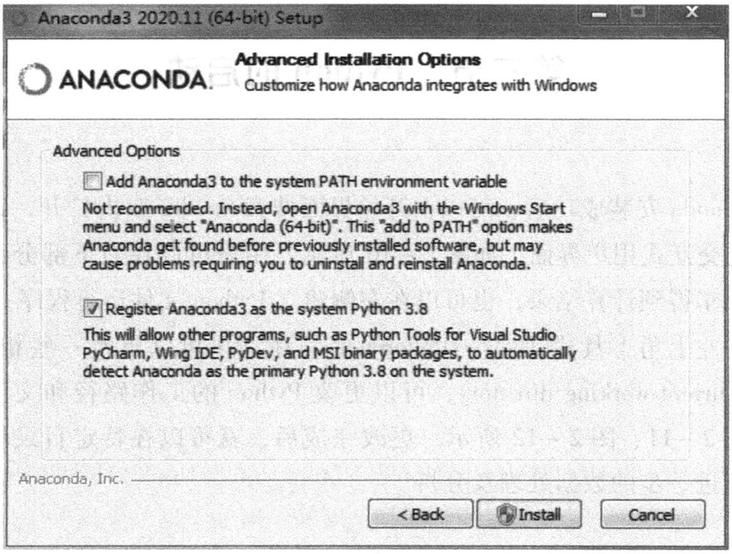

图 2－8　Anaconda 安装界面（5）

点击 Install，等待一段时间后点击图 2 - 9 中的 Next 即可完成安装。

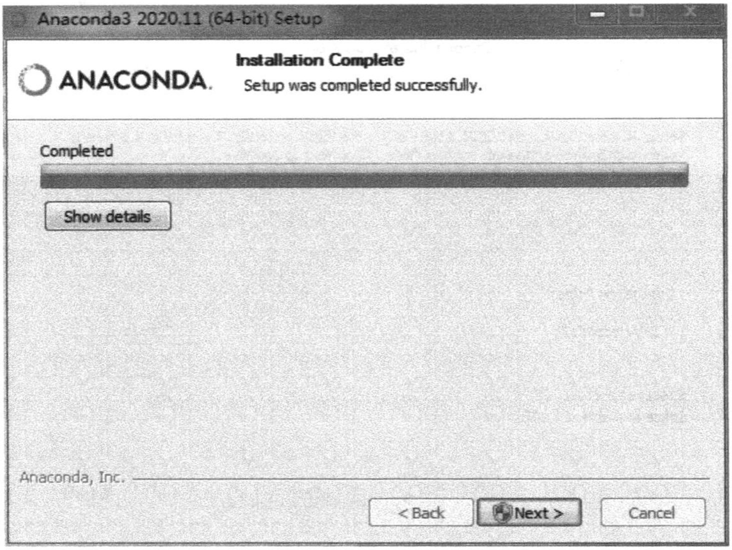

图 2 - 9 Anaconda 安装界面（6）

第三节 Python 的启动

Anaconda 安装成功后，可以在开始界面搜索 Spyder 双击打开，即可启动 Python 的交互式用户界面，如图 2 - 10 所示。用户可以在右下部分直接输入命令并回车得到计算结果，也可以在左侧建立 Python 文件运行程序。

点击左上角工具栏 Tools→Preferences，在这里可以更改一些相关设置，如点击 Current working directory，可以更改 Python 的工作路径和文件保存路径，如图 2 - 11、图 2 - 12 所示。更改完成后，就可以在特定目录里读取数据，展开进一步的数据处理及分析。

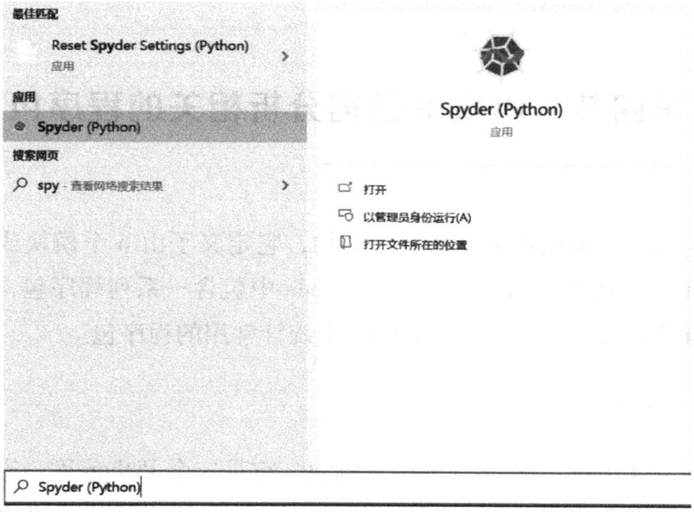

图 2 – 10 Spyder 应用程序

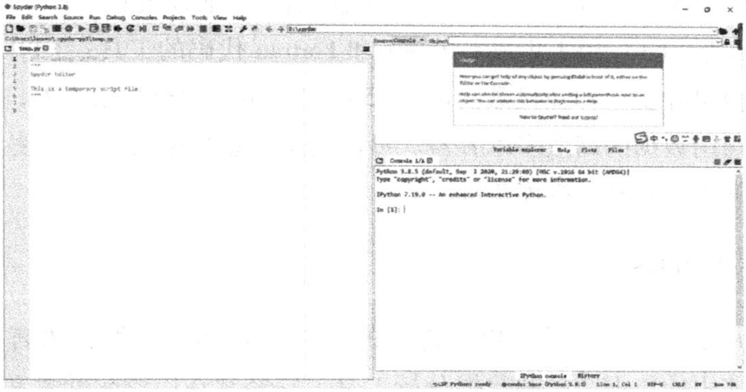

图 2 – 11 Spyder 应用程序界面

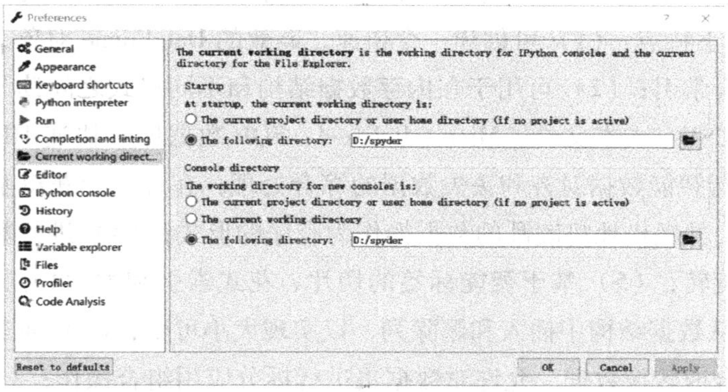

图 2 – 12 Spyder 应用程序界面

第四节 Python 数据分析相关的程序包

程序包是一个有层次的文件目录结构，它定义了由 n 个模块或 n 个子包组成的 python 应用程序执行环境。Anaconda 中包含一系列程序包，可以满足 Python 日常使用需要。下面简单介绍几个统计常用的程序包。

（一）NumPy

NumPy 是 Python 中科学计算的基础包。它是一个 Python 库，提供多维数组对象，各种派生对象（如掩码数组和矩阵），以及用于数组快速操作的各种 API。它包含如下的内容：（1）一个强大的 N 维数组对象；（2）复杂的（广播）功能；（3）用于集成 C/C++和 Fortran 代码的工具；（4）有用的线性代数，傅里叶变换和随机数功能；（5）除了明显的科学用途外，NumPy 还可以用作通用数据的高效多维容器。可以定义任意数据类型。这使 NumPy 能够无缝快速地与各种数据库集成。

（二）Pandas

Pandas 是一个开源的、BSD 许可的库，它为 Python 编程语言提供高性能、易于使用的数据结构和数据分析工具。它经常在广泛的学术和商业领域中使用，包括金融、神经科学、经济学、统计学、广告、网络分析等。Pandas 库有以下特点：（1）可创建一个快速、高效的 DataFrame 对象，用于数据操作和综合索引；（2）可用于在内存数据结构和不同格式之间读写数据，具体格式有 CSV、文本文件、Microsoft Excel、SQL 数据库和快速 HDF 5 格式；（3）可进行智能数据对齐和丢失数据的综合处理：在计算中获得基于标签的自动对齐，并轻松地将凌乱的数据操作为有序的形式；（4）进行数据集的灵活调整和旋转；（5）基于智能标签的切片、花式索引和大型数据集的子集；（6）可以从数据结构中插入和删除列，以实现大小可变；（7）通过在强大的引擎中聚合或转换数据，允许对数据集进行拆分应用组合操作；（8）数据集的高性能合并和连接；（9）层次轴索引提供了在低维数据结构中处理高维数据的直观方法；（10）时间序列功能：日期范围生成和频率转换、移动窗口统计、移动窗口线性回归、日期转换和滞后，甚至在不丢失数据的情况下创建特定领域的时间偏移和加入时间序列。

（三）SciPy

SciPy 是基于 Python 的 NumPy 包扩展构建的，包含众多数学算法和便利函数。借助 SciPy 包，交互式 Python 将成为可以与 MATLAB、IDL、Octave、R－Lab 和 SciLab 等系统相媲美的数据处理和系统原型制作环境。该程序包的功能通过若干子包得以实现，部分子包以及其功能如表 2.1 所示。

表 2.1　程序包功能对照表

分包	描述	分包	描述
cluster	聚类算法	odr	正交距离回归
constants	物理和数学常数	optimize	优化和寻根例程
fftpack	快速傅立叶变换例程	signal	信号处理
integrate	积分和常微分方程求解器	sparse	稀疏矩阵和相关例程
interpolate	插值和平滑样条	spatial	空间数据结构和算法
io	输入输出	special	特殊功能
linalg	线性代数	stats	统计分布和功能
ndimage	N 维图像处理		

（四）Matplotlib

Matplotlib 是一个 2D 可视化综合库，以各种硬拷贝格式和跨平台的交互式环境生成出版质量级别的图形，只需几行代码就可以生成图表、直方图、功率谱、条形图、误差图、散点图等。

（五）Statsmodels

Statsmodels 是一个 Python 库，用于拟合多种统计模型，进行计量经济学研究，可执行统计检验以及数据探索和可视化。Statsmodels 包含如下线性统计模型：线性回归模型、广义线性模型、广义估计方程、广义加性模型

(GAM)、稳健的线性模型、线性混合效应模型、离散因变量的回归模型、广义线性混合效应模型、方差分析模型等。对于时间序列数据，Statsmodels 库依然是一个不错的分析工具，利用它可进行：时间序列分析（tsa）、状态空间方法的时间序列分析（statespace）、向量自回归（tsa. vector_ar）等。除此以外，非参数统计方法（nonparametric）、广义矩法（gmm）、多元统计（multivariate）等也可通过 Statsmodels 得以实现。

第五节　Python 基本教程

一、Python 基本操作

（一）Python 注释

注释的目的是让阅读人员能够轻松读懂每一行代码的意义，同时也为后期代码维护提供便利。注释可用于解释 Python 代码，提高代码的可读性，也可用于阻止 Python 执行代码。Python 中的注释有单行注释和多行注释。注释中的内容 Python 不会执行。

Python 中单行注释以#开头，例如：

```
# 第一个注释
print（"Hello，World!"）    #第二个注释：Python 的 print 语句通常用于输出。
```

多行注释用三个单引号 ''' 或者三个双引号 """ 将注释括起来，例如：

```
'''
第一行注释
第二行注释
"""
print('Hello， World!')
```

（二）Python 变量

1. Python 变量命名规则。

➢ 变量名必须以字母或下划线字符开头

➢ 变量名称不能以数字开头

➢ 变量名只能包含字母数字字符和下划线（A－z、0－9 和 _）

➢ 变量名称区分大小写（age、Age 和 AGE 是三个不同的变量）

2. 向多个变量赋值。

Python 允许在一行中为多个变量赋值，也可以在一行中为多个变量分配相同的值，例如：

```
x, y, z = "Orange", "Banana", "Cherry"
print(x)
print(y)
print(z)
x = y = z = "Orange"
print(x)
print(y)
print(z)
```

3. Python 关键字。

Python 中具有自带的关键字（保留字），任何变量名不能与之相同。在 Python 的标准库中提供了一个 keyword 模块，可以查阅当前版本的所有关键字，如下所示：

```
import keyword
keyword.kwlist
```

本书使用版本的保留字包括：

['False', 'None', 'True', 'and', 'as', 'assert', 'break', 'class', 'continue', 'def', 'del', 'elif', 'else', 'except', 'finally', 'for', 'from', 'global', 'if', 'import', 'in', 'is', 'lambda', 'nonlocal', 'not', 'or', 'pass', 'raise', 'return', 'try', 'while', 'with', 'yield']

（三）数据输入

数据输入是用 Python 进行数据分析中十分重要的一步，通常来说，我们需要导入的数据类型包括 csv、excel、txt 等。在 Python 中，可以借助 Pandas 包导入数据。

```
import pandas as pd   #导入包并简写为 pd
csv_data = pd. read_csv( "filename. csv" ) #filename 为需读取的文件
excel_data = pd. read_excel('filename. xls')
txt_data = pd. read_table( "filename. txt" )
```

二、Python 数据类型

Python 中拥有 6 大数据类型：number（数字）、string（字符串）、list（列表）、tuple（元组）、sets（集合）、dictionary（字典）。下面简单介绍使用最广泛的数字和字符串两个数据类型。

（一）数字

Python 支持三种不同的数值类型。

1. 整型（Int）。

通常被称为是整型或整数，是正或负整数，不带小数点。Python3 整型是没有限制大小的，可以当作 Long 类型使用，所以 Python3 没有 Python2 的 Long 类型。

2. 浮点型（float）。

浮点型由整数部分与小数部分组成，浮点型也可以使用科学计数法表示（$2.5e2 = 2.5 \times 10^2 = 250$）

3. 复数（complex）。

复数由实数部分和虚数部分构成，可以用 a + bi，或者 complex(a，b）表示，复数的实部 a 和虚部 b 都是浮点型。

在 Python 3 中可以使用 type( ) 函数来查看数字类型，如下所示。

```
a = 1
b = 3.14
c = True
print(type(a))
print(type(b))
print(type(c))
```

Python3 所支持的运算类型包括加法、减法、除法、整除、取余、乘法和乘方：

```
print((3 + 1)) #加法运算，输出结果是 4
print((8.4 - 3)) #减法运算，输出结果是 5.4
print(15/4) #除法运算，输出结果是 3.75
print(15//4) #整除运算，输出结果是 3
print(15%4) #取余运算，输出结果是 3
print(2 * 3) #乘法运算，输出结果是 6
print(2 ** 3) #乘方运算，输出结果是 8
```

有时候我们需要对数据内置的类型进行转换，数据类型的转换，你只需要将数据类型作为函数名即可，例如：

int(x)：将 x 转换为一个整数。

float(x)：将 x 转换到一个浮点数。

complex(x)：将 x 转换到一个复数，实数部分为 x，虚数部分为 0。

complex(x, y)：将 x 和 y 转换到一个复数，实数部分为 x，虚数部分为 y。x 和 y 是数字表达式。

（二）字符串

字符串是 Python 中最常用的数据类型。字符串就是带单引号、双引号的文字，如：'hello' 和 " hello"。

字符串的索引及截取，若从前面开始则顺序为 0，1，2，…若从后开始则序号为… -3，-2，-1。

字符串的截取格式如下所示：

字符串常量［start_index：end_index +1］：字符串的截取从 start_index 开始，到 end_index 结束，也就是大家常理解的左闭右开，如下所示：

```
str ='hello'
print(str[0]) #输出结果为 h
print(str[ -1]) #输出结果为 o
print(str[ -3:]) #输出结果为 llo
print(str[1:4]) #输出结果为 ell
```

三、Python 语句与函数

（一）条件语句

Python 支持来自数学的常用逻辑条件：

等于：a = =b

不等于：a! =b

小于：a < b

小于等于：a < =b

大于：a > b

大于等于：a > =b

Python 编程中 if 语句用于控制程序的执行，基本形式为：

```
if 判断条件 1:
    执行语句 1……
    elif 判断条件 2:
      执行语句 2……
    else:
      执行语句 4……
```

例如：

进行登录验证操作，先给变量 password 赋值，然后判断 password（密码）是否正确，正确就打印“login success!”（登录成功!），错误就打印

“wrong password”（密码错误）：

```
password ='12345'
if password = ='12345':
    print ('loginsucess! ')
else
print ('wrong password')
```

（二）循环语句

和大多数程序语言一样，Python 有 for 和 while 两个原始的循环语句。下面分别用 for 语句和 while 语句实现 1 至 9 的累加的例子来说明。

```
#for 语句
sum =0;
for i in range(1, 10, 1):
    sum =i +sum
print(sum)
#运行结果是 45
#while 语句
count =0
sum =0
while(count <10):
    count = count +1
    sum = count + sum
print(sum)
```

其中，range 表示范围，i 从 1（第 1 个参数）开始迭代，每次加 1（第 3 个参数），直到 i 变成了 10（第 2 个参数）结束，因此，当 i =10 时不执行语句，for 循环是 9 次迭代。while 语句中还有另外两个重要的命令 continue、break 来跳过循环，continue 用于跳过该次循环，break 则是用于退出循环。

（三）函数

函数是组织好的，可重复使用的，用来实现单一，或相关联功能的代码段。函数能提高应用的模块性和代码的重复利用率。在刚刚接触的函数中，print( ) 是将结果打印出来的函数，int( ) 是将字符串类型转换成数据类型的函数。类似这种函数，统称为内建函数，内建函数可以直接调用。

除过自建函数，Python 还可以自定义函数。自定义函数的语法如下：

```
def f(x):
  （定义过程）
return f(x)
```

def（define 即定义）是创建函数的方法，下面用 def 创建方程 y = 5x + 2。

```
def y(x):
y = 5 * x + 2
return y
#下面调用自定义函数 y
d = y(5)
print(d)
#运行结果是 27
```

第三章　统计数据的搜集、整理和显示

统计是从数量方面认识事物的，它对事物的认识是通过互相联系的、系统的统计活动实现的。在明确研究目的的基础上，搜集相关数据，并加以整理和用图表显示，最后用科学的统计方法对整理后的数据加以分析，得出结论，从而达到认识事物的目的。本章介绍统计数据的搜集和整理的常用方法，以后各章介绍统计分析方法。

第一节　统计数据的搜集

统计数据是统计分析和研究的基础。获取统计数据资料有两种途径：一是通过统计调查获取第一手资料，即原始资料的搜集；二是利用报纸、杂志上发表的数据，即次级资料的搜集。这里，我们只介绍原始资料的搜集方法。原始资料的搜集主要是通过统计调查方式获得的。

一、统计调查方式

数据资料可以通过统计调查来获得。根据统计研究的目的和要求，统计调查可以按多种组织形式来进行，常用的有统计报表制度、普查、抽样调查、典型调查和重点调查等。

（一）统计报表制度

统计报表制度是由政府统计机关或有关机构按照国家相关法规的规定，

以报表的规范形式自上而下统一布置，自下而上逐级提供统计资料的调查组织形式。因为它要求按规定的报表格式、内容、报送程序和时间报送数据资料，所以形成了一种严格的制度。

统计报表制度是我国统计调查的一种重要的组织形式，在计划经济体制时期，我国绝大多数的统计资料都是通过统计报表方式获取的，由此人们形成一种认识，统计就是填报各种各样的报表。随着我国市场经济体制的建立以及所有制结构的变迁，统计报表制度在统计调查方式中的绝对主导地位开始动摇，其他调查方式，尤其抽样调查的应用越来越广泛，但是，统计报表制度的作用仍不可替代。与其他的统计调查方式相比，它有如下的优点：第一，统计报表制度以制度的形式要求各单位必须按时报送数据资料，便于搜集有关宏观经济、区域经济运行的数据，为决策和经济调控提供有力的依据，同时，保证了数据的全面性、及时性和连续性。第二，以表格的形式按照统一的内容填报，便于资料的汇总和整理。第三，各单位必须按照原始记录和统计台账进行填报，有利于基层单位建立起原始记录，保证了数据资料的来源和准确性有可靠的基础。

统计报表制度的不足表现在：有些单位、地区为了一己私利，存在瞒报、虚报数据的现象，层层的整理、汇总就可能使数据与真实情况之间差距很大，这也成为我国统计数据失真的主要原因；统计报表制度要求有健全的统计组织和报送渠道以及完善的基层单位原始记录，所需人力、物力、财力较多，因此，主要适用于国有和集体企业、事业以及国家机关、团体，而对于私人企业、个体单位、家庭和个人，一般不宜采用。

（二）普查

普查是一种专门组织的一次性全面调查，如人口普查、工业普查、经济普查等。普查是一种古老的调查手段，当初主要用于人口统计。由于它在掌握全面情况中的独特作用，后来被应用到许多问题的调查中。现在，通过普查所获得的资料，在了解国情、国力，制订社会发展规划，进行重大决策方面，发挥着重要作用。普查的一个最主要的优点是它比任何其他调查方式所取得的资料更全面、更系统、更详尽。但是，普查的规模大、任务重、质量要求高，需要由政府动员、组织各方面的力量配合进行，要花费大量的人力、财力、物力和时间，所以，普查不宜经常进行，一般是 5 年或 10 年举行一次，这就决定了它不是应用很普及的调查方式。

（三）抽样调查

抽样调查是一种非全面调查的组织形式，它是按照随机原则从统计总体中抽取一定数量的单位作为样本，然后根据样本调查的结果，对总体做出推断的调查方式。抽样调查的特征表现为：第一，按照随机原则确定样本。随机原则保证了总体中每一个单位被抽中的可能性是相等的，这样，抽中的样本可以代表总体，避免了系统性误差。第二，根据部分单位的调查结果对总体做出推断。抽样调查可以了解总体的情况，但不用调查全部的单位，大大节省了人力、物力、财力，是容易组织实施的调查方式，应用十分广泛。第三，抽样误差可以计算。样本毕竟不同于总体，用样本资料推断总体肯定会产生误差，但根据概率论和大数定律建立起来的抽样理论使得误差可以计算并且能够控制。

抽样调查广泛应用于各个领域。由于不同领域、不同总体的性质各具特点，加上研究目的、条件的不同，实际进行抽样调查时，往往会采取不同的组织形式，具体包括简单随机抽样、等距抽样、类型抽样、整群抽样、多阶段抽样等。

（四）典型调查

典型调查是在调查对象中有意识地选出个别或少数有代表性的单位进行调查的非全面调查方式。典型调查的目的主要在于了解与统计数据有关的生动的具体情况。也就是说，对于统计数据特殊的单位进行典型调查研究，以便了解新情况。唯物辩证法中关于个性与共性、特殊性与普遍性的辩证关系的理论，是典型调查的科学基础。典型调查从研究个别开始，对个别现象做深入、细致的调查研究，了解新情况、新问题，从而达到对总体更深入、更全面的了解、认识。典型调查的首要问题是如何挑选典型。一般来讲，根据调查目的，典型单位是其标志表现与其他单位相比有显著差异的单位（统计数据特殊），这类似于我们常说的“好的”“差的”的意思。例如，为了了解某项经济政策的绩效，选出先进的典型、后进的典型进行深入分析。

（五）重点调查

重点调查也是一种非全面调查，它是在被调查总体中选出一部分重点单位进行调查的方式。重点单位是在总体中占有一小部分，但是，它们在所调查的指标中占有较大比重的单位，这样，通过对重点单位的调查，就可以对总体的基本情况作出判断。例如，对为数不多的一些大型钢铁企业进行调查，就足以对全国钢铁产品的品种、质量、产量等情况有基本了解；对 35 个大中城市的零售物价的变化进行调查，就可以及时了解全国城市零售物价的基本变动趋势。

重点调查的优点在于，花较少的人力、物力和时间就可以获得有关总体基本情况的资料，它可以用于不定期的一次性调查，也可以用于经常的连续性的调查。当调查目的只是了解发展趋势、水平时，就可以采用重点调查。

以上均为传统统计调查方式。在大数据时代下，这些调查方式是否需要？尤其抽样调查方式，是值得思考的问题。舍恩伯格等在《大数据时代》中提到大数据的另一个思维转变，就是“要全体，不要抽样”。大数据可提供所有能够用现代信息技术记录的数据，除了可以提供事物之间的共性信息与普遍性规律之外，还可以提供个性化的特征信息。对少数群体特征及微小规律的揭示是传统抽样数据无法给予的。然而，由此认为抽样在大数据时代不重要，甚至应该退出历史舞台的观点值得怀疑。

大数据的“大”，不仅指的是数据体量的大，更重要的是因为高时空分辨率所带来的多层次数据信息结构。在一些大数据领域，可依靠高性能计算机使用分布式系统处理数据，然而在很多大数据环境下，计算机无法满足处理需求。例如，在高速网络中，面对瞬息之间涌入的海量数据流，我们无法将信息完全存储下来。此时一种合理的策略就是基于抽样建立起能够进行事后分析的汇总信息来保存数据核心内容。针对大数据流环境，耿直（2014）提出需要探索如何抽取足以满足统计目的和精度的样本，需要研究新的适应性、序贯性和动态的抽样方法。同时，从计算成本、便捷性角度考虑，抽样相比于全数据处理往往是更优的选择。因此，即使是在有能力处理全数据的计算环境下，对抽样依然存在着巨大的需求。

首先，大数据的生成与采集在人为的设计框架之下，可能存在系统性偏差。例如，在社交网络数据中，人群的上网行为习惯、计算机知识、经济地位等都是左右数据生成的因素。大数据与真实总体之间可能存在差距。其次，大数据存在混杂性，数据误差普遍存在于大型数据库和网络中，在捕捉主要趋势信息时，如果进行全数据处理，大量的误差会影响分析结果的有效性。

抽样虽然受条件、时间、资源、成本等诸多因素限制，然而在设计合理的情况下，在大数据领域抽样仍然具有价值，可以与大数据起到相互印证的作用。当抽样数据与大数据结果冲突严重时，需要考虑新的数据设计与采集，此时抽样对大数据系统起到了预警作用。

在大数据环境下，为获取在总体中难于捕捉观测的信息，需要研究案例抽样、不等概率抽样等方法。在图像、社交网络等领域的大数据中，抽样方法存在很多需求与挑战，有待研究。总之，抽样在大数据时代仍然具有举足轻重的地位。

二、对我国统计调查体系改革与发展的简要回顾[①]

1978 年恢复国家统计局时，建立了各级政府统计机构和各业务部门统计系统，运用全面统计报表来收集统计数据，这与当时的计划经济体制是相适应的。鉴于利用多种方法开展统计调查的必要性，1979 年 1 月召开的全国统计局长会议提出“统计方法要多样化，提高科学水平”的要求。1980 年恢复职工家计调查。1981 年国务院批转国家统计局《关于加强和改革统计工作的报告》提出“凡是适合用抽样调查的，就不用全面调查”，因此，1982 年恢复农产量抽样调查，进行城市物价抽样调查，还进行了第三次全国人口普查。1983 年提出统计指标体系完整化、统计分类标准化、统计调查工作科学化、统计基础工作规范化、统计计算和数据传输技术现代化、统计服务优质化，即“六化”。同年，颁布了《中华人民共和国统计法》。1984 年，国务院又发布《关于加强统计工作的决定》，统计工作开始走向法制轨道。1984 年国家统计局提出“开放式”统计，实行“五个转变”。同年，组建了由国家统计局垂直领导的农村和城镇社会经济两支调查队。

随着改革开放的逐步深入，统计调查对象开始出现多元化，使得全面统计报表制度赖以生存的基础发生巨大变化，发挥抽样调查的主体作用成为必然选择。1994 年，国务院批转国家统计局《关于建立国家普查制度改革统计调查体系的请示》，建立“以周期性普查为基础，以经常性抽样调查为主体，同时辅之以重点调查和科学推算等多种方法综合运用的统计调查方法体系”。

① 李金昌：《论建立现代化统计调查体系》，《统计研究》2018 年第 5 期，第 3－8 页。

1996 年，为了适应这一新的统计调查方法体系，组建了全国企业调查队，负责对企业的抽样调查工作。1998 年，国家统计局成立普查中心。为了适应经济体制改革和实施新国民经济核算体系的需要，同时为了消除日益严重的重复统计，1993 年国家统计局实施了一套表制度。

随着社会主义市场经济的进一步发展，统计改革的重点开始转向统计制度方法的改革，1997 年实现了向新 SNA 制度的全面过渡。2002 年正式加入国际货币基金组织数据公布通用系统（GDDS）。在总结基本单位普查、工业普查和第三产业普查经验的基础上，2004 年进行了普查制度改革，开展首次全国经济普查。2005 年合并三支专业调查队，成立了直属国家统计局的调查总队。2009 年在全国 31 个大城市开展了月度劳动力调查。2011 年调整了工业规模以上企业的标准。2012 年“四大工程”全面实施，全国 70 万家规模以上工业企业、限额以上批发零售住宿餐饮企业、资质以内的建筑业企业和房地产开发企业及房地产开发经营企业开始联网直报。2013 年，提出构建现代化服务型统计，国家统计局制定了《国家统计质量保证框架》；为迎接大数据时代，与 11 家企业签订大数据战略合作框架协议；月度劳动力调查范围扩大到 65 个大城市。2014 年，开展全国第三次经济普查，采用电子化手段进行普查区划分，单位空间定位，普查数据的采集、传输、处理。这次普查除军队和武警系统外，实行属地普查，还增加了关于企业组织结构的调查。2015 年，国家统计调查表测试实验室正式运行，提出改革完善劳动力调查，统一使用人口普查资料抽样框，将原来只在大城市进行的月度劳动力调查扩大到地级市，适当增加了反映就业创业、就业失业结构以及不充分就业和就业质量等方面的内容；提出加快建立“三新”统计制度，完善服务业统计调查制度，充分利用大数据加强服务业尤其是旅游业统计，正式采纳国际货币基金组织数据公布特殊标准（SDDS）。2016 年，提出进一步完善“三新”统计调查制度，切实加快服务业统计改革，以“五证合一”为契机加快统计调查登记制度的改革，建立健全覆盖全面、更新及时、准确完整的基本单位名录库，更好地利用互联网、大数据、云计算、物联网以及空间地理信息技术等成果加快构建现代化统计调查体系。2016 年 12 月，中央深改组通过《关于深化统计管理体制改革提高统计数据真实性的意见》，指明了深化统计改革的方向。2017 年 12 月，国家统计局召开统计系统视频会，对调整优化地方统计局和国家调查队部分业务分工、加强月度劳动力调查和“四下”企业调查改革工作进行动员部署。

为了建立适应新时代发展需要的现代化统计调查体系，我们必须以习近平中国特色社会主义思想为指导，创新思维，大胆改革。无论是组织体系还是制度体系或是方法体系，都要以问题为导向，既要敢于打破约束发展的框框，又要敢于回过头弥补不够完善的地方。具体设想如下：

第一，在方法体系上，要把“以周期性普查为基础，以经常性抽样调查为主体，同时辅之以重点调查和科学推算等的统计调查方法体系”，升级为“以现代化普查为基础，以现代化抽样调查为主体，以大数据和科学推算为重要补充的统计调查方法体系”。在目前情况下，普查依然是基础，抽样调查依然是主体，但必须实现现代化。所谓现代化普查和抽样调查，指的是在数据收集的方式、手段上更加借助现代信息技术和已有的各种行政记录，更加体现出效率和质量。为此，首先要做好企业、人口与住户等普查或抽样调查的相关基础准备工作。就企业调查而言，要努力去规范企业小数据集，建立企业大数据库。应通过立法规定所有法人单位都必须按规定在提供完整的小数据集的同时建立统计台账，随时可以提供基本的统计信息。这样，无论是开展全面调查还是抽样调查，都十分简便，并且具有连续性。就人口与住户调查而言，则要努力完善个人与住户的小数据集，建立个人与住户大数据库。在这方面，人口与住户信息的采集要借助现代信息技术从一而终，全部实现信息化（目前已具备这样的条件）。

第二，为了充分利用大数据，物价调查、居民收入调查、劳动力调查和投入产出调查等一些专项调查制度，也要进行必要的调整和完善，要更加灵活多样、简便高效。当然，各种普查制度与抽样调查制度之间、各种专项调查制度之间、规上调查制度与规下调查制度之间，要努力做到无缝对接，通盘考虑。

在技术体系上，要以各种统计软件、互联网技术、物联网技术、大数据技术和政府统计专项研发平台为基础，努力实现智能化，即从数据收集、数据处理到数据储存、数据共享，再到数据分析，实现一条龙全过程智能化，这是建立现代化统计调查体系的必然要求。可以说，没有现代化的信息技术、没有智能化的技术标准，就不可能有现代化的统计调查体系。这是由我国庞大的人口与住户规模、众多的经济活动单位，以及它们复杂的构成所决定的。只有在技术上实现智能化，才能实现上述的现代化普查和现代化抽样调查，才能帮助理顺各条渠道、各种调查之间的关系，才能打通各个数据孤岛、实现数据的融通共享，才能真正建立完备的政府统计大数据库。我们不一定普遍采用全面统计调查，但具备全面统计调查的基础却是应该努力的方向，而先进的技术手段是必备的条件。

在产品体系上，要以满足新时代、新要求为出发点，以体现新发展理念、反映高质量发展成果为导向，系统梳理统计调查内容，科学设计统计调查指标，构建现代化统计调查指标体系。能否建成现代化统计调查体系，最终要看能否通过现代统计指标体系全面反映新时代、新发展的最新成果，最终要看能否通过统计调查客观获取所需的统计数据，特别是反映新发展理念的相关数据。

三、调查方案设计

为了及时取得准确反映被研究事物的实际资料，在每次实施统计调查之前，都应制订一个调查方案，它是对调查工作全过程做出周密安排的指导性文件，使调查工作能够有条不紊地进行，调查方案的基本内容包括：

1. 调查的目的：要解决什么问题。
2. 调查项目：调查的主要内容、指标，调查问卷的设计。
3. 调查方法：调查地点、调查对象、样本数量、抽样方法。
4. 调查经费与实施日程计划。
5. 调查结果分析。

第二节　数据的整理

在统计调查获得原始资料后，需要按照研究的目的和要求，将大量杂乱无章的资料用科学的方法进行加工整理，使数据条理化、系统化，从而能够反映现象总体的特征。对数据进行整理的主要内容是对数据进行分类、汇总、计算，最后将结果以图表的形式反映出来。

一、统计分组

统计分组是对数据的分类，它是根据研究的目的和要求，将统计总体按照一定标志区分为若干个组成部分的一种统计分析方法。分组是在一个总体内进行的，就某一标志而言，总体各单位的表现是有差异的，将标志表现相同或相近的单位归入一组，而组与组之间的标志表现差异显著，这样就把总体分成几个性质不同的组成部分。统计分组的意义在于把大量原始资料条理化，从而显现出现象的数量分布特征，揭示其内在规律。例如，国民经济按三次产业的标准进行分组，各组的产值比重揭示了国民经济内部的产业分布状况，结合时序资料，可以反映一国产业结构演进的规律。

分组标志是统计分组的依据或标准，正确选择分组标志是进行分组的关键，否则，达不到对数据进行整理以及反映总体分布特征的目的。社会经济现象纷繁复杂，研究某一问题可能涉及许多标志。一般来讲，科学的统计分组应该从中选择与统计研究目的、与有关事物的性质或类型关系最密切的标志，即最主要或最本质的标志作为统计分组的依据。例如，研究居民生活水平变动情况时，可供选择的分组标志有：家庭人口数、每户就业人数、家庭人口平均受教育年限、家庭总收入、人均月生活支出等，其中最能反映生活水平变动的标志应该是人均月生活支出，所以，应该用这一标志作为分组标志。

标志分为品质标志和数量标志。选择品质标志进行分组时，当标志表现差异大、容易区分时，组与组的确定很简单，如人口按性别分组；而当标志表现差异不显著甚至有重叠时，如人口的职业分类、企业的行业分类等，组与组之间的界限就难以界定，就需要对现象进行深入分析，制定出具体的分类标准。在国民经济活动中，对于重要的、复杂的品质标志分组，常常需要制定统一的标准分类目录，就是为了解决这一问题，如国民经济行业分类、职业分类、工业产品分类等。按数量标志分组，则需要确定分组的组数、每一组的数量界限等。

不论是按品质标志分组还是按数量标志分组，都要遵循分组的两个原则：穷尽原则和互斥原则。穷尽原则要求总体中的每一个单位都有组可归，分组的标志表现要能容纳所有的总体单位；互斥原则要求在特定的分组标志下，总体中任何一个单位只能归属于某一组而不能同时或可能归属于几个组。

只按一个标志进行的分组称为“简单分组”，例如，人口按年龄分组，企业按经济类型分组。当需要反映的内容比较多时，可以选择两个或两个以上的标志进行层叠分组，称为“复合分组”，例如，人口在按年龄分组的基础上，再进一步对每个年龄组按性别进行分组。这样层层进行的分组有利于分析得更深入、具体，同时复合分组的组数会随着分组标志的增加而成倍增加。

二、频数分布数列

在对原始数据统计分组的基础上，将总体中的所有单位按组归类，形成各个单位在各组间的分布，各组的总体单位数称为“频数”或“次数”，各组频数与总体单位总数的比率称为“频率”，将以分组标志确定的组别依次排列，相应的各组的频数或频率形成的数列称为“频数（或频率）分布数列”。

频数分布数列中，样本取值与相应的频数是一一对应的，这种对应关系恰恰说明样本的分布情况。也就是说，它可以反映样本中有多大比率的单位取某个值或某区间值，这就是样本取值的分布情况。样本来自总体，利用样本信息可以推断总体，因此，频数分布数列可以用来说明总体的分布特征。总体 X 是随机变量，其概率分布是客观存在的，但又是未知的。在实际问题中，由于时间、人力、物力等因素限制，我们不可能对总体的每一个个体进行观察，因而，要精确确定总体分布是困难的，只有根据样本分布信息求出总体 X 的近似分布，这就要借助样本频率分布数列。若总体 X 为离散型变量，$x_i(i=1, 2, \cdots, n)$ 是 X 的任意取值，它的概率为 p_i，由贝努里大数定理知道，当 n 很大时，频率应接近于概率 p_i。推而广之，若总体 X 是连续型变量，从理论上讲，取某个值的概率都是零，但对样本进行组距式分组后，样本落在某一区间的频率可以作为总体在这一区间概率的近似。因此，当 n 很大时，可以用样本频率分布作为总体分布的近似。可以这样说，分布数列是实际应用中对随机变量分布理论的逼近，也是分布理论在实际中的应用。

分布数列分为品质数列和变量数列。用品质标志为分组标志而编制的分布数列称为“品质数列”。如表 3.1 所示。由于品质标志的表现相对简单，由此形成的数列结果稳定，能准确反映总体的分布特征。

表 3.1　　某年某地区人口性别分布表（年底数）

按性别分组	人口数（万人）（频数）	人口比重（%）（频率）
男	613.51	51.05
女	587.23	48.95
合计	1200.74	100

用数量标志为分组标志所编制的分布数列称为“变量数列”。变量数列根据标志值表现形式的不同，可进一步区分为单项数列和组距数列。单项数列指各组都由一个具体的变量值来表示的数列，如表 3.2 所示。一般对于离散型变量，且变量值又比较少的情况，适宜编制单项数列。

表 3.2　　某班级学生按年龄分组

按年龄分组	人数（人）	人数比重（%）
17	6	12
18	14	28
19	18	36
20	9	18
21	3	6
合计	50	100

组距数列则是指各组都是由两个变量值界定的变量区间来表示的数列，对于连续型变量或变量值较多的离散型变量，就要编制组距数列。

三、组距式分布数列的编制方法

在分布数列的编制中，组距式分布数列的编制最难，我们以一个实例来讨论它的编制方法。

［例 3.1］ 一批钢材，抽样测试其抗张力，随机抽取 76 个样本观察值如下：（单位：kg/cm^2）

41.0	37.0	33.0	44.2	30.5	27.0	45.0	28.5	40.6	34.8
31.2	33.5	38.5	41.5	43.0	45.5	42.5	39.0	36.2	27.5
38.8	35.5	32.5	29.5	32.6	34.5	37.5	39.5	35.8	29.1
42.8	45.1	42.8	45.8	39.8	37.2	33.8	31.2	31.5	29.5
29.0	35.2	37.8	41.2	43.8	48.0	43.6	41.8	44.5	36.5
36.6	34.8	31.0	32.0	33.5	37.4	40.8	44.7	40.0	41.5
40.2	41.3	38.8	34.1	31.8	34.6	38.3	41.3	44.2	37.1
30.0	35.2	37.5	40.5	38.1	37.3				

具体编制方法如下：

第一步，将原始资料按由小到大的顺序排列，排列后可看出最大值（max）与最小值（min），以及大部分数值的区间范围。本例中，n = 76，min = 27，max = 48，大部分数值集中在区间（30，45）内，极差(全距) = max − min = 48 − 27 = 21

第二步，确定组数与组距。组距式分组中，每组的两个变量值中的最小值称为“下限”，最大值称为“上限”，上限、下限之差称为“组距”。组数与组距直接决定分组结果，组距短、组数多看不出分布的规律，因为每个组的变量取值区间很小，频数几乎相等也很小，就像对于连续型随机变量而言，某个取值的概率没有意义一样，只有扩大变量的取值区间才能看出分布规律；组距长、组数少，则把各组的差异用大的组掩盖，也看不出分布规律。因此，合适的组数与组距对于分组结果意义重大。一般来讲，确定组数、组距的原则是以能否归纳出原始数据的分布特征为依据，组数应该在 5 ~ 20 之间，数据的个数多，相应的就多分一些组，一旦组数确定，它应该能使数据的变异得到充分的反映。就组数的确定问题，一些统计学家曾作过研究，并给出了经验公式，其中，比较有代表性的是斯特基（H. A. sturges）方法。斯特基计算组数的公式为：

$$k = 1 + 3.32 \lg n \tag{3.2.1}$$

其中，k 表示分组的组数，n 为样本容量。

就本例而言，$n = 76$，则 $k = 1 + 3.32 \lg 76 = 7.24$，故可分 7 个组。在等距分组的条件下，组距 = (最大值 − 最小值)/组数 = 21/7 = 3。分组结果如表 3.3 所示。

表 3.3　　钢材抗张力分组表

按抗张力分组	频数	频率（%）	频数密度	组中值	向上累计频数	向下累计频数
27~30	7	9.2	3.07	28.5	7	76
30~33	10	13.2	4.4	31.5	17	69
33~36	13	17.1	5.7	34.5	30	59
36~39	16	21.1	7.03	37.5	46	46
39~42	15	19.7	6.57	40.5	61	30
42~45	10	13.2	4.4	43.5	71	15
45~48	5	6.6	2.2	46.5	76	5
合计	76	100	—	—	—	—

分组时，每一组组距可以相等，也可以不等。前者称为等距分组，后者称为不等距分组。选择等距分组或不等距分组，主要由研究目的和变量值的特点而决定。如果研究目的是要从数量上区分不同性质的组别，就必须根据被研究现象各类别在数量上的特点确定各组组距，这就要采用不等距分组。采用等距分组，便于比较各组次数，便于绘图，便于进行结构和对比分析。所以，只要可能，应尽量采用等距分组。在不等距分组的情况下，各组次数不仅受各组数值水平影响，而且受组距大小影响。所以，要比较各组次数分布或分析总体结构，就要消除由组距不等造成的影响，为此需要计算单位组距的次数，即频数密度，计算公式为：

频数密度＝频数/组距　　(3.2.2)

本例中数据分组的频数密度如表 3.3 所示。

有的时候会碰到有的组没有下限，如“100 以下”，有的没有上限，如“500 以上”等，这称为“开口组”。开口组一般用在数据中有极端值的情况下，这样，既可包容数据中的极大值、极小值，又不至于使组数过多。不过，如不是必须，尽量不要采用开口组，它不利于组中值及平均数的计算。

第三步，确定组限和组中值。组限是各组之间的数量界限，科学的组限要求使总体中任何一个单位都有组可归，各组之间既不交错，也不脱节，以防止分组和汇总中的混乱。一般来讲，如果分组标志是连续变量，组限用重合式，即相邻两组中，前一组的上限与后一组的下限是重合的。如果分组标志是离散变量，组限用不重合式，前一组的上限值与后一组的下限值紧密相连而又不相重复，例如，企业按人数分组，分为“100—499”，“500—999”……本例中由于钢材的耐抗力是连续变量，故采用重合式组限。在重合式组限中有一个问题是，如果一个总体单位的标志值恰好就是相邻两组的组限值，这个单位到底应该归入哪个组？这里有一个原则是“上限不在内”，即该单位应该归入下限是这个值的组。本例中有一个总体单位的耐抗力是 30kg/cm^2，它应该分到第二组而不是第一组。

在组距分组的情况下，各组取值是区间值，不利于进一步的计算分析，需要计算组中值来代表各组数值水平。组中值的计算公式为：

$$组中值=(上限+下限)/2 \tag{3.2.3}$$

这种计算方法的假定前提是数值在组内是均匀分布的，即从下限值开始，均匀地变动至上限，上、下限平均后得到中间值，这个值就是“组中值”，它可以代表整个组的一般水平。本例中，各组的组中值如表 3.3 所示。这里还有一个问题，就是开口组的组中值的计算，需要在确定开口组的组限以后才能计算组中值。开口组的组限以相邻组的组距为依据来确定。例如，对某地区的人口按年龄分组时，最后一个组是“55 岁以上”，它前面的一个组是“25～55 岁”，组距是 30 岁，这样，最后一个组的假定上限就是 85 岁（55+30），组中值为（55+85）/2=70 岁。

四、累计频数分布数列及其应用

（一）累计频数分布数列介绍

累计频数（频率）分布数列是指在频数（频率）分布数列的基础上，将各组频数（频率）依次相加求和形成的数列。按照累计方向的不同，分为向上累计和向下累计两种。向上累计是指频数（频率）由变量值低的组向变量值高的组的累计，向下累计则恰好与之相反。累计频数（频率）分布数列最直观的意义是可以说明小于或大于某个值的频数或频率是多少。［例 3.1］的频数分布数列的累计值如表 3.3 所示，我们可以知道，46 个单位的抗张力小于 39kg/cm^2，占到 61%，而 59 个单位的抗张力大于 33kg/cm^2，占到 78%。

（二）累积频数分布数列在经济学中的应用——洛伦兹曲线

累计频数分布数列在经济学中的重要应用是用来衡量收入分配差距问题，

产生了著名的洛伦茨曲线。洛伦茨曲线是美国经济学家 M. B. Lorentz 在 20 世纪初提出的描述收入分配性质的图示方法，如图 3 – 1 所示。

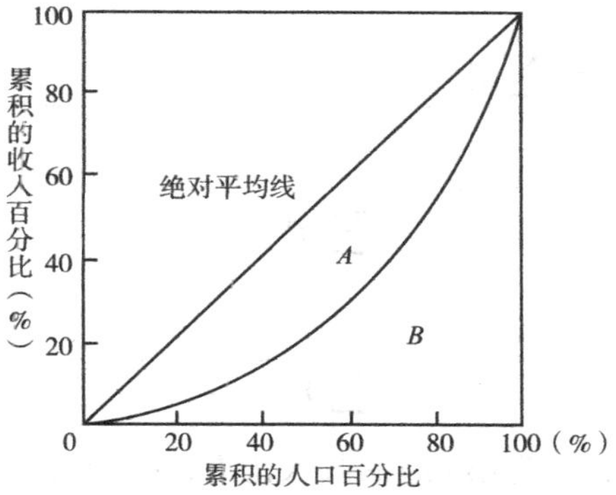

图 3 – 1　洛伦茨曲线

显然，如果一个国家的收入完全按人口平均分配，那么，同样的人口比重就应该占有同样的收入比重。即同样的累计人口比重对应同样的收入累计比重，这时的分配曲线如图 3 – 1 中的对角线，反映绝对平均的收入分配。如果一国收入是绝对不平均的，那么，曲线就与横轴和右纵轴重合。一般来讲，任何一个国家的收入分配曲线总是处在如图 3 – 1 中所示的位置，离对角线越近分配越平均。洛伦茨曲线的缺点是只能在几何图形上观察，而无法以数值表示收入差距，当曲线发生交叉时，直观上很难判断哪一条曲线代表的收入差距程度更大。这时就要用到基尼系数。基尼系数是基于洛伦茨曲线而用数值表示收入分配差距程度的指标。从图形上看，基尼系数就是洛伦茨曲线与对角线围成的面积同对角线与横轴和右纵轴围成图形的面积之比，即：

$$基尼系数 = \frac{A}{A+B} \tag{3.2.4}$$

它的取值在 0 ~ 1 之间，越接近于 1 收入分配的差距越大。基尼系数的计算方法有很多，最常用的有以下几种。

1. 几何方法。

方法一：不论人口、家户和收入比重是否等分，都可使用的方法。

计算公式为：

$$G = \frac{10000 - S}{1000} \tag{3.2.5}$$

其中：

$$S = \sum_{i=1}^{n} p_i v_i, i = 1,2,\cdots,n \tag{3.2.6}$$

$$v_i = u_{i-1} + u_i, u_i = \sum_{i=1}^{i} y_i \tag{3.2.7}$$

$$p_1 + p_2 + \cdots + p_n = 100, p_i = \frac{P_i}{\sum_{i=1}^{n} P_i} \tag{3.2.8}$$

$$y_1 + y_2 + \cdots + y_n = 100, y_i = \frac{Y_i}{\sum_{i=1}^{n} Y_i} \tag{3.2.9}$$

式中：n 为组数，y_i 为第 i 组的收入比重，u_i 为第 i 组的向上累加收入比重，p_i 为第 i 组的人口比重，P_i 和 Y_i 为第 i 组的人口和收入。这一计算方法的理论基础是通过估算曲线与右纵轴、X 轴围成图形的面积而计算 G。我们以一个实证的例子来说明基尼系数的计算方法。

［**例 3.2**］根据 1998 年我国城镇居民收入抽样调查资料，计算该年城镇居民收入分配的基尼系数。抽样调查总户数为 39080 户，调查资料经整理后如表 3.4 所示。

表 3.4　　1998 年我国城镇居民收入抽样调查资料表

按收入分组	户数比重（%）（p_i）	平均每户可支配收入（元）	可支配收入比重（%）（y_i）	u_i	v_i	p_iv_i
最低收入户	10	8693. 39	5. 08	5. 08	5. 08	50. 8
低收入户	10	11296. 84	6. 6	11. 68	16. 76	167. 6
中等偏下户	20	13512. 89	15. 79	27. 47	39. 15	783
中等收入户	20	16329. 58	19. 08	46. 55	74. 02	1480. 4
中等偏上户	20	19239. 18	22. 48	69. 03	115. 58	2311. 6
高收入户	10	22845. 3	13. 35	82. 38	151. 41	1514. 1
最高收入户	10	30145. 94	17. 62	100	182. 38	1823. 8
$\sum$	100	—	100	—	—	8131. 3

注：总收入 = $\sum$ 每组平均每户可支配收入 × 各组总户数 = 66883376. 1（元）。

资料来源：根据 1999 年《中国统计年鉴》整理。

所以，$G = \frac{10000 - 8131.3}{10000} = 0.18$。

0.18 显著低于收入分配的警戒水平 0.4，表明 1998 年我国居民收入分配情况是居民以及国民经济能够承受的水平。

方法二：利用洛伦兹曲线回归方程计算基尼系数。

设 $y_i = Ap_i^b$，y_i，p_i 分别为收入和人口比重累加到 i 组的值，对该曲线积分，可得式（3.2.10）：

$$S = \int_0^1 Ap_i^b dp_i = \frac{A}{b+1} \tag{3.2.10}$$

S 为曲线与 X 轴、右纵轴围成的面积，则可得式（3.2.11）：

$$G = \frac{\frac{1}{2} - S}{\frac{1}{2}} = \frac{\frac{1}{2} - \frac{A}{b+1}}{\frac{1}{2}} = 1 - \frac{2A}{b+1} \tag{3.2.11}$$

2. 平均差方法。

基尼于 1912 年提出针对离散收入分布的一种绝对平均差方法，测度离散收入分布的差距。根据新帕雷格拉夫经济学辞典，基尼系数的原始计算公式为：

$$\Delta = \frac{1}{n^2} \sum_{i=1}^{n} \sum_{j=1}^{n} |y_i - y_j| \tag{3.2.12}$$

$$G = \frac{\Delta}{2\mu_y} = \frac{1}{2n^2\mu_y} \sum_{i=1}^{n} \sum_{j=1}^{n} |y_i - y_j| \tag{3.2.13}$$

其中，$|y_i - y_j|$ 为任何一对样本的收入的绝对差，μ_y 为收入均值，n 为样本数量。

显然，基尼提出的基尼系数，认为收入差距来自任意两个收入之差。前文提到的几何方法计算中，收入差距实际上衡量的是组间差距，而忽略了组内差距。

3. 协方差方法。

Anand（1983）认为，离散收入的基尼系数为可以用收入 y_i 与序号 i（按收入大小，从低到高排序，最低为 1，最高为 N）之间的协方差来计算。具体公式如下：

$$G = \frac{2\mathrm{cov}(y_i, i)}{n\mu_y} \tag{3.2.14}$$

（三）关于我国基尼系数计算的讨论

由于我国城乡“二元”结构存在，城市、农村居民收入调查是分别进行的。如何得到全国统一的基尼系数，是学者们讨论的焦点。有学者提出，在掌握了城乡内部收入差别资料的前提下，先分别计算城乡内部的基尼系数，然后用“城乡加权法”估算出全国总的基尼系数。以下是不同学者提出的合成计算公式。

1. 城乡加权法。

（1）加权计算方法是发展经济学家 Sun drum（1990）在《不发达国家的收入分配》中介绍的，计算公式如下：

$$G = P_r^2(u_r/u)G_r + P_c^2(u_c/u)G_c + P_rP_c\left|(u_c - u_r)/u\right| \tag{3.2.15}$$

其中：P_r 是农村人口比重，P_c 是城市人口比重，u_r 是农村人均收入，u_c 是城市人均收入，u 是全国人均收入，G_r 是农村基尼系数，G_c 是城镇居民基尼系数。

（2）伦敦经济学院的收入分配方法论专家考威尔教授提出，总体基尼系数包括组内差距、组间差距，还包括一个相互作用项，用公式表示如下：

$$G_t = \sum_{j=1}^{J} w_jG_j + I_b + \varepsilon(f_j) \tag{3.2.16}$$

其中，G_t 是总体基尼系数，G_j 是各个分组内部的基尼系数，w_j 为权数，$\sum w_j = 1$，I_b 为组间的差距指数，ε 是相互作用项，f_j 表示各个分组内部的收入分布。

（3）潘霁在《基尼系数是一个完备的不平等程度的度量指标吗?》一文中在前人的基础上，考虑到分组的时候具有“重叠”部分的问题时，提到了新的计算基尼系数的方法。计算公式如下：

$$G = G_B + \sum_{k=1}^{n} \alpha_kG_k + I_b + R \tag{3.2.17}$$

其中，G_B 是组间基尼系数，小组每个人的收入都用此组平均值代替；G_k:是组内基尼系数；α_k 是 k 组人数份额与收入份额的乘绩；R：残差。

2. 拟合洛伦兹曲线。

很多学者还是认为，分组和加权得到的总体基尼系数不可靠，因而采用了拟合城乡混合的收入分布来计算基尼系数。

比如，王祖祥（2006）使用二次样条函数逼近的方法拟合农村收入分布，通过洛伦兹曲线的拟合得到城镇收入分布，从而得到拟合的城乡混合收入分布，计算总体基尼系数。程永宏（2004）以广义 Logistic 分布来拟合农村、城镇居民的收入分布，通过普通最小二乘法估计分布的参数，根据收入分布函数，计算出混合城乡二元结构中的基尼系数，但是该方法的缺点在于 Logistic 函数的定义域为负无穷到正无穷，而收入一般为正数，而且收入分布一般不能进行最小二乘估计。Chotikapanich et al（2007）使用了韦布分布拟合农村收入分布、广义贝塔分布拟合城镇收入分布，分别采用极大似然估计（MLE）方法估计农村收入分布参数，采用广义矩估计（GMM）方法估计城镇收入分布参数及城镇收入分组数据的上下限，然后得到总体分布函数并计算了总体基尼系数。

3. 基尼系数的分解（两个组）①。

设全体居民分为 $A \setminus B$ 两个组，样本容量分别为 $a \setminus b, a+b=n$

$$a_A = \frac{a}{n}, a_B = \frac{b}{n}$$

μ_A——A 组均值，μ_B——B 组均值，μ—— 总体均值

$S_A = \frac{a\mu_A}{n\mu}$——$A$ 组收入比重，$S_B = \frac{a\mu_B}{n\mu}$

$$\begin{aligned}
G &= \frac{\sum_{i=1}^{n}\sum_{j=1}^{n}|X_j - X_i|}{2n^2\mu} \\
&= \frac{1}{2n^2\mu}\Big\{\sum_{i\in A}\sum_{j\in A}|X_j - X_i| + \sum_{i\in B}\sum_{j\in B}|X_j - X_i| + \sum_{i\in A}^{n}\sum_{j\in B}^{n}|X_j - X_i| \\
&\quad + \sum_{i\in B}^{n}\sum_{j\in A}^{n}|X_j - X_i|\Big\} \qquad (3.2.18) \\
&= \frac{1}{2n^2\mu}\Big\{\sum_{i\in A}\sum_{j\in A}|X_j - X_i| + \frac{1}{2n^2\mu}\sum_{i\in B}\sum_{j\in B}|X_j - X_i| \\
&\quad + \frac{1}{n^2\mu}\sum_{i\in A}^{n}\sum_{j\in B}^{n}|X_j - X_i|\Big\} \\
&= \frac{a^2\mu_A}{n^2\mu}\cdot\frac{1}{2a^2\mu_A}\sum_{i\in A}\sum_{j\in A}|X_j - X_i| + \frac{b^2\mu_B}{n^2\mu}\cdot\frac{1}{2b^2\mu_B}\sum_{i\in B}\sum_{j\in B}|X_j - X_i| \\
&\quad + \frac{1}{n^2\mu}\sum_{i\in A}^{n}\sum_{j\in B}^{n}|X_j - X_i|
\end{aligned}$$

---

① 根据《数量经济技术经济研究》（2009 年第 10 期）内容整理。

$$= a_A^2 \cdot \frac{\mu_A}{\mu} G_A + a_B^2 \cdot \frac{\mu_B}{\mu} G_B + \frac{1}{n^2 \mu} \sum_{i \in A}^{n} \sum_{j \in B}^{n} |X_j - X_i|$$

$$= a_A s_A G_A + a_B s_B G_B + \frac{1}{n^2 \mu} \sum_{i \in A}^{n} \sum_{j \in B}^{n} |X_j - X_i|$$

当两组没有重叠时，假设 $\mu_A > \mu_B$，则 $\min(X_{i \in A}) > \max(X_{j \in B})$

$$\frac{1}{n^2 \mu} \sum_{i \in A}^{n} \sum_{j \in B}^{n} |X_j - X_i| = \frac{1}{n^2 \mu} \sum_{i \in A}^{n} \sum_{j \in B}^{n} (X_i - X_j)$$

$$= \frac{1}{n^2 \mu} (ab\mu_A - ab\mu_B) = a_A a_B \frac{\mu_A - \mu_B}{\mu} \tag{3.2.19}$$

当两组有重叠时，上式把重叠项带来的一部分差距反向计算，反向计算部分为：

$$\frac{1}{n^2 \mu} \sum_{X_j > X_i}^{j \in B} \sum_{i \in A} (X_j - X_i) \tag{3.2.20}$$

这样，式（3.2.20）第三项可以写成：

$$\frac{1}{n^2 \mu} \sum_{i \in A}^{n} \sum_{j \in B}^{n} |X_j - X_i| = a_A a_B \frac{\mu_A - \mu_B}{\mu} + \frac{2}{n^2 \mu} \sum_{X_j > X_i}^{j \in B} \sum_{i \in A} (X_j - X_i) \tag{3.2.21}$$

第三节　数据的显示——统计表和统计图

一、统计表

统计表是显示统计资料的一种有序排列的表格。用统计表显示整理后的资料，具有简明醒目、易于比较的优点。统计表由四部分组成：总标题、横行标题、纵栏标题以及指标数值。总标题在表格上方的中间，用来说明统计资料的内容以及资料所属的时间和空间范围；横行标题也称为主词，在表的左端，是统计表所要说明的对象，一般是总体、总体单位或总体的各个分组；纵栏标题在表的上端，也称为宾词是用来说明总体的各个指标；横行与纵栏的交叉处就是指标数值。具体图示见表 3.5。

表 3.5　　某班级学生按年龄分组（总标题）

按年龄分组	人数（人）	人数比重（%）
17	6	12
18	14	28
19	18	36
20	9	18
21	3	6
合计	50	100

纵栏标题；横行标题；统计指标值；主词；宾词

编制统计表时有以下注意事项：

1. 总标题、横行标题、纵栏标题要简明扼要，同时表明资料所属的时间和空间。

2. 指标数值要对准位数，缺数值时用“…”表示，不应有的数值用“—”表示。

3. 如果全表只有一个计量单位，放在表的右上方；若各栏目的单位不一样，在各指标下注明单位。

4. 在表的最下方注明资料来源。

5. 统计表的左、右两端不封口。

二、统计图

统计图是利用几何图形或事物形象显示统计资料的方式，具有形象直观的特点，是统计整理的重要工具。常用的统计图有直方图、折线图、曲线图等。统计图的绘制已由过去的手工制作转为计算机制作，增加了图形的准确性和清晰度。Python 作图功能主要通过 Matplotlib 库来实现，它是一个 2D 可视化综合库，以各种硬拷贝格式和跨平台的交互式环境生成出版质量级别的图形。

1. 直方图。

直方图是在坐标系中，以横轴表示各组组距，纵轴表示各组频数的条形图，用来直观地表明数据的分布特征。直方图大多数情况下用在等距数列中，不等距数列作图时，纵轴要用频数密度以消除组距对频数的影响。［例 3.1］分组的直方图如图 3 - 2 所示。可以看出，钢材抗张力的分布呈现以中间值单位数居多、两端值单位数偏少的分布，基本上可以认为是正态分布，60% 的样本集中在 33 ~ 42 之间。

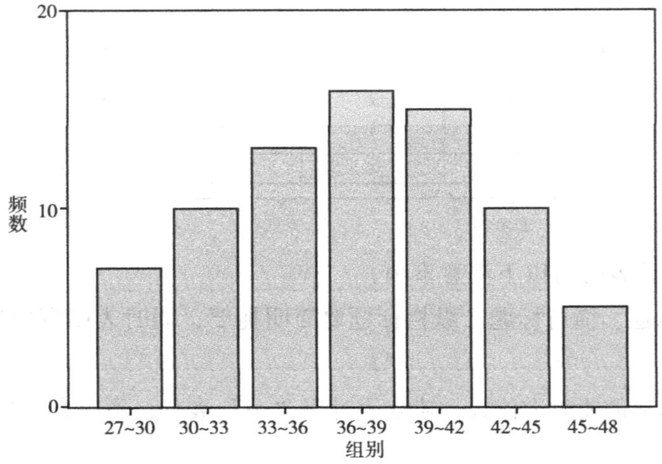

图 3 – 2　钢材抗张力直方图

人们有时也用茎叶图显示数据的分布，它类似于直方图。茎叶图是美国统计学家 J. Tukey 于 20 世纪 70 年代在其《探索数据分析》一书中提出的显示数据的图形。它是用类似茎、叶这样的图示来显示一批数据的结构，它能表明一批数分布的对称程度、极值、数值在每个区间的分布情况等。具体做法是先将数据排序，然后确定数据的茎、叶，茎是数据差异的主干，叶是在每一个茎中的细分。[例 3. 1] 数据的茎叶图如图 3 – 3 所示。

```
2* |
2. |            7 7 9 9 9 9
3* | 0 0 0 0 1 1 1 1 1 1 1 2 2 2 3 3 3 3 4 4 4 4 4 4 4
3. | 5 5 5 5 6 6 6 7 7 7 7 7 7 7 8 8 8 8 8 8 9 9 9
4* | 0 0 0 1 1 1 1 1 2 2 2 3 3 4
4. | 5 5 5 8
```

图 3 – 3　钢材抗张力茎叶图

茎叶图显示了数据的原始信息，最小值是 27，最大值是 48，数据的茎在十位数上区分，叶是每一个十位数下的个位数值，小数点后的数值省略。从图 3 – 3 中不难发现，绝大部分数值集中在 30 ~ 44 之间，数据的分布比较集中，没有极端值，可以肯定钢材的抗张力比较稳定。茎叶图十分像直方图，两者相比，茎叶图能看出原始数据，以及分布的对称性、离散程度、中位数、奇异点等信息；直方图也可以显示数据的分布特征，但是看不到每一个组内的具体数值，更别说离散程度、中位数、奇异点等信息。另外，组距是人为确定的，分布特征的显示受组距的影响，组距确定不合适，直方图很难显示数据的分布特征。

2. 折线图。

在直方图的基础上，将每个长方形的顶端中点用折线连接而成就是折线图。

3. 曲线图。

当变量值非常多，变量数列的组数增多时，折线便趋于一条平滑的曲线，它可以更清晰地表明连续型变量的分布。

数据整理案例分析

某食品公司在新墨西哥州、亚力桑拿州、加利福尼亚州开设了连锁超市。最近该公司发动了一场声势浩大的广告宣传活动，宣称只要是食品公司的顾客，都可以享受该公司新的信用卡政策，可以用 Visa 卡结账，也可以用 Mastercard 卡付款，还可以用现金或个人支票。这项措施是在试验的基础上形成的，旨在鼓励顾客扩大购买量。

试行一个月之后，在一个周末随机选取了 100 个顾客的样本，收集了支付方式和购买量数据，如表 3.6 所示。在此之前，大约有一半的人使用现金支付购货款，另一半的顾客使用了个人支票。

表 3.6　　支付方式统计表

现金	个人支票	信用卡	现金	个人支票	信用卡
7.40	27.60	50.30	5.08	52.87	69.77
5.15	30.60	33.76	20.48	78.16	48.11
4.75	41.58	25.57	16.28	25.96	
15.10	36.09	46.24	15.57	31.07	
8.81	2.67	46.13	6.93	35.38	
1.85	34.67	14.44	7.17	58.11	
7.41	58.64	43.79	11.54	49.21	
11.77	57.59	19.78	13.09	31.74	
12.07	43.14	52.35	16.69	50.58	
9.00	21.11	52.63	7.02	59.78	
5.98	52.04	57.55	18.09	72.46	
7.88	18.77	27.66	2.44	37.94	
5.91	42.83	44.53	1.09	42.69	
3.65	55.40	26.91	2.96	41.1	
14.28	48.95	55.21	11.17	40.51	

续表

现金	个人支票	信用卡	现金	个人支票	信用卡
1.27	36.48	54.19	16.38	37.20	
2.87	51.66	22.59	8.85	54.84	
4.34	28.58	53.32	7.22	58.75	
3.31	35.89	26.57		17.87	
15.07	39.55	27.89		69.22	

运用统计表与统计图的形式对上述样本资料进行处理，并撰写相应的管理报告。报告的内容应包括：

（1）支付方式的频数及频数分布。

（2）绘制支付方式的条形图和饼形图。

（3）编制每种支付方式下购买量的频数与频数分布。

（4）每种支付方式下购买量的直方图和茎叶图。

最后，还须说明关于购买量金额与支付方式的初步看法。

利用 Python 程序，计算过程如下：

```
importmatplotlib. pyplot as plt
import pandas as pd    #载入需要使用的程序包
df = pd. read_excel("C:\Users\Administrator\Desktop\chapter3. xlsx")   #读入数据
print(df. head())   #显示数据的前五行
```

输出结果：

```
        cash      check      credit_card
0       7.40      27.60        50.30
1       5.15      30.60        33.76
2       4.75      41.58        25.57
3      15.10      36.09        46.24
4       8.81       2.67        46.13
```

```
var = df. count()   #每一种支付方式计数
print(var)
```

输出结果：

```
cash          38
```

```
check            40
credit_card      22
fig = plt.figure()
ax1 = fig.add_subplot(1,2,1)
ax1.set_xlabel('Payment method')
ax1.set_ylabel('Frequency')
var.plot(kind ='bar')   #作出条形图
ax2 = fig.add_subplot(1,2,2)
ax2.set_xlabel('Payment method')
ax2.set_ylabel('Frequency')
plt.title('Payment method')
ax2.pie(var,autopct ='%1.1f%%')    #作出饼图
plt.show()   #显示图像
```

由 Python 输出结果，计算支付方式的频数及频数分布如表 3.7 所示：

表 3.7　　支付方式

		Frequency	Percent	Valid Percent	Cumulative Percent
Valid	现金	38	38.0	38.0	38.0
	个人支票	40	40.0	40.0	78.0
	信用卡	22	22.0	22.0	100.0
	Total	100	100.0	100.0	

从表 3.7 中我们可以看出现金的频数为 38，频率为 38%；个人支票的频数为 40，频数为 40%；信用卡的频数为 22，频率为 22%。使用最高频率的支付方式是个人支票，使用最低频率的支付方式是信用卡。支付方式的条形图与饼形图分别如图 3-4 所示：

从图 3-4 中我们也可以直观地看出，个人支票支付方式的频数最高，信用卡支付方式的频数最低。从饼形图中我们可以看出个人支票的支付方式所占面积最大，所以，其频数也是最大的；而信用卡支付方式所占面积最小，因而其频数也是最小的。

下面我们关注现金支付方式下购买量，并使用 Python 计算频数，作出购买量的直方图和茎叶图。频数计算以及直方图作图代码如下：

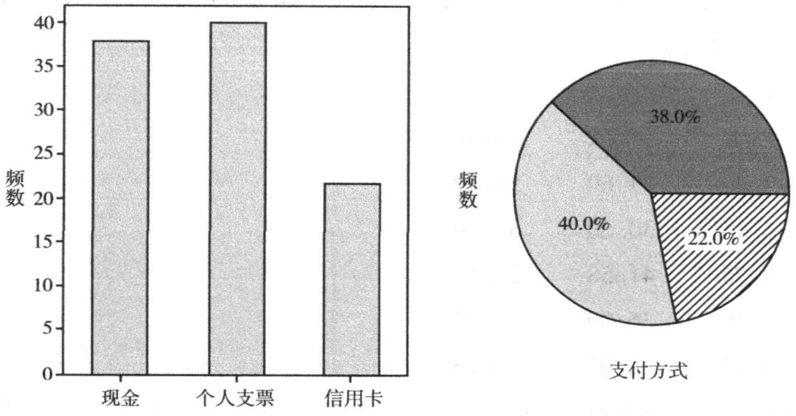

图 3－4　支付方式的条形图与饼图

```
importmatplotlib. pyplot as plt
import pandas as pd
importnumpy as np

def data_count(dataa, r1, r2, step):
#自定义一个可以计算各范围数据频数的函数，其中 dataa 代表原始数据，ri、r2 代表上、下限，step 为步长
r = pd. DataFrame(np. random. randn(1, 2))
r. drop(0, inplace = True)
while r1 + step < = r2:      #注意 while 循环内部命令语句前的空格层次
        num = 0
        for j in range(len(dataa)):
            ifdataa[j] > = r1 and dataa[j] < r1 + step:
                num = num + 1
        f = "%s ~ %d" % (r1, r1 + step)
        # r = r. append([[int(r1), num], ]) # 使用单数表示
        r = r. append([[f, num], ])   # 使用范围表示
        r1 = r1 + step
return r
```

```
df = pd.read_excel("C:\Users\Administrator\Desktop\chapter3.xlsx")
print(df.head())
```

输出结果：

```
      cash    check   credit
0     7.40    27.60   50.30
1     5.15    30.60   33.76
2     4.75    41.58   25.57
3    15.10    36.09   46.24
4     8.81     2.67   46.13
```

```
data_group = data_count(df['cash'], 1, 21, 4)  #以现金支付方式为例,其他方式相同
print(data_group)
```

输出结果：

```
        0       1
0     1~5    10.0
0     5~9    13.0
0    9~13     5.0
0   13~17     8.0
0   17~21     2.0
```

```
y = data_group.iloc[:, 1].values  #各组频数
index = data_group.iloc[:, 0].values  #各组上下限
tt = list(range(len(y)))
fig = plt.figure()
ax = fig.add_subplot(1, 1, 1)
data_group.plot(kind='bar')
plt.xticks(tt, index)
plt.ylabel('Frequency')
plt.show()
```

根据频数计算结果得出现金支付方式下购买量的频数与频数分布以及直方图如图 3-5 所示。

从表 3.8 中我们可以看出，在现金支付方式下 5~9 美元的金额出现的频

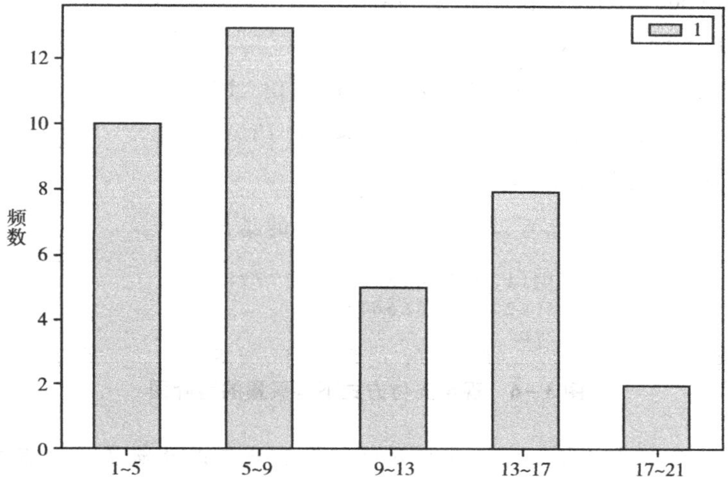

图 3-5 现金支付方式下购买量的直方图

率最高为 34.2%，频数为 13；17~21 美元的金额出现的频率最低为 2%，频数为 2。

表 3.8 现金支付方式下购买量的频数与频数分布

		Frequency	Percent	Valid Percent	Cumulative Percent
Valid	1~5	10	26.3	26.3	26.3
	5~9	13	34.2	34.2	60.5
	9~13	5	13.2	13.2	73.7
	13~17	8	21.1	21.1	94.7
	17~21	2	5.3	5.3	100.0
	Total	38	100.0	100.0	

以现金支付方式为例，茎叶图的作图 Python 实现命令如下：

```
import pandas as pd
fromitertools import groupby

df = pd. read_ excel("/Applications/chapter3. xlsx")
data = df. cash
data = data. dropna(axis =0)   #去掉缺失数据
```

```
data = data.round(0).astype(int)    #对数据四舍五入取整
data = sorted(data)  #对数据排序
for k, g ingroupby(data, key = lambda x: int(x)// 10):
    lst = map(str, [int(_) % 10 for_in list(g)])
    print(k, '| ', ''.join(lst))
```

从图 3 -6 中我们也可以直观地得出如上的结论。

```
0|11223333444555666777777778999
1|1222345566678
2|0
```

图 3 -6　现金支付方式下购买量的茎叶图

个人支票支付方式下购买量的频数与频数分布以及购买量的直方图和茎叶图如表 3.9、图 3 -7 与图 3 -8 所示。

表 3.9　　个人支票支付方式下购买量的频数与频数分布

		Frequency	Percent	Valid Percent	Cumulative Percent
Valid	1 ~ 10	1	2.5	2.5	2.5
	10 ~ 20	2	5.0	5.0	7.5
	20 ~ 30	4	10.0	10.0	17.5
	30 ~ 40	11	27.5	27.5	45.0
	40 ~ 50	8	20.0	20.0	65.0
	50 ~ 60	11	27.5	27.5	92.5
	60 ~ 70	1	2.5	2.5	95.0
	70 ~ 80	2	5.0	5.0	100.0
	Total	40	100.0	100.0	

从表 3.9 中我们可以看出，在个人支票支付方式下，30 ~ 40 美元与 50 ~ 60 美元的金额出现的频率最高为 27.5%，频数都为 11；1 ~ 10 美元与 60 ~ 70 美元的金额出现的频率最低为 2.5%，频数都为 1。

从图 3 -7 和图 3 -8 中我们也可以得到如表 3.9 中的结论。

信用卡支付方式下购买量的频数与频数分布以及购买量的直方图和茎叶图如表 3.10、图 3 -9 与图 3 -10 所示。

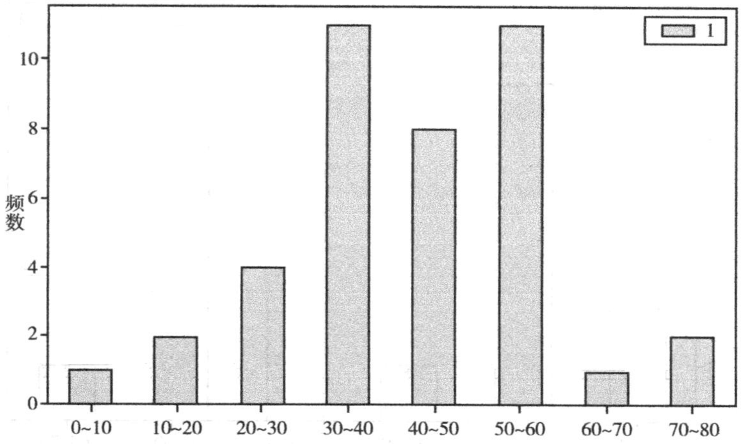

图 3-7 个人支票支付方式下购买量的直方图

0 | 3
1 | 8 9
2 | 1 6 8 9
3 | 1 1 2 5 5 6 6 6 7 8
4 | 0 1 1 2 3 3 3 9 9
5 | 1 2 2 3 5 5 8 8 9 9
6 | 0 9
7 | 2 8

图 3-8 个人支票支付方式下购买量的茎叶图

表 3.10　　信用卡支付方式下购买量的频数与频数分布

		Frequency	Percent	Valid Percent	Cumulative Percent
Valid	10 ~ 20	2	9.1	9.1	9.1
	20 ~ 30	6	27.3	27.3	36.4
	30 ~ 40	1	4.5	4.5	40.9
	40 ~ 50	5	22.7	22.7	63.6
	50 ~ 60	7	31.8	31.8	95.5
	60 ~ 70	1	4.5	4.5	100.0
	Total	22	100.0	100.0	

从表 3.10 中我们可以看出，在信用卡支付方式下，50 ~ 60 美元的金额出现的频率最高为 31.8%，频数为 7；30 ~ 40 美元与 60 ~ 70 美元的金额出现的频率最低为 4.5%，频数都为 1。

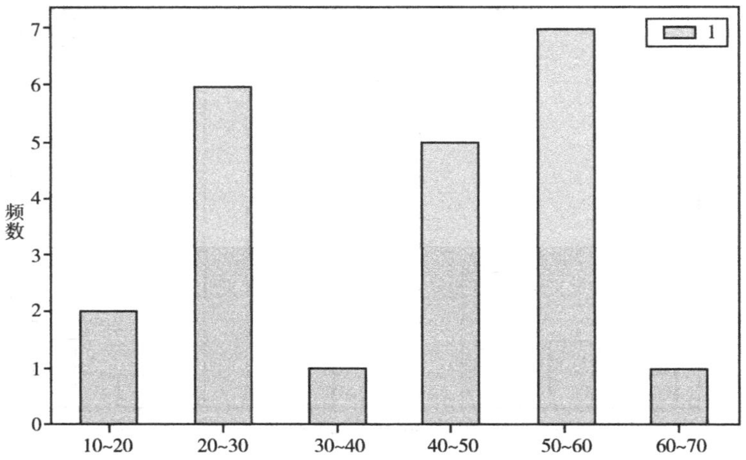

图 3 -9　信用卡支付方式下购买量的直方图

1|4
2|0 3 6 7 7 8 8
3|4
4|4 5 6 6 8
5|0 2 3 3 4 5 8
7|0

图 3 -10　信用卡支付方式下购买量的茎叶图

从图 3 -9 和图 3 -10 中我们也可以得到如表 3. 10 中的结论。

从以上得出的各个表与图对比来看，人们采用何种支付方式是与购买量金额有较强关系的。当购买量金额较小时，人们多数采用现金的支付方式，而当购买量金额较大时，人们则转而使用个人支票与信用卡支付方式。在个人支票的支付方式下，购买量金额主要集中在 30 ~60 美元的区域，而信用卡支付方式下的购买量金额相比个人支票的支付方式则相对比较分散，集中在 20 ~30 美元、40 ~50 美元、50 ~60 美元三个区域。可见，统一食品公司的信用卡政策对于鼓励顾客扩大购买量是有一定作用的，在采用了该项鼓励政策之后，现金支付方式的顾客减少了 12%，从原来的 50% 降为现在 38%；个人支票支付方式的顾客也减少了 10%，从原来的 50% 降为现在的 40%，这些顾客全部转为使用信用卡的支付方式。

第四章　统计数据的描述分析

通过对原始数据的分组所获得的频数分布，能够粗略地反映资料的分布特征。比如，大部分数值集中在什么区间，数值分布是否近似正态分布等。要对资料的分布特征有更精确的度量，就要对数据本身进行描述性分析。数据的分布有两个重要的特征，一个是数据分布的集中趋势，另一个是数据分布的离中趋势。统计数据的描述性分析将对根据全部或部分数据的处理、计算来反映以上两类分布的特征，使我们对数据的了解更精确、更具体。

第一节　集中趋势分析

在绝大多数情况下，原始资料的频数分布呈现的规律是：较小或较大的数值发生的频数一般比较少，处在中间的数值发生的频数比较多。这样，全部数值呈现出一种内在的趋向中间变化的态势，似乎是围绕着某个中心在波动，这就是频数分布的集中趋势问题。集中趋势就是要找到一组数据分布的中心值。常用的指标有算术平均数、几何平均数、众数、中位数等。

一、算术平均数

算术平均数也称为“均值”，是最主要的反映数据集中趋势的指标。将一组数据累加起来，除以数据的个数，就是算术平均数。用公式表示如下：

$$\text{算术平均数}=\frac{\text{数据值之和}}{\text{数据总个数}} \tag{4.1.1}$$

从统计思想上看，一组数据大小各不相同，将他们累加起来后，大、小数据相互弥补，再除以总个数得到的就是中间水平的数值，这恰好符合数据的分布规律——集中趋势。因此，这个中间水平的数值——算术平均数，反映了分布的集中趋势；同时，它抵消了数据大、小的差异，可以代表一组数据的平均水平。算术平均数不受数据规模的影响，可以在不同总体之间比较。

（一）任意数据中各项数值与其均值之差的和为零

即

$$\sum_{i=1}^{n}(x_i - \overline{X}) = 0 \tag{4.1.2}$$

$$\because n\overline{X} = \sum_{i=1}^{n} x_i \tag{4.1.3}$$

$$\therefore \sum_{i=1}^{n}(x_i - \overline{X}) = \sum_{i=1}^{n} x_i - n\overline{X} = 0 \tag{4.1.4}$$

这个性质从数学上证明了均值是数据值的中心，比它大的，比它小的数值与其离差在数值上相等。另外，这一性质还可以用来对数据进行零均值处理。统计学中，有时为了对数据处理的方便往往希望它的均值为零，此时，让每个数据减去它的均值后，所生成的序列的均值就是零，零均值化后数据的性质不变。

（二）任一组资料中，各数据与其均值离差的平方和为最小

即

$$\sum_{i=1}^{n}(x_i - \overline{X})^2 = \min \tag{4.1.5}$$

设 x_0 为任意值，$x_0 \neq \overline{X}$ 时，

$$\begin{aligned}\sum_{i=1}^{n}(x_i - x_0)^2 &= \sum_{i=1}^{n}(x_i - \overline{X} + \overline{X} - x_0)^2 = \sum_{i=1}^{n}[(x_i - \overline{X}) + (\overline{X} - x_0)]^2 \\ &= \sum_{i=1}^{n}[(x_i - \overline{X})^2 + 2(x_i - \overline{X})(\overline{X} - x_0) + (\overline{X} - x_0)^2] \\ &= \sum_{i=1}^{n}(x_i - \overline{X})^2 + n(\overline{X} - x_0)^2 \end{aligned} \tag{4.1.6}$$

$$\because n(\overline{X} - x_0)^2 > 0 \tag{4.1.7}$$

$$\therefore \sum_{i=1}^{n}(x_i - x_0)^2 > \sum_{i=1}^{n}(x_i - \overline{X})^2 \text{（注：} \sum (x_i - \overline{X})(\overline{X} - x_0) = 0\text{）} \tag{4.1.8}$$

（三）算术平均数和数学期望

在数理统计学中，我们接触过数学期望，它和这里的算术平均数有什么关系呢？数学期望的定义是，对于离散型随机变量 X，设它的概率密度函数为 $P(X_i)$，$i=1$，2，…，n，则 X 的数学期望为

$$E(X) = \sum_i X_i P(X_i) \tag{4.1.9}$$

对于连续型随机变量 X，设其概率密度函数为 $f(X)$，则 X 的数学期望为

$$E(X) = \int_{-\infty}^{+\infty} X f(X) dX \tag{4.1.10}$$

这里需要有随机变量的所有取值和其相应的概率。实际应用中，我们无法得到，或有时也没有必要得到 X 的所有取值及概率，我们只能得到部分取值和相应的次数。根据贝努里定理，当独立试验次数 $n \to \infty$ 时，事件发生的频率将与其概率接近，因此，实际应用中，可以用频率来代替概率。

$$\overline{X} = \frac{\sum_{i=1}^{n} x_i \cdot f_i}{\sum_{i=1}^{n} f_i} = \sum_{i=1}^{n} x_i \cdot \frac{f_i}{\sum_{i=1}^{n} f_i} \tag{4.1.11}$$

这样，只要变量值个数是足够的，我们发现加权算数平均数与离散型随机变量的数学期望一致，$\frac{f_i}{\sum_{i=1}^{n} f_i}$ 表示变量值的频率，与概率近似。

简单算术平均数和加权算术平均数本质是一样的，我们可将其变形为：

$$\overline{X} = \frac{\sum_{i=1}^{n} x_i}{n} = \sum_{i=1}^{n} x_i \cdot \frac{1}{n} \tag{4.1.12}$$

认为每个变量值出现的频率相等，均为 $\frac{1}{n}$，也同数学期望的性质一样。因此，我们得到以下两点结论：

1. 算术平均数与数学期望本质是一样的，前者是后者的实际应用，后者是前者的理论基础。

2. 算术平均数是样本均值，是根据随机变量 X 的某些取值计算的，数学期望是总体均值。

二、调和平均数

调和平均数也称“倒数平均数”。与算术平均数一样，由于给定的资料条件不同，有简单调和平均数和加权调和平均数两种。

（一）简单调和平均数

简单调和平均数是各个变量值倒数的算术平均数的倒数。计算公式如下：

$$H=\frac{1}{\dfrac{\dfrac{1}{x_1}+\dfrac{1}{x_2}+\cdots+\dfrac{1}{x_n}}{n}}=\frac{n}{\dfrac{1}{x_1}+\dfrac{1}{x_2}+\cdots+\dfrac{1}{x_n}}=\frac{n}{\sum\limits_{i=1}^{n}\dfrac{1}{x_i}} \tag{4.1.13}$$

（二）加权调和平均数

当各变量值出现的频数不相等时，则要用加权调和平均数。

加权调和平均数的计算公式为

$$H=\frac{m_1+m_2+\cdots+m_n}{\dfrac{m_1}{x_1}+\dfrac{m_2}{x_2}+\cdots+\dfrac{m_i}{x_n}}=\frac{\sum\limits_{i=1}^{n}m_i}{\sum\limits_{i=1}^{n}\dfrac{m_i}{x_i}} \tag{4.1.14}$$

式中，m_i 表示各单位或各组的变量值对应的变量总量。

[例 4.1] 某企业工人的月工资资料如表 4.1 所示，试计算其平均工资。

在本例中，已知各组工人的月工资和工资总额，即被平均的变量值和对应变量值总量，但不知各组的工人数，因此要应用调和平均数的计算公式来计算。

表 4.1　　某企业工人月工资资料

工资等级	月工资（元）x_i	工资总额（元）m_i	工人数 m_i/x_i
1	600	30000	50
2	800	40000	50
3	1000	50000	50

续表

工资等级	月工资（元）x_i	工资总额（元）m_i	工人数 m_i/x_i
4	1200	48000	40
5	1600	32000	20
合计	—	200000	210

$$H=\frac{\sum_{i=1}^{n}m_i}{\sum_{i=1}^{n}\frac{m_i}{x_i}}=\frac{30000+40000+50000+48000+32000}{\frac{30000}{600}+\frac{40000}{800}+\frac{50000}{1000}+\frac{48000}{1200}+\frac{32000}{1600}}=\frac{200000}{210}=$$

952.38（元）

不难看出，加权调和平均数实际上是加权算术平均数的变形：

$$\frac{\sum_{i=1}^{n}m_i}{\sum_{i=1}^{n}\frac{m_i}{x_i}}=\frac{\sum_{i=1}^{n}x_if_i}{\sum_{i=1}^{n}\frac{x_if_i}{x_i}}=\frac{\sum_{i=1}^{n}x_if_i}{\sum_{i=1}^{n}f_i} \tag{4.1.15}$$

因此，调和平均数没有自己独立的意义，只是因为资料性质所限而采取的一种平均数计算方法。

三、几何平均数

几何平均数是 n 项变量值连乘积的 n 次方根。几何平均数一般应用于具有等比趋势数列的平均数，因为这时变量值总量等于各变量值的连乘积。在社会经济现象中，许多现象变化的总比率或总速度常常是各项比率或各项速度的连乘积，所以，要用几何平均数计算平均比率或平均发展速度。

几何平均数也有简单几何平均数和加权几何平均数两种。

（一）简单几何平均数

简单几何平均数就是 n 个变量值 x 连乘积的 n 次方根。计算公式为：

$$G=\sqrt[n]{x_1\cdot x_2\cdot\cdots\cdot x_n}=\left(\prod x_i\right)^{\frac{1}{n}} \tag{4.1.16}$$

［例 4.2］ 某产品需经四个车间组成的流水线加工，已知第一个车间产品合格率为 99%，第二个车间产品合格率为 96%，第三个车间产品合格率为

95%，第四个车间产品合格率为 93%，求四个车间平均加工合格率。

由于产品是由四个车间连续加工的，后一个车间加工的是前一个车间加工的合格品，所以四个车间的总合格率是各车间产品合格率的乘积：99% × 96% ×95% ×93% =95.73%，而不是四个车间产品合格率的总和：99% + 96% +95% +93% =383%，所以应当用几何平均法来求四个车间的平均加工合格率。

四个车间的平均加工合格率为：

$$G=\sqrt[4]{99\%\times 96\%\times 95\%\times 93\%}=\sqrt[4]{0.8397}=95.73\%$$

（二）加权几何平均数

当计算几何平均数的各个变量值的次数不相同时，应采用加权几何平均数。加权几何平均数是各变量值 f 次方的连乘积的 $\sum_{i=1}^{n} f_i$ 次方根，计算公式为：

$$G=\sum_{i=1}^{n}{}^{f_i}\sqrt{x_1^{f_i}\cdot x_2^{f_2}\cdot\cdots\cdot x_n^{f_n}}=\sum_{i=1}^{n}{}^{f_i}\sqrt{\prod x_i^{f_i}} \tag{4.1.17}$$

［**例 4.3**］投资银行某笔投资期限为 15 年，其年利率是按复利计算的，15 年的利率分配状况如表 4.2 所示，2 年为 7%，4 年为 10%，5 年为 13%，4 年为 15%。求该笔贷款的平均年利率。

表 4.2　某银行一笔贷款的年利率

年利率（%）	本利率	年数（频数）
7	107	2
10	110	4
13	113	5
15	115	4
合计		15

该笔贷款 15 年的平均本利率：

$$G=\sqrt[15]{(107\%)^2\times(110\%)^4\times(113\%)^5\times(115\%)^4}=\sqrt[15]{6.2004}=112.93\%$$

该笔贷款 15 年的年平均本利率为 112.93%，平均年利率为 12.93%。

显然，只有当数列中的变量值都大于零时，才能计算几何平均数。本书第八章时间序列分析中，计算平均发展速度时也将有几何平均数的具体的应用。

四、众数

众数（M_0）是英国统计学家皮尔生首先提出来的。所谓“众数”，是指一组变量值中出现次数最多的变量值，如图4－1所示。由于众数在所有的变量值中出现的次数最多，所以，可以用它来代表一组变量值，它同样表明数据分布的集中趋势。只是用众数来反映分布的集中趋势，与用平均数是不一样的。算术平均数是要对所有变量值进行处理，而众数只是找到一个特殊的变量值来表示集中趋势，它们是有差别的。算术平均数称为数值平均数，而众数和后面讲的中位数是位置平均数，用处在特殊位置的变量值来反映一组变量值的集中趋势。

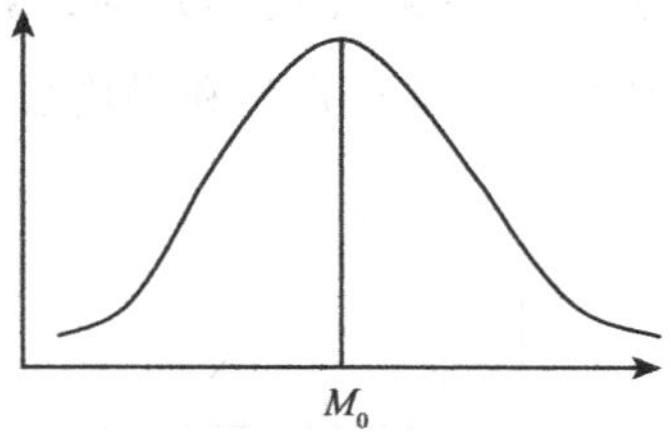

图4－1 众数（M_0）示意图

五、中位数

中位数（M_e）是变量值按其大小顺序排列，处于数列中点的那个变量值。中位数的概念表明，变量值小于中位数的个数占一半，变量值大于中位数的个数也占一半，中位数恰好处在中间位置，可以代表变量值的一般水平和分布的集中趋势。用中位数来代表变量值的一般水平，可以避免数列中极端值的影响，有时更具有代表性。例如，人口的平均年龄会受到一些特别长寿人年龄的影响，使计算结果偏大，而年龄中位数往往能够较好地体现人口年龄结构特征。

六、众数、中位数和算术平均数之间的关系

众数、中位数属于位置平均数，算术平均数是数值平均数，作为反映数

据集中趋势的指标，它们各有优缺点。算术平均数是对全部变量值进行处理、计算后得到的，用它反映集中趋势比较精确，但是，它容易受极端值的影响，当数据中存在极端值时，会降低算术平均数的代表性。比如，有几个数值为：5，7，8，9，30，它们的算术平均数为 11.8，实际上大部分数值都比 10 小，扣除 30 后，平均数为 7.25。这就是大型比赛中扣除最高分和最低分后，再计算平均数的原因所在。众数、平均数不受极端值的影响，但是，它们是根据部分数值信息确定的，能反映集中趋势，但不是精确的度量。从分布角度看，它们之间的关系是，在对称的分布条件下，算术平均数等于众数等于中位数：$M_0 = M_e = \overline{X}$；在非对称分布的情况下，众数、中位数和平均数三者的差别取决于偏斜的程度：偏斜的程度越大，它们之间的差别越大；偏斜的程度越小，它们之间的差别越小。当次数分配呈右偏（正偏）时，算术平均数受极大值的影响，就有 $M_0 < M_e < \overline{X}$。当次数分配呈左偏（负偏）时，算术平均数受极小值的影响，有 $M_0 > M_e > \overline{X}$，中位数则总是介于众数和平均数之间，见图 4－2。

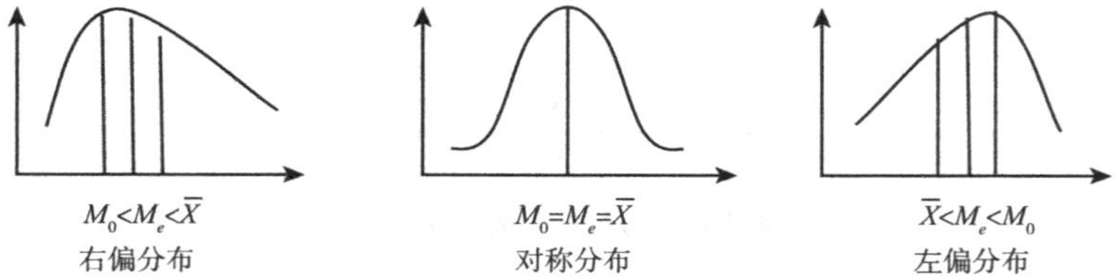

图 4－2　M_0，M_e，$\overline{X}$ 关系图

英国统计学家皮尔生的研究提出，在存在轻微偏斜的情况下，众数、中位数和算术平均数数量关系的经验公式为：算术平均数和众数的距离约等于算术平均数与中位数距离的三倍。即：

$$\overline{X} - M_0 \approx 3(\overline{X} - M_e) \tag{4.1.18}$$

利用这个关系式，可以从已知的两个平均指标来推算另一个平均指标。

第二节　离中趋势分析

离中趋势是数据分布的又一特征，它表明变量值的差异或离散程度。进行离中趋势分析的意义在于：首先，可以衡量算术平均数的代表性。算术平均数反映变量值的集中趋势，它是通过消除变量值的差异后计算得到的，它对集中趋势及一般水平代表性程度的高低恰恰取决于变量值的差异程度，即离中趋势。离中趋势越大，代表性越低（用一个数值代表变化范围很大的一组数，代表性自然低）；离中趋势越小，代表性越高。其次，对数据离中趋势的考察可以了解产品加工过程中工序的稳定性、金融投资活动的风险水平等，帮助我们进行产品质量管理和决策。

离中趋势测度经常用到的指标有：极差、方差和标准差、四分位数等，它们也被称为“变异指标”。

[**例 4.4**] 均值都为 150 的两组数，但它们的方差不同，平均数的代表性不同。

组 1：50，100，150，200，250

组 2：100，125，150，175，200

一、极差

极差也称为“全距”，是一组变量中最大值与最小值的离差，表明变量值变动的范围。用 R 表示极差，其计算公式是：

$$R = x_{max} - x_{min} \tag{4.2.1}$$

如果资料经过统计整理，并形成组距分配数列，则全距的近似值为最高组的上限与最低组的下限之差。用公式表示即：

$$R = U_{max} - L_{min} \tag{4.2.2}$$

式中，U_{max}代表最高组的上限；L_{min}代表最低组的下限。

极差计算简便，容易理解。但它只以变量的两个极端值计算，其结果容易受极端值影响，没有考虑中间变量值的变异情况，其度量的准确性很低，一般很少使用。

二、四分位差

将数据按照从小到大的顺序排列，第 P 百分位数指的是有 P% 的数据小于它，而（100 - P）% 的数据大于它。四分位差是指，把数据从小到大分为 4

份，找出 75% 分位数与 25% 分位数，二者的差除以 2 表示的就是四分位差。

百分位数是把数据按从小到大的顺序排列后，第 P 百分位数是指有 P% 的值小于它，而有（100 - P)% 的值大于或等于它，$i = (P/100)n$ 就是第 P 百分位数的位置。

四分位距即为第 75 百分位数与第 25 百分位数的差值。

四分位差避免了数列中极端值的影响，它在数列中剔除最大和最小各 1/4 的单位，说明了 50% 的数据集中的范围。

三、平均差

平均差是指变量值与其算术平均数的离差绝对值的算术平均数，计算公式：

$$A.D = \frac{\sum_{i=1}^{n} |x_i - \overline{X}|}{n} \tag{4.2.3}$$

平均差小，说明平均数的代表性就大；反之，平均差大，说明平均数的代表性就小。平均差反映全部变量值平均的差异，是测量离散程度的简便方法，是比全距更优良的变异指标，但计算式中带有绝对值符号，不适合代数运算，使之在实际运用中受到限制。

[例 4.5] 根据 [例 4.1] 的分组资料计算平均差。

表 4.3　　某单位工人一周生产零件数分组表

组别	组中值	工人数	$\lvert x_i - \overline{X} \rvert$	$\lvert x_i - \overline{X} \rvert f_i$
1	55	7	20	140
2	65	21	10	210
3	75	25	0	0
4	85	19	10	190
5	95	8	20	160
合计		80	—	700

$$A.D = \frac{\sum_{i=1}^{n} |x_i - \overline{X}|}{n} = \frac{700}{80} = 8.75(件) \tag{4.2.4}$$

四、方差与标准差

方差与标准差是测定离中趋势最常用的指标。标准差是方差的平方根，也称“均方差”。方差与标准差利用了 $\sum_{i=1}^{n}(x_i-\overline{X})^2=\min$ 的数学性质，把所有变量值的信息进行综合后计算而得到的，是测定离散程度最灵敏的指标。

方差与标准差的计算公式为：

$$\sigma^2=\frac{\sum_{i=1}^{n}(x_i-\overline{X})^2}{n},\ \sigma=\sqrt{\frac{\sum_{i=1}^{n}(x_i-\overline{X})^2}{n}} \tag{4.2.5}$$

或

$$\sigma^2=\frac{\sum_{i=1}^{n}(x_i-\overline{X})^2f_i}{n},\ \sigma=\sqrt{\frac{\sum_{i=1}^{n}(x_i-\overline{X})^2f_i}{n}} \tag{4.2.6}$$

式中，σ^2 和 σ 分别是方差和标准差，f_i 表示频数。

样本方差 S^2 和总体方差 σ^2 的计算公式基本一致，只是在式（4.2.5）和式（4.2.6），分别除以的是（$n-1$），而不是 n，只有这样，S^2 才是 σ^2 的无偏估计。

[例 4.6] 根据［例 4.5］的分组资料计算方差和标准差。

表 4.4　　某单位工人一周生产零件数分组表

组别	组中值	工人数	$(x_i-\overline{X})^2$	$(x_i-\overline{X})^2f_i$
1	65	21	100	2100
2	95	8	400	3200
3	75	25	0	0
4	55	7	400	2800
5	85	19	100	1900
合计		80	1000	10000

$$S^2=\frac{\sum_{i=1}^{n}(x_i-\overline{X})^2f_i}{n-1}=\frac{10000}{80-1}=126.58 \tag{4.2.7}$$

$$S=\sqrt{\frac{\sum_{i=1}^{n}(x_i-\overline{X})^2 f_i}{n-1}}=\sqrt{\frac{10000}{80-1}}=\sqrt{126.58}=11.25 \tag{4.2.8}$$

五、变异系数

各种变异指标，包括极差、四分位差、标准差，都有与平均指标相同的计量单位，都是反映变量值变异的绝对指标。这些变异指标的大小不仅取决于变量值的变异程度，而且还与变量值绝对水平的高低有关。所以，不同现象或具有不同水平的总体，不宜直接用变异指标来比较它们的变异程度，而应该采用相对指标，即变异系数。

变异系数也称“离散系数”，是各变异指标与其算术平均数的比值，用算术平均数来消除变异指标的绝对量的大小。例如，将极差与其平均数对比，得到极差系数；将标准差与其平均数对比，得到标准差系数。最常用的变异系数是标准差系数，即

$$V=\frac{S}{\overline{X}}\times 100\% \tag{4.2.9}$$

第三节　偏度和峰度分析

平均指标和变异指标刻画了分布的两个数量特征：集中趋势和离中趋势。但是，有时我们会发现两个分布的均值和标准差都相同，它们的形状却是不同的，这说明，分布还有其他方面的特征。偏度和峰度不是从变量值的数值大小方面来考察分布的中心值或变异程度，它们考察的是分布图形的形状，所刻画的是分布的形态特征。

一、矩的概念

矩是力学概念，用来表示力和力臂对中心的关系。统计学中借用这一概

念讨论随机变量的分布特征。相较于杠杆中心，两端力大小、力臂长度决定杠杆的平衡状态；而相较于均值，分布其两侧数据大小及概率，也决定了数据整体分布情况。

统计学中，将矩定义为原点矩和中心矩。原点矩的定义是：

$$\mu_k = \frac{\sum_{i=1}^{n} x_i^k}{n} \tag{4.3.1}$$

k 取不同的值，相应得 μ_k 称为 k 阶原点矩。$k=1$ 时，就是均值。

中心矩的定义是：

$$U_k = \frac{\sum_{i=1}^{n} (x_i - \overline{X})^k}{n} \tag{4.3.2}$$

中心矩的两个重要性质：

（1）分布对称时，奇数阶中心矩恒为零；

（2）当分布为正态分布时，偶数阶中心矩有：

$$V_{2k} = (2k-1)!!\sigma^{2k}$$
$$= 1 \times 3 \times 5 \times \cdots \times (2k-1)\sigma^{2k}$$

$$V_2 = \sigma^2, V_4 = 3\sigma^4, V_6 = 15\sigma^6$$

显然，所有变量的一阶中心矩都等于零，二阶中心矩就是方差。

中心矩衡量的是变量值与其均值的离差。我们发现，假如数据分布完全对称，则所有奇数阶中心矩都等于0。因此，除了一阶中心矩以外，所有奇数阶中心矩都可以用来衡量分布的偏斜程度。当奇数阶中心矩不为零时，表示比均值大的及比均值小的值分别与均值离差的 k 次方的和是不相等的，一方大于另一方，表示均值左、右两端变量值是不对称的，分布出现偏倚。

偶数阶中心矩则衡量的是数据分布的离散程度或顶端情况。当偶数阶中心矩较大时，数据分布离散程度大，因概率合计为1，则分布的顶端要平些。反之亦然。

二、偏度及其测量

分布的偏态就是分布不对称的方向和程度。它的测量主要是两种方法：一是矩法，二是 Pearson 偏态系数。

矩法估计就是利用中心矩来衡量分布的偏度。我们知道，任何奇数阶中心矩都可以用来衡量分布的偏度，其中以三阶中心矩最为简单。偏度是以变量的三阶中心矩除以标准差的三次方来衡量分布的不对称程度，或偏斜程度，用公式表示为：

$$\alpha = \frac{U_3}{\sigma^3} = \frac{\sum_{i=1}^{n}(x_i - \overline{X})^k}{\sigma^3 n} \tag{4.3.3}$$

上式中 α 表示偏度。不难看出，偏度指标也就是三阶中心矩以 σ^3 为标准单位的系数。由于三阶中心矩 U_3 是立方单位，只有将 U_3 除以 σ^3 才是相对数，α 表示偏度情况见图 4-3。

当频数分布对称时，变量值的频数分配围绕平均数左右完全对称，三阶中心矩 U_3 等于 0，α 也等于 0；当频数分布不对称时，则三阶中心矩不为 0，随频数分布的偏斜程度使 α 大于 0 或小于 0。如图 4-3 所示，当 $\alpha=0$ 时为对称分布；当 $\alpha>0$ 时为正偏斜；当 $\alpha<0$ 时为负偏斜。α 绝对值的大小，表示偏斜程度，它可以在不同变量之间比较。

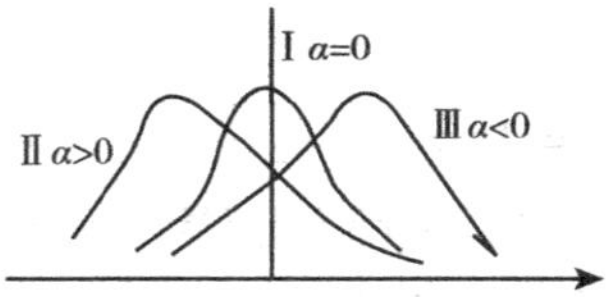

图 4-3　α 取值示意图

Pearson 偏态系数以平均数与众数之差除以标准差来衡量偏斜程度，用 SK 表示，其计算公式为：

$$SK = \frac{\overline{X} - M_0}{\sigma} \tag{4.3.4}$$

当 $SK=0$ 时，$\overline{X}$ 与 M_0 重合，呈对称分布；当 $SK>0$ 时，$\overline{X}$ 在 M_0 的右侧，分布是右偏（正偏）的；当 $SK<0$ 时，$\overline{X}$ 在 M_0 的左侧，分布是左偏（负偏）的。

三、峰度及其测量

峰度是变量分布的又一性质，它指的是分布曲线的高峰形态，有的曲线的顶端又高又尖，有的则又低又平。峰度是用变量的四阶中心矩除以标准差

四次方，并将结果再减3，来衡量频数分配的集中程度，它也是分布曲线的尖峭程度的指标。用公式表示为

$$\beta = \frac{U_4}{\sigma^4} - 3 = \frac{\sum_{i=1}^{n}(x_i - \overline{X})^4}{\sigma^4 n} - 3 \tag{4.3.5}$$

上式中β表示峰度指标。不难看出，峰度指标就是四阶矩以σ^4为标准单位的系数再减去3。之所以将四阶矩除以σ^4，同样是为了得到相对数，以便进行不同频数分配的峰度比较；减去3的原因是正态分布的四阶中心矩系数$\frac{U_4}{\sigma^4}=3$，亦即$\frac{U_4}{\sigma^4}-3=0$。峰度指标β就是以正态分布的峰度为比较标准，判断实际分布曲线的尖峭程度。

当峰度指标$\beta>0$时，表示频数分布比正态分布更集中，分布呈尖峰状态，平均数的代表性更大；当峰度指标$\beta<0$时，表示频数分布比正态分布更分散，分布呈平坦峰，平均数的代表性较小，如图4－4所示。

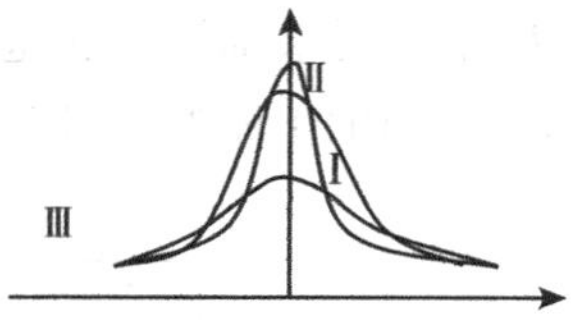

图4－4　β取值示意图

本章涉及数据描述性统计内容，作为拓展内容，第四节讲述自回归条件异方差模型，与方差问题有关。古典计量模型中，假定随机扰动项方差是常数，表示在零均值附近波动的随机因素，与零均值偏离距离接近，事实上确保了零均值的意义。然而，很多情况下，随机扰动项的方差并不是常数，不再是一般意义上的随机波动因素。自回归条件异方差模型通过再次建模，对残差项进行了进一步解释。

第四节　自回归条件异方差模型

自回归条件异方差（Autoregressive Conditional Heteroskedasticity Model,

ARCH）最早由 Engle 于 1982 年提出，并由 Bollerslev（1986）发展为广义自回归条件异方差模型——GARCH 模型（generalized ARCH）。ARCH 模型用来描述时间序列中存在的异方差现象，在金融实践序列分析中应用广泛。

一、金融数据的异方差特征

金融资产收益往往表现出厚尾和在均值处出现过度峰度分布的倾向。比如，上证综合指数日收益率分布图，见图 4－5（左图），呈现典型的尖峰后尾特征，与熟悉的正态分布相差甚远。同时，金融资产收益会表现出波动的集聚性，金融市场的波动往往表现出集中性，较大的波动往往会跟着出现大的收益，较小的波动会跟着出现较小的收益。图 4－5（右图）是按时间顺序排列的日收益率数据图，从图中可见，某一时间段的波动小，而另外时间段的波动大。ARCH 模型描述的异方差就是这样的特征，大的波动跟着大的收益，小的波动跟着小的收益。另外，金融现象会存在杠杆效应，价格下降幅度与价格上升幅度存在明显差异，用来描述好消息、坏消息对资产价格波动冲击的差异。以上特征，可以用 ARCH 模型及其扩展模型来描述。

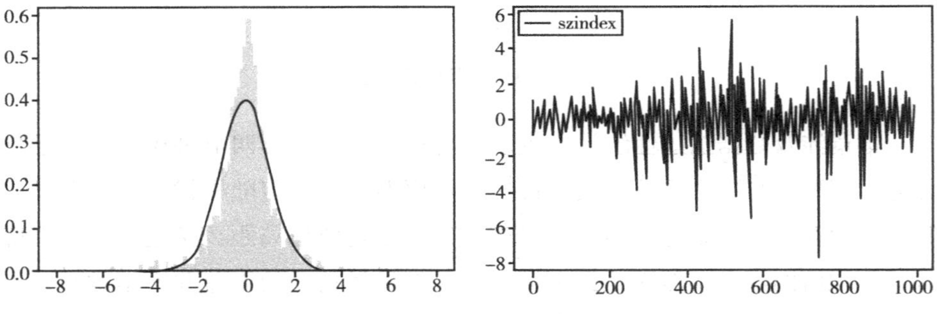

图 4－5　2017—2020 年上证综合指数日收益率数据

二、ARCH 模型及检验

（一）ARCH 模型

一般计量模型估计出来的随机扰动项 μ_i 并不满足同方差且为常数的假定，即：

$$\mathrm{var}(\mu_i) = \sigma_i^2 \tag{4.4.1}$$

例如，大公司的利润变化幅度要比小公司的利润变化幅度大，大公司的利润方差大于小公司的利润方差。恩格尔于1982年提出了ARCH模型检验残差的异方差性，并与协整理论的提出者Granger共同获得2003诺贝尔经济学奖。ARCH模型的基本思想是：随机扰动项 μ_t 的方差依赖于它的前期值 μ_{t-1} 的大小，可以用式（4.4.2）表示。

$$\sigma_t^2 = a_0 + a_1 u_{t-1}^2 + a_2 u_{t-2}^2 + \cdots + a_p u_{t-p}^2 \tag{4.4.2}$$

式（4.4.2）即为ARCH(p）模型，要求 $a_i > 0$，$i = 0, 1, \cdots, p$。

式（4.4.2）中被解释变量 σ^2 是大于零的，为保证模型意义，要求参数均要大于0。但是，当模型中参数较多时，往往有参数不能满足大于0的要求，由此，产生GARCH模型。由式（4.4.2）推出：

$$\sigma_{t-1}^2 = a_0 + a_1 u_{t-2}^2 + a_2 u_{t-3}^2 + \cdots + a_p u_{t-p-1}^2 \tag{4.4.3}$$

将式（4.4.3）代入式（4.4.2）中，可以得到GARCH(p，q）模型如下：

$$\sigma_t^2 = a_0 + \sum_{i=1}^{p} a_i u_{t-i}^2 + \sum_{j=1}^{q} \beta_j \sigma_{t-j}^2 \tag{4.4.4}$$

（二）异方差检验

根据上述思想，对式（4.4.3）提出原假设：

$$\begin{aligned} &H_0: \alpha_1 = \alpha_2 = \cdots = \alpha_p = 0; \\ &H_1: \alpha_j \text{ 不全为零} \end{aligned} \tag{4.4.5}$$

异方差检验统计量有两种：一种是利用模型拟合结果；另一种是计算残差平方项的相关性。利用模型拟合结果的统计量是 $(n-p)R^2$ 和F统计量。

利用回归得到的拟合优度 R^2 与自由度（$n-p$）构造检验统计量 χ^2，在 H_0 成立的条件下，基于大样本，$(n-p)R^2$ 服从 χ^2 分布。给定显著性水平 α，查 $\chi^2(p)$ 分布表得临界值 $\chi_\alpha^2(p)$，若（$n-p)R^2 > \chi_\alpha^2(p)$，则拒绝原假设，表明模型中的随机误差存在异方差。F统计量同（$n-p)R^2$ 的性质一样，它们设计的思路是：若模型拟合效果良好，则参数整体显著不为0，存在异方差现象。

另外，通过计算残差平方 u_t^2 的自相关函数（ACF)，也可检验残差序列是否存在ARCH效应。式（4.4.3）表示，残差平方 u_t^2 序列存在相关性，所以，通过计算不同时间间隔的ACF值，考察是否存在异方差性。当ACF值较大、Q 统计量显著时，存在 ARCH 效应。

[例 4.7] 选取自 2010 年 10 月 8 日至 2021 年 12 月 1 日的 A 股指数的收盘价数据，共计 2713 个样本数据，数据变量记作 agsp，考察是否存在异方差现象。

首先，拟合 AR(1) 模型，见式 (4.4.6)。

$$\ln(agsp_t) = 0.0172 + 0.9979\ln(agsp_{t-1}) + \hat{u}_t \qquad (4.4.6)$$
$$t = \quad (1.62) \qquad (749.07)$$

观察其残差的波动情况，绘制出残差图 4-6，发现出现了集群分布，比较典型的有 2015 年，因此，残差项可能存在条件异方差。

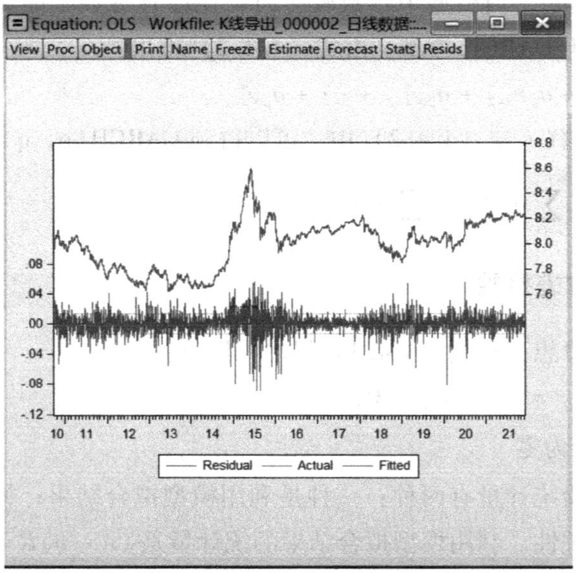

图 4-6 残差图

其次，在进行了 OLS 回归之后，得到残差序列 $\{\hat{u}_t\}_{t=1}^{n}$。考虑原假设为残差序列直到 p 阶都不存在 ARCH 效应，因此，需要进行以下的辅助回归：

$$\hat{u}_t^2 = \alpha_0 + \left(\sum_{s=1}^{p} \alpha_s \hat{u}_{t-s}^2\right) + \varepsilon_t$$

原假设与备择假设为：

$H_0: \alpha_1 = \alpha_2 = \cdots = \alpha_p = 0$

H_1: 任一个不为 0

先考虑使用 LM 检验，当设置滞后阶数为 1 时，截图见图 4－7。

Heteroskedasticity Test：ARCH

F-statistic	115.6705	Prob. F（1,2710）	0.0000
Obs*R-squared	111.0173	Prob. Chi-Square（1）	0.0000

图 4－7　ARCH 效应检验结果

注意到两个 P 值都为 0.0000，显著拒绝原假设，即残差序列存在 ARCH 效应。

接下来，计算残差平方的自相关（AC）与偏自相关（PAC）系数，见图 4－8。ACF 显著不为 0，Q 统计量显著。因此，残差序列存在 ARCH 效应。

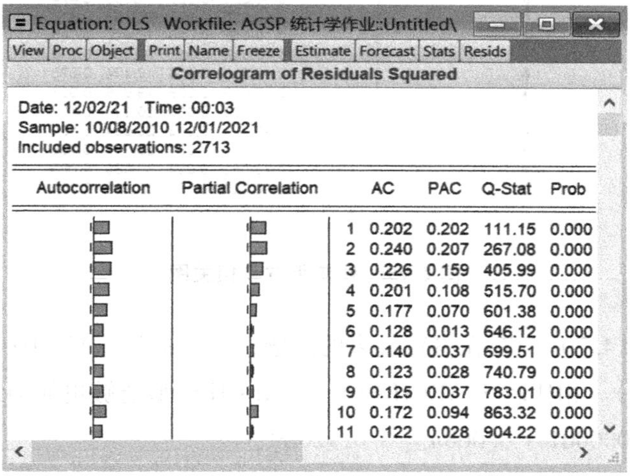

图 4－8　残差平方的自相关函数图

最后，拟合 ARCH 模型。经过多次试验，ARCH(9) 很好地消除 ARCH 效应，因此，我们将滞后阶数调整到 9 阶，得到以下的 ARCH(9) 模型。回归结果如下：

均值方程：$\ln(agsp_t) = \underset{(1.63)}{0.013} + \underset{(997.38)}{0.998}\ln(agsp_{t-1})$

方差方程：

$$\sigma_t^2 = \underset{(14.66)}{0.000042} + \underset{(10.318)}{0.110}u_{t-1}^2 + \underset{(7.343)}{0.112}u_{t-2}^2 + \underset{(6.478)}{0.101}u_{t-3}^2 + \underset{(5.699)}{0.065}u_{t-4}^2 + \underset{(3.907)}{0.060}u_{t-5}^2 + \underset{(6.894)}{0.105}u_{t-6}^2 + \underset{(6.891)}{0.115}u_{t-7}^2 + \underset{(1.766)}{0.023}u_{t-8}^2 + \underset{(6.373)}{0.120}u_{t-9}^2 \tag{4.4.7}$$

为进一步监测残差序列的异方差现象是否存在，对式（4.4.7）的残差平方计算相关系数，见图4－9，可见，已不存在异方差现象。

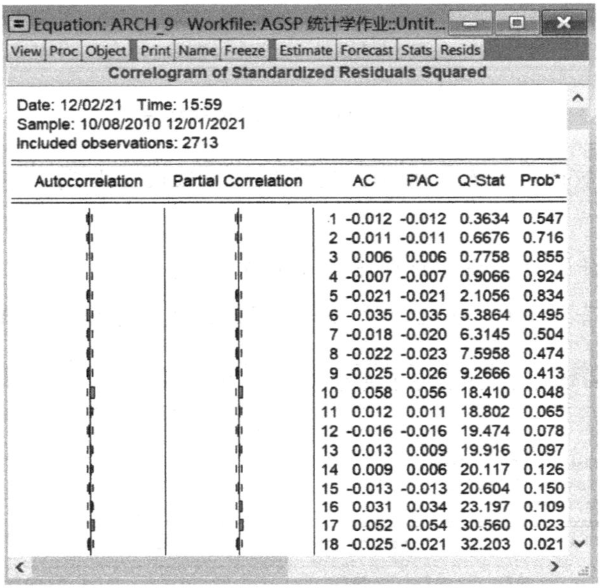
Equation: ARCH_9 Workfile: AGSP 统计学作业::Untit...
View Proc Object Print Name Freeze Estimate Forecast Stats Resids
Correlogram of Standardized Residuals Squared

Date: 12/02/21 Time: 15:59
Sample: 10/08/2010 12/01/2021
Included observations: 2713

	AC	PAC	Q-Stat	Prob*
1	-0.012	-0.012	0.3634	0.547
2	-0.011	-0.011	0.6676	0.716
3	0.006	0.006	0.7758	0.855
4	-0.007	-0.007	0.9066	0.924
5	-0.021	-0.021	2.1056	0.834
6	-0.035	-0.035	5.3864	0.495
7	-0.018	-0.020	6.3145	0.504
8	-0.022	-0.023	7.5958	0.474
9	-0.025	-0.026	9.2666	0.413
10	0.058	0.056	18.410	0.048
11	0.012	0.011	18.802	0.065
12	-0.016	-0.016	19.474	0.078
13	0.013	0.009	19.916	0.097
14	0.009	0.006	20.117	0.126
15	-0.013	-0.013	20.604	0.150
16	0.031	0.034	23.197	0.109
17	0.052	0.054	30.560	0.023
18	-0.025	-0.021	32.203	0.021

图4－9　残差平方和相关图

模型（4.4.7）中存在参数过多的问题，考虑估计 GARCH(1，1)，结果见式（4.4.8）。相比较于 ARCH 模型，GARCH 模型能够更简洁地拟合数据。

$$\sigma_t^2 = \underset{(5.58)}{0.000001} + \underset{(17.71)}{0.068}u_{t-1}^2 + \underset{(12.16)}{0.926}\sigma_{t-1}^2 \tag{4.4.8}$$

在 ARCH 模型基础上，学者们又提出了若干种形式的 ARCH 模型。

三、非对称 ARCH 模型

（一）GARCH－M 模型

GARCH－M 模型是将对均值方程的异方差的结果再引入均值方程中，表明不确定因素对被解释变量的影响。异方差现象的存在，表明残差中尚存对被解释变量有影响的因素，有学者将其定义为不确定因素，当拟合 GARCH 模型后，σ_t 的模型估计值可以认为是不确定因素，将其引入均值方程，可以描述不确定因素对被解释变量的影响，实现了 GARCH 模型与均值方程的结合。具体形式为：

$$y_t = a_0 + \sum_{i=1}^{p} a_i y_{t-i} + \beta\sigma_t \qquad (4.4.9)$$

其中，σ_t 为 GARCH 模型的估计值。

（二）TARCH 模型

TARCH（Threshold ARCH）模型是由 Zakoian（1994）和 Glosten et al.（1993）提出的。模型中的条件方差被定义为：

$$\sigma_t^2 = c + \alpha\varepsilon_{t-1}^2 + \gamma\varepsilon_{t-1}^2 d_{t-1} + \beta\sigma_{t-1}^2 \qquad (4.4.10)$$

其中，d_{t-1}是虚拟变量，当 $\varepsilon_{t-1}<0$ 时，$d_{t-1}=1$；否则，$d_{t-1}=0$。

式（4.4.10）中，$\varepsilon_{t-1}^2 d_{t-1}$称为非对称效应项或 TARCH 项，表明好消息（$\varepsilon_{t-1}>0$）和坏消息（$\varepsilon_{t-1}<0$）对条件方差有不同的影响。好消息有 α 倍的冲击，而坏消息的冲击为（$\alpha+\gamma$）倍，以此描述好消息及坏消息对方差冲击的差异，即非对称性。如果 $\lambda>0$，非对称效应的主要效果是使波动加大；如果 $\lambda<0$，非对称效应的主要效果是使波动减小。

［例 4.8］ 接［例 4.7］，继续考察 A 股指数是否存在着非对称效应，即好消息（正的冲击）和坏消息（负的冲击）是否会产生不对称的作用。

使用 TARCH 模型拟合数据，结果为：

$$\sigma_t^2 = \underset{(5.54)}{0.000001} + \underset{(11.89)}{0.068}u_{t-1}^2 - \underset{(-0.07)}{0.0005}u_{t-1}^2 d_{t-1} + \underset{(248.2)}{0.926}\sigma_{t-1}^2 \qquad (4.4.11)$$

分析回归结果可以发现，TARCH 项是不显著的，因此，不存在非对称效应。

（三）EARCH 模型

EARCH（Exponential ARCH）模型是由 Nelson（1991）提出，模型形式为：

$$\ln\sigma_t^2 = c + \alpha\left|\frac{\varepsilon_{t-1}}{\sigma_{t-1}}\right| + \gamma\frac{\varepsilon_{t-1}}{\sigma_{t-1}} + \beta\ln\sigma_{t-1}^2 \qquad (4.4.12)$$

式（4.4.12）中表明，好消息对方差的冲击为（$\alpha+\gamma$）倍，而坏消息对方差的冲击为（$\alpha-\gamma$）倍。除了描述冲击的非对称性外，EARCH 模型的优点还在于，因为给方差取了对数，因此对等号右边回归系数符号没有限制，显示了灵活性，适用性更广泛。

[例 4.9] 接 [例 4.7]，继续考察 A 股指数是否存在着非对称效应，模型拟合结果见式（4.4.13）：

$$\ln\sigma_t^2 = \underset{(-12.60)}{-0.217} + \underset{(19.50)}{0.164}\left|\frac{\varepsilon_{t-1}}{\sigma_{t-1}}\right| - \underset{(-0.842)}{0.0043}\frac{\varepsilon_{t-1}}{\sigma_{t-1}} + \underset{(514.91)}{0.989}\ln\sigma_{t-1}^2 \tag{4.4.13}$$

回归参数 $\gamma = -0.0043$ 不显著，因此，不对称效应不存在。

数据描述性统计案例分析

以2019年各省年度GDP截面数据作为分析样本，如表4.5所示：

表4.5　　2019年各省GDP截面数据

地区	GDP/亿元	地区	GDP/亿元
北京市	35371.28	湖北省	45828.31
天津市	14104.28	湖南省	39752.12
河北省	35104.52	广东省	107671.07
山西省	17026.68	广西壮族自治区	21237.14
内蒙古自治区	17212.53	海南省	5308.93
辽宁省	24909.45	重庆市	23605.77
吉林省	11726.82	四川省	46615.82
黑龙江省	13612.68	贵州省	16769.34
上海市	38155.32	云南省	23223.75
江苏省	99631.52	西藏自治区	1697.82
浙江省	62351.74	陕西省	25793.17
安徽省	37113.98	甘肃省	8718.3
福建省	42395	青海省	2965.95
江西省	24757.5	宁夏回族自治区	3748.48
山东省	71067.53	新疆维吾尔自治区	13597.11
河南省	54259.2		

运用以下Python代码可以实现展示前5行数据：

```
import pandas as pd
importnumpy as np
df = pd. DataFrame(pd. read_excel("C:\Users\Administrator\Desktop\GDPdata. xlsx"))
##读取数据
print(df. head())    ##展示数据的前五行
```

输出结果如下：

	region	GDP
0	北京市	35371.28
1	天津市	14104.28
2	河北省	35104.52
3	山西省	17026.68
4	内蒙古自治区	17212.53

运用下述代码可以实现求得上述数据的平均值：

```
print(df.mean())    ##计算算数平均值
```

输出结果如下：

```
GDP     31784.939032
```

下面的代码表示求一组数据的最大最小值，上下四分位数以及中位数：

```
print(df.quantile(0), df.quantile(0.25), df.quantile(0.5), df.quantile(0.75), df.quantile(1)) ##各处分位数的计算，此处所得结果可代表最大/小值、上下四分位数、中位数
```

输出结果如下：

```
GDP     1697.82
Name: 0, dtype: float64 GDP     13858.48
Name: 0.25, dtype: float64 GDP     24757.5
Name: 0.5, dtype: float64 GDP     41073.56
Name: 0.75, dtype: float64 GDP     107671.07
Name: 1, dtype: float64
```

除了上述计算中位数方法之外，还可以用 median 命令计算中位数：

```
print(df.median())  ##计算中位数的另一种方法
```

输出结果:GDP　　24757.5

以上为对集中趋势统计值的分析，包括算数平均值、最大最小值、上下四分位数和中位数。平均值为 31784.94 亿元，即为 2019 年各省份的 GDP 平均水平。最大、最小值则分别为广东省的 107671.07 亿美元和西藏自治区的 1697.82 亿美元，中位数为山西省的 24757.5 亿美元，上下四分位数分别为 41073.56 亿元和 13858.48 亿元。

对离散趋势的度量也可在 Python 下实现。计算一组数据的标准差的命

令为:

print(df.std())　　##标准差

输出结果: GDP　　25949.277005

计算一组数据偏态系数的命令为:

print(df.skew())　　##偏度

输出结果:GDP　　1.459034

计算一组数据峰态系数的命令为:

print(df.kurt()-3)　　##峰度

输出结果:GDP　　-0.799994

省份GDP的标准差为25949.28，偏态系数1.45为正且大于1，说明省份GDP数据为右偏分布且偏斜程度较大；由于峰态系数 $-0.80<0$，说明省份GDP数据的分布与正态分布相比更为扁平。

用describe语句可以一次显示多个描述性统计量，包括样本量，均值，标准差，最大最小值，中位数以及上下四分位数:

print(df.describe())　　##describe()是一次性显示众多描述性统计量的命令语句

输出结果:

	GDP
count	31.000000
mean	31784.939032
std	25949.277005
min	1697.820000
25%	13858.480000
50%	24757.500000
75%	41073.560000
max	107671.070000

ARCH 模型案例分析

选择 2017 年 1 月 3 日至 2020 年 12 月 31 日中国银行股票日涨跌率数据建立 ARCH 模型，使用 Python 工具的分析过程如下：

先导入需要的程序包和数据，代码如下：

```
import pandas as pd
importnumpy as np
fromscipy import  stats
importstatsmodels. api as sm
fromstatsmodels. tsa. arima_model import ARMA
importmatplotlib. pyplot as plt
import datetime as dt
from arch import arch_model

df = pd. DataFrame( pd. read_excel( "C : \Users \Administrator \Desktop \CB. xlsx") )
##读取数据
print( df. head)
cb = df. iloc[ : ,1 :2 ]
plt. plot( cb)
plt. show( )
```

输出结果：

```
<bound methodNDFrame. head of
        time          cb
0    2017 - 01 - 03    0. 8721
1    2017 - 01 - 04    0. 0000
2    2017 - 01 - 05   - 0. 2882
..       ...          ...
```

```
972   2020-12-30   0.0000
973   2020-12-31   0.3155

[974 rows x 2 columns] >
```

中国银行股票日涨跌率序列如图4-10所示。

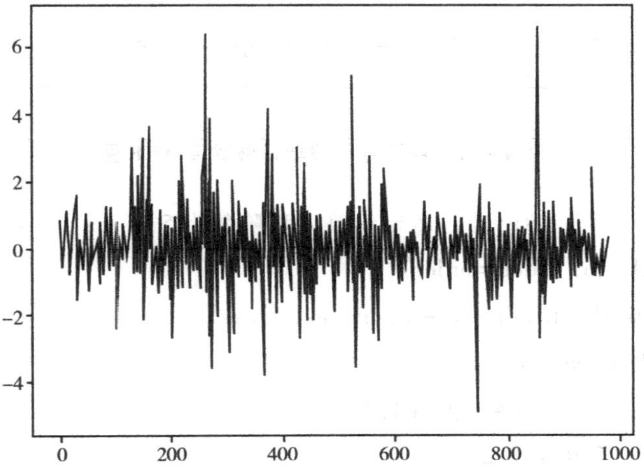

图4-10　中国银行股票日涨跌率序列

对序列进行ADF平稳性检验，输出p值为9.89e-29，可见其为平稳时间序列，可以继续进行下面的步骤。

```
t = sm.tsa.stattools.adfuller(cb)   # ADF 检验
print("p-value:  ",t[1])
p-value:     9.893149111163149e-29
```

建立AR模型，即均值方程。首先画出序列的自相关函数（ACF）图如图4-11所示，可以初步判定均值模型为AR（5）。

```
fig = plt.figure(figsize = (20,5))
ax1 = fig.add_subplot(111)
fig = sm.graphics.tsa.plot_pacf(cb,lags = 20,ax = ax1)
plt.show()
```

拟合均值方程即AR（5）模型，通过计算均值方程残差的偏自相关函数（PACF）来确定ARCH模型的阶数。

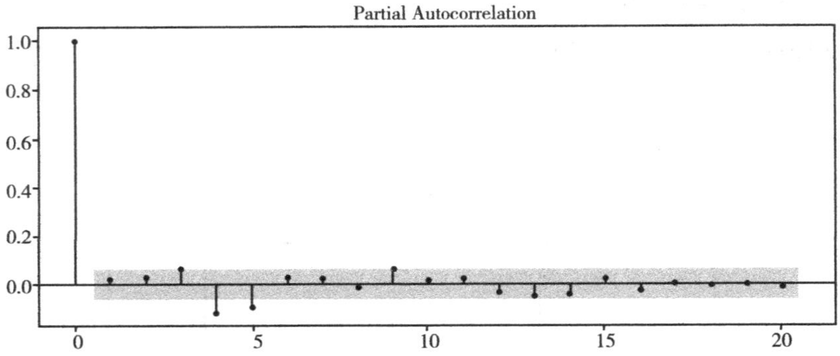

图 4-11　中国银行股票日涨跌率 ACF 图

```
order = (5,0)            ##此时已确定均值方程阶数为 5
model = ARMA(cb, order = order)
result_arma = model.fit(disp = -1, method ='css')
predict = result_arma.predict()
print(predict)             ##输出 AR(5)预测值
cb_ori = df.iloc[5:974,1:2]
print(cb_ori)              ##输出原始数列的值,以备计算残差项

arr_pre = predict.values    ##改变数据类型为 <class 'numpy.ndarray'>
print(np.shape(arr_pre))   ##查看数据 shape

arr2_pre = arr_pre.reshape(969,1)    #用 reshape()改变数据 shape
arr_cb = cb_ori.values         ## arr_cb 的 shape 输出结果为为(969,1)
at = arr_cb - arr2_pre   ##残差项
at2 = at * at      ##残差平方表示波动率
plt.plot(at)
#plt.show()
plt.plot(at2)
plt.show()  ##输出残差项与残差平方项图示（图 4-12)
fig = plt.figure(figsize = (20,5))   #判定 ARCH 阶次,选择阶数为 9
ax1 = fig.add_subplot(111)
```

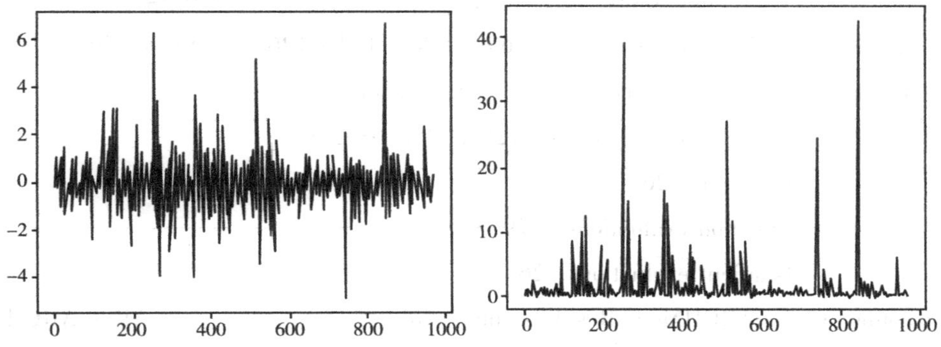

图 4－12　均值方程残差项（左）和残差平方项（右）

```
fig = sm. graphics. tsa. plot_pacf( at2 , lags = 20 , ax = ax1 )
plt. show( )
```

从图 4－13 中可以判断 ARCH 模型的阶数为 9，接下来拟合 ARCH(9) 模型。

```
am = arch_model( cb , mean = ' AR ', lags = 5 , vol = ' ARCH ', p = 9 )
res = am. fit( update_freq = 5 )
print( res. summary )
```

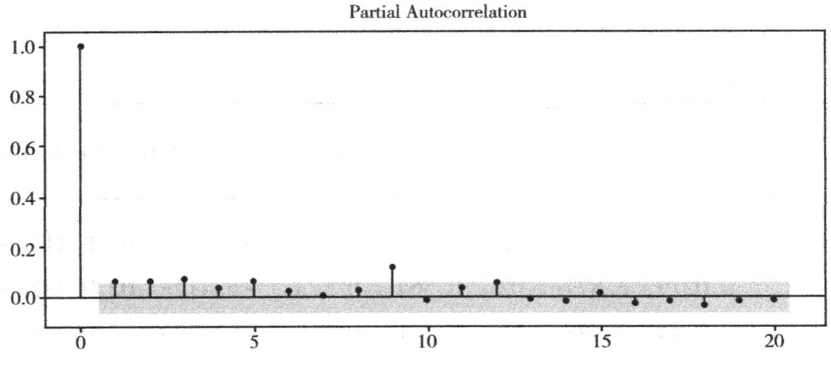

图 4－13　残差的偏自相关函数

输出结果：

```
Iteration:      5 , Func. Count:     96 ,    Neg. LLF: 1918. 8590576847328
Iteration:     10 , Func. Count:    189 ,    Neg. LLF: 2044. 9231671124667
Iteration:     15 , Func. Count:    282 ,    Neg. LLF: 1300. 8072174158203
```

```
Iteration:      20, Func. Count:    373,   Neg. LLF: 1271.2019734802852
Iteration:      25, Func. Count:    463,   Neg. LLF: 1268.325816832595
Optimization terminated successfully    (Exit mode 0)
            Current function value: 1268.325816832595
            Iterations: 26
            Function evaluations: 479
            Gradient evaluations: 26
<bound methodARCHModelResult.summary of                    AR - ARCH
Model Results
==============================================================================
Dep. Variable:                   cb   R-squared:                       0.026
Mean Model:                      AR   Adj. R-squared:                  0.021
Vol Model:                     ARCH   Log-Likelihood:               -1268.33
Distribution:                Normal   AIC:                           2568.65
Method:          Maximum Likelihood   BIC:                           2646.67
                                      No. Observations:                  969
Date:              Sat, Feb 06 2021   Df Residuals:                      953
Time:                      12:41:50   Df Model:                           16
                                 Mean Model
==============================================================================
                 coef    std err          t      P>|t|      95.0% Conf. Int.
------------------------------------------------------------------------------
Const      9.8142e-03  2.771e-02      0.354      0.723 [-4.449e-02,6.412e-02]
cb[1]          0.0219  3.877e-02      0.564      0.573 [-5.412e-02,9.787e-02]
cb[2]          0.0144  3.988e-02      0.361      0.718 [-6.379e-02,9.255e-02]
cb[3]          0.0582  3.454e-02      1.684  9.215e-02   [-9.527e-03,0.126]
cb[4]         -0.0878  3.811e-02     -2.305  2.117e-02  [ -0.163,-1.315e-02]
cb[5]         -0.0949  4.203e-02     -2.258  2.397e-02  [ -0.177,-1.251e-02]
                              Volatility Model
==============================================================================
```

	coef	std err	t	P > | t |	95.0% Conf. Int.
omega	0.2761	6.802e-02	4.059	4.925e-05	[0.143,0.409]
alpha[1]	0.2562	0.161	1.589	0.112	[-5.980e-02,0.572]
alpha[2]	0.1259	0.104	1.209	0.227	[-7.825e-02,0.330]
alpha[3]	0.0692	6.805e-02	1.018	0.309	[-6.413e-02,0.203]
alpha[4]	0.0321	2.799e-02	1.145	0.252	[-2.281e-02,8.691e-02]
alpha[5]	0.0686	5.998e-02	1.143	0.253	[-4.899e-02,0.186]
alpha[6]	0.1795	0.120	1.496	0.135	[-5.565e-02,0.415]
alpha[7]	0.0126	2.704e-02	0.468	0.640	[-4.035e-02,6.563e-02]
alpha[8]	0.0349	4.495e-02	0.777	0.437	[-5.320e-02,0.123]
alpha[9]	0.0431	2.793e-02	1.542	0.123	[-1.167e-02,9.781e-02]

Covariance estimator: robust

ARCHModelResult, id: 0x11c4ccd90 >

由输出结果可知，我们的模型为：

$$r_t = 0.0098 + 0.0219 r_{t-1} + 0.0144 r_{t-2} + 0.0582 r_{t-3} - 0.0878 r_{t-4} - 0.0949 r_{t-5} \quad (1)$$

$$\sigma_t^2 = 0.2761 + 0.2562\mu_{t-1}^2 + 0.1259\mu_{t-2}^2 + 0.0692\mu_{t-3}^2 + 0.0321\mu_{t-4}^2 + 0.0686\mu_{t-5}^2 + 0.1795\mu_{t-6}^2 + 0.0126\mu_{t-7}^2 + 0.0349\mu_{t-8}^2 + 0.0431\mu_{t-9}^2 \quad (2)$$

模型的 R - square 值为 0.026，拟合效果一般。由式（1）可以得到，中国银行 2017—2020 年股票的日涨跌幅期望大约为 0.98%，涨跌幅会受到前面 5 个交易日股价走势的影响，而涨跌幅波动率受到前面 9 个交易日的影响。

第五章　参数估计

统计学研究的基本问题之一是根据样本所提供的信息，对总体的分布及分布的数字特征做出统计推断。统计推断的内容包括两部分：一是参数估计；二是假设检验和非参数统计。参数估计的主要内容是研究如何根据样本提供的信息估计总体的数字特征，在统计推断中，往往把总体分布的数字特征称为总体参数，所以，这部分内容称为参数估计。本章讲述参数估计，假设检验和非参数统计分别放在第六章和第十章。在讲述参数估计的理论和方法之前，我们需要了解随机变量、概率分布、抽样分布等基础性知识。

第一节　随机变量与概率分布

一、随机变量

在自然界及社会活动中，许多现象具有随机性，也就是说，在一定条件下，可能发生也可能不发生，具有不确定性（或称为偶然性或随机性）。例如，掷一枚质地均匀的硬币，可能是有国徽的一面朝上，也可能是有数字的一面朝上，在硬币落地前，不能准确预言其结果。又如，从一批产品中任意抽一件检验，它可能是合格品，也可能是不合格品，事先无法准确地预言。

通常，人们不论研究何种现象，都离不开对其进行观察或进行实验。为简便起见，把对某现象或对某事物的某个特征的观察以及各种各样的科学实验，统称为试验。为了研究随机现象，同样需要进行试验。对随机现象进行试验的特点是，在一定的条件下，试验结果可能不止一个；一次试验中，可能出现某一结果，也可能出现另一个结果，事先无法准确预言究竟哪一个结果会出现。人们在实践中发现，随机现象的试验，就一次试验而言，其结果是不确定的，具有随机性，似乎难以捉摸。但是，在大量重复试验下，其结果却呈现出某种规律性。例如，掷硬币的试验，一次抛掷，哪一面朝上是随机的，但是，把一枚硬币进行成千上万次抛掷，人们发现“国徽朝上”与“数字朝上”两个试验结果发生的次数各占一半。这就是随机现象的隐藏着的内在规律性，也称为“统计规律性”。

显然，要获得随机现象的统计规律性，必须在相同的条件下，大量重复地做试验。在统计学中，这类试验称为“随机试验”，试验的结果称为“随机事件”。在实际问题中，常常需要了解随机事件出现的可能性的大小，而概率正是描述随机事件发生的可能性大小的数量概念。若设 n_A 是 n 次试验中事件 A 发生的次数，则比值$\frac{n_A}{n}$称为事件 A 发生的频率，记为$f_n(A)$，即

$$f_n(A) = \frac{n_A}{n} \tag{5.1.1}$$

实践中人们发现，当试验次数 n 很大时，频率$f_n(A)$ 总在某一常数 p 附近波动。例如，抛掷硬币的试验中，当 n 很大时，$f_n(A)$ 总在常数 0.5 附近波动，并且呈现出逐渐稳定于 0.5 的倾向。这里的常数就称为事件发生的概率 p。它反映了随机事件发生的可能性的大小，揭示了随机现象内部隐藏着的必然规律，每个随机事件都有相应的概率值与之对应。概率定义给我们的启示有两点：一是随机事件的概率是客观存在的；二是在实际问题中，概率往往是未知的，但是我们可以通过频率来估算概率，只要试验的次数足够大。

为了更深入地研究随机现象，需要把随机试验的结果数量化。有些随机试验，其结果直接表现为数量，如测试一只灯泡的寿命；有些试验结果，并不直接表现为数量，如硬币的正、反面，新生儿的性别等。如果我们规定，结果为正面（男孩）对应于 1，反面（女孩）对应于 0，则上述两个试验的结果便数量化了。总之，无论随机试验的结果是否直接表现为数量，我们总可以使之数量化，使随机试验的结果对应于一个数，这就引入了随机变量的概念。设随机试验有若干个试验结果，如果对于每一个试验结果，变量 X 都有确定的实数值与之对应，则 X 称为随机变量，通常用大写字母 X，Y，Z，…表示。简单地说，随机变量就是随着试验结果的不同而变化的变量，由于试验的结果

具有随机性，各个结果的出现有一定的概率规律，因此，随机变量的取值也就有随机性，并有一定的概率规律。我们可以建立这样的认识，随机变量有各种取值，每个取值总是和一定的概率相连的。随机变量的所有可能取值及其相对应的概率就构成了随机变量的概率分布。提到随机变量必然要提到它的概率分布。

随机变量概念的提出，可以把对随机事件的研究转化为对随机变量的研究，研究数量化的随机变量就可以充分地利用数学方法，全面地去研究随机现象以及相互之间的关系。随机变量不仅是研究随机现象的有效工具，同时也是统计学方法的理论基础。本章及以后讲述的参数估计、假设检验、方差分析等内容的理论基础就来自随机变量及其概率分布。

通常，随机变量可分为两类：离散型和非离散型，非离散型中最常用的一种是连续型。本书只讨论离散性和连续性随机变量。

二、离散型随机变量及其概率分布

如果一个随机变量的全部可能取值，只有有限多个或可列无穷多个，则称它是“离散型随机变量”。把离散型随机变量的取值描绘在数轴上，它们就是数轴上一些离散的点。抛掷硬币、产品的抽检结果等随机试验都可以用离散型随机变量来表示。

对于一个离散型随机变量，我们关心的是该随机变量都有哪些可能取值，以及每个取值的概率是多少，这就是离散型随机变量的概率分布。设离散型随机变量 X 的全部可能取值为 x_1，x_2，…，x_i，…，X 取各个值相应的概率为

$$p_i = P(X = x_i), i = 1,2,\cdots \tag{5.1.2}$$

称式（5.1.2）为随机变量的概率分布。

随机变量的概率分布清楚地描述了随机变量 X 取值及其相应概率的全貌。由概率的性质可知，离散型随机变量的概率分布满足以下两个条件：

（1）$p_i \geqslant 0$，$i=1$，2，… （5.1.3）

（2）$\sum_i p_i = 1$ （5.1.4）

常用的离散型随机变量有两点分布、二项分布、超几何分布、泊松分布等。限于篇幅，本书没有给出它们的分布形式，有兴趣的读者可以参看数理

统计学的相关内容。

三、连续性随机变量及其概率分布

（一）连续型随机变量的概率分布

如果随机变量的取值有无限多个，不可数也不可列，只能用数轴上的区间来表示，这样的随机变量就是连续型随机变量。区分连续型随机变量和离散型随机变量是有意义的，因为它们的统计性质和统计处理方法有很大差别。

对于连续型随机变量而言，由于变量可以取无限多个值，因而取某个值的概率几乎为0，这样，考察事件 $X=a$ 的概率显然没有意义，也就不能像离散型随机变量那样表示其概率分布。连续型随机变量只能考察变量在一个区间内取值的概率，为此需要引入概率密度函数。对于随机变量 X，如果存在非负可积函数 $f(x)$，$(-\infty<x<\infty)$，使对任意实数 a，$b(a<b)$，都有：

$$P(a \leqslant X \leqslant b) = \int_a^b f(x)dx \tag{5.1.5}$$

则称 X 为连续型随机变量，$f(x)$ 为 X 的概率密度函数。

显然，对于任何实数 a，$P(X=a)=0$，且有

$$P(a<X<b) = P(a<X \leqslant b) = P(a \leqslant X<b) = P(a \leqslant X \leqslant b) \tag{5.1.6}$$

所以，当我们讨论连续型随机变量落在某一区间的概率时，不必区分是否包括区间端点。从图形上看，随机变量落在某一区间（a，b）的概率等于曲线 $f(x)$ 在区间（a，b）上的面积。

作为概率密度函数，应该满足以下两个性质：

(1) $f(x) \geqslant 0$；

(2) $\int_{-\infty}^{+\infty} f(x)dx = 1$。

常用的连续型随机变量有均匀分布、正态分布、指数分布等。这里，我们只重点介绍正态分布。

（二）正态分布

正态分布无论在理论上，还是在实际应用中，都是统计学中最重要的分

布。在自然现象和社会现象中，大量的随机变量都服从正态分布。例如，人的身高或体重，城市一天的用电量，某门课程的考试成绩，家庭收入等都服从正态分布。从图 5 - 1 中，我们可以看出正态分布的特征，绝大多数数值集中在中间，特别大、特别小的数值都很少，而许多现象都满足这样的特征，这也就是正态分布常见的原因所在。研究表明，当一个现象可以看成为由许多微小的独立的随机因素作用的结果时，这个现象一般都服从正态分布。因为这个现象是多种因素综合作用的，其中任何一个因素不会起到压倒一切的主导作用，所以现象的大部分数值都表现为常态，集中分布在某一区间内，只有少数的数值可能会受到特殊因素的影响而表现得极大或极小。

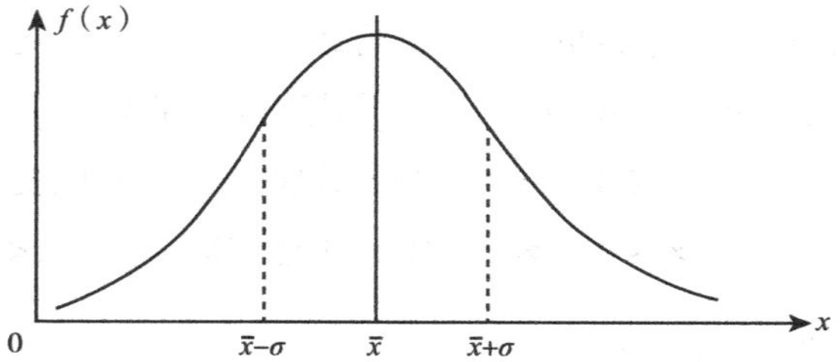

图 5 - 1　正态分布图

正态分布又称为“高斯分布”，是德国数学家高斯（*Guass*）在研究误差理论时，较早地引入的这种分布。正态分布的概率密度函数为：

$$f(x) = \frac{1}{\sqrt{2\pi}\sigma} e^{-\frac{(x-\mu)^2}{2\sigma^2}} (-\infty < x < +\infty) \tag{5.1.7}$$

其中，μ，$\sigma(\sigma>0)$ 是两个常数，记为 $X \sim N(\mu, \sigma^2)$。正态分布的概率密度函数的图形如图 5 - 1 所示。从它的图形中，我们可以看出，曲线 $f(x)$ 关于直线 $x=\mu$ 对称（μ 就是我们后面提到的正态分布的数学期望，σ 是标准差）；μ 决定曲线的位置，μ 越大，曲线越向 x 轴右方移动；σ 决定曲线顶部的形状，σ 越大，曲线越平坦，σ 越小，曲线的峰顶越高。

我们称 $\mu=0$，$\sigma=1$ 的正态分布 $N(0, 1)$ 为标准正态分布，它的概率密度函数为：

$$f(x) = \frac{1}{\sqrt{2\pi}} e^{-\frac{x^2}{2}} (-\infty < x < +\infty) \tag{5.1.8}$$

设 $\Phi(x) = \int_{-\infty}^{x} \frac{1}{\sqrt{2\pi}} e^{-\frac{x^2}{2}} dx$，为方便计算，人们把 $\Phi(x)$ 的值编制成了标准正

态分布表（见附表1），求概率直接查表就可以了。对于服从一般形式的正态分布 $N(\mu, \sigma^2)$ 的随机变量 X，只要通过作一个标准化处理，即用 $z=\frac{x-\mu}{\sigma}$ 替换 x 就可以转化为标准正态分布来查表计算概率了。

[**例5.1**] 已知 $X \sim N(20,3^2)$，求 $P(X<17)$。

解：随机变量进行标准化处理，设 $z=\frac{x-\mu}{\sigma}$

$P(X<17)=P\left(\frac{X-20}{3}<\frac{17-20}{3}\right)=P(z<-1)=\Phi(-1)=1-\Phi(1)=1-0.8413=0.1587$。

四、随机变量的数字特征

随机变量的概率分布完整地反映了随机变量的统计规律，也可以说它包含随机变量的全部信息。然而，在实际问题中，人们并不一定要了解随机变量全部信息，感兴趣的常常仅是随机变量的某些统计特征，这就是它的数字特征。最常用的随机变量的数字特征是数学期望和方差，数学期望反映随机变量的集中趋势，方差反映随机变量的离散程度。

设 X 是离散型随机变量，X 取值为 x_1，x_2，…，x_i，…，其相应的概率为 p_1，p_2，…，p_i，…，则 X 的数学期望：

$$E(X)=\sum_i x_i p_i \tag{5.1.9}$$

若 X 是连续型随机变量，有概率密度函数 $f(x)$，$(-\infty<x<\infty)$，则 X 的数学期望：

$$E(X)=\int_a^b xf(x)\,dx \tag{5.1.10}$$

从随机变量数学期望的定义看，它就是随机变量所有可能取值以概率为权数的加权平均数，期望值接近于概率大的变量值，它可以代表随机变量的平均水平，同时也是随机变量分布的中心。数学期望同我们前面介绍的一组数的平均数相类似，在本质上，它们也是相同的，只是一个用概率，一个用频率，而当观察数很大时，频率就是概率的近似。

设 X 是一随机变量，若 $E[X-E(X)]^2$ 存在，则称它为 X 的方差，记作 $D(X)$，即：

$$D(X) = E[X - E(X)]^2 \tag{5.1.11}$$

称 $\sqrt{D(X)}$ 为均方差或标准差。

从方差的计算公式看，它是随机变量与其期望值离差平方的数学期望，随机变量与期望值的离差表明随机变量与分布中心的差异，平方是为了避免正负离差的抵消，对离差的平方再取期望，实际上计算的是平均离差。因此，方差显示的是相对于期望值，随机变量的取值与其差距的程度，这个值越小，表明变量值分布在期望值附近；方差越大，则表明变量值的分布离期望值越分散。因此，方差表明随机变量分布的离散程度。在正态分布中，σ 越大，表明变量值离散程度大，所以，正态曲线的顶部越平坦；相反，σ 越小，变量值分布集中，曲线的顶部就比较尖。

如果 X 是离散型随机变量，X 取值为 x_1，x_2，…，x_i，…，其相应的概率为 p_1，p_2，…，p_i，…，则根据方差的定义有：

$$D(X) = \sum_i [x_i - E(X)]^2 p_i \tag{5.1.12}$$

若 X 是连续型随机变量，有概率密度函数 $f(x)$，$(-\infty < x < \infty)$，则

$$D(X) = \int_a^b [x - E(X)]^2 f(x) dx \tag{5.1.13}$$

第二节　统计量与抽样分布

一、几个基本概念

（一）总体和样本

在统计学中，把研究对象的全体称为“总体”，把组成总体的每个基本单元称为“个体”或者“总体单位”。例如，要研究一批灯泡的平均寿命，该批灯泡的全体就组成了总体，而其中每个灯泡就是个体。实际上，我们所关心的并不是总体中个体的一切方面，往往主要关心研究对象的某项数量指标 X（如灯泡的寿命），通常，它可看作是一个随机变量，以概率表示的可能取某个值，有自己的分布。因为只研究一项数量指标，为了简单，我们把总

体看作是该随机变量可能取值的全体，其中每一个个体就是该随机变量的一个具体取值。在参数估计理论中，人们习惯把总体和数量指标 X 可能取值的全体组成的集合等同起来，数量指标 X 是随机变量，这样，就可把总体等同于随机变量。因此，随机变量的分布函数和数字特征也可以分别称为总体的分布函数和数字特征。有了这种联系，我们就可以把概率论中对随机变量及其概率分布的许多研究成果应用到实际统计问题的研究中。

为了得知一批灯泡的平均寿命，我们不可能检测每一个灯泡，这是一种破坏性检验，为此，只需要从这批灯泡中随机抽取一部分进行检测，用检测的结果对一批灯泡的寿命做出推断。直观地，把从总体中按照随机原则抽出的个体组成的小群体称为“样本”，样本中所包含的个体数称为“样本容量”。和前面将总体等同于数量指标取值的全体、它是一个随机变量一样，样本也做这样的认识假定。从一个总体 X 中，随机的抽取 n 个个体 x_1，x_2，…，x_n，其中每一个 $x_i(i=1，2，…，n)$ 是一次抽样观察结果，对于某一次具体的抽样结果来说，x_1，x_2，…，x_n 是完全确定的一组数，但由于抽样的随机性，每个 x_i 的取值也有随机性，这样每个 x_i 又可以看作是某个随机变量 $X_i(i=1，2，…，n)$ 所取的观察值。因此，一个容量为 n 的样本就是一个 n 维随机变量（X_1，X_2，…，X_n），其中 X_i 相互独立，与总体 X 具有相同的概率分布。

（二）统计量与抽样分布

总体作为一个随机变量，有一定的概率分布和分布的数字特征。由于总体分布的数字特征往往也就是概率分布函数中的参数，如正态分布中的数学期望和方差就是密度函数中的参数 μ 和 σ；泊松分布的数学期望和方差就是参数 λ 等，所以，我们把根据样本信息估计总体分布的数字特征就称为参数估计。样本是进行统计推断的依据，为了使由样本对总体所作的推断具有一定的可靠性，在抽取样本之后，我们往往并不直接利用样本的观测值进行推断，而是针对要推断的问题对样本进行“加工”，把样本中我们所需要的信息集中起来，构成样本的一个适当的函数，用以推断我们所关心的问题，这些样本函数称为“统计量”。设（X_1，X_2，…，X_n）是来自总体 X 的一个样本，$h(X_1，X_2，…，X_n)$ 是 X_1，X_2，…，X_n 的函数，若 h 是连续函数且其中不含任何未知参数，则称 $h(X_1，X_2，…，X_n)$ 是一个统计量。

例如，设（X_1，X_2，…，X_n）是从正态总体 $N(\mu，\sigma^2)$ 中抽取的样本，

其中μ，σ^2是未知参数，则$\frac{1}{n}\sum_{i=1}^{n}(X_i-\mu)^2$及$\frac{1}{\sigma^2}\sum_{i=1}^{n}X_i^2$都不是统计量，因为它们分别含有未知参数$\mu$，$\sigma^2$。

而$\overline{X}=\frac{1}{n}\sum_{i=1}^{n}X_i$和$\frac{1}{n}\sum_{i=1}^{n}X_i^2$就都是统计量，因为不含有未知参数。

设（X_1，X_2，…，X_n）是来自总体X的一个样本，（x_1，x_2，…，x_n）是该样本的观察值，则可以定义统计量为：

（1）样本平均值

$$\overline{X}=\frac{1}{n}\sum_{i=1}^{n}X_i \tag{5.2.1}$$

（2）样本方差

$$S^2=\frac{1}{n-1}\sum_{i=1}^{n}(X_i-\overline{X})^2 \tag{5.2.2}$$

（3）样本 K 阶原点矩

$$A_K=\frac{1}{n}\sum_{i=1}^{n}X_i^K,K=1,2,\cdots,n \tag{5.2.3}$$

（4）样本 K 阶中心矩

$$B_K=\frac{1}{n}\sum_{i=1}^{n}(X_i-\overline{X})^K,K=1,2,\cdots,n \tag{5.2.4}$$

将样本观测值代入式（5.2.1）—式（5.2.4），可得到上述统计量的观察值，这些观察值仍然分别称为样本均值、样本方差、样本 K 阶原点矩和样本 K 阶中心矩。我们经常用到这些指标，事实上，它们是统计量概念在实际中的应用。因此，我们定义若x_1，x_2，…，x_n是X_1，X_2，…，X_n的样本观察值，则称$g(x_1, x_2, \cdots, x_n)$是$g(X_1, X_2, \cdots, X_n)$的观察值（统计值）。

从统计量的定义可以看出，由于样本（X_1，X_2，…，X_n）是随机变量，所以，作为样本的函数的统计量$h(X_1, X_2, \cdots, X_n)$也是随机变量。当已知总体 X 的分布时，统计量应有确定的概率分布，我们称统计量的概率分布为“抽样分布”。

二、三大推断分布

χ^2分布、t分布和F分布，是在正态分布的基础上导出来的三大重要分布，一般的抽样推断问题就是建立在这些分布的应用上的。熟悉这三大分布的定义及其性质对我们确定统计量的分布十分有用。

（一）χ^2 分布

设 X_1，X_2，…，X_n 是来自总体 $N(0,1)$ 的一个样本，则称统计量

$$\chi^2 = X_1^2 + X_2^2 + \cdots + X_n^2 \tag{5.2.5}$$

服从自由度为 n 的 χ^2 分布，记为 $\chi^2 \sim \chi^2(n)$。

此处，自由度是指式（5.2.5）右端包含的独立变量的个数。

经理论推导可知，χ^2 分布的概率密度为

$$f(x) = \begin{cases} \dfrac{1}{2^{\frac{n}{2}}\Gamma\left(\dfrac{n}{2}\right)} x^{\frac{n}{2}-1} e^{-\frac{x}{2}}, & x > 0, \\ 0, & x \leqslant 0. \end{cases} \tag{5.2.6}$$

$f(x)$ 的形状如图 5－2 所示，其形状与自由度 n 有关。

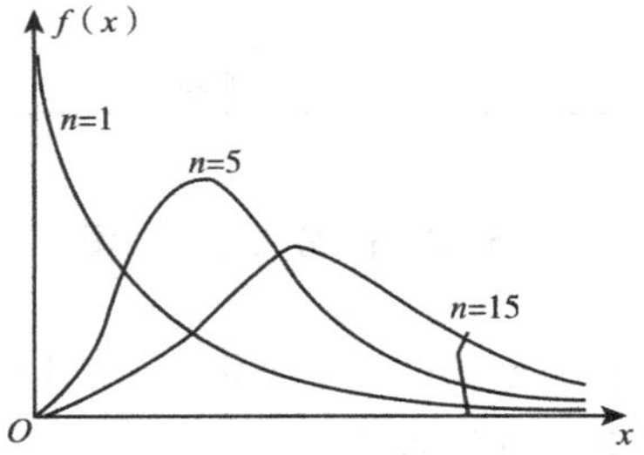

图 5－2　χ^2 分布图

χ^2 分布具有如下性质：

（1）设 $\chi_1^2 \sim \chi^2(n_1)$，$\chi_2^2 \sim \chi^2(n_2)$，且 χ_1^2，χ_2^2 独立，则

$$\chi_1^2 + \chi_2^2 \sim \chi^2(n_1 + n_2) \tag{5.2.7}$$

即 χ^2 分布具有可加性。

（2）若 $\chi^2 \sim \chi^2(n)$，则

$$E(\chi^2) = n,\ D(\chi^2) = 2n \tag{5.2.8}$$

事实上，由于 $X_i \sim N(0,1)$，故有

$$E(\chi^2) = E\left(\sum_{i=1}^{n} X_i^2\right) = \sum_{i=1}^{n} E(X_i^2) = \sum_{i=1}^{n} E\left(X_i - E(X_i)\right)^2$$

$$= \sum_{i=1}^{n} D(X_i) = \sum_{i=1}^{n} 1 = n \tag{5.2.9}$$

$$D(\chi^2) = D(\sum_{i=1}^{n} X_i^2) = \sum_{i=1}^{n} D(X_i^2) = \sum_{i=1}^{n} 2 = 2n \tag{5.2.10}$$

其中

$$\begin{aligned} D(X_i^2) &= E(X_i^4) - (E(X_i^2))^2 = E(X_i^4) - 1 \\ &= \frac{1}{\sqrt{2\pi}}\int_{-\infty}^{\infty} x^4 e^{-\frac{x^2}{2}} dx - 1 = 3 - 1 = 2 \end{aligned} \tag{5.2.11}$$

(3) $\chi^2(n)$ 分布的上 α 分位点

若对于给定的 α，$0<\alpha<1$，存在 $\chi_\alpha^2(n)$ 使得

$$P\{\chi^2 > \chi_\alpha^2(n)\} = \int_{\chi^2_\alpha(n)}^{+\infty} f(x)dx = \alpha \tag{5.2.12}$$

则称点 $\chi_\alpha^2(n)$ 为 χ^2 分布的上 α 分位点，如图 5－3 所示。

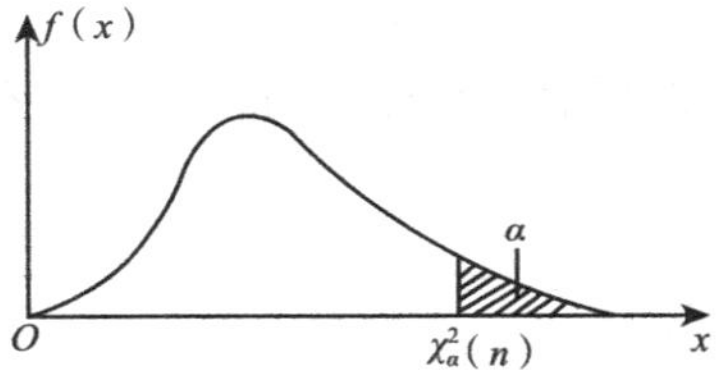

图 5－3　χ^2 分布分位数图

为方便计算，按 $P\{\chi^2 > \chi_\alpha^2(n)\} = \alpha(0 < \alpha < 1)$ 制成了 χ^2 分布表（见附表 4），以供查阅，读者务必掌握查表方法。

例如，给定 $\alpha=0.1$，$n=20$，查 χ^2 分布表可得 $\chi_{0.1}^2(20) = 28.412$，即

$$P\{\chi^2 > 28.412\} = \int_{28.412}^{\infty} \frac{1}{2^{\frac{20}{2}}\Gamma\left(\frac{20}{2}\right)} x^{\frac{20}{2}-1} e^{-\frac{x}{2}} dx = 0.1 \tag{5.2.13}$$

表中最大可取到 $n=45$。当 n 充分大时，费歇（R. A. Fisher）曾证明近似地有

$$\sqrt{2\chi^2} \sim N(\sqrt{2n-1}, 1) \tag{5.2.14}$$

$$\frac{\sqrt{2\chi^2} - \sqrt{2n-1}}{1} \sim N(0,1) \tag{5.2.15}$$

从而

$$\begin{aligned} &\sqrt{2\chi^2} - \sqrt{2n-1} \approx Z_\alpha \\ &\chi_\alpha^2(n) \approx \frac{1}{2}(Z_\alpha + \sqrt{2n-1})^2 \end{aligned} \tag{5.2.16}$$

其中 Z_{α} 为标准正态分布的上 α 分位点，利用式（5.2.16）可求得当 $n \geqslant 45$ 时，$\chi^2(n)$ 分布上的 α 分位点的近似值。

例如，$\chi^2_{0.05}(50) \approx \frac{1}{2}(1.645+\sqrt{99})^2 = 67.221$（其精确值为$\chi^2_{0.05}(50) = 67.505$）。

（二）t 分布

设 $X \sim N(0,1)$，$Y \sim \chi^2(n)$，且 X，Y 相互独立，则称随机变量

$$T = \frac{X}{\sqrt{Y/n}} \tag{5.2.17}$$

为服从自由度为 n 的 t 分布，记 $T \sim t(n)$。t 分布又称“学生氏（student）分布”。

经理论推导可知，t 分布的概率密度函数为

$$f(t) = \frac{\Gamma[(n+1)/2]}{\sqrt{\pi n}\cdot\Gamma(n/2)}\left(1+\frac{t^2}{n}\right)^{-(n+1)/2}, -\infty < t < \infty \tag{5.2.18}$$

t 分布的概率密度函数图形如图 5－4 所示。

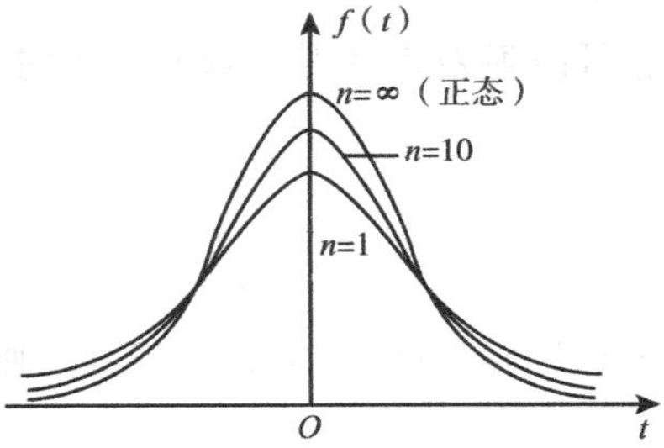

图 5－4　t 分布分位数图

不难看出，$f(t)$ 随 n 不同而不同，且 $f(t)$ 是偶函数，关于 $t=0$ 对称，当 $n \to \infty$ 时，利用 Γ 函数的性质可得：

$$\lim_{n\to\infty} f(t) = \frac{1}{\sqrt{2\pi}} e^{-\frac{t^2}{2}} \tag{5.2.19}$$

故当 $n \to \infty$ 时，t 分布趋近于 $N(0,1)$ 分布。但 n 较小时，t 分布与 $N(0,1)$ 分布相差很大。

对给定的 α，$0<\alpha<1$，称满足下式

$$P\{t > t_{\alpha}(n)\} = \int_{t_{\alpha}(n)}^{\infty} f(t)dt = \alpha \tag{5.2.20}$$

的点 $t_\alpha(n)$ 为 $t(n)$ 分布的上 α 分位点，如图 5 -5 所示。

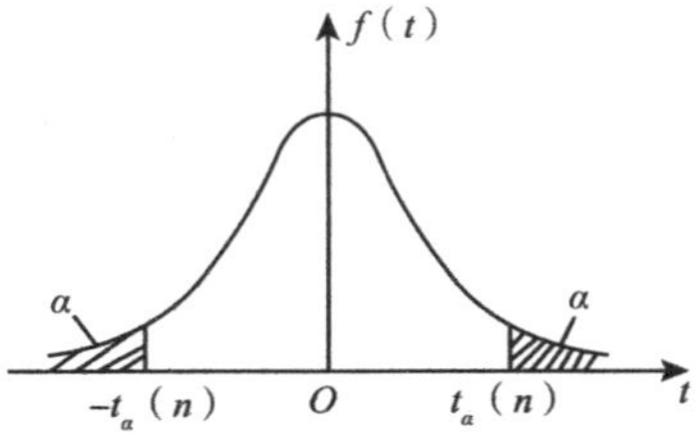

图 5 -5　t 分布分位数图

由于 $f(t) = -f(t)$，故：

$$\int_{-t_\alpha(n)}^{\infty} f(t)\,dt = 1 - \alpha \tag{5.2.21}$$

所以：

$$t_{1-\alpha}(n) = -t_\alpha(n) \tag{5.2.22}$$

这样，在附表 2 中只对接近于零的 α 值给出了 $t_\alpha(n)$ 的值，对于接近于 1 的 α 值时的 $t_\alpha(n)$，可由（5.2.22）式算出。例如，$\alpha = 0.95$，$n = 5$ 时，$t_{0.95}(5) = t_{1-0.05}(5) = -t_{0.05}(5) = -2.0150$。

t 分布的上 α 分位点可由附表 2 查得。当 $n > 45$ 时，则用正态近似：

$$t_\alpha(n) \approx Z_\alpha \tag{5.2.23}$$

（三）F 分布

设 $U \sim \chi^2(n_1), V \sim \chi^2(n_2)$，且 U，V 相互独立，则称随机变量

$$F = \frac{U/n_1}{V/n_2} \tag{5.2.24}$$

服从自由度为 (n_1, n_2) 的 F 分布（通常称 n_1 为第一自由度，n_2 为第二自由度），记为 $F \sim F(n_1, n_2)$。

经理论推导可知，$F(n_1, n_2)$ 分布的概率密度为

$$f(y) = \begin{cases} \dfrac{\Gamma[(n_1 + n_2)/2] \cdot (n_1/n_2)^{n_1/2} \cdot y^{(n_1/2)-1}}{\Gamma(n_1/2) \cdot \Gamma(n_2/2) \cdot [1 + (n_1 y/n_2)]^{(n_1+n_2)/2}}, & y > 0, \\ 0, & \text{其他。} \end{cases} \tag{5.2.25}$$

F 分布的概率密度函数图形如图 5 -6 所示。从图中可以看出，F 分布对非对称的。

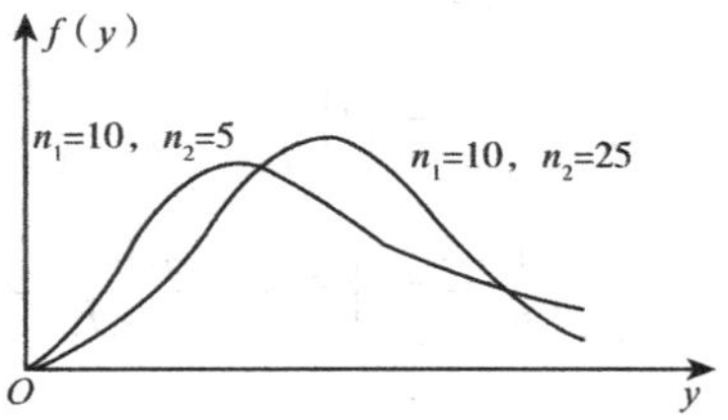

图 5－6　F 分布图

由定义可知，若 $F \sim F(n_1,n_2)$，则

$$\frac{1}{F} \sim F(n_2,n_1) \tag{5.2.26}$$

对于给定的 α，$0<\alpha<1$，称满足下式

$$P\{F > F_\alpha(n_1,n_2)\} = \int_{F_\alpha(n_1,n_2)}^{\infty} f(y)dy = \alpha \tag{5.2.27}$$

的点 $F_\alpha(n_1,n_2)$ 为 $F(n_1,n_2)$ 分布的上 α 分位点，如图 5－7 所示。F 分布上的 α 分位点可由附表 3 查得。

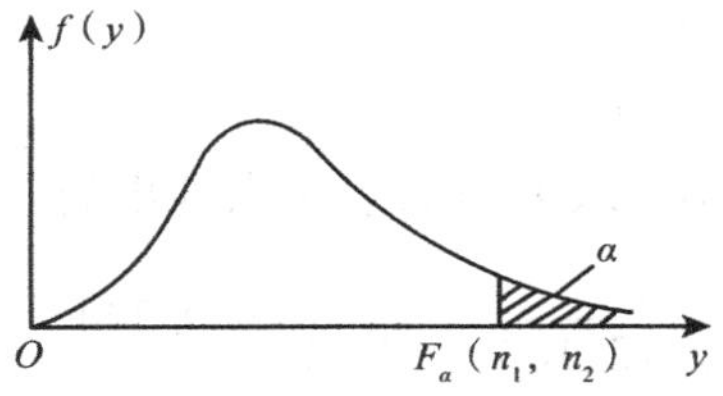

图 5－7　F 分布分位数图

F 分布上的 α 分位点还有如下性质：

（1）当第一自由度 $n_1=1$ 时，则

$$F(1,n) = [t(n)]^2 \tag{5.2.28}$$

事实上，由

$$t(n) = \frac{X}{\sqrt{Y/n}},\ X \sim N(0,1),\ Y \sim \chi^2(n),\ X\text{ 与 }Y\text{ 独立} \tag{5.2.29}$$

即得

$$[t(n)]^2 = \frac{X^2/1}{Y/n} = F(1,n) \tag{5.2.30}$$

（2）$$F_{1-\alpha}(n_1,n_2) = \frac{1}{F_\alpha(n_2,n_1)} \tag{5.2.31}$$

事实上，设 $F \sim F(n_1,n_2)$，按定义

$$1-\alpha = P\{F > F_{1-\alpha}(n_1,n_2)\} = P\left\{\frac{1}{F} < \frac{1}{F_{1-\alpha}(n_1,n_2)}\right\}$$

$$= 1 - P\left\{\frac{1}{F} \geqslant \frac{1}{F_{1-\alpha}(n_1,n_2)}\right\} = 1 - P\left\{\frac{1}{F} > \frac{1}{F_{1-\alpha}(n_1,n_2)}\right\} \tag{5.2.32}$$

则有

$$P\left\{\frac{1}{F} > \frac{1}{F_{1-\alpha}(n_1,n_2)}\right\} = \alpha \tag{5.2.33}$$

再由 $\frac{1}{F} \sim F(n_2,n_1)$ 知

$$P\left\{\frac{1}{F} > F_{\alpha}(n_2,n_1)\right\} = \alpha \tag{5.2.34}$$

比较式（5.2.33）和式（5.2.34）得：

$$\frac{1}{F_{1-\alpha}(n_1,n_2)} = F_{\alpha}(n_2,n_1) \tag{5.2.35}$$

$$F_{1-\alpha}(n_1,n_2) = \frac{1}{F_{\alpha}(n_2,n_1)} \tag{5.2.36}$$

式（5.2.36）常可用来求 F 分布表中未列出的一些上 α 分位点，例如：

$$F_{0.95}(10,12) = \frac{1}{F_{0.05}(12,10)} = \frac{1}{2.91} = 0.344 \tag{5.2.37}$$

三、与抽样分布有关的几个定理

我们不加证明地给出一些与抽样分布有关的重要定理，这些定理成为抽样分布以及参数估计的理论基础。

定理 5.1 辛钦大数定律：设 X_1，X_2，…，X_n 是独立同分布的随机变量，且有相同的有限的数学期望和方差，$E(X_i)=\mu$，$D(X_i)=\sigma^2(i=1,2,\cdots,n)$，则对任意 $\varepsilon>0$，有

$$\lim_{n\to\infty} p\left\{\left|\frac{1}{n}\sum_{i=1}^{n} X_i - \mu\right| < \varepsilon\right\} = 1 \tag{5.2.38}$$

这个定理告诉我们，n 个随机变量，如果相互独立，且具有有限相同的数学期望和方差，那么，n 很大时，这 n 个随机变量的算术平均数几乎与一

个常数相等，这个常数就是它们的数学期望。

这个定理的应用价值在于，从总体中抽取的简单随机样本的统计量 $\overline{X}$ 以总体分布的数学期望为其抽样分布的数学期望，也就是说，可以用样本的均值来估计总体的数学期望。

定理 5.2　贝努里大数定律：设 m 是 n 次试验中事件 A 发生的次数，p 是事件 A 在每次试验中发生的概率，则对于任意的 $\varepsilon>0$，有 $\lim\limits_{n\to\infty} p\left\{\left|\frac{m}{n}-p\right|<\varepsilon\right\}=1$。

贝努里大数定律以严格的数学形式证明了当观察次数 n 很大时，用某随机现象在大量观察中发生的实际频率来代替该现象发生的真实概率的差别是很小的，这样，就可以用实际观察到的频率来估计现实的概率值。

定理 5.1 和定理 5.2 的意义在于，它们把数理统计学中的理论概念转换到了实际应用中的具体的统计指标，使得这些指标既可观测到具体取值，又有理论意义。

定理 5.3　独立同分布条件下的中心极限定理：设 X_1，X_2，…，X_n 是独立同分布的随机变量，且每个随机变量都服从正态分布 $N(\mu,\ \sigma^2)$，则其均值 $\overline{X}=\frac{1}{n}\sum\limits_{i=1}^{n}X_i$ 服从参数为 $\left(\mu,\frac{\sigma^2}{n}\right)$ 的正态分布，即 $\overline{X}\sim N\left(\mu,\frac{\sigma^2}{n}\right)$。

这个定理说明，对于 n 个独立的且都服从相同的正态分布的随机变量而言，它们的均值仍然服从正态分布，所改变的只是分布的参数。也就是说，从服从正态分布的总体中抽取的随机样本的样本平均数这个统计量仍然服从正态分布，其参数为 μ 和 $\frac{\sigma^2}{n}$。

四、正态总体统计量的抽样分布

进行参数估计需要知道统计量的分布。只有在总体的分布已知的情况下，统计量的分布才能明确。一般来说，由于确定总体的分布很困难，所以知道统计量的分布也是困难的，有时甚至是不可能的。然而，我们对正态分布的研究已趋成熟，而且总体服从正态分布的情况比较普遍，这样，当总体 X 服从正态分布时，统计量的分布是已知的。下面我们不予证明地给出几个正态总体统计量的抽样分布定理。

定理 5.4　样本均值统计量的分布（总体方差已知）：设总体 X 服从正态

分布 $N(\mu,\sigma^2)$，从总体 X 中抽取容量为 n 的样本 X_1，X_2，…，X_n，它们相互独立，则样本均值 $\overline{X}=\frac{1}{n}\sum_{i=1}^{n}X_i$ 服从正态分布 $N\left(\mu,\frac{\sigma^2}{n}\right)$。

样本均值的抽样分布与样本来自的总体的分布性质有关，还与样本容量有关。如果总体是正态总体，不管样本的大小怎样，样本均值都将服从正态分布。如果总体不是正态的，由中心极限定理可知，当样本容量很大时，样本均值的抽样分布可以用正态分布来近似，而样本较小时，样本均值的抽样分布将不服从正态分布。

定理 5.5 样本均值统计量的分布（总体方差未知）：在实际应用中，我们经常碰到总体方差 σ^2 未知的情况。此时，由于定理 5.4 中包含未知参数，不能用来进行参数估计，需要寻找新的估计统计量。考虑到样本方差 S^2 是 σ^2 的无偏估计，很自然地想到用 S^2 来替代 σ^2。设总体 X 服从正态分布 $N(\mu,\sigma^2)$，则统计量 $t=\frac{\overline{X}-\mu}{\frac{S}{\sqrt{n}}}\sim t(n-1)$。

定理 5.6 样本方差统计量的分布（总体均值未知）：设总体 X 服从正态分布 $N(\mu,\sigma^2)$，则样本均值 $\overline{X}$ 与样本方差 S^2 相互独立，统计量 $x^2=\frac{(n-1)s^2}{\sigma^2}\sim\chi^2(n-1)$。

当总体均值 μ 已知时，统计量 $x^2=\frac{ns^2}{\sigma^2}\sim\chi^2(n)$。

定理 5.7 两样本均值差的抽样分布。在实际应用中常碰到这样的例子，如用两台机器加工同一类型的产品，想考察产品组之间的平均品质是否存在显著性差异；工序调整后与调整前相比，产品的合格率是否有所改善等。这类问题需要应用样本均值差的抽样分布来解决。

设从正态总体 $X\sim N(\mu_x,\sigma_x^2)$ 中抽取容量为 n 的样本，样本均值为 $\overline{X}$，方差为 S_x^2，从正态总体 $Y\sim N(\mu_y,\sigma_y^2)$ 中抽取容量为 m 的样本，样本均值为 $\overline{Y}$，方差为 S_y^2，两样本相互独立。

情况一：两总体皆为正态总体，且 σ_x^2、σ_y^2 已知，统计量

$$U=\frac{(\overline{X}-\overline{Y})-(\mu_x-\mu_y)}{\sqrt{\frac{\sigma_x^2}{n}+\frac{\sigma_y^2}{m}}}\sim N(0,1) \tag{5.2.39}$$

情况二：两总体皆为正态总体，σ_x^2、σ_y^2 未知，但 $\sigma_x^2=\sigma_y^2=\sigma^2$，统计量

$$t=\frac{(\overline{X}-\overline{Y})-(\mu_X-\mu_Y)}{S_W\sqrt{\frac{1}{n}+\frac{1}{m}}}\sim t(n+m-2) \tag{5.2.40}$$

其中，$S_W=\sqrt{\frac{(n-1)S_x^2+(m-1)S_y^2}{n+m-2}}$。

情况三：当不知总体的分布形式时，n 很大时，由中心极限定理推，同(1)，用样本方差替代总体方差。

定理 5.8　样本方差比的抽样分布（总体均值未知）。两总体均值差异的比较，通常采用样本均值差的抽样分布，而关于两总体方差的差异比较，一般要采用样本方差比的抽样分布，这主要是为了能够得到相应的分布。

从正态总体 $X\sim N(\mu_x,\sigma_x^2)$ 中抽取容量为 n 的样本，样本均值为 $\overline{X}$，方差为 S_x^2，从正态总体 $Y\sim N(\mu_y,\sigma_y^2)$ 中抽取容量为 m 的样本，样本均值为 $\overline{Y}$，方差为 S_y^2。统计量

$$F=\frac{\frac{S_x^2}{\sigma_x^2}}{\frac{S_y^2}{\sigma_y^2}}\sim F(n-1,m-1) \tag{5.2.41}$$

当两个正态总体的均值已知时，上述统计量的分布改变的只是自由度，即

$$F=\frac{\frac{S_x^2}{\sigma_x^2}}{\frac{S_y^2}{\sigma_y^2}}\sim F(n,m) \tag{5.2.42}$$

定理 5.9　样本成数的抽样分布。关于样本成数的分布，可类比均值抽样分布。X_1，X_2，…，X_n 为来自两点（0－1）分布的样本，其取值的特征为：

$$X_i=\begin{cases}1，具有某种性质的事件发生\\0，具有某种性质的事件未发生\end{cases} \tag{5.2.43}$$

P 为事件发生的概率，Q 为事件不发生的概率，$P+Q=1$，则 X 的期望和方差为：

$$E(X)=\sum_i X_iP_i=1\times P+0\times Q=P \tag{5.2.44}$$

$$D(X)=\sum_i(X_i-EX)^2P_i=(1-P)^2P+(0-P)^2Q$$

$$= Q^2P + P^2Q = PQ \tag{5.2.45}$$

令 $\hat{P}$ 表示样本中具有某种性质的事件发生的比例即成数，则有

$$\hat{P} = \frac{1}{n}\sum_{i=1}^{n}X_i \tag{5.2.46}$$

在重复抽样的情况下，$\hat{P}$ 的期望和方差分别为：

$$E(\hat{P}) = E\left(\frac{1}{n}\sum_{i=1}^{n}X_i\right) = \frac{1}{n}\sum_{i=1}^{n}E(X_i) = \frac{1}{n}\sum_{i=1}^{n}P = P \tag{5.2.47}$$

$$Var(\hat{P}) = Var\left(\frac{1}{n}\sum_{i=1}^{n}X_i\right) = \frac{1}{n^2}\sum_{i=1}^{n}Var(X_i) = \frac{1}{n^2}\sum_{i=1}^{n}PQ = \frac{PQ}{n} \tag{5.2.48}$$

由中心极限定理知，当样本容量比较大（大于 30，且 $np \geqslant 5$，$n(1-p) \geqslant 5$）时，0－1 分布可用正态分布来近似，于是得到：

$$\hat{p} \sim N\left(P, \frac{PQ}{n}\right) \tag{5.2.49}$$

两总体成数差的分布近似于两总体均值差的情况三（n，m 均大于 30，$npx \geqslant 5$，$n(1-px) \geqslant 5$；$npy \geqslant 5$，$n(1-py) \geqslant 5$）。用 U 表示两总体成数差，则服从如下的正态分布：

$$U = \frac{(\hat{p}_x - \hat{p}_y) - (P_x - P_y)}{\sqrt{\dfrac{\hat{p}_x(1-\hat{p}_x)}{n} + \dfrac{\hat{p}_y(1-\hat{p}_y)}{m}}} \sim N(0,1) \tag{5.2.50}$$

第三节　点估计

一、点估计的含义

点估计是指根据总体参数的性质构造一个统计量，然后由样本资料计算出统计量的值，并直接作为相应的总体参数值的替代。简单来说，就是用单个统计量的值作为总体参数值的近似或估计。设 X_1，X_2，…，X_n 为来自总体 $f(x, \theta)$ 的样本，θ 为总体未知参数，$g(X_1, X_2, \cdots, X_n)$ 为统计量，则 θ

的点估计可表示成

$$\hat{\theta} = g(X_1, X_2, \cdots, X_n) \tag{5.3.1}$$

点估计的优点、缺点直观明了，容易理解。点估计的估计结果只有一个值，在实际应用中，对于制订计划和行动方案等问题的决策，比较适用，可以减少很多麻烦。例如，公司的生产和采购方案取决于下一年的市场需求的预测估计，如果估计结果不是给出一个值，而是给出一个区间值，则势必会给生产计划部门制订年度生产计划带来困难。当然，点估计也有自身的缺陷，点估计的结果只有两种，要么对，要么错。由于随机因素的作用，估计值恰好等于总体参数实际值的可能性很小，而与实际值存在差异则是大量的、必然的。因此，统计估计不仅要给出估计的具体结果，还要说明估计结果的精度及其可靠程度，这就是我们后面要讲的区间估计。

常见的点估计方法是用样本均值、方差、成数作为总体均值、方差、成数的估计值。

二、点估计方法

确定估计量，一般都是从寻找点估计量开始的。经过若干年的研究，人们已经找到了许多估计量的构造方法，其中最为常用的是矩估计法和极大似然估计法。

（一）矩估计法

矩是描述随机变量的数字特征的。总体参数大多数可以用矩或矩的函数来表示，比如泊松分布中的 λ 是一阶原点矩，正态分布中的 μ 是一阶原点矩，σ^2 是二阶中心矩等。中心极限定理表明，样本矩收敛于总体矩，因此，只要总体矩存在，就自然想到用样本矩来估计，这样，在估计总体参数时，用样本矩直接替代相应的总体矩就是自然而然的事情了。

设 X_1，X_2，$\cdots$，X_n 为总体 $f(x;\ \theta_1,\ \theta_2,\ \cdots,\ \theta_k)$ 的一个随机样本，θ_1，θ_2，$\cdots$，θ_k 为总体的 k 个参数，如果 $E(X^i)$ 存在，则 $E(X^i)$ 可以表示成

$$E(X^i) = \psi_i(\theta_1, \theta_2, \cdots, \theta_k), i = 1, 2, \cdots, k \tag{5.3.2}$$

i 阶样本矩为

$$\overline{X^i} = \frac{1}{n}\sum_{j=1}^{n} X_j^i,\ i = 1,2,\cdots,k \tag{5.3.3}$$

令式（5.3.2）和式（5.3.3）相等得：

$$\psi_i(\theta_1,\theta_2,\cdots,\theta_k) = \overline{X^i},\ i = 1,2,\cdots,k \tag{5.3.4}$$

解联立方程组得

$$\hat{\theta}_i = g_i(X_1,X_2,\cdots,X_n),\ i = 1,2,\cdots,k \tag{5.3.5}$$

$\hat{\theta}_i(i = 1,2,\cdots,k)$ 就是总体参数 θ_i 的矩估计。

矩估计的过程是：

第一，明确被估计的参数及参数函数。被估计的总体参数可能是一个，也可能是几个。用矩估计原理估计总体参数，还需要分析总体参数是否与某个统计矩存在着比较明确的关系。

第二，建立总体矩与总体参数的关系式。

第三，将总体参数用总体矩来表示。

第四，用样本矩替代相应的总体矩，从而得到总体参数的估计。

[例 5.2] 假设随机变量 X 为 $[a,\ b]$ 上的均匀分布，X_1，X_2，…，X_n 为其中的一个样本，试确定参数 a、b 的矩估计量。

解： 根据均匀分布的性质得：

$$E(X) = \frac{a+b}{2} \tag{5.3.6}$$

$$Var(X) = E(X^2) - [E(X)]^2 = \frac{(b-a)^2}{12} \tag{5.3.7}$$

用 $E(X)$ 和 $E(X^2)$ 表示 a、b 得

$$a = E(X) - \sqrt{3[E(X^2) - (E(X))^2]} \tag{5.3.8}$$

$$b = E(X) + \sqrt{3[E(X^2) - (E(X))^2]} \tag{5.3.9}$$

用样本一阶原点矩 $\overline{X}$ 和二阶原点矩 $\overline{X^2}$ 替代 $E(X)$ 和 $E(X^2)$ 得到 a、b 的估计量为：

$$\hat{a} = \overline{X} - \sqrt{3(\overline{X^2} - \overline{X}^2)} \tag{5.3.10}$$

$$\hat{b} = \overline{X} + \sqrt{3(\overline{X^2} - \overline{X}^2)} \tag{5.3.11}$$

（二）极大似然估计方法

设 X_1，X_2，…，X_n 为总体 $f(x;\ \theta_1,\ \theta_2,\ \cdots,\ \theta_k)$ 的一个随机样本，θ_1，

θ_2，…，θ_k 为总体的 k 个参数，由于样本是相互独立的，那么有

$$L(x_1,x_2,\cdots,x_k;\theta_1,\theta_2,\cdots,\theta_k) = \prod_{i=1}^{n} f(x;\theta_1,\theta_2,\cdots,\theta_k) \tag{5.3.12}$$

称为似然函数。

极大似然估计就是找出 θ_1，θ_2，…，θ_k 的估计量 $\hat{\theta}_1$，$\hat{\theta}_2$，…，$\hat{\theta}_k$，使得它们能够保证

$L(x_1,x_2,\cdots,x_k;\theta_1,\theta_2,\cdots,\theta_k) \leqslant L(x_1,x_2,\cdots,x_k;\hat{\theta}_1,\hat{\theta}_2,\cdots,\hat{\theta}_k)$，则称 $\hat{\theta}_1,\hat{\theta}_2,\cdots,\hat{\theta}_k$ 是 θ_1，θ_2，…，θ_k 的极大似然估计值。

根据极大似然估计的定义，求参数 θ_1，θ_2，…，θ_k 的极大似然估计，实际上等价于求 $L(x_1,x_2,\cdots,x_k;\theta_1,\theta_2,\cdots,\theta_k)$ 的极大值。对式（5.3.4）两边取对数（取对数是为了将式（5.3.4）概率密度函数的连乘转化为连加，便于求偏导数），又由于 $L(x_1,x_2,\cdots,x_k;\theta_1,\theta_2,\cdots,\theta_k)$ 的极值点与 $\ln L(x_1,x_2,\cdots,x_k;\theta_1,\theta_2,\cdots,\theta_k)$ 极值点相同，这样只需求解联立方程组：

$$\begin{cases} \dfrac{\partial LnL(\cdot)}{\partial\theta_1} = 0 \\ \dfrac{\partial LnL(\cdot)}{\partial\theta_2} = 0 \\ \cdots \\ \dfrac{\partial LnL(\cdot)}{\partial\theta_k} = 0 \end{cases} \tag{5.3.13}$$

就可以得到 θ_1，θ_2，…，θ_k 的极大似然估计值。

求极大似然估计的步骤：

第一，写出总体的概率密度函数；

第二，构造似然函数 $L(x_1,x_2,\cdots,x_k;\theta_1,\theta_2,\cdots,\theta_k)$；

第三，似然函数取对数 $\ln L(x_1,x_2,\cdots,x_k;\theta_1,\theta_2,\cdots,\theta_k)$；

第四，对 $\ln L(x_1,x_2,\cdots,x_k;\theta_1,\theta_2,\cdots,\theta_k)$ 求关于 θ_1，θ_2，…，θ_k 的偏导，并令其分别等于0；

第五，通过解联立方程组，得到极大似然估计值。

[例5.3] 随机变量 X 服从泊松分布，即 $X \sim P(\lambda)$，X_1，X_2，…，X_n 是 X 的一个简单随机样本，试运用极大似然估计法估计参数 λ。

解：$X \sim P(\lambda)$，泊松分布的概率密度函数为

$$f(x) = \frac{\lambda^x}{x!}e^{-\lambda}, x = 0,1,2,\cdots \tag{5.3.14}$$

X_1，X_2，…，X_n 为样本，构造似然函数为：

$$L(x_1,x_2,\cdots,x_n;\lambda) = \prod_{i=1}^{n}\frac{\lambda^{x_i}}{x_i!}e^{-\lambda} \tag{5.3.15}$$

求自然对数

$$\ln L(x_1,x_2,\cdots,x_n;\lambda) = -n\lambda + \sum_{i=1}^{n}\ln\frac{\lambda^{x_i}}{x_i!} \tag{5.3.16}$$

求关于 λ 的导数，并令其等于0

$$\frac{\partial \ln L(x_1,x_2,\cdots,x_n;\lambda)}{\partial\lambda} = -n + \frac{1}{\lambda}\sum_{i=1}^{n}x_i = 0 \tag{5.3.17}$$

解方程得

$$\hat{\lambda} = \frac{1}{n}\sum_{i=1}^{n}x_i \tag{5.3.18}$$

所以 λ 的极大似然估计量为 $\frac{1}{n}\sum_{i=1}^{n}X_i$，也就是样本均值。

三、点估计量的评价准则

对同一个总体参数，我们可以构造出若干个不同的估计量。这样，就需要在众多的估计量中，选择出好的、优良的估计量，这就涉及估计量的评价问题。

首先，优良的统计估计量要满足的条件是不存在系统性误差的。估计量是随机变量，尽管它的取值是随机波动的，但作为优良的估计量，它总体上应该集中在参数真值的附近波动。其次，当样本容量不断增大时，估计量的值能逐渐趋向总体参数的真实值；在进行参数估计时，总是在假定总体服从某种分布，事实上，总体实际分布与我们假定分布之间往往存在偏差，优良的估计量不应该受到这种偏差的较大影响，也就是说，估计量要具有对总体分布偏离一定程度的不敏感性。最后，样本估计量要能充分地吸收样本中所包含的关于总体参数的信息。

与上述要求相适应，产生了估计量的评价标准。常用的评价标准包括无

偏性、有效性、一致性等。

（一）无偏性

设总体参数为 θ，其估计量为 $\hat{\theta}$，若点估计量 $\hat{\theta}$ 的抽样分布的期望值等于总体参数 θ，即 $E(\hat{\theta}) = \theta$，则称估计量 $\hat{\theta}$ 为参数 θ 的无偏估计量。以无偏性来评判估计量是合理的，因为期望值具有长期或大量平均的意义，所以，一个好的估计量就某一个具体估计值而言，可能不等于总体参数值，但大量的多次重复抽样，其平均值应该等于总体参数值。

［**例 5.4**］ X_1，X_2，…，X_n 是相互独立的随机变量，且皆服从 $N(\mu,\sigma^2)$，$S^2 = \frac{1}{n}\sum_{i=1}^{n}(X_i - \bar{X})^2$，试证明 S^2 是 σ^2 的渐进无偏估计量（若存在 $\lim_{n\to\infty}E_n(\hat{\theta}) = \theta$，则称 $\hat{\theta}$ 是 θ 的渐进无偏估计）。

证明： 根据无偏性的定义，先考察 $E(S^2)$ 的情况。

$$
\begin{aligned}
E(S^2) &= E\left[\frac{1}{n}\sum_{l=1}^{n}(X_i - \bar{X})^2\right] = \frac{1}{n}E\left[\sum_{l=1}^{n}(X_i - \bar{X})^2\right] \\
&= \frac{1}{n}E\left\{\sum_{i=1}^{n}[(X_i - \mu) + (\mu - \bar{X})]^2\right\} \\
&= \frac{1}{n}\left[\sum_{i=1}^{n}E(X_i - \mu)^2 - 2nE(\mu - \bar{X})^2 + nE(\bar{X} - \mu)^2\right] \\
&= \frac{1}{n}\left[n\sigma^2 - 2n \times \frac{\sigma^2}{n} + n \times \frac{\sigma^2}{n}\right] \\
&= \frac{1}{n}[n\sigma^2 - \sigma^2] = \frac{n-1}{n}\sigma^2
\end{aligned} \tag{5.3.19}
$$

显然，$E(S^2) = \frac{n-1}{n}\sigma^2 \neq \sigma^2$，$S^2$ 是 σ^2 的有偏估计。但是，

$$
\lim_{n\to\infty}E(S^2) = \lim_{n\to\infty}\frac{n-1}{n}\sigma^2 = \sigma^2 \tag{5.3.20}
$$

也就是说，$S^2 = \frac{1}{n}\sum_{i=1}^{n}(X_i - \bar{X})^2$ 是 σ^2 的渐进无偏估计。

但是，$S^2 = \frac{1}{n-1}\sum_{i=1}^{n}(X_i - \bar{X})^2$ 是 σ^2 的无偏估计。因此，对于小样本，我们计算样本方差 S^2 时，应该用公式 $S^2 = \frac{1}{n-1}\sum_{i=1}^{n}(X_i - \bar{X})^2$，对于大样本，可

以用 $S^2 = \frac{1}{n}\sum_{i=1}^{n}(X_i - \overline{X})^2$。

（二）有效性

对某个总体参数进行估计，我们能够找到若干个无偏估计。在这些无偏估计中，哪个估计量更好呢？这就要用有效性来评判。设 $\hat{\theta}_1$ 和 $\hat{\theta}_2$ 是总体参数 θ 的两个无偏估计量，如果 $D(\hat{\theta}_1) < D(\hat{\theta}_2)$，则称 $\hat{\theta}_1$ 比 $\hat{\theta}_2$ 有效。有效性的意义在于，如果 $\hat{\theta}_1$ 和 $\hat{\theta}_2$ 都是总体参数的无偏估计量，$D(\hat{\theta}_1) < D(\hat{\theta}_2)$，说明 $\hat{\theta}_1$ 相对于 $\hat{\theta}_2$ 更紧密地分布在总体参数周围。显然，$\hat{\theta}_1$ 作为总体参数的估计量比 $\hat{\theta}_2$ 有效，可靠性更高。

[例 5.5] 假设 X_1，X_2，…，X_n 为总体 X 的一个简单随机样本，相互独立，试找出下列三个统计量中最有效的一个。

$$g(X_1, X_2, X_3) = \frac{2}{5}X_1 + \frac{1}{5}X_2 + \frac{2}{5}X_3$$

$$g(X_1, X_2, X_3) = \frac{1}{6}X_1 + \frac{1}{3}X_2 + \frac{1}{2}X_3$$

$$g(X_1, X_2, X_3) = \frac{1}{7}X_1 + \frac{3}{14}X_2 + \frac{9}{14}X_3$$

解：容易验证，上述三个统计量都是总体 X 期望 $E(X)$ 的无偏估计量，样本相互独立，则分别计算三个统计量的方差为（假定方差为 σ^2）：

$$\begin{aligned} Var(g(X_1, X_2, X_3)) &= Var\left(\frac{2}{5}X_1 + \frac{1}{5}X_2 + \frac{2}{5}X_3\right) \\ &= \frac{4}{25}Var(X_1) + \frac{1}{25}Var(X_2) + \frac{4}{25}Var(X_3) \quad (5.3.21) \\ &= \frac{4}{25}\sigma^2 + \frac{1}{25}\sigma^2 + \frac{4}{25}\sigma^2 = \frac{9}{25}\sigma^2 \end{aligned}$$

$$\begin{aligned} Var(g(X_1, X_2, X_3)) &= Var\left(\frac{1}{6}X_1 + \frac{1}{3}X_2 + \frac{1}{2}X_3\right) \\ &= \frac{1}{36}Var(X_1) + \frac{4}{36}Var(X_2) + \frac{9}{36}Var(X_3) \quad (5.3.22) \\ &= \frac{1}{36}\sigma^2 + \frac{4}{36}\sigma^2 + \frac{9}{36}\sigma^2 = \frac{14}{36}\sigma^2 \end{aligned}$$

$$Var(g(X_1,X_2,X_3)) = Var\left(\frac{1}{7}X_1 + \frac{3}{14}X_2 + \frac{9}{14}X_3\right)$$

$$= \frac{1}{49}Var(X_1) + \frac{9}{196}Var(X_2) + \frac{81}{196}Var(X_3) \quad (5.3.23)$$

$$= \frac{4}{196}\sigma^2 + \frac{9}{196}\sigma^2 + \frac{81}{196}\sigma^2 = \frac{94}{196}\sigma^2$$

可以看出，第一个估计量估计总体期望 $E(X)$ 时，即 X_1，X_2，X_3 的权数分别为$\frac{2}{5}$，$\frac{1}{5}$，$\frac{2}{5}$时，加权平均求出的期望值 $E(X)$ 估计精度比较好，是三个估计量中最有效的。

（三）一致性

估计量的有效性研究对于在一类无偏估计中确定一个优良估计量是很有用的。如果某个估计量既能满足无偏性要求，同时又是方差最小的，那么这样的估计量就叫做最小方差无偏估计。最小方差的无偏估计量不一定在所有的估计量中其方差还是最小的，事实上，有些估计量虽然有偏差，但它的方差比无偏估计量还要小，用这样的估计量进行估计的效果可能更为理想。因此，需要在兼顾偏差和离散度的情况下，建立优良的估计量及其评价准则。当样本容量趋于无穷大时，若估计量 $\hat{\theta}$ 依概率收敛于待估参数 θ，即对任意 $\varepsilon>0$，有

$$\lim_{n\to\infty}P\{|\hat{\theta}-\theta|<\varepsilon\} = 1 \quad (5.3.24)$$

则称 $\hat{\theta}$ 为 θ 的一致估计量。

一致性是大样本所呈现的性质，所以只有在大样本情况下才有意义。若某个估计量是待估参数的一致估计量，意味着样本容量很大时，估计量与待估参数很接近的可能性非常大。从理论上讲，如果是大样本，估计量的一致性要求很容易得到满足；同时也需要注意，符合一致性的估计量可能并不唯一。可以证明，样本均值是总体数学期望的一致估计量，样本方差是总体方差的一致估计量。

［例 5.6］ X_1，X_2，…，X_n 为来自均值为 μ、方差为 σ^2 总体的一个相互独立的、简单随机样本，$\overline{X}$ 是样本均值，证明 $\overline{X}$ 是 μ 的一致估计。

证明： 因为样本 X_1，X_2，…，X_n 相互独立，且与总体 X 服从相同的分

布，所以，

$$E(X_i) = \mu, D(X_i) = \sigma^2 \quad i = 1,2,\cdots,n \tag{5.3.25}$$

根据切比雪夫定理有

$$\lim_{n\to\infty} P\left(\left| \frac{1}{n} \sum_{i=1}^{n} X_i - \frac{1}{n} \sum_{i=1}^{n} E(X_i) \right| < \varepsilon \right) = 1 \tag{5.3.26}$$

式中，ε 为任意小的正数，又有

$$\overline{X} = \frac{1}{n} \sum_{i=1}^{n} X_i \quad \frac{1}{n} \sum_{i=1}^{n} E(X_i) = \frac{1}{n} \cdot n\mu = \mu \tag{5.3.27}$$

所以有

$$\lim_{n\to\infty} P(|\overline{X} - \mu| < \varepsilon) = 1 \tag{5.3.28}$$

即说明 $\overline{X}$ 是 μ 的一致估计。

四、点估计的缺点

点估计是用估计量的一个具体数值作为待估参数的估计值，既然是估计值，就会存在差距，并且每一个样本都可以计算一个估计值，进而估计值与真值之间的差距以及估计的可靠程度，无从得知，这便是点估计存在的缺点。

第四节　区间估计

一、区间估计的基本步骤

点估计是用估计量的一个具体数值作为待估参数的估计值。顾名思义，区间估计就是用两个估计值所构成的区间估计总体参数。假定 $\hat{\theta}_1$ 和 $\hat{\theta}_2$ 分别是参数 θ 的两个估计值，用（$\hat{\theta}_1$，$\hat{\theta}_2$）估计 θ 就是区间估计。区间估计是用两个估计值构成的区间去估计总体参数，由于估计量是随机变量，所以由随机变量的两个取值构成的区间也是随机的。从客观上讲，总体参数的取值是唯一的，它可能在这个随机区间内，也可能不在。那么，给出的区间包含了总

体参数的可能性有多大呢？这就要给出区间值包含总体参数的概率保证程度。因此，对于区间估计而言，在确定区间估计范围的同时，要给出总体参数在该区间内的概率，这也是区间估计的特点。

X_1，X_2，…，X_n 为总体 X 的一个简单随机样本，θ 是总体参数，由样本确定的两个估计值为 $\hat{\theta}_1$ 和 $\hat{\theta}_2$，对于给定的 $\alpha(0<\alpha<1)$，如果使 $P(\hat{\theta}_1 \leqslant \theta \leqslant \hat{\theta}_2)=1-\alpha$ 成立，则称 $[\hat{\theta}_1,\ \hat{\theta}_2]$ 为 θ 的置信区间，$1-\alpha$ 称为置信度或概率保证程度，α 称为显著性水平。

例如，$\alpha=0.05$，$1-\alpha=0.95$，这时的置信区间以 95% 的概率包含总体参数。既然置信区间与一定的概率相联系，则置信区间的大小就与置信度（概率保证程度）的大小相关。置信度大，置信区间也大，大的区间才能以大的概率包含总体参数值；置信度小，置信区间也小。置信度与估计精度是一对矛盾，满足较大的置信度，估计区间就大，但此时估计的精度就降低了。举个极端的例子，如果将估计区间设成正、负无穷大，总体参数 100% 在这个区间内，但估计的精度极低，估计也就失去了意义。实际应用中，人们以置信度为优先考虑的问题。就是说，先确定置信度水平，在既定的置信水平下，尽可能减小估计区间，以提高估计精度。下面我们讨论如何确定置信区间。

设 X_1，X_2，…，X_n 为总体 $X \sim N(\mu,\ \sigma^2)$ 的一个简单随机样本，$\overline{X}$，S^2 分别是样本的均值和方差，根据抽样分布定理有

$$\overline{X} \sim N\left(\mu, \frac{\sigma^2}{n}\right) \tag{5.4.1}$$

在给定概率保证程度（$1-\alpha$）下，则

$$P\left\{\left|\frac{\overline{X}-\mu}{\frac{\sigma}{\sqrt{n}}}\right| < Z_{\frac{\alpha}{2}}\right\} = 1-\alpha \tag{5.4.2}$$

将上式变形得：

$$P\left\{-Z_{\frac{\alpha}{2}} \cdot \frac{\sigma}{\sqrt{n}} < \overline{X}-\mu < Z_{\frac{\alpha}{2}} \cdot \frac{\sigma}{\sqrt{n}}\right\} = 1-\alpha$$

$$P\left\{-\overline{X}-Z_{\frac{\alpha}{2}} \cdot \frac{\sigma}{\sqrt{n}} < -\mu < -\overline{X}+Z_{\frac{\alpha}{2}} \cdot \frac{\sigma}{\sqrt{n}}\right\} = 1-\alpha \tag{5.4.3}$$

$$P\left\{\overline{X}-Z_{\frac{\alpha}{2}} \cdot \frac{\sigma}{\sqrt{n}} < \mu < \overline{X}+Z_{\frac{\alpha}{2}} \cdot \frac{\sigma}{\sqrt{n}}\right\} = 1-\alpha$$

几点说明：

（1）$Z_{\frac{\alpha}{2}}$ 是与概率相连的 $N(0,\ 1)$ 分布中的临界值。例如，$\alpha=0.05$，$\alpha/2=0.025$，$Z_{\frac{\alpha}{2}}=1.96$，即在 $N(0,\ 1)$ 分布中，$P(|X|<1.96)=95\%$。

（2）置信区间是以 $\overline{X}$ 为中心左右扩展 $Z_{\frac{\alpha}{2}}\dfrac{\sigma}{\sqrt{n}}$ 确定的，可以证明，在概率保证程度和样本容量一定的情况下，这样的估计区间长度最短，精度最高。

（3）确定了临界值后，才能进行区间估计。满足 $1-\alpha=0.95$ 概率要求的临界值不是唯一的，一般以去掉两端的极值、让估计区间落在分布的中间部分为出发点，来确定临界值。对于对称分布，如正态分布、t 分布等，左右两个临界值数值相等、符号相反，这时确定的置信区间的长度最短。对于非对称分布，如χ^2和 F 分布，也习惯上取对称的点来确定区间，即小于左临界值和大于右临界值的概率各为$\dfrac{\alpha}{2}$，但是这样确定的区间长度不一定是最短的。

综上所述，区间估计的步骤是：

（1）寻求一个样本 X_1，X_2，…，X_n 的函数，

$$Z=Z(X_1,X_2,\cdots,X_n;\theta) \tag{5.4.4}$$

它包含待估参数 θ，而不包含其他未知参数。求出 Z 的分布，且此分布不依赖于任何未知参数，当然也不依赖于待估参数。

（2）对于给定的置信度 $1-\alpha$，定出两个常数 a、b，使

$$P\{a<Z(X_1,X_2,\cdots,X_n;\theta)<b\}=1-\alpha \tag{5.4.5}$$

（3）从 $a<Z(X_1,X_2,\cdots,X_n;\theta)<b$ 中得到等价的不等式，$\hat{\theta}_1<\theta<\hat{\theta}_2$，$(\hat{\theta}_1,\ \hat{\theta}_2)$ 就是 θ 的一个置信度为 $1-\alpha$ 的置信区间。

（4）根据一次具体抽样得到的样本值计算出 $\hat{\theta}_1$ 和 $\hat{\theta}_2$，就得到一个具体的区间。这个区间已不是随机区间，但仍称为参数 θ 的置信度为 $1-\alpha$ 的置信区间。

依据定理 5.4～定理 5.8，我们以实例的方式说明总体均值、总体方差、两总体均值差及方差比的区间估计方法。

二、总体均值的区间估计

［**例 5.7**］ 某保险公司主要从事人寿保险业务，想估计公司投保人的平均

年龄。从某一批投保人当中随机抽取了 36 名，平均年龄为 39.5 岁。假定人的年龄服从正态分布，并已知年龄的标准差为 8.2 岁，试在 90% 的概率保证下，估计公司投保人平均年龄的置信区间。

解： $n=36\quad \overline{X}=39.5\quad \sigma=8.2\quad 1-\alpha=90\%$

根据定理 5.4 可知，已知总体方差时，样本均值服从的分布是

$$\frac{(\overline{X}-\mu)}{\frac{\sigma}{\sqrt{n}}}\sim N(0,1) \tag{5.4.6}$$

所以，$P\left\{\left|\frac{\overline{X}-\mu}{\frac{\sigma}{\sqrt{n}}}\right|<Z_{\frac{\alpha}{2}}\right\}=1-\alpha$，$1-\alpha=90\%$，查表得，$Z_{\frac{\alpha}{2}}=1.65$，总体均值的估计区间是：

$$\overline{X}-Z_{\frac{\alpha}{2}}\frac{\sigma}{\sqrt{n}}<\mu<\overline{X}+Z_{\frac{\alpha}{2}}\frac{\sigma}{\sqrt{n}} \tag{5.4.7}$$

$$39.5-1.65\frac{8.2}{\sqrt{36}}<\mu<39.5+1.65\frac{8.2}{\sqrt{36}} \tag{5.4.8}$$

$$37.245<\mu<41.755 \tag{5.4.9}$$

即公司投保人的平均年龄为 37 ~ 42 岁。

[例 5.8] 某研究机构进行一项调查，来估计吸烟者每月花在抽烟上的平均支出。假定吸烟者买烟的月支出近似服从正态分布。该机构随机抽取了容量为 26 的样本进行调查，得到样本平均数为 80 元，样本标准差为 20 元，试以 95% 的把握估计全部吸烟者月平均吸烟支出的置信区间。

解： $n=26\quad \overline{X}=80\quad S=20\quad 1-\alpha=95\%$

因为总体方差未知，根据定理 5.5，样本平均数服从的分布是

$$T=\frac{\sqrt{n}(\overline{X}-\mu)}{S}\sim t(n-1) \tag{5.4.10}$$

根据 t 分布特征有

$$P\left\{\left|\frac{\sqrt{n}(\overline{X}-\mu)}{S}\right|<t_{\frac{\alpha}{2}}\right\}=1-\alpha$$

$$P\left\{-t_{\frac{\alpha}{2}}\frac{S}{\sqrt{n}}<\overline{X}-\mu<t_{\frac{\alpha}{2}}\frac{S}{\sqrt{n}}\right\}=1-\alpha \tag{5.4.11}$$

$$P\left\{\overline{X}-t_{\frac{\alpha}{2}}\frac{S}{\sqrt{n}}<\mu<\overline{X}+t_{\frac{\alpha}{2}}\frac{S}{\sqrt{n}}\right\}=1-\alpha$$

$1-\alpha=95\%$，查表得，$t_{\frac{\alpha}{2}}=2.06$，总体均值的估计区间为

$\left(80-2.06\dfrac{20}{\sqrt{26}},80+2.06\dfrac{20}{\sqrt{26}}\right)$，即（71.29，88.08）

吸烟人的月平均支出为 71.29～88.08 元。

［**例 5.9**］一家袜厂的原料之一加弹尼龙来自甲、乙两家工厂，为了估计甲乙两厂提供的产品的拉力强度的差异，从甲厂随机抽取了 25 个样品，从乙厂抽取了 16 个样品，测试结果，甲厂产品的平均拉力强度为 22 千克，乙厂产品的平均拉力强度为 20 千克，根据过去记录，两个工厂产品的拉力强度的方差均为 10，要求以 95% 的把握对两厂产品拉力强度的差异情况做出判断。

解：$m=25\quad n=16\quad \overline{X}=22\quad \overline{Y}=20\quad \sigma_x^2=\sigma_y^2=10$，$1-\alpha=95\%$

比较两厂产品拉力强度的差异情况属于产品均值差异的比较，两总体的方差相等且已知，根据定理 5.7 的情况一，统计量服从的分布是：

$$U=\frac{(\overline{X}-\overline{Y})-(\mu_1-\mu_2)}{\sqrt{\dfrac{\sigma^2}{m}+\dfrac{\sigma^2}{n}}}\sim N(0,1) \tag{5.4.12}$$

所以，

$$(\overline{X}-\overline{Y})-Z_{\frac{\alpha}{2}}\sqrt{\frac{\sigma^2}{m}+\frac{\sigma^2}{n}}<\mu_1-\mu_2<(\overline{X}-\overline{Y})+Z_{\frac{\alpha}{2}}\sqrt{\frac{\sigma^2}{m}+\frac{\sigma^2}{n}} \tag{5.4.13}$$

$$(22-20)-1.96\sqrt{\frac{10}{25}+\frac{10}{16}}<\mu_1-\mu_2<(22-20)-1.96\sqrt{\frac{10}{25}+\frac{10}{16}} \tag{5.4.14}$$

即（0.016，3.984），在 95% 的概率保证下，两厂产品的拉力强度之差不超过 4 千克。

［**例 5.10**］为试验某种肥料对小麦增产的效果，选出 20 块土壤和地理环境大致相同的田地，其中，10 块施洒该肥料，另外 10 块不施该肥料，得到的亩产（单位：500 克）资料如下：

施肥料：620 570 650 600 630 580 570 600 600 580

不施肥料：560 590 560 570 580 570 600 550 570 550

假设亩产都服从正态分布，且方差相等。试在 95% 的概率下确定平均亩产差异的置信区间。

解：$m=n=10 \quad 1-\alpha=95\%$

$$\overline{X}=\frac{(620+570+\cdots+580)}{10}=600 \tag{5.4.15}$$

$$S_x^2=\frac{\sum_{i=1}^{m}(X_i-\overline{X})^2}{m-1}=\frac{6400}{9} \tag{5.4.16}$$

同理，$\overline{Y}=570 \quad S_y^2=\frac{2400}{9}$

要比较平均亩产的差异，只知道样本方差、不知道总体方差，且总体方差相等，根据定理5.7的情况二，统计量T服从的分布是：

$$T=\frac{(\overline{X}-\overline{Y})-(\mu-\mu_2)}{S_W\sqrt{\frac{1}{m}+\frac{1}{n}}}\sim t(m+n-2) \tag{5.4.17}$$

$$S_W=\sqrt{\frac{(m-1)S_X^2+(n-1)S_Y^2}{m+n-2}}=\sqrt{\frac{9\times\frac{6400}{9}+9\times\frac{2400}{9}}{18}}=\sqrt{\frac{8800}{18}} \tag{5.4.18}$$

根据t分布的特征，$\mu_1-\mu_2$的估计区间为

$$(\overline{X}-\overline{Y})\pm t_{\frac{\alpha}{2}}S_W\sqrt{\frac{1}{m}+\frac{1}{n}}=(600-570)\pm 2.06\sqrt{\frac{8800}{18}}\sqrt{\frac{1}{10}+\frac{1}{10}} \tag{5.4.19}$$

即（9.64，50.36）。估计区间的下限大于0，所以有95%的把握相信$\overline{X}$大于$\overline{Y}$，即施肥料的亩产比不施肥料的亩产大。

三、总体方差的区间估计

［**例5.11**］生产工序中的方差是工序质量的重要度量，为此某茶叶制造商想估计袋茶重量的方差。由24个样品组成的一个随机样本资料如下：

24袋茶重量（克）：3.20　3.28　3.35　3.33　3.25　3.18　3.26　3.36　3.34　3.48　3.90　3.70　3.75　3.38　3.45　3.50　3.22　2.95　3.16　3.20　3.12　3.30　3.27　3.28

试求出总体方差的95%的置信区间。

解：假定袋装茶叶的重量服从正态分布，总体均值未知，要估计总体方

差，根据定理 5.6，统计量服从的分布是：

$$\frac{(n-1)S^2}{\sigma^2} \sim \chi^2(n-1) \tag{5.4.20}$$

已知 $n=24 \quad 1-\alpha=95\%$ 　经计算得 $\overline{X}=3.34$，$S^2=0.044$

则：

$$P\left\{\chi^2_{1-\frac{\alpha}{2}} < \frac{(n-1)S^2}{\sigma^2} < \chi^2_{\frac{\alpha}{2}}\right\} = 1-\alpha \tag{5.4.21}$$

总体方差的估计区间为：

$$\frac{1}{x^2_{\frac{\alpha}{2}}}(n-1)S^2 < \sigma^2 < x^2_{1-\frac{\alpha}{2}}(n-1)S^2 \tag{5.4.22}$$

查表得：$\chi^2_{\alpha/2}=38.076$，$\chi^2_{1-\alpha/2}=11.689$

代入上式得总体方差的估计区间为（0.027，0.081）

[**例 5.12**] 某教育研究机构为了了解男女学生高考数学成绩的差异程度，随机从参加高考的男女学生中分别抽取了 61 人和 121 人，调查资料得出：男生、女生数学考试成绩的方差分别是 73 和 84，试以 95% 的概率推断$\frac{\sigma_1^2}{\sigma_2^2}$的置信区间。

解： $m=121 \quad n=61 \quad S_x^2=84 \quad S_y^2=73 \quad 1-\alpha=95\%$

假定男、女生成绩服从正态分布，根据定理 5.8，统计量服从的分布是：

$$F = \frac{\frac{S_x^2}{\sigma_x^2}}{\frac{S_y^2}{\sigma_y^2}} \sim F(m-1, n-1) \tag{5.4.23}$$

$$P\left\{F_{1-\frac{\alpha}{2}} < \frac{\frac{S_x^2}{\sigma_x^2}}{\frac{S_y^2}{\sigma_y^2}} < F_{\frac{\alpha}{2}}\right\} = 1-\alpha \tag{5.4.24}$$

$$P\left\{F_{1-\frac{\alpha}{2}} \cdot \frac{S_y^2}{S_x^2} < \frac{\sigma_y^2}{\sigma_x^2} < F_{\frac{\alpha}{2}} \cdot \frac{S_y^2}{S_x^2}\right\} = 1-\alpha \tag{5.4.25}$$

$\alpha=0.05$，查表，$F_{0.025}(120, 60)=1.58$，$F_{0.975}(120, 60)=1/ F_{0.025}(60, 120)=1/1.53$

代入上式，得区间估计为（0.57，1.37）。因为估计区间的下限小于 1，而不是大于1，所以，有95%的把握相信男生、女生的成绩差异不显著。

四、总体比例的区间估计

［**例5.13**］一家大型的计算机应用程序开发公司，为提高程序员的编程水平，在公司范围内专门组织了一次为期50天的培训活动。培训结束后，随即进行了测试，以了解培训活动的效果。在随机抽取出来的45名被测试者中，有36人通过了测试。试在95%概率保证下据此对全部参加培训的450名程序员通过测试的比例进行区间估计。

解：$N=450 \quad n=45 \quad m=36 \quad p=36/45=0.8 \quad 1-\alpha=0.95$ 样本比例 $\hat{p}$ 服从的分布是 $\hat{P} \sim N\left(P, \frac{P(1-P)}{n}\right)$，因为统计量中总体 P 未知，分布的方差未知无法估计参数。但是，当 $n\hat{P}>5$ 且 $n(1-\hat{P})>5$ 时，可用 $\hat{P}$ 代替 P 进行估计。本题中，$n\hat{P}=45\times 0.8=36$，$n(1-\hat{P})=45\times 0.2=9$，所以，用 $\hat{P}$ 代替 P 得到：

$$P\left\{\left|\frac{\hat{p}-P}{\sqrt{\frac{\hat{p}(1-\hat{p})}{n}}}\right|<Z_{\frac{\alpha}{2}}\right\}=1-\alpha \tag{5.4.26}$$

总体比例 P 的估计区间为：

$$\hat{p}-Z_{\frac{\alpha}{2}}\sqrt{\frac{\hat{p}(1-\hat{p})}{n}}<P<\hat{p}+Z_{\frac{\alpha}{2}}\sqrt{\frac{\hat{p}(1-\hat{p})}{n}}$$

$$0.8-1.96\sqrt{\frac{0.8\times 0.2}{45}}<P<0.8+1.96\sqrt{\frac{0.8\times 0.2}{45}} \tag{5.4.27}$$

$$0.68<P<0.92$$

95%的把握相信450名程序员通过测试的比例在68%到92%之间。

五、最短估计区间问题研究

满足概率为 $1-\alpha$ 的区间有很多，但是估计区间 $[-Z\alpha/2, Z\alpha/2]$ 一定是最短的置信区间，下面将利用求条件极值的方法，予以证明。

设有 Z_1，Z_2，$(Z_2>Z_1)$，则二者满足如下的关系：

$$P\left\{Z_1 < \frac{\overline{X} - \mu}{\frac{\sigma}{\sqrt{n}}} < Z_2\right\} = 1 - \alpha \tag{5.4.28}$$

$$P\left\{\overline{X} - Z_2 \cdot \frac{\sigma}{\sqrt{n}} < \mu < \overline{X} - Z_1 \cdot \frac{\sigma}{\sqrt{n}}\right\} = 1 - \alpha \tag{5.4.29}$$

此时，置信区间的长度为：$\frac{\sigma}{\sqrt{n}}(Z_2 - Z_1)$

已知：$\Phi(Z_2) - \Phi(Z_1) = 1 - \alpha$，即 $\Phi(Z_2) - \Phi(Z_1) - 1 + \alpha = 0$

应用拉格朗日法则，可设：

$$G(Z_1, Z_2) = \frac{\sigma}{\sqrt{n}}(Z_2 - Z_1) + \lambda[\Phi(Z_2) - \Phi(Z_1) - 1 + \alpha] \tag{5.4.30}$$

对上述 $G(Z_1, Z_2)$ 求关于 Z_1, Z_2 的偏导数，并且令偏导数等于 0，则可得：

$$\frac{\partial G(Z_1, Z_2)}{\partial Z_1} = \frac{\sigma}{\sqrt{n}}(-1) - \lambda f(Z_1) = 0 \tag{5.4.31}$$

$$\frac{\partial G(Z_1, Z_2)}{\partial Z_2} = \frac{\sigma}{\sqrt{n}} + \lambda f(Z_2) = 0 \tag{5.4.32}$$

对上述两个方程相加，可得：

$$-\lambda f(Z_1) + \lambda f(Z_2) = 0 \tag{5.4.33}$$

λ 为常数，则 $f(Z_1) = f(Z_2)$。

$\because N(0,1)$ 是关于 y 轴的对称分布，

$\therefore Z_2 = -Z_1$。

即说明，要求得最短估计区间，则区间的左端和右端值互为相反数。

六、指数分布参数的区间估计及最短置信区间

（一）指数分布的区间估计

设总体 X 服从参数为 λ 的指数分布，则有

$$f(x) = \begin{cases} \lambda e^{-\lambda x}, x \geqslant \\ 0, x < 0 \end{cases} \tag{5.4.34}$$

其中，X_1，X_2，…，X_n是 X 的一个容量为 n 的样本，样本均值为 $\overline{X}$。

构建统计量 w_n，使 $w_n = n\overline{X}$，根据 Γ 分布的性质可知，

$w_n = n\overline{X}$ 服从参数为 λ，n 的 Γ 分布，其概率密度函数为

$$P_n(x) = \begin{cases} 0 \\ \dfrac{1}{(n-1)!}\lambda^n x^{n-1} e^{-\lambda x} \end{cases} \tag{5.4.35}$$

$\gamma_n = \lambda w_n$ 服从参数为 1，n 的 Γ 分布，其概率密度函数为

$$\gamma(x) = \begin{cases} 0 \\ \dfrac{1}{(n-1)!} x^{n-1} e^{-x} \end{cases} \tag{5.4.36}$$

（二）估计参数 λ 的置信区间

在给定的显著性水平 α 下，由 γ_n 的概率密度函数得

$$P\{\gamma_{\frac{\alpha}{2}}(n) < \lambda n\overline{X} < \gamma_{1-\frac{\alpha}{2}}(n)\} = 1 - \alpha \tag{5.4.37}$$

λ 的置信度为 $1-\alpha$ 的置信区间为

$$\left(\frac{\gamma_{\frac{\alpha}{2}}(n)}{n\overline{X}}, \frac{\gamma_{1-\frac{\alpha}{2}}(n)}{n\overline{X}}\right) \tag{5.4.38}$$

总体均值 $\dfrac{1}{\lambda}$ 的置信区间为 $\left(\dfrac{n\overline{X}}{\gamma_{1-\frac{\alpha}{2}}(n)}, \dfrac{n\overline{X}}{\gamma_{\frac{\alpha}{2}}(n)}\right)$。

（三）最短估计区间

设 x_1，x_2 满足：

$$P\{x_1 < \gamma_n < x_2\} = F(x_2, n) - F(x_1, n) = 1 - \alpha$$

$$\frac{1}{x_2} n\overline{X} < \frac{1}{\lambda} < \frac{1}{x_1} n\overline{X}$$

$$L = \frac{1}{x_1} - \frac{1}{x_2} + \lambda[F(x_2, n) - F(x_1, n) - 1 + \alpha]$$

$$\frac{\partial L}{\partial x_1} = -\frac{1}{x_1^2} - \lambda f(x_1, n) = 0 \tag{5.4.39}$$

$$\frac{\partial L}{\partial x_2} = \frac{1}{x_2^2} + \lambda f(x_2, n) = 0$$

$$x_1^2 f(x_1, n) = x_2^2 f(x_1, n) = -\frac{1}{\lambda}$$

将 $f(x,n)$ 的定义代入上式有：

$$x_1^{n+1}e^{-x_1} = x_2^{n+1}e^{-x_2}$$
$$f(x_1) = f(x_2) \tag{5.4.40}$$

第五节 样本容量的确定

前面的讨论中，我们都是假定样本容量 n 已知，但是，在实际问题中，需要自己动手设计调查方案时，必须决定样本容量 n 的大小。样本容量 n 设计多了，就会浪费资源，起不到抽样调查的目的；样本容量 n 选择少了，估计精度不够，估计误差偏大，起不到分析的目的。

一、决定样本容量的因素

从参数区间估计的讨论中，我们看到估计值与总体参数之间存在着一定的差异，这种差异是由样本的随机性引起的，称为“抽样误差”。在确定的样本容量下，若要使估计的可靠性增加，就需要扩大置信区间，增大抽样误差；若要在不降低可靠性的前提下，缩短置信区间，减少抽样误差，就只能增大样本容量。在其他条件不变的情况下，样本容量越大，估计的结果越精确，显然，当样本容量与总体单位数目一样时，抽样误差就不存在了。由此可见，置信区间、可靠性（概率保证程度）、抽样误差、样本容量几个概念之间是相互联系的，研究表明，可以用允许误差的概念反映它们之间的关系，并由此决定样本容量。

允许误差是指允许的抽样误差，是用绝对值表示的估计值与总体参数之差，记为：$\Delta = |\theta - \hat{\theta}|$。由于在确定样本容量时，抽样误差都是根据研究目的所需的精确度给定的，所以称之为“允许误差”。另外，由于允许误差以绝对值的形式表现了抽样误差的可能范围，所以又称为“极限误差”。在其他因素固定的前提下，允许误差的大小取决于研究的目的。如果要求估计的精确度高，允许误差就小，那么，样本容量就大些；如果要求估计的精确度不高，允许误

差可以大些，则样本容量可以小些。样本容量的决定因素就包含在允许误差中。本书以总体均值的估计为例，说明样本容量与允许误差之间的关系。

已知总体方差时，样本均值服从的分布是：

$$\frac{(\overline{X}-\mu)}{\frac{\sigma}{\sqrt{n}}} \sim N(0,1) \tag{5.5.1}$$

所以，

$$P\left\{\left|\frac{\overline{X}-\mu}{\frac{\sigma}{\sqrt{n}}}\right| < Z_{\frac{\alpha}{2}}\right\} = 1-\alpha \tag{5.5.2}$$

$1-\alpha$ 置信度下的估计区间为：

$$\overline{X} - Z_{\frac{\alpha}{2}}\frac{\sigma}{\sqrt{n}} < \mu < \overline{X} + Z_{\frac{\alpha}{2}}\frac{\sigma}{\sqrt{n}} \tag{5.5.3}$$

设 $\Delta_{\bar{x}} = |\overline{X}-\mu|$ 为样本均值与总体参数间的允许误差，所以：

$$\Delta_{\bar{x}} = |\overline{X}-\mu| = Z_{\frac{\alpha}{2}}\frac{\sigma}{\sqrt{n}} \tag{5.5.4}$$

解以上方程可得：

$$n = \left(\frac{Z_{\frac{\alpha}{2}}\sigma}{\Delta_{\overline{X}}}\right)^2 \tag{5.5.5}$$

因此，样本容量的要求包含在允许误差中，分解样本容量的等式，我们不难得出决定样本容量的因素：

1. 总体变异程度（σ）。

在其他条件相同的情况下，具有较大方差的总体需要较大容量的样本，具有较小方差的总体则可选择较小容量的样本。这很容易理解，总体方差大，意味着随机变量的差异大，要想用样本很好地体现总体，要抽取的样本自然要多一些。

2. 允许误差大小（$\Delta_{\bar{x}}$）。

在其他因素固定的前提下，允许误差的大小取决于研究的目的。如果要求估计的精确度高，允许误差就小，那么，样本容量就大些；如果要求估计的精确度不高，允许误差可以大些，则样本容量可以小些。

3. 可靠性高低（$1-\alpha$）。

如果要求估计的结果具有较高的可靠性，则在其他条件不变的情况下，要增大样本容量；反之，可以相应减少样本容量。

除了以上三个因素外，样本容量还与抽样的方式有关。例如，重复抽样与不重复抽样。由于根据这两种方法抽取的样本计算出的样本统计量具有不同的分布，所以两种方法估计结果的误差不同，需要的样本容量也就不同。此外，抽样还有其他的组织方式，这些方式都会影响样本容量的确定。我们给出的是简单随机重复抽样的样本容量决定公式。

二、实例

[**例 5.14**] 假如需要了解在校大学生的月平均消费支出，根据以往调查，已知大学生月平均消费支出标准差为 9 元，若规定允许误差不超过 2 元，概率保证程度为 95.45%，试确定应该抽取多少名学生？

解： 已知 $\sigma=9$，$\Delta_{\bar{x}}=2$　$1-\alpha=95.45\%$，$Z_{\frac{\alpha}{2}}=Z_{0.02275}=2$

设 $\Delta_{\bar{x}}=|\bar{X}-\mu|$为样本均值与总体参数间的允许误差，在总体方差已知时，$1-\alpha$ 置信度下：

$$\Delta_{\bar{x}} = |\bar{X}-\mu| = Z_{\frac{\alpha}{2}}\frac{\sigma}{\sqrt{n}} \tag{5.5.6}$$

所以，

$$n = \left(\frac{Z_{\frac{\alpha}{2}}\sigma}{\Delta_{\bar{X}}}\right)^2 \tag{5.5.7}$$

代入样本值得：$n = \left(\frac{2\times 9}{2}\right)^2 = 81$

在允许误差的要求下，应该抽取 81 名学生。

[**例 5.15**] 为检查企业产品的合格率，首先要确定样本容量。根据以往经验，合格率为 95%，要求估计的允许误差不超过 3%，置信水平为 95.45%，问应该抽取多少产品？

解： 已知 $P=95\%$，$\Delta_p=3\%$，$1-\alpha=95.45\%$，$Z_{\frac{\alpha}{2}}=Z_{0.02275}=2$

设 $\Delta_p=|\hat{p}-P|$表示估计成数与总体成数的允许误差，当样本容量很大时，

$$\frac{\hat{p}-P}{\sqrt{\frac{P(1-P)}{n}}} \sim N(0,1)$$

所以，$1-\alpha$ 置信度下的估计区间为：

$$\hat{p} - Z_{\frac{\alpha}{2}}\sqrt{\frac{P(1-P)}{n}} < P < \hat{p} + Z_{\frac{\alpha}{2}}\sqrt{\frac{P(1-P)}{n}} \tag{5.5.8}$$

$$\Delta_p = |\hat{p} - P| = Z_{\frac{\alpha}{2}}\sqrt{\frac{P(1-P)}{n}} \tag{5.5.9}$$

解方程得：

$$n = \frac{Z^2_{\frac{\alpha}{2}}P(1-P)}{\Delta^2_p} \tag{5.5.10}$$

代入样本值有：$n = \frac{2^2 \times 0.95 \times 0.05}{0.03^2} = 211$

在允许误差的条件下，应该抽取211件产品。

第六章　参数假设检验

第一节　参数假设检验基本原理

统计推断是统计学的核心内容，是由样本信息对相应总体特征进行的推断。统计推断以各种样本统计量的抽样分布为基础，主要包括两部分内容：一是通过样本统计量估计总体参数，称为参数估计，这就是本书第四章中的内容；二是对所估计的总体参数首先提出一个假设，然后通过样本数据决定接受或拒绝这一假设，这就是本章讲述的参数假设检验。

一、参数假设检验的含义

在实际工作或生活中，我们常常需要对总体参数的某种假设进行判断。例如，某种饮料的制造商声称，他们生产出来的 2 升瓶装饮料中，含有活性固体物质平均在 28.35 克以上。为此，需要检验制造商提出的宣传是否属实。又如，某公司进口一批钢筋，根据要求，钢筋的平均拉力强度不能低于 2000 千克，而供货商则一再强调其产品的平均拉力强度已达到这一要求。这时，需要进口商对供货商提出数据的真实性做出判断。

类似这样的问题很多，不难总结出它们的共性是：先对总体参数提出某种假设，然后对假设的真伪做出判断。接下来需要明确的是，如何做出判断？因为是对总体参数提出的假设，而样本又是随机地来自总体，它应该能体现和代表总体的信息，所以判断的依据就是样本信息。简单来讲，参数假设检验从对总体参数所做的一个假设开始，然后搜集样本数据，进而运用样本统计量判断假设的真伪，最后决定是否接受该假设。

实际上，对总体所做的假设一般分为两类：一类是总体分布形式已知，需要对总体分布中的某个参数或总体的某个数字特征提出假设，然后利用样本值来检验此项假设是否成立，此类检验称为“参数假设检验”；另一类是总体分布形式未知，需要对总体分布形式做出假设，例如，假设总体服从泊松分布，然后用样本来检验假设是否成立，此类检验称为“分布假设检验”。本书只讲述参数假设检验。

在参数假设检验中，统计假设总是成对提出的，这就是原假设和备择假设。在参数假设检验中对总体参数或分布特征原有的认识假设称为“原假设”，用 H_0 表示；与原假设相对立的假设称为“备择假设”，用 H_1 表示。例如，前面提出的钢筋的平均拉力强度（μ）问题，它的原假设和备择假设是：

$$H_0:\mu \geqslant 2000$$
$$H_1:\mu < 2000 \tag{6.1.1}$$

参数假设检验就是要在 H_0 和 H_1 之间做出选择，如果接受 H_0，意味着原来所做的假设是正确的；反之，如果接受 H_1，则认为原来的假设是错误的。之所以要提出两个假设，是为了包含假设检验的所有可能结果。假设检验的结果不是 H_0 就是 H_1，不可能有其他结果，因此，在参数假设检验中，原假设与备择假设总有一个，也只能有一个成立。一般来讲，把希望证实的假设作为备择假设。

二、假设检验的基本原理

首先讨论一个例子。

[例 6.1] 某旅游机构根据过去资料对国内旅游者的旅游费用进行分析，发现在 10 天的旅游时间中，旅游者用在车费、住宿费、膳食及购买纪念品等方面的费用是一个近似服从正态分布的随机变量，其平均值为 1010 元，标准差为 205 元，而某研究所抽取了样本容量为 400 的样本，作了同样内容的调查，得到样本平均数为 1250 元。若把旅游机构的分析结果看作是对总体参数的一种假设，这种假设能否接受呢？也就是说，能否根据样本的平均数 1250 元，推断认为总体平均数是 1010 元呢？

为了判断该假设是否真实，首先假设它成立，故而将其作为一个假设提出，然后看看在假设成立的条件下，会不会产生不合理现象。令 H_0 代表所提出的假设，H_1 代表与此对立的假设，于是有

$H_0:\mu = 1010$，$H_1:\mu \neq 1010$

如果 H_0 为真，则从 $X \sim N(1010, 205^2)$ 的总体中抽取一个容量为 400 的样本，其样本统计量 $\overline{X} \sim N(1010, 205^2/400)$，即

$$Z = \frac{\overline{X} - 1010}{205/\sqrt{400}} \sim N(0,1) \tag{6.1.2}$$

代入样本均值有

$$Z = \frac{1250 - 1010}{205/\sqrt{400}} = 23.4 \tag{6.1.3}$$

$Z = 23.4$ 相当于是样本统计量（随机变量）经过标准化处理后的一个取值，按照分布的特征，它应该和大多数的值一样分布在均值附近。如果它的取值和大多数的值差异比较大，很可能它不是来自这个总体，那么我们先前的假设就是错误的。为了判断样本均值是否来自我们所假定的总体，取一个很小的概率 α，设 $\alpha = 0.05$，则 $Z_{\alpha/2} = 1.96$。如果 H_0：$\mu = 1010$ 成立，则统计量 Z 的值落在（-1.96，$+1.96$）区间以外的概率只有 5%，这是一个很小的概率，这种小概率事件在一次试验中几乎是不可能发生的，而现在 $Z = 23.4 > 1.96$，统计量落在 1.96 的右端，小概率事件在一次试验中居然发生了，因此我们有理由怀疑 H_0：$\mu = 1010$，可以认为平均费用不是 1010 元。

通过这个例子我们想说明，假设检验的基本思想是小概率事件在一次试验中是不可能发生的。小概率事件是指随机变量取某个值的概率很小，也就是说，绝大多数的随机变量集中在某个区间内，超出这一区间的概率很小。假设检验的样本值相当于随机变量的一次取值，一般来讲，它应该落在比例很大的取值区间内。如果它不在这个区间，那么，有理由相信原来的假设是错误的。从上例来看，95% 的随机变量值落在（-1.96，1.96）之间，现在，一次样本值却不在大概率区间内，所以，我们可以判断原来的假设是错误的，这个样本不是来自我们所设定的均值为 1010 的正态总体中。小概率事件原理是假设检验思想的精髓。小概率是人为设定的，概率多大才算小概率？一般认为概率小于 0.05 都算小概率。同时，需要明确的是，小概率事件是指事件发生的概率小，但并不意味着不可能发生，因此，可能存在误判。但就绝大多数情况来看，这一规则是合理的、可行的。

总结上面的例子，我们会发现假设检验的内容是：为了检验一个假设是否成立，先假定这个假设是成立的，随后找出与样本值、被检验参数有关的统计量，把样本值代入得到一个具体的统计量值，然后设定一个小概率值，并知道与小概率值相对应的临界值的大小，最后让样本统计量值与临界值比较，得出接受或拒绝原假设的结论。

三、双侧检验与单侧检验

在［例6.1］中，当统计量 Z 的样本值的绝对值大于临界值 $Z_{\alpha/2}$，即 Z 的样本值落在区间（$-\infty$，$Z_{\alpha/2}$）或（$Z_{\alpha/2}$，$+\infty$）内时，则拒绝原假设 H_0，通常称这样的区间为原假设的拒绝域，（$-Z_{\alpha/2}$，$+Z_{\alpha/2}$）称为原假设的接受域。因为拒绝域分别位于分布的两侧，所以称这类假设检验为双侧假设检验。除了双侧检验外，还有单侧检验，这主要是根据原假设的设定决定的。

如果原假设的设定为：

$$H_0:\mu \geqslant \mu_0 \quad H_1:\mu < \mu_0 \tag{6.1.4}$$

由于这类原假设比较复杂，需要分别进行讨论：

（1）若 $\mu=\mu_0$，则对于显著性水平 α，有

$$P(Z < -Z_\alpha) = P\left(\frac{\bar{X}-\mu_0}{\frac{\sigma}{\sqrt{n}}} < -Z_\alpha\right) = \alpha \tag{6.1.5}$$

（2）若 $\mu>\mu_0$，因为 μ 是总体均值，所以对于给定的显著性水平 α，有

$$P\left(\frac{\bar{X}-\mu}{\frac{\sigma}{\sqrt{n}}} < -Z_\alpha\right) = \alpha \tag{6.1.6}$$

当 $\mu>\mu_0$ 时，有

$$\frac{\bar{X}-\mu}{\frac{\sigma}{\sqrt{n}}} < \frac{\bar{X}-\mu_0}{\frac{\sigma}{\sqrt{n}}} \tag{6.1.7}$$

设事件 A 表示 $\left(\frac{\bar{X}-\mu_0}{\frac{\sigma}{\sqrt{n}}} < -Z_\alpha\right)$　（6.1.8）

事件 B 表示 $\left(\dfrac{\overline{X}-\mu}{\frac{\sigma}{\sqrt{n}}}<-Z_{\alpha}\right)$ (6.1.9)

则很显然，$A\subset B$，由概率的性质知，

$P(A)\leqslant P(B)$ (6.1.10)

则，$P(Z<-Z_{\alpha})=P\left(\dfrac{\overline{X}-\mu_0}{\frac{\sigma}{\sqrt{n}}}<-Z_{\alpha}\right)\leqslant P\left(\dfrac{\overline{X}-\mu}{\frac{\sigma}{\sqrt{n}}}<-Z_{\alpha}\right)=\alpha$ (6.1.11)

μ 是总体均值，$\left(\dfrac{\overline{X}-\mu}{\frac{\sigma}{\sqrt{n}}}<-Z_{\alpha}\right)$是小概率事件，$\mu_0$ 是设定的总体均值，$\left(\dfrac{\overline{X}-\mu_0}{\frac{\sigma}{\sqrt{n}}}<-Z_{\alpha}\right)$的概率比 α 还小，更是小概率事件，所以，在原假设 H_0：$\mu\geqslant\mu_0$ 成立的条件下，$P(Z<-Z_{\alpha})\leqslant\alpha$ 是小概率事件，检测的区间在分布的左侧，若样本值小于 $-Z_{\alpha}$，则拒绝 H_0。同理，当 H_0 中出现小于号时，在分布的右侧检验，H_0 不管出现什么符号，计算样本统计量值时，均按等号处理，只是在拒绝域上有区别。

四、参数假设检验的两类错误

虽然小概率事件在一次试验中发生的可能性很小，但不意味着不会发生。如果小概率事件真的发生了，也就是说我们所选的样本恰好是总体中概率很小的事件，这时根据“小概率事件原理”，我们会拒绝原假设，但是，事实上原假设是真的，这就犯了第一类错误，称为“以真为假”的错误。很显然，这类错误发生的概率是 α。第二类错误是指，原假设是不真实的，却由于样本的缘故做出接受原假设的错误，这类错误发生的概率是 β，β 值很难计算。比如，样本来自另外一个分布，但它的统计量的值却恰好在原假设所在总体的大概率事件区间内，这时就会接受原假设，而事实上，样本根本不是来自这个总体。

两类错误发生的概率存在此消彼长的关系，要想降低犯第一类错误的概率，必然会增大犯第二类错误的概率，比如 α 值很小，则拒绝域很小，接受域很大，这样，不是来自这个总体的样本统计量值落入这个大的接受域的概

率自然增大，那么，犯第二类错误的概率也就大了。通常人们只对犯第一类错误的概率 α 加以限制，而不考虑犯第二类错误的概率。对一个具体的统计检验问题，α 值的选取不是随意给出，需要根据具体问题来确定。如果拒绝原假设将会造成企业严重的经济损失时，那么 α 值应定得小一些，例如，汽车、彩电、冰箱等的检验问题，要是 α 取值较大，有可能轻易地拒绝了原假设，结果给企业带来了巨大的经济损失。如果接受原假设有可能会产生严重的社会风险时，则 α 值应取得大一些，比如药品、航天技术、军用产品等，我们宁愿假设它不合格，也不愿意轻易地承认它合格。

五、参数假设检验的一般步骤

第一，根据问题的要求，正确地提出原假设和备择假设。原假设的提法一般有三种，以总体均值的检验为例，这三种提法是：

(1) $H_0:\mu=\mu_0$，$H_1:\mu\neq\mu_0$

(2) $H_0:\mu\geqslant\mu_0$，$H_1:\mu<\mu_0$

(3) $H_0:\mu\leqslant\mu_0$，$H_1:\mu>\mu_0$

第二，找出检验统计量及其分布。假设确定以后，要决定是接受还是拒绝，都要根据所选择的统计量的数值，从概率意义上做出判断。这里需要说明的是，参数假设检验与参数估计所使用的统计量是一样的，因为它们都属于统计推断的内容。

第三，由样本资料和已知参数的值，计算出检验统计量的具体数值。

第四，在给定的显著性水平 α 下，查相应的统计分布表，找出检验的临界值。

第五，把检验统计量的值与临界值进行比较，做出假设成立与否的判断。

第二节　总体均值的假设检验

一、单个正态总体均值的假设检验

设总体 X 服从正态分布 $N(\mu,\sigma^2)$，从总体 X 中抽取容量为 n 的样本，X_1，

X_2，…，X_n，它们相互独立，$\overline{X}$为样本均值。若要检验总体均值μ，提出假设

$$H_0:\mu = \mu_0 \quad H_1:\mu \neq \mu_0 \tag{6.2.1}$$

根据不同的条件，适用的检验统计量有以下几种情况：

（1）在总体方差已知时，样本均值$\overline{X}$服从正态分布$N(\mu,\sigma^2/n)$。在H_0成立的条件下，检验统计量$Z = \dfrac{(\overline{X} - \mu_0)}{\dfrac{\sigma}{\sqrt{n}}} \sim N(0,1)$。给定显著性水平$\alpha$，拒绝域在$N(0,1)$分布的两侧，即$|Z| \geqslant Z_{\frac{\alpha}{2}}$。

（2）在总体方差未知时，样本均值$\overline{X}$服从$t = \dfrac{\overline{X} - \mu}{\dfrac{s}{\sqrt{n}}} \sim t(n-1)$。在$H_0$成立的条件下，检验统计量$t = \dfrac{\overline{X} - \mu_0}{\dfrac{s}{\sqrt{n}}} \sim t(n-1)$。给定显著性水平$\alpha$，拒绝域在$t$分布的两侧，即$|t| \geqslant t_{\frac{\alpha}{2}}(n-1)$。

（3）总体分布未知，但样本容量很大时，样本均值近似服从正态分布，与情况（1）类似。

[例 6.2] 已知某炼铁厂的铁水含碳量服从正态分布$N(4.40,\ 0.05^2)$，某日测得 5 炉铁水的含碳量如下：

4.34　4.40　4.42　4.30　4.35

若标准差不变，该日铁水含碳量的均值是否显著降低（取$\alpha = 0.05$）？

解： 已知$\mu_0 = 4.40$，$\sigma = 0.05$，$n = 5$，$\alpha = 0.05$，设该日铁水含碳量$X \sim N(\mu,\sigma^2)$，因为假定标准差不变，所以$\sigma = 0.05$，提出假设：

$$H_0:\ \mu = 4.40,\ H_1:\ \mu < 4.40 \tag{6.2.2}$$

选取统计量

$$\mu = \frac{\overline{X} - \mu_0}{\sigma/\sqrt{n}} \sim N(0,1) \tag{6.2.3}$$

计算样本均值，$\overline{X} = 4.362$

由此得统计量μ的观测值

$$\mu = \frac{4.362 - 4.40}{0.05/\sqrt{5}} \approx -1.699 \tag{6.2.4}$$

本题是左侧检验，查表得

$\mu_\alpha = \mu_{0.05} = 1.645$

因为$\mu < -\mu_{0.05}$，所以拒绝原假设H_0而接受备择假设H_1，即认为该日铁水含碳量的均值显著降低了。

[**例6.3**] 某乡统计员报告，其所在乡平均每个农户的家庭年收入为5000元。为核实其说法，县统计局从该乡随机抽取25户农户，得到平均年收入为4650元，标准差为150元，假定农户的年收入服从正态分布。试在5%的显著水平下检验乡统计员的说法是否正确？

解：已知$\overline{X}=4650$，$S=150$，$n=25$，$\alpha=0.05$，提出假设：

H_0：$\mu=5000$，H_1：$\mu\neq5000$，适用统计量

$$t = \frac{\overline{X}-\mu_0}{\frac{s}{\sqrt{n}}} \sim t(n-1)$$，代入样本值得：

$$t = \frac{4650-5000}{\frac{150}{\sqrt{25}}} = -11.7 \qquad (6.2.5)$$

本题是双侧检验，$\alpha=0.05$，查表得$t_{0.025}(24)=2.064$

因为$|t|=|-11.7|>2.064$，落入拒绝域，拒绝原假设。检验结果表明，乡统计员的说法不正确，该乡农户平均年收入不等于5000元，从样本值看，可能比5000元少。

总结单个正态总体均值的假设检验如表6.1所示：

表6.1　　正态总体均值的假设检验表

原假设 H_0	备择假设 H_1	已知 σ	未知 σ
		在显著性水平 α 下 H_0 的拒绝域	
$\mu=\mu_0$	$\mu\neq\mu_0$	$\|Z\|>Z_{\frac{\alpha}{2}}$	$\|t\|\geqslant t_{\frac{\alpha}{2}}(n-1)$
$\mu=\mu_0$	$\mu>\mu_0$	$Z>Z_\alpha$	$t>t_\alpha(n-1)$
$\mu=\mu_0$	$\mu<\mu_0$	$Z<-Z_\alpha$	$t<-t_\alpha(n-1)$

二、两个正态总体均值差的假设检验

从正态总体$X\sim N(\mu_x,\sigma_x^2)$中抽取容量为$n$的样本，样本均值为$\overline{X}$，方差

为 S_x^2，从正态总体 $Y \sim N(\mu_y, \sigma_y^2)$ 中抽取容量为 m 的样本，样本均值为 $\overline{Y}$，方差为 S_y^2。要检验两个总体的均值是否相等，提出假设：

$$H_0: \mu_x = \mu_y,\ H_1: \mu_x \neq \mu_y \tag{6.2.6}$$

根据条件，分为以下几种情况：

情况一：两总体皆为正态总体，且 σ_x^2、σ_y^2 已知，样本均值服从的分布是

$$Z = \frac{(\overline{X} - \overline{Y}) - (\mu_x - \mu_y)}{\sqrt{\frac{\sigma_x^2}{n} + \frac{\sigma_y^2}{m}}} \sim N(0,1) \tag{6.2.7}$$

在 H_0 成立的条件下，检验统计量如下：

$$Z = \frac{(\overline{X} - \overline{Y}) - (\mu_x - \mu_y)}{\sqrt{\frac{\sigma_x^2}{n} + \frac{\sigma_y^2}{m}}} = \frac{(\overline{X} - \overline{Y})}{\sqrt{\frac{\sigma_x^2}{n} + \frac{\sigma_y^2}{m}}} \sim N(0,1) \tag{6.2.8}$$

给定显著性水平 α，拒绝域在 $N(0,1)$ 分布的两侧，即 $|Z| \geqslant Z_{\frac{\alpha}{2}}$。

情况二：两总体皆为正态总体，σ_x^2、σ_y^2 未知，但 $\sigma_x^2 = \sigma_y^2$，样本均值服从的分布是

$$t = \frac{(\overline{X} - \overline{Y}) - (\mu_x - \mu_y)}{S_W \sqrt{\frac{1}{n} + \frac{1}{m}}} \sim t(n + m - 2) \tag{6.2.9}$$

$$\text{其中}, S_W = \sqrt{\frac{(n-1)S_x^2 + (m-1)S_y^2}{n + m - 2}} \tag{6.2.10}$$

在 H_0 成立的条件下，检验统计量如下：

$$t = \frac{(\overline{X} - \overline{Y}) - (\mu_x - \mu_y)}{S_W \sqrt{\frac{1}{n} + \frac{1}{m}}} = \frac{(\overline{X} - \overline{Y})}{S_W \sqrt{\frac{1}{n} + \frac{1}{m}}} \sim t(n + m - 2) \tag{6.2.11}$$

给定显著性水平 α，拒绝域在 t 分布的两侧，即

$$|t| \geqslant t_{\frac{\alpha}{2}}(n + m - 2) \tag{6.2.12}$$

情况三：当两个总体均不服从正态分布时，我们一般需要依据中心极限定理，采用大样本（$n > 30$），用 S_x^2 和 S_y^2 分别作为 σ_x^2 和 σ_y^2 的估计，参照情况一进行检验。

[**例 6.4**] 装配一种小部件可采用两种不同的生产程序。据称，装配时间

服从正态分布，且根据过去经验知，工序 1 的标准差为 2 分钟，工序 2 的标准差为 3 分钟。为了研究两种工序的装配时间是否有差异，各抽取 10 个样本进行试验，检查结果为：$\overline{X}_1=5$ 分钟，$\overline{X}_2=7$ 分钟。试以 $\alpha=0.05$ 进行显著性检验。

解： 已知 $\overline{X}_1=5$，$\overline{X}_2=7$，$\sigma_1=2$、$\sigma_2=3$，$n=m=10$，$\alpha=0.05$，提出假设：

$$H_0:\mu_1-\mu_2=0,\ H_0:\mu_1-\mu_2\neq 0 \tag{6.2.13}$$

适用的检验统计量为：

$$Z=\frac{(\overline{X}-\overline{Y})-(\mu_1-\mu_2)}{\sqrt{\dfrac{\sigma_1^2}{n}+\dfrac{\sigma_2^2}{m}}}\sim N(0,1) \tag{6.2.14}$$

在 H_0 成立的条件下，统计量为

$$Z=\frac{(\overline{X}-\overline{Y})}{\sqrt{\dfrac{\sigma_1^2}{n}+\dfrac{\sigma_2^2}{m}}} \tag{6.2.15}$$

代入样本值得

$$Z=\frac{5-7-0}{\sqrt{\dfrac{4}{10}+\dfrac{9}{10}}}=-1.754 \tag{6.2.16}$$

查表得：$Z_{\frac{\alpha}{2}}=Z_{\frac{0.05}{2}}=1.96$，

因为 $|Z|=|-1.745|<|Z_{\frac{\alpha}{2}}|=1.96$，所以接受 H_0，即两种工序之间没有显著性差异。

[例 6.5] 在同一平炉上试验操作方法改进前后的炼钢得率，每炼一炉钢时除操作方法外，其他条件相同。先用标准方法炼一炉，然后用改进后的新方法炼一炉，以后交替进行，各炼了 10 炉，其得率分别为：

标准方法：78.1，72.4，76.2，74.3，77.4，78.4，76.0，75.5，76.7，77.3；

新方法：79.1，81.0，77.3，79.1，80.0，79.1，79.1，77.3，80.2，82.1

设这两个样本相互独立，且分别来自正态总体 $N(\mu_x,\sigma^2)$ 和 $N(\mu_y,\sigma^2)$，μ_x，μ_y，σ^2 均未知，问改进后的新方法能否提高得率（$\alpha=0.05$）?

解： 已知 $n=m=10$，$\alpha=0.05$，依题意，需检验假设

$$H_0:\mu_x=\mu_y,\ H_1:\mu_x-\mu_y<0 \tag{6.2.17}$$

分别求出标准方法和新方法下的样本均值和样本方差如下：

$$\bar{x} = 76.23, s_x^2 = 3.325$$
$$\bar{y} = 79.43, s_y^2 = 2.225 \tag{6.2.18}$$

因为两总体皆为正态总体，总体方差未知但相等，样本均值服从的分布是

$$t = \frac{(\bar{X} - \bar{Y}) - (\mu_X - \mu_Y)}{S_W\sqrt{\frac{1}{n} + \frac{1}{m}}} \sim t(n + m - 2) \tag{6.2.19}$$

在 H_0 成立的条件下，检验统计量为

$$t = \frac{(\bar{X} - \bar{Y})}{S_W\sqrt{\frac{1}{n} + \frac{1}{m}}} \sim t(n + m - 2) \tag{6.2.20}$$

代入样本值得：

$$S_W = \sqrt{\frac{(n-1)s_x^2 + (m-1)s_y^2}{n + m - 2}} = 1.666 \tag{6.2.21}$$

$$t = \frac{(76.23 - 79.43)}{1.666\sqrt{\frac{1}{10} + \frac{1}{10}}} = -4.295 \tag{6.2.22}$$

本题是左侧检验，查表得：

$$t_\alpha(n + m - 2) = t_{0.05}(18) = 1.7341 \tag{6.2.23}$$

$$t = -4.295 < -1.7341 = t_{0.05}(18) \tag{6.2.24}$$

故拒绝 H_0，即认为改进后的新方法较原来的方法优。

总结两个正态总体均值差的假设检验见表 6.2。

表 6.2　两个正态总体均值差的假设检验表

原假设 H_0	备择假设 H_1	已知 σ_x 及 σ_y	未知 σ_x 及 $\sigma_y(\sigma_x = \sigma_y)$
		在显著性水平 α 下 H_0 的拒绝域	
$\mu_x = \mu_y$	$\mu_x \neq \mu_y$	$\lvert Z \rvert > Z_{\frac{\alpha}{2}}$	$\lvert t \rvert \geq t_{\frac{\alpha}{2}}(n+m-2)$
$\mu_x = \mu_y$	$\mu_x > \mu_y$	$Z > Z_\alpha$	$t > t_\alpha(n+m-2)$
$\mu_x = \mu_y$	$\mu_x < \mu_y$	$Z < -Z_\alpha$	$t < -t_\alpha(n+m-2)$

第三节　总体方差的假设检验

一、单个总体方差的假设检验

设总体 X 服从正态分布 $N(\mu,\sigma^2)$，$\overline{X}$ 为样本均值，S^2 为样本方差，要检验总体方差 σ^2，提出假设：

$$H_0:\sigma^2=\sigma_0^2 \quad H_1:\sigma^2\neq\sigma_0^2 \tag{6.3.1}$$

在 H_0 成立时，检验适用的统计量 $\chi^2=\dfrac{(n-1)s^2}{\sigma^2}=\dfrac{(n-1)s^2}{\sigma_0^2}\sim\chi^2(n-1)$。给定显著性水平 α，拒绝域在 χ^2 分布的两侧，$\chi^2<\chi^2_{1-\frac{\alpha}{2}}$ 和 $\chi^2>\chi^2_{\frac{\alpha}{2}}$。

［**例 6.6**］某厂生产螺钉，其直径长期以来服从方差为 $\sigma^2=0.0002(\text{cm}^2)$ 的正态分布。现有一批这种螺钉，从生产情况看，直径长度可能有所波动，为此，今从产品中随机抽取 10 只进行测量，得数据（单位：cm）如下：

1.19，1.21，1.21，1.18，1.17，1.20，1.20，1.17，1.19，1.18

试问根据这组数据能否推断这批螺钉直径的波动性较以往有显著变化？（取 $\alpha=0.05$）

解： 已知 $\sigma^2=0.0002$，$n=10$，$\alpha=0.05$

由样本数据得：

$$\overline{X}=1.19,\ S^2=\frac{1}{n-1}\sum_{i=1}^{n}(x_i-\overline{X})^2=0.00022 \tag{6.3.2}$$

对螺钉直径的波动性进行检验，波动性表明直径的变化情况，也就是直径的方差，所以，属于方差的假设检验，提出假设：

$$H_0:\sigma^2=\sigma_0^2=0.0002 \quad H_1:\sigma^2\neq 0.0002 \tag{6.3.3}$$

因为总体均值未知，所以样本方差适用的检验统计量为：

$$\frac{(n-1)S^2}{\sigma_0^2}\sim\chi^2(n-1) \tag{6.3.4}$$

代入样本值，得：

$$\frac{(n-1)S^2}{\sigma_0^2}=\frac{9\times 0.00022}{0.0002}=9.9 \tag{6.3.5}$$

$\alpha=0.05$，本题是双侧检验，查表得$\chi^2_{0.025}(9)=19.023$，$\chi^2_{0.975}(9)=2.7$

因为 $2.7<9.9<19.023$，所以接受 H_0，这批螺钉直径波动性较以往没有显著性变化。

[**例6.7**] 某电厂器材厂生产一种保险丝，保险丝的熔化时间服从正态分布，按规定，融化时间的方差不得超过400。现从一批产品中随机抽取25个样品，测得熔化时间的方差为410。问在显著性水平 $\alpha=0.05$ 条件下，能认为这批产品的方差显著偏大吗？

解： 已知 $\sigma^2=400$，$S^2=410$，$n=25$，$\alpha=0.05$

$$H_0:\sigma^2\leqslant 400 \quad H_1:\sigma^2>400 \tag{6.3.6}$$

样本方差适用的检验统计量为：

$$\frac{(n-1)S^2}{\sigma^2}\sim\chi^2(n-1) \tag{6.3.7}$$

代入样本值，得：

$$\frac{(n-1)S^2}{\sigma^2}=\frac{24\times 410}{400}=24.6 \tag{6.3.8}$$

本题是右侧检验，查表$\chi^2_{0.05}(24)=36.42$

$24.6<36.42$，接受 H_0，这批产品的方差没有显著增大。

总结单个正态总体方差的假设检验见表6.3。

表6.3　正态总体方差的假设检验表

原假设 H_0	备择假设 H_1	未知μ 在显著性水平 α 下 H_0 的拒绝域
$\sigma^2=\sigma_0^2$	$\sigma^2\neq\sigma_0^2$	$\chi^2<\chi^2_{1-\alpha/2}(n-1)$ 或者$\chi^2>\chi^2_{\alpha/2}(n-1)$
$\sigma^2=\sigma_0^2$	$\sigma^2>\sigma_0^2$	$\chi^2>\chi^2_{\alpha}(n-1)$
$\sigma^2=\sigma_0^2$	$\sigma^2<\sigma_0^2$	$\chi^2<\chi^2_{1-\alpha}(n-1)$

二、两个正态总体方差比的假设检验

从正态总体 $X\sim N(\mu_x,\sigma_x^2)$ 中抽取容量为 n 的样本，样本均值为 $\overline{X}$，方差

为 S_x^2，从正态总体 $Y \sim N(\mu_y, \sigma_y^2)$ 中抽取容量为 m 的样本，样本均值为 $\overline{Y}$，方差为 S_y^2。若要检验两个正态总体的方差是否相等，建立假设：

$$H_0: \sigma_x^2 = \sigma_y^2 \quad H_1: \sigma_x^2 \neq \sigma_y^2 \tag{6.3.9}$$

当两个正态总体的均值未知时，检验适用的统计量如下：

$$F = \frac{\dfrac{S_x^2}{\sigma_x^2}}{\dfrac{S_y^2}{\sigma_y^2}} \sim F(n-1, m-1) \tag{6.3.10}$$

在 H_0 成立时，上述统计量变成

$$F = \frac{S_x^2}{S_y^2} \sim F(n-1, m-1) \tag{6.3.11}$$

给定显著性水平 α，拒绝域在 F 分布的两侧，即 $F < F_{1-\alpha/2}(n-1, m-1)$ 和 $F > F_{\alpha/2}(n-1, m-1)$。

[例 6.8] 一所学校正在考虑修订下一年的学校用车服务合同，结合诸多情况的分析，初步确定学校只能在 A 和 B 两个汽车出租公司中选择其中的一个。假设我们以运送或到达的时间方差作为衡量这两个公司的服务质量的标准。如果两个公司的时间方差相等，那么就要考虑能够以较低价格出租的那个公司；如果两个公司的时间方差明显不同，那么就要考虑选择一个时间方差比较小的公司进行合作。为了找到决策的事实依据，该学校对过去这两个汽车出租公司的行驶和服务时间进行了调查。对 A 公司做了 25 次观察，得到它的时间方差为 48；对 B 公司做了 16 次观察，得到它的时间方差为 20。试在显著性水平为 0.1 的条件下，对两个出租车公司的服务时间差异进行假设检验。

解： 已知 $n_A = 25$，$S_A^2 = 48$，$n_B = 16$，$S_B^2 = 20$，$\alpha = 0.1$

$$H_0: \sigma_A^2 = \sigma_B^2 \quad H_1: \sigma_A^2 \neq \sigma_B^2 \tag{6.3.12}$$

样本统计量适用的分布是：

$$F = \frac{\dfrac{S_A^2}{\sigma_A^2}}{\dfrac{S_B^2}{\sigma_B^2}} \sim F(n_A-1, n_B-1) \tag{6.3.13}$$

在 H_0 成立的条件下，统计量

$$F=\frac{\dfrac{S_A^2}{\sigma_A^2}}{\dfrac{S_B^2}{\sigma_B^2}}=\frac{S_A^2}{S_B^2} \tag{6.3.14}$$

代入样本值，得 $F=48/20=2.4$

在 0.1 显著性水平下，查表得 $F_{0.05}(24, 19)=2.29$,

$$F_{0.95}(24,19)=1/F_{0.05}(19,24)=1/2.03=0.49 \tag{6.3.15}$$

$2.4>2.29$，拒绝原假设，两公司服务时间有显著差异，从样本值看，A 公司服务的时间方差比 B 公司大，从这一点考虑，可选择 B 公司。

［**例 6.9**］有人说，在大学中男生的学习成绩比女生高。某研究机构从一所大学中随机抽取了 25 位男生和 16 位女生，对他们进行了同样题目的测试。测试结果，男生的平均成绩为 82 分，标准差为 8 分；女生的平均成绩为 78 分，标准差为 7 分。试问：该研究机构能得出什么样的结论？假设显著性水平为 0.02，并假定男生、女生成绩都服从正态分布。

解：本检验的目的是比较男生、女生的平均成绩，属于两个总体均值的比较，按照两个正态总体均值服从的分布来看，必须要了解它们的方差情况，才能选择合适的统计量，所以，要先对两总体方差进行比较。

已知$\overline{X_{男}}=82$，$S_{男}=8$，$n_{男}=25$，$\overline{X_{女}}=78$，$S_{女}=7$，$n_{女}=16$，$\alpha=0.02$

（1）H_0：$\sigma_{男}^2=\sigma_{女}^2$　H_1：$\sigma_{男}^2\neq\sigma_{女}^2$

在 H_0 成立的条件下，统计量为：

$$F=\frac{\dfrac{S_{男}^2}{\sigma_{男}^2}}{\dfrac{S_{女}^2}{\sigma_{女}^2}}=\frac{S_{男}^2}{S_{女}^2} \tag{6.3.16}$$

代入样本值得：$F=64/49=1.306$，在 0.01 显著性水平下，查表得 $F_{0.01}(24, 15)=3.29$，$F_{0.99}(24, 19)=1/F_{0.01}(15, 24)=1/2.89=0.346$，则 $0.346<1.306<3.29$，接受 H_0，两总体的方差相等，也就是说，男生、女生的成绩方差没有显著差异。

（2）H_0：$\mu_{男}=\mu_{女}$　H_1：$\mu_{男}>\mu_{女}$

因为两总体方差未知但相等，所以适用统计量为：

$$T=\frac{(\overline{X}_{男}-\overline{X}_{女})-(\mu_{男}-\mu_{女})}{S_W\sqrt{\dfrac{1}{n_{男}}+\dfrac{1}{n_{女}}}}\sim t(n_{男}+m_{女}-2) \tag{6.3.17}$$

$$S_W = \sqrt{\frac{(n_{男}-1)S_{男}^2+(n_{女}-1)S_{女}^2}{n_{男}+n_{女}-2}} = \sqrt{\frac{24\times 64+15\times 49}{25+16-2}} = 7.63 \quad (6.3.18)$$

在 H_0 成立的条件下，

$$T = \frac{(\overline{X}_{男}-\overline{X}_{女})-(\mu_{男}-\mu_{女})}{S_W\sqrt{\frac{1}{n_{男}}+\frac{1}{n_{女}}}} = \frac{(82-78)-0}{7.63\times\sqrt{\frac{1}{25}+\frac{1}{16}}} = 1.64 \quad (6.3.19)$$

$\alpha=0.02$，本题是右侧检验，查表得：$t_{0.02}(39)=2.423$，$1.64<2.423$，所以，接受原假设，没有理由认为男生、女生成绩存在显著性差异。

总结两个正态总体方差比的假设检验见表6.4。

表6.4　　两个正态总体方差比的假设检验表

原假设 H_0	备择假设 H_1	未知 μ_x 及 μ_y
		在显著性水平 α 下 H_0 的拒绝域
$\sigma_x^2=\sigma_y^2$	$\sigma_x^2\neq\sigma_y^2$	$F<F_{1-\alpha/2}(n-1,\ m-1)$ 和 $F>F_{\alpha/2}(n-1,\ m-1)$
$\sigma_x^2=\sigma_y^2$	$\sigma_x^2>\sigma_y^2$	$F>F_{\alpha}(n-1,\ m-1)$
$\sigma_x^2=\sigma_y^2$	$\sigma_x^2<\sigma_y^2$	$F<F_{1-\alpha}(n-1,\ m-1)$

第四节　总体成数的假设检验

一、单个总体成数的假设检验

X_1，X_2，…，X_n 是来自0－1分布的随机样本，$P(X_i=1)=p$，$P(X_i=0)=1-p$，$i=1,2,\cdots,n$，令样本成数 $p=\frac{1}{n}\sum_{i=1}^{n}X_i$。总体成数的假设检验是利用样本成数 p 对总体成数 P 做统计推断。提出假设：

$$H_0:P=P_0 \quad H_1:P\neq P_0 \quad (6.4.1)$$

当样本容量很大时（$n>30$），按照中心极限定理有

$$\frac{p-P}{\sqrt{\frac{P(1-P)}{n}}} \sim N(0,1) \tag{6.4.2}$$

这样，在 H_0 成立时，可用于检验的统计量是：

$$z=\frac{p-P_0}{\sqrt{\frac{P_0(1-P_0)}{n}}} \sim N(0,1) \tag{6.4.3}$$

给定显著性水平 α，原假设的拒绝域是：$|z| \geqslant z_{\frac{\alpha}{2}}$。

[例 6.10] 按照质量要求，某工厂生产的产品的不合格率不能超过 3%，现随机从中抽取 200 件样品进行质量检查，发现有 9 件不合格产品。问是否可以认为该工厂产品的不合格品率不大于 3%。($\alpha=0.05$)

解：已知 $n=200$，$p=9/200=0.045$，$\alpha=0.05$

$$H_0:P \leqslant 3\% \quad H_1:P > 3\% \tag{6.4.4}$$

在 H_0 成立的条件下，检验统计量为

$$z=\frac{p-P_0}{\sqrt{\frac{P_0(1-P_0)}{n}}}=\frac{0.045-0.03}{\sqrt{\frac{0.03 \times 0.97}{200}}}=1.244 \tag{6.4.5}$$

$\alpha=0.05$，本题是右侧检验，$Z_{0.05}=1.65$，

$1.244<1.65$，接受 H_0，可以认为该工厂产品的不合格率不超过 3%。

二、两个总体成数之差的假设检验

X_1，X_2，…，X_n 是来自 0－1 分布的随机样本，Y_1，Y_2，…，Y_m 为另一个 0－1 分布的随机样本，且相互独立，P_X、P_Y 分别为两分布随机变量取值为 1 的概率，p_x、p_y 为样本成数，α 是给定的显著性水平。当样本容量很大时，类似于两总体均值差的检验，样本成数服从的分布是：

$$z=\frac{(p_x-p_y)-(P_X-P_Y)}{\sqrt{\frac{P_X(1-P_X)}{n}+\frac{P_Y(1-P_Y)}{m}}} \sim N(0,1) \tag{6.4.6}$$

要检验 P_X、P_Y 之间是否存在显著性差异，提出假设：

$$H_0:P_X=P_Y \quad H_1:P_X \neq P_Y \tag{6.4.7}$$

在 H_0 成立时，可用于检验的统计量是：

$$z=\frac{(p_x-p_y)}{\sqrt{\frac{P_X(1-P_X)}{n}+\frac{P_Y(1-P_Y)}{m}}}\sim N(0,1) \tag{6.4.8}$$

原假设的拒绝域是：$|z|\geqslant z_{\frac{\alpha}{2}}$。

[例 6.11] 为了了解男性与女性对公共场所禁烟立法的态度，现随机调查 510 名男性，有 16% 的人赞成公共场所禁烟立法，被调查的 324 名女性中，有 29% 的人赞成禁烟立法。问男性与女性对公共场所禁烟立法的态度是否存在明显的差异？($\alpha=0.05$)

解： 已知 $n=510$，$p_x=16\%$，$m=324$，$p_y=29\%$，$\alpha=0.05$

$$H_0:P_X=P_Y \quad H_1:P_X<P_Y \tag{6.4.9}$$

在 H_0 成立的条件下，因为样本容量很大，所以，检验适用的统计量是：

$$z=\frac{(p_x-p_y)-(P_X-P_Y)}{\sqrt{\frac{P_X(1-P_X)}{n}+\frac{P_Y(1-P_Y)}{m}}}\sim N(0,1) \tag{6.4.10}$$

代入样本值得：

$$z=\frac{0.16-0.29}{\sqrt{\frac{0.16\times0.84}{510}+\frac{0.29\times0.71}{324}}}=-4.33 \tag{6.4.11}$$

$\alpha=0.05$，本题是左侧检验，查表得 $Z_{0.05}=1.65$，$-4.33<-1.65$，拒绝原假设，男性与女性对公共场所禁烟立法的态度存在显著性差异，女性赞成的比例远远高于男性。

第五节 假设检验的其他问题

一、单侧检验的局限性及解决方法

在单侧检验的问题中，如何建立假设是一个需要考虑的问题。如果是左侧检验，即

$$H_0:\mu \geqslant \mu_0 \quad H_1:\mu < \mu_0 \tag{6.5.1}$$

当 $|\bar{x}-\mu_0|<\Delta$ 时，不拒绝 H_0。如果是右侧检验，即：

$$H_0:\mu \leqslant \mu_0 \quad H_1:\mu > \mu_0 \tag{6.5.2}$$

当 $|\bar{x}-\mu_0|<\Delta$ 时，不拒绝 H_0。这样，同一个数据却得出相反的结论。这种情况可以从下面的例子中得到说明。

[例 6.12] 某种电子元件的寿命 x（小时）服从正态分布，μ，σ^2 均未知。现测得 14 只元件的寿命如下：

280　101　212　224　379　179　264　362　168　250　149　260　485　170

在 $\alpha=0.05$ 的显著性水平下，对其寿命进行假设检验。

在这里可以有两种假设。

第一种，生产商认为，这批元件的寿命大于 225 小时，故检验 $\mu \geqslant 225$ 是否成立。提出以下假设：

$$H_0:\mu \geqslant 225 \quad H_1:\mu < 225 \tag{6.5.3}$$

这是左侧检验，检验统计量 t 为：

$$t = \frac{\bar{X}-\mu}{s/\sqrt{n}} \sim t(n-1) \tag{6.5.4}$$

$\bar{x}=241.5$，$s=98.73$，则

$$t = \frac{241.5-225}{98.73/\sqrt{16}} = 0.6685 \tag{6.5.5}$$

在 0.05 的显著性水平下，$t_{0.05}(13)=1.753$，本假设的拒绝域是 $(-\infty,-1.753)$，则接受 H_0，元件寿命大于 225 小时。

第二种，销售商认为，这批元件的寿命不大于 225 小时，提出的假设是：

$$H_0:\mu \leqslant 225, H_1:\mu > 225 \tag{6.5.6}$$

这是右侧检验，统计量计算同上。

该假设的拒绝域是 $(1.753, +\infty)$，则 $0.6685<1.753$，接受 H_0，元件的寿命不大于 225 小时。

[例 6.12] 中出现了一个两种情况下的推断似乎矛盾的现象。其实，这也反映了统计推断的一个特点：它不是简单地按那种“非此即彼”的逻辑。这里，我们将上述情况一般化。假定对同一问题，提出如下两种假设：

$$\begin{aligned} &\text{假设 1} \quad H_0:\mu \leqslant \mu_0, H_1:\mu > \mu_0 \\ &\text{假设 2} \quad H_0:\mu \geqslant \mu_0, H_1:\mu < \mu_0 \end{aligned} \tag{6.5.7}$$

在 α 显著性水平下，假设1的接受域为（$-\infty$，t_α），假设2的接受域为（$-t_\alpha$，∞）。假设1、假设2接受域的交集为（$-t_\alpha$，t_α），只要统计量的观察值在这个区域内，就会出现同时接受两个假设的原假设的情况。这就是单侧检验的局限性问题。当统计量的值落在（t_α，$+\infty$）或者（$-\infty$，$-t_\alpha$）时，不会出现两个假设都接受的情况，此时，无论设立哪一种假设都会得到一致的结论。

这种矛盾现象的出现可以追究到假设检验中的两类错误。正是由于发生了假设检验中的第二类 β 错误，才导致了这种矛盾现象的出现。我们如何才能避免上述矛盾现象的出现呢？事实上，我们可以通过增大样本容量和增大犯第一类错误的概率来减小第二类错误的发生，然而，现实问题中增大样本容量并不是一件简单的事情，并且增大样本容量对于减小第二类错误发生的效率无法有效测定，而增大犯第一类错误的概率又会带来新的问题。

二、计量模型中的假设检验问题

假设检验占据着统计推断的半壁江山，在计量建模中的模型检验方面有着广泛的应用。计量模型的假设检验是数理统计的假设检验在计量经济建模中的应用，每个检验统计量有其设计思想，同时，确定拒绝域思路与数理统计一般方法略有不同。大多数检验统计量的原假设、备择假设中是等号、不等号，但拒绝域是单侧的。因此，计量经济学假设检验的拒绝域确定依据是要看，当备择假设发生时，统计量取值的大小，进而判断其拒绝域在分布的哪侧。常用的计量模型检验有：

（一）模型整体显著性 F 检验

模型整体显著性检验是检验模型整体上是否具有显著性，也就是说模型中所有自变量系数整体上是否显著为零。如果检验结果表明自变量系数整体显著不为零，说明模型整体显著；反之，如果所有自变量系数显著为零，说明模型整体上不具有显著性。对于模型：

$$y_t = \beta_0 + \beta_1 x_{1t} + \cdots + \beta_k x_{kt} + \varepsilon_t \qquad (6.5.8)$$

基于上述思想，可建立如下原假设和备择假设。

$H_0:\beta_2 = \beta_3 = \cdots = 0$

$H_1:\beta_i$ 不同时为 0,$(i = 2,3,\cdots,k)$

检验中所用统计量为:

$$F = \frac{ESS}{k} / \frac{RSS}{n-k-1} = \frac{\hat{\beta}'X'Y - n\overline{Y}^2}{k} / \frac{Y'Y - \hat{\beta}'X'Y}{n-k-1} \sim F(k,n-k-1) \tag{6.5.9}$$

由于该检验是检验所有自变量系数整体是否为零，表面上看，该检验是双侧检验问题。但观察 F 统计量可知，检验所有系数是否显著为零等价于检验 F 统计量是否显著大于零，所以，该检验本质上为单侧检验。

（二）系数显著性 *t* 检验

模型整体显著并不表示模型中所有的变量都是显著的，因此，要进行系数显著性检验。系数显著性检验的目的是检验单个自变量是否对因变量产生影响，具体操作是检验系数是否显著为零。如果检验结果表明系数显著不为零，说明该自变量对因变量有显著影响；反之，如果显著为零，说明该自变量对因变量无显著影响。由于检验自变量系数是否为零，因此，该检验为双侧检验。对于模型（6.5.8），基于上述思想可建立如下原假设和备择假设：

$$H_0:\beta_i = 0 \quad H_0:\beta_i \neq 0 \tag{6.5.10}$$

检验中所用到的统计量为:

$$t = \frac{\hat{\beta}_i}{SE(\hat{\beta}_i)} = \frac{\hat{\beta}_i}{\sqrt{\frac{e'e}{n-k}(X'X)_{ii}^{-1}}} \sim t(n-k) \tag{6.5.11}$$

（三）模型稳定性检验

对于时间序列数据，因变量与自变量之间的关系可能会发生结构变化，因此，需要对参数和设定关系的稳定性进行检验。结构变化是造成时间序列不稳定的一个因素。政策调整、技术变迁、制度变化、外部冲击等，都可能造成结构性变化。在建模中，考虑结构断点，可以提高模型拟合优度，同时，从经济学角度，可以对断点的经济意义加以解释。

统计量要检验模型参数在数据的不同子区间是否稳定，从而判断数据间的关系是否发生结构变化。最常用的是 chow 检验，其检验方法是把方程应用于由分割点处划分出来的每一个子样本区间，然后比较利用全部样本进行回归得到的残差平方和，以及利用每一个子区间样本所得到的加总的残差平方和，看两者之间是否具有显著差异，从而判断是否发生结构变化。

基于上述思想，建立如下假设：

H_0:在分割点处未发生结构突变

H_1:在分割点处发生结构突变 (6.5.12)

检验统计量为：

$$F = \frac{\frac{Q - Q_1 - Q_2}{k + 1}}{\frac{Q_1 + Q_2}{T - 2k - 2}} \sim F(k + 1, T - 2k - 2) \tag{6.5.13}$$

其中，Q 为利用整个样本数据拟合的剩余平方和，$Q_i(i = 1,2)$ 为第 i 个区间数据拟合的剩余平方和，k 是自变量个数。

检验统计量构造的思路是：如果序列存在结构断点而未加考虑，整个样本数据拟合结果要比断点前、后分别拟合两个模型的结果差，所以，考察三个模型的剩余平方和的差异，可以检测出序列是否存在结构断点。显然，拒绝域在 F 分布的右侧。

然而，大多数情况下，结构断点时间未知，或者人为确定有一定主观性。"匡特似然比"，(Quandt Likelihood Ratio，QLR) 解决了这个问题。选择一个区间 $[T_0, T_1]$，按照 chow 检验方法，在此区间的每一年份计算所对应的 F 统计量，然后取最大者，通常取 $T_0 = 0.15T$，$T_1 = 0.85T$，QLR 统计量为许多 F 统计量中最大者。

（四）残差检验

古典计量经济学中，对于随机扰动项的假定包括零均值、等方差、独立、正态性等，模型估计后，考察残差项是否满足上述假定，从而实现对模型的统计检验。

1. 正态性检验。

检验残差项是否服从正态分布，常用的是 JB 检验统计量。提出假设为：

H_0:数据服从正态分布

H_1:数据不服从正态分布

$$JB = \frac{n-m}{6}\left[S^2 + \frac{1}{4}(K-3)^2\right] \sim \chi^2(2) \tag{6.5.14}$$

其中，m 表示正态分布参数个数，即为2；S 表示偏度，K 表示峰度。

JB 统计量的公式显示，数据是否服从正态分布，依据其偏度和峰度进行检验。对于正态分布而言，其 $S=0$，$K=3$，以此为参照，考察实际样本数据偏度、峰度与正态分布的偏度、峰度差距。显然，拒绝域在分布右侧。图 6－1 为数据描述性统计结果，JB 统计量的伴随概率为 0.199，接受原假设，样本数据服从正态分布，尽管它的偏度、峰度与正态分布的有一定差距，但这种差距是不显著的，可以认为它服从正态分布。

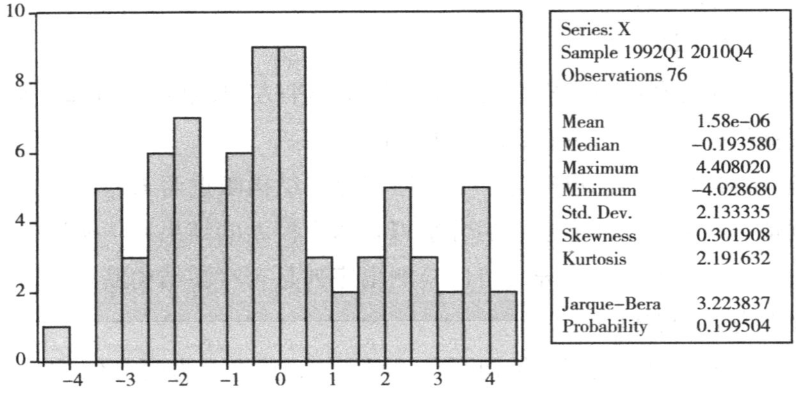

图 6－1　数据描述性统计图

2. 序列相关性检验。

残差序列独立没有办法直接检验，但是可以检测序列的相关性。当相关性很小时，可以认为其独立。常用到的检验统计量有：

（1）DW 检验。

DW 检验模型如式（6.5.15）所示，可见，其只能检验残差项是否存在一阶相关，而残差序列的独立性要求不同时间间隔下的序列均是独立的，显然，DW 检验有一定的局限性。

$$u_t = \rho u_{t-1} + \varepsilon_t \tag{6.5.15}$$

（2）Ljung－Box Q 统计量。

衡量不同时间间隔的相关性，将残差序列代入自相关函数 ρ_k 中，考察不同时间间隔 k 下，残差序列间的相关性，在此基础上计算检验统计量 Q_{LB}，见式（6.5.16）和式（6.5.17）。

$$\rho_k = \frac{r_k}{r_0} = \frac{\sum (z_t - \bar{z})(z_{t+k} - \bar{z})}{\sum (z_t - \bar{z})^2} \tag{6.5.16}$$

H_0:序列不存在 p 阶相关性

H_1:序列存在 p 阶相关性

提出的检验统计量为:

$$Q_{LB} = T(T+2)\sum_{j=1}^{p} \frac{\rho_j^2}{T-j} \sim \chi^2(p) \tag{6.5.17}$$

式（6.5.17）显示，H_0 成立时，ρ_j 值比较大，所以，拒绝域在分布右侧。

图 6 - 2 是残差序列相关性检验结果图，前 3 期的 Q 统计量检验结果均在 5% 显著性水平下，拒绝原假设，序列存在相关性。

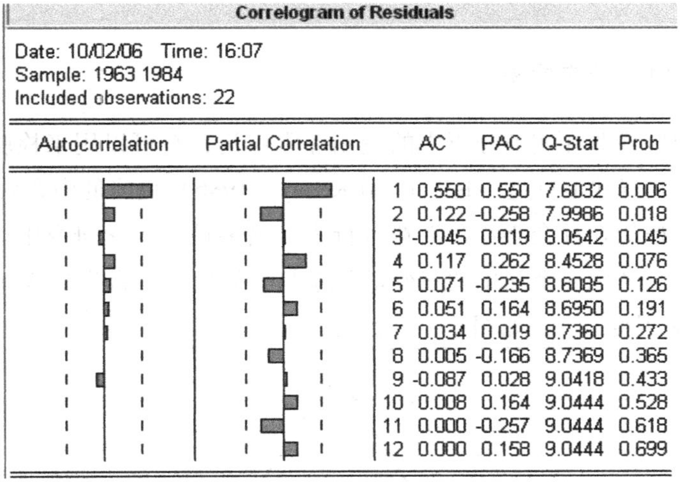
Correlogram of Residuals

Date: 10/02/06　Time: 16:07
Sample: 1963 1984
Included observations: 22

	AC	PAC	Q-Stat	Prob
1	0.550	0.550	7.6032	0.006
2	0.122	-0.258	7.9986	0.018
3	-0.045	0.019	8.0542	0.045
4	0.117	0.262	8.4528	0.076
5	0.071	-0.235	8.6085	0.126
6	0.051	0.164	8.6950	0.191
7	0.034	0.019	8.7360	0.272
8	0.005	-0.166	8.7369	0.365
9	-0.087	0.028	9.0418	0.433
10	0.008	0.164	9.0444	0.528
11	0.000	-0.257	9.0444	0.618
12	0.000	0.158	9.0444	0.699

图 6 - 2　残差序列相关性图

也可以用 LM 统计量进行检验。如果残差序列存在相关性，则序列前后值之间有相关关系，可以用线性模型表示，对残差序列建立 AR(p) 模型后，考察其 F 统计量及 nR^2 统计量。图 6 - 3 显示，在 5% 显著性水平下，F 统计量及 nR^2 均拒绝原假设，序列间存在相关性。这里的相关性检验中的 Q 统计量及 LM 统计量检验思想，同 ARCH 效应检验思想相似，虽然一个是用残差序列原值，一个是用残差序列平方值，但使用统计量是一样的。

Breusch-Godfrey Serial Correlation LM Test:

F-statistic	5.167470	Probability	0.016848
Obs*R-squared	8.019946	Probability	0.018134

Test Equation:
Dependent Variable: RESID
Method: Least Squares
Date: 10/02/06 Time: 16:23
Presample missing value lagged residuals set to zero.

Variable	Coefficient	Std. Error	t-Statistic	Prob.
R_P(-1)	-0.003284	0.010662	-0.308035	0.7616
LOG(GNP_P)	0.001380	0.004071	0.338939	0.7386
RESID(-1)	0.767602	0.240121	3.196734	0.0050
RESID(-2)	-0.410323	0.250454	-1.638316	0.1187

R-squared	0.364543	Mean dependent var	-0.001855
Adjusted R-squared	0.258633	S.D. dependent var	0.107313
S.E. of regression	0.092400	Akaike info criterion	-1.762420
Sum squared resid	0.153679	Schwarz criterion	-1.564048
Log likelihood	23.38662	Durbin-Watson stat	1.826421

图 6-3 残差序列 LM 检验结果

（五）中介效应检验

中介效应检验在实证分析中的应用非常广泛，它可以用来检验经济现象中是否存在传导机制问题。Baron and Kenny（1986）提出的中介效应（mediation）分析框架在社会心理和消费者行为等诸多社会科学研究中产生了十分深远的影响。考虑一个简单的三变量非递归因果模型：自变量 X 通过中介变量 M 来影响因变量 Y。如图 6-4 所示：

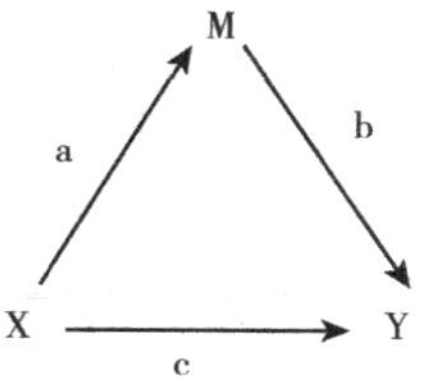

图 6-4 中介效应关系示意图

M 起到中介作用，需满足三个条件：①自变量 X 的变动应能够显著解释待定中介变量 M 的变动（路径 a 显著）；②中介变量 M 的变动能够显著解释因变量 Y 的变动（路径 b 显著）；③控制路径 a 和 b 后，X 与 Y 之间原本显著的关联将消失（路径 c 不显著）。为此要估计如下 3 个方程：

$$M = i_1 + aX + e_1 \tag{6.5.18}$$

$$Y = i_2 + cX + e_2 \tag{6.5.19}$$

$$Y = i_2 + c'X + bM + e_3 \tag{6.5.20}$$

中介效应的检验程序如图 6－5 所示：

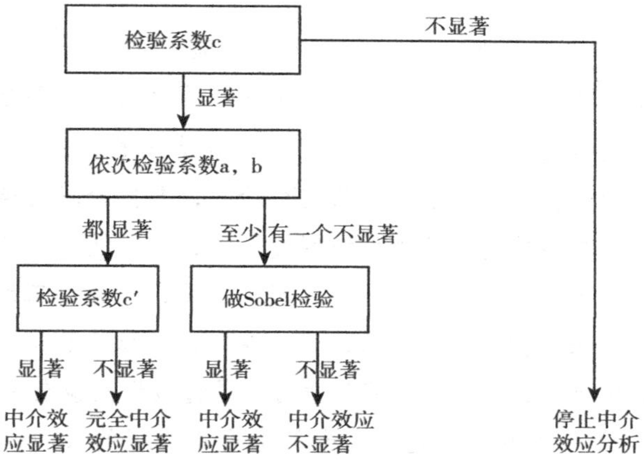

图 6－5　中介效应检验程序

在 a，b 至少一个不显著条件下，进一步进行 Sobel 检验①，即检验原假设 H_0：$ab=0$ 是否成立，检验统计量 z 为：

$$z = \frac{ab}{\sqrt{b^2 S_a^2 + a^2 S_b^2}} \tag{6.5.21}$$

其中，S_a、S_b 分别为 $\hat{a}$、$\hat{b}$ 的标准误。如果 Sobel 检验显著，则存在中介效应；如果 Sobel 检验不显著，则不存在中介效应。

① 由于 Sobel 检验统计量的分布涉及乘积的分布，这导致其可能与标准正态分布不同，Mackinnon 等人给出了其在 5% 的显著性水平上的临界值为 0.97。

生产过程的质量控制案例分析

产品生产过程中质量波动的控制，主要是通过建立一个统计检验规则而进行的。具体做法是：在生产过程处于稳定状态的时候，按事先约定的抽样检测标准，抽取一定数量的样本，然后由这些样本资料建立控制图。此后，就以该控制图为判别依据，将抽出来的样品进行检测，并把检测的结果在控制图中描绘出来。一旦当对照值发生某种系统的变化时，我们便可以断定生产过程出现了不可忽视的因素在起作用，这时可以根据需要，实施加工过程的调整。质量控制过程之所以采用控制图的办法，目的在于让现场的加工人员，能够轻松地识别可能存在的问题，实际上，我们也可以通过假设检验来完成这项任务。

位于南方某地的 NORICA 是一家专门生产集成板的公司，对产品的加工精度有着严格的要求，其中一个重要的质量规格是集成板的长度，设计标准为 15 厘米。如果要检验这一问题，可以建立如下的统计假设：

$H_0: \mu = 15$

$H_1: \mu \neq 15$

在假设原假设 H_0 不成立时，需要对加工过程进行调整，反之，可以继续已有的生产。

为此，从正在进行的生产过程中抽取一部分观察样本，得到如下的一组资料，如表 6.5：

讨论的问题：

（1）在显著性水平为 0.05 的要求下，对每个样本进行假设检验，并指出过程需不需要进行调整。

（2）如果加工过程的总体标准差为 0.78，试就每个样本判断这样的标准差是否合适。

（3）样本均值在规格附近多大范围变化时，才能认为加工过程是满意的。

（4）当显著性水平增大或减小时，检验的结果意味着什么。

（5）根据你的分析结论，撰写一篇分析报告。

表 6.5 集成板长度样本数据

样本 1	样本 2	样本 3	样本 4
15.55	15.52	15.91	15.02
15.63	15.69	15.36	15.02
15.53	15.83	15.75	15.05
15.52	15.27	15.95	15.06
14.90	14.87	15.72	15.10
15.00	15.11	15.91	14.99
14.98	15.01	15.16	15.67
14.40	15.00	15.61	16.01
15.20	14.88	15.09	15.24
16.01	14.79	14.99	14.89
15.20	15.25	15.21	14.87
15.01	16.00	16.23	14.88
16.30	16.01	16.09	14.99
14.89	15.43	15.27	15.32
15.10	15.28	15.04	15.02
15.24	14.98	14.78	15.03
16.00	15.68	14.99	15.03
15.21	15.44	15.76	15.03
14.98	14.89	15.03	15.00
14.99	14.78	15.35	15.01
14.99	15.09	15.00	15.21
15.05	16.01	15.01	14.99
16.01	15.34	15.22	16.01
15.38	15.28	16.21	15.21
15.21	14.98	16.20	15.09
15.09	14.87	16.10	15.10
15.28	15.75	15.04	15.12
14.99	15.01	15.03	15.11
14.87	15.01	15.01	15.01
14.99	14.99	15.62	15.00
15.00	15.09	16.10	15.00

续表

样本 1	样本 2	样本 3	样本 4
15. 01	15. 37	14. 99	15. 04
15. 32	15. 88	15. 00	15. 90
15. 03	15. 89	15. 23	15. 00
15. 04	15. 54	15. 01	15. 01
16. 00	15. 26	15. 00	15. 01
15. 00	15. 27	15. 01	15. 02
15. 09	15. 01	15. 26	15. 00
15. 02	15. 00	15. 23	15. 22

分析：用 Python 分析的程序如下：

```
fromscipy import stats
import pandas as pd
data = pd. read_excel( " htest. xlsx" )
print( data. head( ) )
data. describe( )
#假设均值为 15 进行 t 检验
mu_mean = 15
for i in range(4):
    x = data. iloc[ :, i]
    t,p_twoTail = stats. ttest_1samp(x,mu_mean)
    print("x", i +1, ":", "t =", "%.4f"%t,"p_twoTail =", "%.4f"% p_twoTail)
```

输出结果如下：

```
        x1          x2          x3          x4
count   39. 000000  39. 000000  39. 000000  39. 000000
mean    15. 231026  15. 291026  15. 396667  15. 135385
std     0. 393445   0. 373517   0. 445476   0. 280581
min     14. 400000  14. 780000  14. 780000  14. 870000
25%     14. 995000  15. 000000  15. 010000  15. 000000
50%     15. 090000  15. 260000  15. 230000  15. 030000
```

```
75%      15.350000    15.530000    15.755000    15.115000
max      16.300000    16.010000    16.230000    16.010000

x1 : t=3.6670   p_twoTail=0.0007
x2 : t=4.8658   p_twoTail=0.0000
x3 : t=5.5608   p_twoTail=0.0000
x4 : t=3.0133   p_twoTail=0.0046
```

对四个样本的描述性分析的结果如表 6.6 所示。

表 6.6　　Descriptive Statistics

	N	Minimum	Maximum	Mean	Std. Deviation
样本 1	39	14.40	16.30	15.231026	0.39344
样本 2	39	14.78	16.01	15.291026	0.37352
样本 3	39	14.78	16.23	15.396667	0.44548
样本 4	39	14.87	16.01	15.135385	0.28058
Valid N(listwise)	39				

从输出结果中，样本 1 的 t 值为 $3.667 > t_{0.025}(38) \approx 2.021$，$p$ 值为 $0.001 < 0.05$，所以拒绝原假设 H_0：$\mu = 15$，接受备择假设 H_1：$\mu \neq 15$，认为样本数据和设计标准 15 厘米有显著的差异，需要对加工过程进行调整。同样我们也得到样本 2、样本 3、样本 4 的样本数据和设计标准 15 厘米有显著的差异，也需要对加工过程进行调整。

如果加工过程的总体标准差为 0.78，我们用 $\chi^2 = \frac{(n-1)s^2}{\sigma^2}$ 统计量来说明每个样本的标准差是否合适。

就样本 1 而言，$\chi^2 = \frac{(n-1)s^2}{\sigma^2} = \frac{38 \times 0.39344^2}{0.78^2} = 9.67$，当自由度为 38 时，$\chi^2_{0.025}$ 约为 59.3417，$\chi^2_{0.975}$ 约为 24.4331 以此作为检验的临界值，因为 $\chi^2 = 9.67$ 小于 24.4331，拒绝 H_0，也就是，样本方差 $s^2 = 0.155$，说明样本 1 的方差与加工过程的总体标准差 0.78 有显著差异。样本 2 的 χ^2 为 8.74，样本 3 的 χ^2 为 12.37，样本 4 的 χ^2 为 4.93，它们的值皆小于 24.4331，所以我

们可以认为这样的标准差对于4个样本来说都是不合适的。

若想认为加工过程是满意的，则样本均值在规格附近的变化范围是：$(\bar{x} - z_{\alpha/2}\frac{\sigma}{\sqrt{n}}, \bar{x} + z_{\alpha/2}\frac{\sigma}{\sqrt{n}})$。

对于一个95%的置信区间而言，置信系数是 $1-\alpha=0.95$，于是 $\alpha=0.05$。使用标准正态分布表，上侧面积 $\alpha/2=0.05/2=0.025$ 对应的 z 值为 $z_{0.025}=1.96$。由于设计标准为15厘米，总体标准差为0.78，样本容量 $n=39$，我们得到

$$15 \pm 1.96 \times \frac{0.78}{\sqrt{39}}$$

于是得到极限误差为0.245，置信区间为 $15-0.245=14.755$ 到 $15+0.245=15.245$。

只有样本均值在（14.755，15.245）范围内变化时，我们才能认为加工过程是满意的。

当显著性水平增大或减小时，置信区间也随之减小或增大，估计的精度的变化方向相同，检验结果也就会有所变化。

根据以上的分析结果，我们可以得出该加工过程必须进行调整的结论。

第七章　方差分析

方差分析是试验设计的重要统计分析方法。20 世纪 20 年代，英国著名统计学家费歇首次将方差分析方法应用于农业实验中。之后，方差分析得到充分发展，应用范围也更加广泛，包括工农业生产、科学试验、教育、企业经营和管理等方面。影响事物发展变化的因素很多。在这些因素中，有的属于系统性因素，起着主导的、持续的作用，有的属于次要的、偶然性因素，只会发生短期的、不固定的影响。人们希望把影响事物发展的这些因素能够加以区分，找出主要的、系统性因素。方差分析就是很好地解决这一问题的统计分析工具。

第一节　方差分析的基本理论

一、问题的提出

我们先从两个例子来看方差分析要解决什么问题。

[例 7.1] 在入户推销上有五种方法，某公司想比较这五种方法有无显著性的效果差别，设计了一项试验：从尚无推销经验的应聘人员中随机地挑选一部分人员，并任意地将他们分成五个组，每一组用一种推销方法培训，一段时间后，考察各组在一个月的平均推销额。这个实验就是想看看入户推销的五种方法对推销额是否有显著影响。如果五个组的月平均推销额有显著的差别，意味着有影响。在分析方法上，我们可以用参数假设检验中的方法，即通过样本均值检验总体均值是否相同，只是比较麻烦的是，只能两两进行

一次检验，五个组要进行 10 次均值差的比较，为了使问题简单化，可以用方差分析方法。

[例 7.2] 某种作物的产量要受到选种、施肥、灌溉三个因素的影响。为了研究这三个因素对作物产量的影响是否有差异，选择不同的种子、施肥量以及灌溉量进行试验。如果作物的产量有显著差异，意味着这三个因素对作物有影响。同样可以用样本均值差的两两比较来做出判断，只是检验的次数要更多，方差分析同样可以使问题简化。

通过方差分析方法的两个应用实例，我们概括一下方差分析的概念和相关术语。

方差分析是指，在若干个能够相互比较的资料组中，把产生变异的原因加以明确区分的方法和技术。各组资料可看作是在不同试验条件下的结果，因此，各组资料是否有显著性差异就意味着试验条件是否会对试验结果有影响，方差分析方法的特点就是判别出各组资料是否有显著性差异。方差分析方法在科学试验中应用非常广泛，具体到经济学、管理学中，我们可以把实际获得的样本理解为试验中的各组资料，这样可以灵活地应用方差分析方法。

在方差分析中，经常用到的有关术语有：

（1）试验指标。我们把在不同条件下所做的试验的结果，称为试验指标，用 X 表示。

（2）试验因素。影响试验结果的各种条件称为试验因素，用 A、B、C 等字母来表示。

（3）试验水平。每一试验条件在试验中所处的状态，或者对试验条件所给定的值，称为试验水平，用 A_1，A_2，…，A_r 表示。

（4）试验次数。每一试验水平下，要做的试验次数，用 $n_j(j=1，2，\cdots，r)$ 表示。

（5）单因素方差分析和两因素方差分析。在一次试验中，如果仅考虑一个试验因素而将其他因素相对固定的试验称为单因素试验，对此进行的分析称为单因素方差分析。在一次试验中，如果考虑两个试验因素而将其他因素相对固定的试验称为两因素试验，对此进行的分析称为两因素方差分析。依次类推，还有多因素方差分析。

以［例 7.1］为例，说明上述术语，具体情况见表 7.1。

表 7.1　五种推销方法下的推销额的资料

观察值＼方法	第一组	第二组	第三组	第四组	第五组
1	20.0	24.9	16.0	17.5	25.2
2	16.8	21.3	20.1	18.2	26.2
3	17.9	22.6	17.3	20.2	26.9
4	21.2	30.2	20.9	17.7	29.3
5	23.9	29.9	22.0	19.1	30.4

本例考察不同的推销方式对推销额的影响，试验因素是推销方式，共有五个水平，用第一组到第五组表示。在每个水平下，各做了 5 次观察，5 是试验次数，推销额是试验指标。由于在这个试验中，只考察了“推销方式”这一个因素，这样的试验是单因素试验，由此进行的方差分析是单因素方差分析。

二、方差分析的假定条件

方差分析的实质是变异分析，也就是要分析不同试验条件下的试验结果是否有显著性差异。为便于说明，将表 7.1 变成一般形式，如表 7.2 所示。

表 7.2　方差分析数据表

	A_1	A_2	…	A_r
1	X_{11}	X_{12}		X_{1r}
2	X_{21}	X_{22}	…	X_{2r}
⋮	⋮	⋮	…	⋮
n	X_{n1}	X_{n2}	…	X_{nr}

进行方差分析时，有以下假定条件：

（1）因素 A 的每个水平对应一个随机变量，若 A 有 r 个水平，就对应有 r 个随机变量，它们是 r 个相互独立的正态总体，分别服从 $N(\mu_j, \sigma^2)(j=1, 2, \cdots, r)$，即这 r 个总体均服从有相同方差的正态分布。方差相同的假定称为方差齐一性假定，它是方差分析的重要前提。

（2）因素水平 A_j 下的任意观察值 X_{ij} 是随机变量，它能够分解成两部分：

一部分是各因素水平下的期望 $E(X_{ij})=\mu_j$，另一部分是随机误差项 ε_{ij}。因此，有：

$$X_{ij}=\mu_j+\varepsilon_{ij}\quad i=1,2,\cdots,n,j=1,2,\cdots,r \tag{7.1.1}$$

其中，n 为试验次数，r 为因素水平数。

（3）ε_{ij}服从正态分布，$\varepsilon_{ij}\sim N(0,\ \sigma^2)$，且相互独立。理论上讲，随机误差对试验结果的影响比试验条件要小得多，并且相互之间没有太大的差别，因此，假定 ε_{ij}服从零均值的独立的正态分布是合理的。

在上述假定条件下，方差分析的数据结构模型为：

$$X_{ij}\sim N(\mu_j,\sigma^2) \tag{7.1.2}$$

三、方差分析的基本思想

从表 7.1 可以看出，通过试验获得的数据参差不齐，不仅各组之间的数据有差异，即使一个组内的数据也是如此。方差分析的目的是看推销方法是否会对销售额有显著性影响。为此，我们可以进行这样的设想：在某一因素水平下的试验数据，由于试验条件基本相同，因而数据间的差异可看作是随机性误差引起的，这就是假定（2）的思想来源。相同因素水平下的数据由于试验条件相同，因而有共同的期望值，相互之间的差异是由随机因素引起的。不同因素水平下的试验数据，由于试验条件的改变，它们的差异可看成主要是由试验条件而导致的。

假定随机误差服从正态分布，因此，每一因素水平下的试验数据，又可当作是来自这一因素水平的总体的一个样本，理论上它们应该有一个均值 μ_j。我们假定每一因素水平的总体服从正态分布，且方差相等，如果不同水平下的数据没有显著性差异，它们就来自同分布的正态总体，则有 $X_j\sim N(\mu,\sigma^2)$，意味着试验条件对试验指标没有影响；相反，如果不同水平下的数据有显著性差异，它们就来自不同分布的正态总体，则有 $X_j\sim N(\mu_j,\sigma^2)$，试验条件对试验指标有显著性影响。这样一来，因素影响是否显著就转化为检验 μ_1，μ_2，…，μ_r是否相等的问题。两个总体均值是否相等可以用参数假设检验的方法，而多于两个的总体均值是否相等的假设检验就要用方差分析方法。

方差分析检验各总体的均值是否相等是通过方差的比较来实现的。就某一个因素水平下的一组数据而言，它们会围绕本组均值 μ_j 而变化，组内数据与均值 μ_j 的差异可以用方差表示，它表明了组内数值与平均水平的差异。因为是在相同试验条件下的试验结果，因此，试验结果的差异主要是由随机因素引起的。μ_1，μ_2，…，μ_r 是不同试验条件下各组的均值，它们与所有组的数据的总均值 μ 的差异也可以用方差表示，方差大，表示差异大。这种差异主要是由试验条件引起的。随机误差对数据的影响用各因素水平下的数据指标的方差来衡量，称之为“组内方差”，用 S_w^2 表示；因素条件对数据的影响用组间方差来衡量，用 S_b^2 表示。容易理解，如果试验因素水平的变化对试验指标的影响不大，各组均值接近相等，则 S_b^2 很小，S_w^2 和 S_b^2 接近，它们的比值将趋向 1；反之，S_b^2 明显比 S_w^2 大，它们的比值会大于 1。据此，$\frac{S_b^2}{S_w^2}$ 可用做检验统计量，这样就把均值是否相等的检验转化为方差是否相等的检验，“方差分析”的名称由此得来。因此，方差分析在前面的假定下，对假设 $\mu_1=\mu_2=\cdots=\mu_r$，运用统计量 $\frac{S_b^2}{S_w^2}$ 进行检验，并根据检验的结果做出相应的判断结论。

四、方差分析的步骤

第一步，根据试验资料，检查方差分析的假定条件是否成立。

第二步，建立方差分析的数据结构模型。

第三步，提出检验假设。

第四步，构造检验统计量。

第五步，由试验资料计算检验统计量的值。

第六步，在给定的显著性水平下，查表得到临界值，做出判断结论。

第二节　单因素方差分析

单因素方差分析包括单因素等重复方差分析与单因素不等重复方差分析。

一、单因素等重复方差分析

（一）单因素等重复方差分析的一般性提法

假定试验中只考虑一个因素 A，共做了 A_1，A_2，…，A_r 这 r 个水平的观察，每个水平 A_j 均为正态总体，且方差相等，即有 $X_j \sim N(\mu_j, \sigma^2)$，其中 μ_j 和 σ^2 未知。为检验 H_0：$\mu_1 = \mu_2 = \cdots = \mu_r$ 是否相等，对每个水平皆做 n 次试验（等重复的含义），每次试验的观察值 X_{ij} 是随机变量，且保证它们相互独立，共计得到 $n \times r$ 个数据。

在假定条件下，单因素等重复试验的数据结构模型可表示成

$$\begin{cases} X_{ij} = \mu_j + \varepsilon_{ij}, & i = 1,2,3,\cdots,n \\ \varepsilon_{ij} \sim N(0,\sigma^2), & j = 1,2,3,3,\cdots,r \end{cases} \tag{7.2.1}$$

其中，ε_{ij} 相互独立，μ_j、σ^2 为各总体 A_j 的未知参数。

方差分析中，组内方差 S_w^2 与组间方差 S_b^2 是通过计算离差平方和得到的。

（二）总离差平方和的分解

$$X_{ij} - \overline{X}_{\cdot\cdot} = (X_{ij} - \overline{X}_{\cdot j}) + (\overline{X}_{\cdot j} - \overline{X}_{\cdot\cdot}) \tag{7.2.2}$$

式中：

$$\overline{X}_{\cdot\cdot} = \frac{1}{rn} \sum_{j=1}^{r} \sum_{i=1}^{n} X_{ij} \tag{7.2.3}$$

$$\overline{X}_{\cdot j} = \frac{1}{n} \sum_{i=1}^{n} X_{ij} \tag{7.2.4}$$

对（7.2.2）两边求平方和得：

$$\begin{aligned} \sum_{j=1}^{r} \sum_{i=1}^{n} (X_{ij} - \overline{X}_{\cdot\cdot})^2 &= \sum_{j=1}^{r} \sum_{i=1}^{n} [(X_{ij} - X_{\cdot j}) + (\overline{X}_{\cdot j} - \overline{X}_{\cdot\cdot})]^2 \\ &= \sum_{j=1}^{r} \sum_{i=1}^{n} (X_{ij} - X_{\cdot j})^2 + \sum_{j=1}^{r} \sum_{i=1}^{n} (\overline{X}_{\cdot j} - \overline{X}_{\cdot\cdot})^2 \quad (7.2.5) \\ &= \sum_{j=1}^{r} \sum_{i=1}^{n} (X_{ij} - X_{\cdot j})^2 + n\sum_{j=1}^{r} (\overline{X}_{\cdot j} - \overline{X}_{\cdot\cdot})^2 \end{aligned}$$

其中，交叉乘积项等于 0

令：

$$S_T^2 = \sum_{j=1}^{r}\sum_{i=1}^{n}(X_{ij} - \overline{X}_{..})^2 \tag{7.2.6}$$

$$S_b^2 = n\sum_{j=1}^{r}(X_{.j} - \overline{X}_{..})^2 \tag{7.2.7}$$

$$S_w^2 = \sum_{j=1}^{r}\sum_{i=1}^{n}(X_{ij} - \overline{X}_{.j})^2 \tag{7.2.8}$$

S_T^2 为总离差平方和，通过它可以反映全部观察值同样本指标平均数的差异。S_b^2 为组间离差平方和，它反映各组平均数与总平均数的差异情况，S_w^2 为组内离差平方和，它表示各组观察值与该组平均数的变异程度。

因此，我们得到

$$S_T^2 = S_b^2 + S_w^2 \tag{7.2.9}$$

即总离差平方和可以分解成组间离差平方和与组内离差平方和之和。

（三）总体参数的估计

μ_j 为每个试验条件下的总体的均值，不妨称之为“子总体均值”，μ 为总的总体均值，σ^2 为总体方差。在方差分析中，这些未知的参数需要通过样本资料进行估计。

根据我们在前面学习的估计办法，一般地，我们仍然用 $\overline{X}_{.j}$ 估计 μ_j，用 $\overline{X}_{..}$ 估计 μ。可以证明，这样的估计结果不仅是无偏的，同时也是方差最小的。下面着重讨论 σ^2 的估计。

由方差分析的假定条件 $\varepsilon_{ij} \sim N(0,\ \sigma^2)$，我们可以得到

$$\overline{\varepsilon}_{.j} \sim N\left(0, \frac{\sigma^2}{n}\right) \tag{7.2.10}$$

$$\overline{\varepsilon}_{..} \sim N\left(0, \frac{\sigma^2}{nr}\right) \tag{7.2.11}$$

其中，

$$\overline{\varepsilon}_{.j} = \frac{1}{n}\sum_{i=1}^{n}\varepsilon_{ij} \tag{7.2.12}$$

$$\overline{\varepsilon}_{..} = \frac{1}{rn}\sum_{j=1}^{r}\sum_{i=1}^{n}\varepsilon_{ij} \tag{7.2.13}$$

另外，由前面可得

$$\overline{X}_{.j} \sim N\left(\mu_j, \frac{\sigma^2}{n}\right) \tag{7.2.14}$$

$$\overline{X}_{..} \sim N\left(\mu,\frac{\sigma^2}{nr}\right) \tag{7.2.15}$$

对组间离差平方和公式求数学期望，得到

$$E(S_b^2) = E\left[n\sum_{j=1}^{r}(\overline{X}_{\cdot j}-\overline{X}_{..})^2\right] = (r-1)\sigma^2 + n\sum_{j=1}^{r}(\mu_j^2-\mu^2) \tag{7.2.16}$$

这说明，在 H_0：$\mu_1=\mu_2=\cdots=\mu_r$ 的情况下，$\frac{S_b^2}{r-1}$才是 σ^2 的无偏估计。其中，$(r-1)$ 是自由度。

对组内离差平方和公式求数学期望，得到

$$E(S_w^2) = E\left[\sum_{j=1}^{r}\sum_{i=1}^{n}(X_{ij}-\overline{X}_{\cdot j})^2\right] = r(n-1)\sigma^2 \tag{7.2.17}$$

因此，$\frac{S_w^2}{r(n-1)}$是 σ^2 的无偏估计。其中，$r(n-1)$ 是自由度。

（四）$\frac{S_b^2}{S_w^2}$的抽样分布

运用$\frac{S_b^2}{S_w^2}$作为检验统计量，需要知道它的抽样分布。S_T^2 是全部观察值共 $n\times r$ 个与总平均数 $\overline{X}_{..}$ 的离差平方和，一个基本约束条件是 $\sum_{j=1}^{r}\sum_{i=1}^{n}(X_{ij}-\overline{X}_{..})=0$，所以，$S_T^2$ 的自由度为 $nr-1$。而 S_b^2 与 S_w^2 的自由度分别是 $r-1$ 和 $r(n-1)$。显然，有 $nr-1=(r-1)+r(n-1)$。当假设 H_0：$\mu_1=\mu_2=\cdots=\mu_r$ 成立时，$X_{ij}\sim N(\mu,\sigma^2)$，因此有 $\frac{S_T^2}{\sigma^2}\sim\chi^2(nr-1)$，又因有$\frac{S_T^2}{\sigma^2}=\frac{S_b^2}{\sigma^2}+\frac{S_w^2}{\sigma^2}$，由$\chi^2$分布的性质得

$$\frac{S_b^2}{\sigma^2}\sim\chi^2(r-1) \tag{7.2.18}$$

$$\frac{S_w^2}{\sigma^2}\sim\chi^2(r(n-1)) \tag{7.2.19}$$

且$\frac{S_b^2}{\sigma^2}$与$\frac{S_w^2}{\sigma^2}$相互独立。根据 F 分布的定义

$$\frac{S_b^2/(r-1)}{S_w^2/r(n-1)}\sim F((r-1),r(n-1)) \tag{7.2.20}$$

（五）判断标准

显然，关于 H_0：$\mu_1=\mu_2=\cdots=\mu_r$ 的检验是通过 F 分布进行的。当 H_0 成立时，S_b^2 与 S_w^2 接近，它们的比值 F 不应该太大，因此，对于给定的显著性水平 α，否定域为：

$$\frac{S_b^2/(r-1)}{S_w^2/r(n-1)} > F_\alpha((r-1),r(n-1)) \tag{7.2.21}$$

在进行方差分析时，通常将分析结果归纳为一张方差分析表，如表 7.3 所示：

表 7.3　　方差分析表

方差来源	平方和	自由度	均方（平方和/自由度）	统计量	临界值
因素影响	S_b^2	$r-1$	$S_b^2/(r-1)$	$F=\dfrac{S_b^2/(r-1)}{S_w^2/r(n-1)}$	$F_\alpha((r-1),r(n-1))$
误差影响	S_w^2	$r(n-1)$	$S_w^2/r(n-1)$		
总离差	S_T^2	$nr-1$			

［例 7.3］某公司在国内三个不同的地区生产打印机，为了解每个地区生产厂的员工质量意识，从各个生产厂中分别抽取 6 名员工进行质量知识考核，结果如表 7.4 所示：

表 7.4　　三个工厂员工质量知识考核成绩表

员工	工厂 1	工厂 2	工厂 3
1	85	71	59
2	75	75	64
3	82	73	62
4	76	74	69
5	71	69	75
6	85	82	67

在显著性水平 0.05 下，分析不同地区的员工质量意识是否存在差别？

解： 已知 $r=3$，$n=6$，$\alpha=0.05$

$$H_0: \mu_1=\mu_2=\mu_3 \quad H_1: \mu_1, \mu_2, \mu_3 \text{ 不完全相等} \tag{7.2.22}$$

计算得：

$$\overline{X_{\cdot 1}} = 79, \overline{X_{\cdot 2}} = 74, \overline{X_{\cdot 3}} = 66, \overline{X}\cdot\cdot = 73 \tag{7.2.23}$$

$$S_b^2 = n\sum_{j=1}^{3}(\overline{X_{\cdot j}} - \overline{X}\cdot\cdot)^2 = 6[(79-73)^2+(74-73)^2+(66-73)^2] = 516 \tag{7.2.24}$$

$$S_w^2 = \sum_{j=1}^{3}\sum_{i=1}^{6}(X_{ij} - \overline{X_{\cdot j}})^2 = 430 \tag{7.2.25}$$

$$F = \frac{S_b^2/r-1}{S_w^2/r(n-1)} = \frac{\frac{516}{2}}{\frac{430}{3\times(6-1)}} = 8.999 \tag{7.2.26}$$

$\alpha = 0.05, F_{0.05}(2,15) = 3.68$

$F_{0.05}=8.999>3.68$，拒绝原假设，三个工厂员工质量意识考核平均成绩存在显著性差异，表明地区因素对员工的质量意识有显著性影响。

将以上分析结果整理到方差分析表 7.5 中：

表 7.5　　方差分析表

方差来源	平方和	自由度	均方（平方和/自由度	F 值	临界值
因素影响	516	2	258	$F=258/28.67$	$F_{0.05}(2,15)=3.68$
误差影响	430	15	28.67	$=8.999$	
总离差	946	17	—	—	—

Python 计算过程：

```
import pandas as pd
data = pd. DataFrame ( pd. read_excel ( " C:/Users/Desktop/例 7.3 数据——表 7.4. xlsx" ) )
r =3
n =6
```

```
#for 循环分别求出三个工厂员工质量知识考核成绩均值
X_mean = [ ]
for i in range(1,4):
    X = data.iloc[ :,i]
    x_mean = sum(X)/len(X)
    X_mean.append(x_mean)
print("三个工厂员工质量知识考核成绩均值分别为:",X_mean)
Xm = sum(X_mean)/len(X_mean)
print("所有员工质量知识考核成绩均值为:",Xm)
#进行方差分析计算
Sb2 = n*((X_mean[0] - Xm)**2 + (X_mean[1] - Xm)**2 + (X_mean[2] -
Xm)**2)
Sw2 =0
for i in range(n):
    for j in range(1,4):
        s = (data.iloc[i,j] - X_mean[j-1])**2
        Sw2 = Sw2 + s
print("组间离差平方和为:",Sb2,"组内离差平方和为:",Sw2)
#计算 F 统计量
F = format((Sb2/(r-1))/(Sw2/(r*(n-1))),'.3f')
print("计算得 F 统计量为:",F)
```

Python 输出结果：

三个工厂员工质量知识考核成绩均值分别为：[79.0, 74.0, 66.0]

所有员工质量知识考核成绩均值为：73.0

组间离差平方和为：516.0 组内离差平方和为：430.0

计算得 F 统计量为：9.0

[例 7.4] 在电解铜工艺中，电流强度、电解液配方和浓度、设备水平等，对电解铜的纯度有很大影响。为考察电流强度的作用效果，将其他因素固定起来，分别在五种电流强度下各做五次试验，观察 1 小时内得到的电解铜的杂质率数据如表 7.6 所示：

表 7.6　　　　电解铜的杂质率表

杂质率 / 电流 / 样品	10	15	20	25	30
1	1.7	2.1	1.5	1.9	1.8
2	2.1	2.2	1.3	1.9	1.9
3	2.2	2.0	1.8	2.2	2.1
4	2.1	2.2	1.4	2.3	1.7
5	1.9	2.1	1.7	2.0	1.2

试在显著性水平 0.05 下，分析电流强度对电解铜杂质率是否有影响？

解：已知 $r=5$，$n=5$，$\alpha=0.05$

$$H_0: \mu_1=\mu_2=\mu_3=\mu_4=\mu_5 \quad H_1: \mu_1, \mu_2, \mu_3, \mu_4, \mu_5 \text{ 不完全相等} \tag{7.2.27}$$

计算得：

$$\overline{X}_{\cdot 1}=2, \overline{X}_{\cdot 2}=2.12, \overline{X}_{\cdot 3}=1.54, \overline{X}_{\cdot 4}=2.06, \overline{X}_{\cdot 5}=1.74, \overline{X}_{\cdot\cdot}=1.892 \tag{7.2.28}$$

$$S_b^2=n\sum_{j=1}^{5}(\overline{X}_{\cdot j}-\overline{X}_{\cdot\cdot})^2=5[(2-1.892)^2+\cdots+(1.74-1.892)^2]=1.1944 \tag{7.2.29}$$

$$S_w^2=\sum_{j=1}^{5}\sum_{i=1}^{5}(X_{ij}-\overline{X}_{\cdot j})^2=0.944 \tag{7.2.30}$$

$$F=\frac{S_b^2/r-1}{S_w^2/r(n-1)}=\frac{\dfrac{1.1944}{(5-1)}}{\dfrac{0.944}{5\times(5-1)}}=6.326 \tag{7.2.31}$$

$\alpha=0.05$，$F_{0.05}(4, 20)=2.87$

$F=6.326>2.87$，拒绝原假设，电流强度对电解铜杂质率有显著影响。

Python 计算过程：

```
import pandas as pd
data = pd.DataFrame ( pd.read_excel ( " C:/Users/Desktop/例 7.4 数据——表
```

```
7.6.xlsx", header=None))
r=5
n=5
#for 循环分别求出不同电流下杂质率均值
X_mean=[]
for i in range(5):
    X=data.iloc[:,i]
    x_mean=sum(X)/len(X)
    X_mean.append(x_mean)
print("5 种电流下杂质率均值分别为:",X_mean)
Xm=sum(X_mean)/len(X_mean)
print("所有情况下杂质率均值为:",Xm)
#进行方差分析计算
Sb2=0
for i in range(5):
    s=(X_mean[i]-Xm)**2
    Sb2=Sb2+s
Sb2=n*Sb2
Sw2=0
for i in range(n):
    for j in range(r):
        s=(data.iloc[i,j]-X_mean[j])**2
        Sw2=Sw2+s
print("组间离差平方和为:",Sb2,"组内离差平方和为:",Sw2)
#计算 F 统计量
F=format((Sb2/(r-1))/(Sw2/(r*(n-1))),'.3f')
print("计算得 F 统计量为:",F)
```

Python 输出结果：

5 种电流下杂质率均值分别为：[2.0, 2.12, 1.54, 2.06, 1.74]

所有情况下杂质率均值为：1.892

组间离差平方和为：1.1944 组内离差平方和为：0.944

计算得 F 统计量为：6.326

二、单因素不等重复方差分析

单因素方差分析时，有的时候不同因素水平下的试验次数难以做到一致，可能由于条件的限制无法取得相同次数的样本，也可能由于某些试验不成功、发生数据丢失等情况，这时，就要用到不等重复的方差分析方法。

单因素不等重复方差分析的假定条件与等重复方差分析相同，只是每一因素水平下的试验次数不再相等。设每个因素水平 A_j 各做了 n_j 次试验，n_1，n_2，…，n_r 不完全相等。两种方差分析的思想完全相同，但由于 n_j 不完全相等，不能作为公共因子提出，在计算公式上略有不同，主要表现在：

（1）离差平方和的计算：

$$S_T^2 = \sum_{j=1}^{r}\sum_{i=1}^{n_j}(X_{ij} - \overline{X}_{..})^2 \tag{7.2.32}$$

$$S_b^2 = \sum_{j=1}^{r}\sum_{i=1}^{n_j}(\overline{X}_{.j} - \overline{X}_{..})^2 \tag{7.2.33}$$

$$S_w^2 = \sum_{j=1}^{r}\sum_{i=1}^{n_j}(X_{ij} - \overline{X}_{.j})^2 \tag{7.2.34}$$

（2）检验统计量的自由度：

S_T^2 是全部观察值共 $\sum_{j=1}^{r} n_j$ 个与总平均数 $\overline{X}_{..}$ 的离差平方和，一个基本约束条件是 $\sum_{j=1}^{r}\sum_{i=1}^{n_j}(X_{ij} - \overline{X}_{..}) = 0$，所以，$S_T{}^2$的自由度为 $\sum_{j=1}^{r} n_j - 1$。S_b^2 的自由度是 $r-1$，而 S_w^2 的自由度是 $\sum_{j=1}^{r}(n_j - 1)$。显然，有 $\sum_{j=1}^{r} n_j - 1 = (r-1) + \sum_{j=1}^{r}(n_j - 1)$。当假设 H_0：$\mu_1 = \mu_2 = \cdots = \mu_r$ 成立时，$X_{ij} \sim N(\mu,\sigma^2)$，因此有 $\frac{S_T^2}{\sigma^2} \sim \chi^2\left(\sum_{j=1}^{r} n_j - 1\right)$，又因有$\frac{S_T^2}{\sigma^2} = \frac{S_b^2}{\sigma^2} + \frac{S_w^2}{\sigma^2}$，由$\chi^2$分布的性质得

$$\frac{S_b^2}{\sigma^2} \sim \chi^2(r-1) \tag{7.2.35}$$

$$\frac{S_w^2}{\sigma^2} \sim \chi^2\left(\sum_{j=1}^{r}(n_j - 1)\right) \tag{7.2.36}$$

且$\frac{S_b^2}{\sigma^2}$与$\frac{S_w^2}{\sigma^2}$相互独立。根据F分布的定义

$$\frac{S_b^2/r-1}{S_w^2/\sum_{j=1}^{r}(n_j-1)} \sim F\left(r-1,\sum_{j=1}^{r}(n_j-1)\right) \tag{7.2.37}$$

[例7.5] 某公司为进一步激励销售人员的工作热情，正筹划实行新的分配办法，拟定采用的做法是对新近招聘进来的销售人员实行佣金制，对工作满5年的员工采用佣金加固定薪金，对工作满8年以上的销售人员基本实行固定薪金方案。不知这样的分配办法是否能达到促进销售的目的，为此，主管部门考虑进行跟踪观察一段时间，然后再正式决定。从各个分配方案的人员中，按随机原则抽取一定的人员，登记一个月的销售量，具体资料如表7.7所示：

表7.7　　公司员工月销售量表　　单位：万元

编号	分配方案		
	佣金	佣金加固定薪金	固定薪金
1	165	120	140
2	98	115	156
3	130	90	220
4	210	126	112
5	187	107	134
6	240	155	
7		80	
8		117	
9		110	

试在显著性水平$\alpha=0.05$的要求下，分析不同的分配方法是否会对产品销售量有影响。

解： 已知$r=3$，$n_1=6$，$n_2=9$，$n_3=5$

$$H_0:\mu_1=\mu_2=\mu_3 \quad H_1:\mu_1,\mu_2,\mu_3\text{ 不完全相等} \tag{7.2.38}$$

计算得：

$$\overline{X_{\cdot 1}}=\frac{1030}{6}=171.67,\overline{X_{\cdot 2}}=\frac{1020}{9}=113.33,$$

$$\overline{X_{\cdot 3}} = \frac{762}{5} = 152.4, \overline{X_{\cdot\cdot}} = \frac{1030 + 1020 + 762}{6 + 9 + 5} = 140.6 \tag{7.2.39}$$

$$\begin{aligned} S_b^2 &= \sum_{j=1}^{3}\sum_{i=1}^{n_j}(X_{\cdot j} - \overline{X}_{\cdot\cdot})^2 \\ &= 6(171.67 - 140.6)^2 + 9(113.33 - 140.6)^2 + 5(152.4 - 140.6)^2 \\ &= 13181.15 \end{aligned} \tag{7.2.40}$$

$$\begin{aligned} S_w^2 &= \sum_{j=1}^{3}\sum_{i=1}^{n_j}(X_{ij} - \overline{X}_{\cdot j})^2 \\ &= 13581.335 + 3664 + 6707.2 \\ &= 23952.5 \end{aligned} \tag{7.2.41}$$

$$F = \frac{S_b^2/r - 1}{S_w^2/\sum_{j=1}^{r}(n_j - 1)} = \frac{\frac{13181.15}{2}}{\frac{23952.5}{(5 + 8 + 4)}} = 4.68 \tag{7.2.42}$$

$\alpha = 0.05$，$F_{0.05}(2, 17) = 3.59$，$F = 4.68 > 3.59$，拒绝原假设，说明不同分配方法对销售人员的销售量有显著影响。

Python 计算过程：

```
import pandas as pd
data = pd.DataFrame(pd.read_excel("C:/Users/Desktop/例 7.5 数据——表7.7.xlsx",header = None))
data = data.fillna(0)
r =3
n = [6,9,5]
#for 循环分别求出不同的分配方法下产品销售量均值
X_mean = [ ]
X_sum =0
for i in range(3):
    X = data.iloc[:,i]
    x_sum = sum(X)
    X_sum = X_sum + x_sum
    x_mean = float(format(x_sum/n[i],'.2f'))
```

```
    X_mean.append(x_mean)
print("三种的分配方法下产品销售量均值分别为:",X_mean)
Xm = X_sum/sum(n)
print("所有情况下产品销售量均值为:",Xm)
#进行方差分析计算
Sb2 =0
for i in range(3):
    s = (X_mean[i] - Xm)**2*n[i]
    Sb2 = Sb2 + s
Sw2 =0
for j in range(3):
    for i in range(n[j]):
        s = (data.iloc[i,j] - X_mean[j])**2
        Sw2 = Sw2 + s
print("组间离差平方和为:",format(Sb2,'.2f'),"组内离差平方和为:",format
(Sw2,'.2f'))
#计算 F 统计量
F = format((Sb2/(r-1))/(Sw2/(sum(n) -3)),'.2f')
print("计算得 F 统计量为:",F)
```

Python 输出结果：

三种的分配方法下产品销售量均值分别为：[171.67, 113.33, 152.4]

所有情况下产品销售量均值为：140.6

组间离差平方和为：13181.15 组内离差平方和为：23952.53

计算得 F 统计量为：4.68

三、多重比较方法

通过对［例 7.5］的分析得出的结论是：不同的分配方法下销售人员销售量的均值不完全相同。但究竟哪些均值之间不相等呢？这些差异到底出现在哪些分配方法之间呢？也就是说，μ_1 与 μ_2，μ_1 与 μ_3，μ_2 与 μ_3 之间究竟是哪两个均值不同呢？这就需要做进一步的分析，所使用的方法就是多重比较方法。它是通过对总体均值之间的配对比较来进一步检验到底哪些均值之间存在差异。

多重比较方法有多种，这里介绍最为常用的由费希尔提出的最小显著差异法（Least Significant Difference），缩写为 LSD。使用该方法进行检验的具体步骤为：

第一，提出假设：H_0：$\mu_i=\mu_j$，H_1：$\mu_i\neq\mu_j$；

第二，计算检验统计量：$\overline{X}_i-\overline{X}_j$；

第三，计算 LSD，其公式为：

$$LSD = t_{\frac{\alpha}{2}} \times \sqrt{MSE\left(\frac{1}{n_i}+\frac{1}{n_j}\right)} \tag{7.2.43}$$

式中，$t_{\frac{\alpha}{2}}$为既定显著性水平下自由度为（$n-r$）的 t 分布的临界值，这里 n 是所有样本观测点的个数，r 是因素中水平的个数；n_i 和 n_j 分别是第 i 个样本和第 j 个样本的样本量；MSE 为组内均方离差，计算公式为：

$$MSE = \frac{S_w^2}{n-r} = \frac{\sum_{j=1}^{r}\sum_{i=1}^{n_j}(X_{ij}-\overline{X}_{\cdot j})^2}{n-r} \tag{7.2.44}$$

第四，根据显著性水平 α 做出决策：如果 $|\overline{X}_i-\overline{X}_j|>LSD$，则拒绝 H_0；如果 $|\overline{X}_i-\overline{X}_j|<LSD$，则不拒绝 H_0。

［**例 7.6**］根据［例 7.5］，对 3 种分配方案做多重比较（$\alpha=0.05$）。

解：第一步，做出如下假设；

$$\begin{aligned}&\text{检验 1：}H_0：\mu_1=\mu_2，H_1：\mu_1\neq\mu_2\\&\text{检验 2：}H_0：\mu_1=\mu_3，H_1：\mu_1\neq\mu_3\\&\text{检验 3：}H_0：\mu_2=\mu_3，H_1：\mu_2\neq\mu_3\end{aligned} \tag{7.2.45}$$

第二步，计算检验统计量；

$$\begin{aligned}&|X_1-X_2| = |171.67-113.33| = 58.34\\&|X_1-X_3| = |171.67-152.4| = 19.27\\&|X_2-X_3| = |113.33-152.4| = 39.07\end{aligned} \tag{7.2.46}$$

第三步，计算 LSD，由于三种分配方案的样本量不同，需分别计算 LSD。根据自由度 $=n-r=20-3=17$，查 t 分布表得 $t_{\alpha/2}=t_{0.025}=2.11$。$MSE$ 计算如下：

$$MSE = \frac{S_w^2}{n - r} = \frac{\sum_{j=1}^{r} \sum_{i=1}^{n} (X_{ij} - \overline{X}_{\cdot j})^2}{n - r} = \frac{23952.5}{17} = 1408.971 \qquad (7.2.47)$$

各检验的 LSD 计算如下：

$$检验 1:LSD_1 = 2.11 \times \sqrt{1408.971 \times \left(\frac{1}{6} + \frac{1}{9}\right)} = 41.74286$$

$$检验 2:LSD_2 = 2.11 \times \sqrt{1408.971 \times \left(\frac{1}{6} + \frac{1}{5}\right)} = 47.95889 \qquad (7.2.48)$$

$$检验 3:LSD_3 = 2.11 \times \sqrt{1408.971 \times \left(\frac{1}{9} + \frac{1}{5}\right)} = 44.17649$$

第四步，作出决策；

$|X_1 - X_2| = 58.34 > LSD_1$，拒绝 H_0，第一种分配方案与第二种分配方案对销售人员的销售量有显著影响；

$|X_1 - X_3| = 19.27 < LSD_2$，不拒绝 H_0，不能认为第一种分配方案与第三种分配方案对销售人员的销售量有显著影响；

$|X_2 - X_3| = 39.07 < LSD_3$，不拒绝 H_0，不能认为第二种分配方案与第三种分配方案对销售人员的销售量有显著影响。

第三节　两因素方差分析

两因素方差分析就是对两个试验条件下的试验数据进行的方差分析。根据每对因素水平的搭配是否进行了重复试验，可以把两因素方差分析分为无重复和有重复的两因素方差分析。在有重复的两因素方差分析中，根据是否进行了同等数目试验，又可以分为等重复的两因素方差分析和不等重复的两因素方差分析。两因素方差分析的分类如图 7 – 1 所示：

- 两因素方差分析
  - 无重复两因素方差分析
  - 有重复两因素方差分析
    - 等重复两因素方差分析
    - 不等重复两因素方差分析

图 7 – 1　两因素方差分析分类

一、无重复两因素方差分析

（一）无重复两因素方差分析的分析框架

试验中考虑两个因素，用 A、B 表示，A 因素取 r 个水平，A_1，A_2，…，A_r，B 因素取 s 个水平，B_1，B_2，…，B_s，对 A_i 和 B_j 的每一个搭配只作一次试验，这便是“无重复”的含义。试验结果用 X_{ij}表示，X_{ij}相互独立，且服从均值为 μ_{ij}、方差为 σ^2 的正态分布。两因素方差分析就是检验因素 A 和因素 B 对试验结果是否有显著的影响。

无重复两因素方差分析的试验数据，可编制成表 7.8 的形式。

表 7.8　　无重复两因素试验数据表

因素 \ 指标 \ 因素		因素水平			
		B_1	B_2	…	B_s
因素水平	A_1	X_{11}	X_{12}	…	X_{1s}
	A_2	X_{21}	X_{22}	…	X_{2s}
	…	…	…	…	…
	A_r	X_{r1}	X_{r2}	…	X_{rs}

无重复两因素试验的数据模型为

$$\begin{cases} X_{ij} = \mu_{ij} + \varepsilon_{ij}, & i = 1,2,\cdots,r, \\ \varepsilon_{ij} \sim N(0,\sigma^2), & j = 1,2,\cdots,s \end{cases} \tag{7.3.1}$$

两因素方差分析涉及两个试验条件，因此，在进行假设检验的时候，既需要对因素 A 的影响进行检验，同时也需要对因素 B 的影响进行检验。因此，两因素无重复方差分析的检验假设，可以这样来提出：

$$\begin{cases} H_{0A}: \text{因素对试验结果影响不显著} \\ H_{1A}: \text{因素对试验结果影响显著} \\ H_{0B}: \text{因素对试验结果影响不显著} \\ H_{1B}: \text{因素对试验结果影响显著} \end{cases} \tag{7.3.2}$$

（二）总离差平方和的分解

为检验上述假设，需要把总离差平方和分解成由因素 A 引起的变异平方和、由因素 B 引起的变异平方和，以及随机误差平方和。

$$X_{ij}-\overline{X}_{..}=(\overline{X}_{i.}-\overline{X}_{..})+(\overline{X}_{.j}-\overline{X}_{..})+(X_{ij}-\overline{X}_{i.}-\overline{X}_{.j}+\overline{X}_{..}) \tag{7.3.3}$$

式中：

$$\overline{X}_{..}=\frac{1}{rs}\sum_{i=1}^{r}\sum_{j=1}^{s}X_{ij},\ \overline{X}_{.j}=\frac{1}{r}\sum_{i=1}^{r}X_{ij},\ \overline{X}_{i.}=\frac{1}{s}\sum_{j=1}^{s}X_{ij} \tag{7.3.4}$$

对上式两边求平方和得

$$\begin{aligned}&\sum_{i=1}^{r}\sum_{j=1}^{s}(X_{ij}-\overline{X}_{..})^2\\&=\sum_{i=1}^{r}\sum_{j=1}^{s}\left[(\overline{X}_{i.}-\overline{X}_{..})+(\overline{X}_{.j}-\overline{X}_{..})+(X_{ij}-\overline{X}_{i.}-\overline{X}_{.j}+\overline{X}_{..})\right]^2\\&=\sum_{i=1}^{r}\sum_{j=1}^{s}(\overline{X}_{i.}-\overline{X}_{..})^2+\sum_{i=1}^{r}\sum_{j=1}^{s}(\overline{X}_{.j}-\overline{X}_{..})^2+\sum_{i=1}^{r}\sum_{j=1}^{s}(X_{ij}-\overline{X}_{i.}-\overline{X}_{.j}+\overline{X}_{..})^2\\&=s\sum_{i=1}^{r}(\overline{X}_{i.}-\overline{X}_{..})^2+r\sum_{j=1}^{s}(\overline{X}_{.j}-\overline{X}_{..})^2+\sum_{i=1}^{r}\sum_{j=1}^{s}(X_{ij}-\overline{X}_{i.}-\overline{X}_{.j}+\overline{X}_{..})^2\end{aligned} \tag{7.3.5}$$

其中，交叉乘积项等于0

令：

$$S_T^2=\sum_{i=1}^{r}\sum_{j=1}^{s}(X_{ij}-\overline{X}_{..})^2 \tag{7.3.6}$$

$$S_A^2=s\sum_{i=1}^{r}(\overline{X}_{i.}-\overline{X}_{..})^2 \tag{7.3.7}$$

$$S_B^2=r\sum_{j=1}^{s}(\overline{X}_{.j}-\overline{X}_{..})^2 \tag{7.3.8}$$

$$S_E^2=\sum_{i=1}^{r}\sum_{j=1}^{s}(X_{ij}-\overline{X}_{i.}-\overline{X}_{.j}+\overline{X}_{..})^2 \tag{7.3.9}$$

因此有

$$S_T^2=S_A^2+S_B^2+S_E^2 \tag{7.3.10}$$

其中，S_T^2 为总离差平方和，S_A^2 为因素 A 的效应平方和，S_B^2 为因素 B 的效应平方和，S_E^2 为随机误差平方和。

（三）抽样分布

总离差的自由度是 $rs-1$，S_A^2 的自由度是 $r-1$，S_B^2 的自由度是 $s-1$，S_E^2 的自由度是 $(r-1)(s-1)$，显然有

$$rs-1=(r-1)+(s-1)+(r-1)(s-1) \tag{7.3.11}$$

由 χ^2 分布的性质知，

$$\frac{S_T^2}{\sigma^2} \sim \chi^2(rs-1) \tag{7.3.12}$$

$$\frac{S_T^2}{\sigma^2}=\frac{S_A^2}{\sigma^2}+\frac{S_B^2}{\sigma^2}+\frac{S_E^2}{\sigma^2} \tag{7.3.13}$$

所以，

$$\frac{S_A^2}{\sigma^2} \sim \chi^2(r-1) \tag{7.3.14}$$

$$\frac{S_B^2}{\sigma^2} \sim \chi^2(s-1) \tag{7.3.15}$$

$$\frac{S_E^2}{\sigma^2} \sim \chi^2[(r-1)(s-1)] \tag{7.3.16}$$

当 H_0 成立时，即因素 A、B 对试验结果无显著性影响时，也就是说，因素 A、B 对试验结果不会起增大或减小的作用，于是，$\overline{X}_{i\cdot}$ 和 $\overline{X}_{\cdot j}$ 与 $\overline{X}_{\cdot\cdot}$ 接近，此时，S_A^2、S_B^2 与 S_E^2 的均方差接近，都是由随机因素引起的离差平方和，它们的比值接近于 1。当 H_0 不成立时，S_A^2、S_B^2 中除了随机因素作用外，主要是因素的效应，所以，会远远大于 S_E^2，此时，与 S_E^2 的比值会大于 1。为此，根据 F 分布的定义，构造统计量有：

$$F_A=\frac{\dfrac{S_A^2}{(r-1)}}{\dfrac{S_E^2}{(r-1)(s-1)}} \sim F((r-1),(r-1)(s-1)) \tag{7.3.17}$$

$$F_B=\frac{\dfrac{S_B^2}{(s-1)}}{\dfrac{S_E^2}{(r-1)(s-1)}} \sim F((s-1),(r-1)(s-1)) \tag{7.3.18}$$

以 A 因素为例，当 H_0 不成立时，$S_A^2>>S_E^2$，所以统计量有增大的趋势，

在显著性水平 α 下，若 $F_A > F_\alpha((s-1),(r-1)(s-1))$，则拒绝 H_0，A 因素对试验结果有显著性影响。

[**例 7.7**] 某公司在 5 个地区建立了公司产品的销售点，为了研究产品的销售地区和销售时间对产品销售的影响，对 5 个地区分别做了 5 个不同时间的观察，数据资料如表 7.9 所示：

表 7.9　　公司产品销售量表

		销售时间（B）				
		B₁	B₂	B₃	B₄	B₅
销售地区（A）	A₁	7	2	4	4	8
	A₂	15	8	11	9	13
	A₃	14	10	8	9	8
	A₄	3	2	2	3	3
	A₅	7	5	5	5	6

试在显著性水平 0.05 的条件下，检验销售地区和销售时间对产品的销售是否存在显著性影响。

解：本例是无重复两因素方差分析，提出假设为：

$$\begin{cases} H_{0A}: \text{因素 A 对试验结果影响不显著} \\ H_{1A}: \text{因素 A 对试验结果影响显著} \\ H_{0B}: \text{因素 B 对试验结果影响不显著} \\ H_{1B}: \text{因素 B 对试验结果影响显著} \end{cases} \tag{7.3.19}$$

已知 $r=5$，$s=5$

经计算得，

$$\begin{aligned} &\overline{X}_{1\cdot} = \frac{25}{5} = 5, \overline{X}_{2\cdot} = \frac{56}{5} = 11.2, \overline{X}_{3\cdot} = \frac{49}{5} = 9.8, \\ &\overline{X}_{4\cdot} = \frac{13}{5} = 2.6, \overline{X}_{5\cdot} = \frac{28}{5} = 5.6, \\ &\overline{X}_{\cdot 1} = \frac{46}{5} = 9.2, \overline{X}_{\cdot 2} = \frac{27}{5} = 5.4, \overline{X}_{\cdot 3} = \frac{30}{5} = 6, \\ &\overline{X}_{\cdot 4} = \frac{30}{5} = 6, \overline{X}_{\cdot 5} = \frac{38}{5} = 7.6 \end{aligned} \tag{7.3.20}$$

$$S_A^2 = 5 \times 50.672 = 253.36,\ S_B^2 = 5 \times 9.632 = 48.16,$$
$$S_T^2 = 339.36,\ S_E^2 = 339.36 - 253.36 - 48.16 = 37.84 \tag{7.3.21}$$

所以，

$$F_A = \frac{\dfrac{S_A^2}{(r-1)}}{\dfrac{S_E^2}{(r-1)(s-1)}} = \frac{\dfrac{253.36}{4}}{\dfrac{37.84}{4 \times 4}} = 26.78 \tag{7.3.22}$$

$$F_B = \frac{\dfrac{S_B^2}{(s-1)}}{\dfrac{S_E^2}{(r-1)(s-1)}} = \frac{\dfrac{48.16}{4}}{\dfrac{37.84}{4 \times 4}} = 5.09 \tag{7.3.23}$$

$\alpha = 0.05$，$F_{0.05}(4,\ 16) = 3.01$

$F_A > F_{0.05}(4,\ 16) = 3.01$，$F_B > F_{0.05}(4,\ 16) = 3.01$，拒绝原假设，接受备择假设，销售时间和销售地区对产品的销售存在显著性影响。

Python 计算过程：

```
import pandas as pd
data = pd.DataFrame(pd.read_excel("C:/Users/Desktop/例 7.7 数据——表7.9.xlsx"))
n_A = 5 #每个销售地区 A 的样本量
n_B = 5 #每个销售时间 B 的样本量
AX_mean = []
for i in range(5):
    X = data.iloc[i,1:]
    x_mean = sum(X)/n_A
    AX_mean.append(x_mean)
print("各销售地区销售量均值分别为:",AX_mean)
BX_mean = []
for j in range(1,6):
    X = data.iloc[:,j]
    x_mean = sum(X)/n_B
    BX_mean.append(x_mean)
```

```
print("各销售时间销售量均值分别为:",BX_mean)
Xm = float(format(sum(AX_mean)/n_B,'.2f'))
print("所有情况下销售量均值为:",Xm)
ST2 =0
for i in range(5):
    for j in range(1,6):
        s = (data.iloc[i,j] - Xm) **2
        ST2 = ST2 + s
ST2 = float(format(ST2,'.2f'))
print("总离差平方和为:",ST2)
SA2 =0
for i in range(5):
    s = (AX_mean[i] - Xm) **2
    SA2 = SA2 + s
SA2 = float(format(SA2 * n_B,'.2f'))
SB2 =0
for j in range(5):
    s = (BX_mean[j] - Xm) **2
    SB2 = SB2 + s
SB2 = float(format(SB2 * n_A,'.2f'))
print("由因素 A 引起的变异平方和为:",SA2,"由因素 B 引起的变异平方和:",SB2)
#计算随机误差平方和
SE2 =0
for i in range(5):
    for j in range(1,6):
        s = (data.iloc[i,j] - AX_mean[i] - BX_mean[j-1] + Xm) **2
        SE2 = SE2 + s
SE2 = float(format(SE2,'.2f'))
print("随机误差平方和为:",SE2)
#计算 F 统计量
```

```
FA = format((SA2/(n_B - 1))/(SE2/((n_B - 1)*(n_A - 1))),'.2f')
FB = format((SB2/(n_A - 1))/(SE2/((n_B - 1)*(n_A - 1))),'.2f')
print("计算得 F 统计量 FA 和 FB 分别为:",FA,',',FB)
```

Python 输出结果：

各销售地区销售量均值分别为：[5.0, 11.2, 9.8, 2.6, 5.6]

各销售时间销售量均值分别为：[9.2, 5.4, 6.0, 6.0, 7.6]

所有情况下销售量均值为：6.84

总离差平方和为：339.36

由因素 A 引起的变异平方和为：253.36 由因素 B 引起的变异平方和：48.16

随机误差平方和为：37.84

计算得 F 统计量 FA 和 FB 分别为：26.78，5.09

[例 7.8] 某水生植物研究所想确定植物养料处理和水温处理对小型红色西红柿重量（单位：克）的影响，得到的数据资料如表 7.10 所示：

表 7.10　　　　小型红色西红柿重量表

	养料 1	养料 2	养料 3
冷（4℃）	20	19	21
凉（10℃）	16	15	14
温（16℃）	9	10	11
热（22℃）	8	7	6

试在显著性水平 0.05 条件下，检验水温和养料对西红柿的重量是否有显著性影响。

解： 本例是无重复两因素方差分析，提出假设为：

$$\begin{cases} H_{0A}: \text{因素 A 对试验结果影响不显著} \\ H_{1A}: \text{因素 A 对试验结果影响显著} \\ H_{0B}: \text{因素 B 对试验结果影响不显著} \\ H_{1B}: \text{因素 B 对试验结果影响显著} \end{cases} \tag{7.3.24}$$

已知 $r=4$，$s=3$

经计算得

$$\overline{X}_{1.} = \frac{60}{3} = 20,\ \overline{X}_{2.} = \frac{45}{3} = 15,\ \overline{X}_{3.} = \frac{30}{3} = 10,\ \overline{X}_{4.} = \frac{21}{3} = 7,$$

$$\overline{X}_{\cdot 1} = \frac{53}{4} = 13.25, \overline{X}_{\cdot 2} = \frac{51}{4} = 12.75, \overline{X}_{\cdot 3} = \frac{52}{4} = 13, \overline{X}_{\cdot\cdot} = \frac{156}{12} = 13 \quad (7.3.25)$$

$$S_A^2 = 3 \times 98 = 294, \ S_B^2 = 4 \times 0.125 = 0.5, \quad (7.3.26)$$

$$S_T^2 = 302, \ S_E^2 = 302 - 294 - 0.5 = 7.5$$

所以,

$$F_A = \frac{\frac{S_A^2}{(r-1)}}{\frac{S_E^2}{(r-1)(s-1)}} = \frac{\frac{294}{3}}{\frac{7.5}{3 \times 2}} = 78.4 \quad (7.3.27)$$

$$F_B = \frac{\frac{S_B^2}{(s-1)}}{\frac{S_E^2}{(r-1)(s-1)}} = \frac{\frac{0.5}{2}}{\frac{7.5}{3 \times 2}} = 0.2 \quad (7.3.28)$$

$\alpha = 0.05, F_{0.05}(3,6) = 4.76, F_{0.05}(2,6) = 5.14$

$F_A \gg F_{0.05}(3,6) = 4.76$,拒绝原假设

$F_B < F_{0.05}(2,6) = 5.14$,接受原假设。水温对西红柿重量的影响高度显著,而养料对西红柿重量没有显著性影响。

Python 计算过程:

```
import pandas as pd
data = pd.DataFrame(pd.read_excel("C:/Users/Desktop/例 7.8 数据——表 7.10.xlsx"))
r=4 #4 种温度(因素 A)
s=3 #3 种养料(因素 B))
AX_mean=[]
for i in range(4):
    X=data.iloc[i,1:]
    x_mean=sum(X)/s
    AX_mean.append(x_mean)
print("各温度下均值分别为:",AX_mean)
BX_mean=[]
```

```
for j in range(1,4):
    X = data.iloc[:,j]
    x_mean = sum(X)/r
    BX_mean.append(x_mean)
print("各养料下均值分别为:",BX_mean)
Xm = float(format(sum(AX_mean)/r,'.2f'))
print("所有情况下西红柿重量均值为:",Xm)
ST2 = 0
for i in range(4):
    for j in range(1,4):
        s = (data.iloc[i,j] - Xm)**2
        ST2 = ST2 + s
ST2 = float(format(ST2,'.2f'))
print("总离差平方和为:",ST2)
SA2 = 0
for i in range(4):
    s = (AX_mean[i] - Xm)**2
    SA2 = SA2 + s
SA2 = float(format(SA2*3,'.2f'))
SB2 = 0
for j in range(3):
    s = (BX_mean[j] - Xm)**2
    SB2 = SB2 + s
SB2 = float(format(SB2*4,'.2f'))
print("由因素 A 引起的变异平方和为:",SA2,"由因素 B 引起的变异平方和:",SB2)
#计算随机误差平方和
SE2 = 0
for i in range(4):
    for j in range(1,4):
        s = (data.iloc[i,j] - AX_mean[i] - BX_mean[j-1] + Xm)**2
```

```
        SE2 = SE2 + s
SE2 = float(format(SE2,'.2f'))
print("随机误差平方和为:",SE2)
#计算 F 统计量
FA = format(SA2/(4-1)/(SE2/((4-1)*(3-1))),'.2f')
FB = format(SB2/(3-1)/(SE2/((4-1)*(3-1))),'.2f')
print("计算得 F 统计量 FA 和 FB 分别为:",FA,',',FB)
```

Python 输出结果：

各温度下均值分别为：[20.0, 15.0, 10.0, 7.0]
各养料下均值分别为：[13.25, 12.75, 13.0]
所有情况下西红柿重量均值为：13.0
总离差平方和为：302.0
由因素 A 引起的变异平方和为：294.0 由因素 B 引起的变异平方和：0.5
随机误差平方和为：7.5
计算得 F 统计量 FA 和 FB 分别为：78.40, 0.20

二、等重复两因素方差分析

（一）等重复两因素方差分析的提法

试验中考虑两个因素 A 和 B，A 因素取 r 个水平 AA_1，A_2，…，A_r，B 因素取 s 个水平，B_1，B_2，…，B_s，对 A_i 与 B_j 的每一个搭配做 l 次试验，这便是"等重复"的含义，试验结果用 X_{ijk} 表示，共得到 rsl 个试验数据。另外，假定 $X_{ijk} \sim N(\mu_{ij}, \sigma^2)$，$k=1, 2, \cdots, l$，各试验都是在相互独立的要求下进行的。检验的问题是：因素 A、因素 B 及其搭配对试验结果是否存在显著的影响。等重复因素试验数据表如表 7.11 所示：

等重复两因素试验数据的结构模型为

$$\begin{cases} X_{ijk} = \mu_{ij} + \varepsilon_{ijk},\ i = 1,2,\cdots,r,\ j = 1,2,\cdots,s \\ \varepsilon_{ijk} \sim N(\mu_{ij},\sigma^2),\ \varepsilon_{ijk}\ \text{相互独立},\ k = 1,2,\cdots,l \end{cases} \tag{7.3.29}$$

（二）检验假设

在等重复两因素试验条件下，方差分析的检验假设为：

表 7.11　　等重复两因素试验数据表

X_{ijk} B \ A		因素水平			
		B_1	B_2	…	B_s
因素水平	A_1	$X_{111}X_{112}\cdots X_{11l}$	$X_{121}X_{122}\cdots X_{12l}$	…	$X_{1s1}X_{1s2}\cdots X_{1sl}$
	A_2	$X_{211}X_{212}\cdots X_{21l}$	$X_{221}X_{222}\cdots X_{22l}$	…	$X_{2s1}X_{2s2}\cdots X_{2sl}$
	⋮	⋮	⋮	⋮	⋮
	A_r	$X_{r11}X_{r12}\cdots X_{r1l}$	$X_{r21}X_{r22}\cdots X_{r2l}$	…	$X_{rs1}X_{rs2}\cdots X_{rsl}$

$$\begin{cases} H_{0A}: \text{因素 A 对试验结果影响不显著} \\ H_{1A}: \text{因素 A 对试验结果影响显著} \\ H_{0B}: \text{因素 B 对试验结果影响不显著} \\ H_{1B}: \text{因素 B 对试验结果影响显著} \\ H_{0AB}: \text{因素与搭配对试验结果影响不显著} \\ H_{1AB}: \text{因素与搭配对试验结果影响显著} \end{cases} \tag{7.3.30}$$

（三）总离差平方和的分解

为检验这些假设，需要对总离差平方和进行分解，把它分解成因素 A、因素 B 及其搭配影响和试验误差四个部分。

$$X_{ijk} - \overline{X}_{\cdots} = (\overline{X}_{i\cdot\cdot} - \overline{X}_{\cdots}) + (\overline{X}_{\cdot j\cdot} - \overline{X}_{\cdots}) + (X_{ijk} - \overline{X}_{ij\cdot}) + (\overline{X}_{ij\cdot} - \overline{X}_{i\cdot\cdot} - \overline{X}_{\cdot j\cdot} + \overline{X}_{\cdots}) \tag{7.3.31}$$

对上式两边求平方和得

$$\sum_{i=1}^{r}\sum_{j=1}^{s}\sum_{k=1}^{l}(X_{ijk} - \overline{X}_{\cdots})^2 = sl\sum_{i=1}^{r}(\overline{X}_{i\cdot\cdot} - \overline{X}_{\cdot\cdot})^2$$

$$rl\sum_{j=1}^{s}(\overline{X}_{\cdot j\cdot} - \overline{X}_{k})^2 + \sum_{i=1}^{r}\sum_{j=1}^{s}\sum_{k=1}^{l}(X_{ijk} - \overline{X}_{ij\cdot})^2 \tag{7.3.32}$$

$$+ l\sum_{i=1}^{r}\sum_{j=1}^{s}(X_{ij\cdot} - \overline{X}_{i\cdot\cdot} - \overline{X}_{\cdot j\cdot} + \overline{X}_{\cdots})^2$$

式中

$$\overline{X}_{i\cdot\cdot} = \frac{1}{sl}\sum_{j=1}^{s}\sum_{k=1}^{l}X_{ijk} \quad i = 1,2,\cdots, r \tag{7.3.33}$$

$$\overline{X}_{\cdot j \cdot} = \frac{1}{rl} \sum_{i=1}^{r} \sum_{k=1}^{l} X_{ijk} \quad j = 1,2,\cdots,s \tag{7.3.34}$$

$$\overline{X}_{ij\cdot} = \frac{1}{l} \sum_{k=1}^{l} X_{ijk} \quad i = 1,2,\cdots,r \quad j = 1,2,\cdots,s \tag{7.3.35}$$

$$\overline{X}_{\cdots} = \frac{1}{rsl} \sum_{i=1}^{r} \sum_{j=1}^{s} \sum_{k=1}^{l} X_{ijk} \tag{7.3.36}$$

令

$$S_T^2 = \sum_{i=1}^{r} \sum_{j=1}^{s} \sum_{k=1}^{l} (X_{ijk} - \overline{X}_{\cdots})^2 \tag{7.3.37}$$

$$S_A^2 = sl \sum_{i=1}^{r} (\overline{X}_{i\cdot\cdot} - \overline{X}_{\cdots})^2 \tag{7.3.38}$$

$$S_B^2 = rl \sum_{j=1}^{s} (\overline{X}_{\cdot j\cdot} - \overline{X}_{\cdots})^2 \tag{7.3.39}$$

$$S_{AB}^2 = l \sum_{i=1}^{r} \sum_{j=1}^{s} (\overline{X}_{ij\cdot} - \overline{X}_{i\cdot\cdot} - \overline{X}_{\cdot j\cdot} + \overline{X}_{\cdots})^2 \tag{7.3.40}$$

$$S_E^2 = \sum_{i=1}^{r} \sum_{j=1}^{s} \sum_{k=1}^{l} (X_{ijk} - \overline{X}_{ij\cdot})^2 \tag{7.3.41}$$

其中，S_T^2 为总离差平方和，S_A^2 为因素 A 离差平方和，S_B^2 为因素 B 离差平方和，S_{AB}^2为因素 A 与 B 搭配离差平方和，S_E^2 为误差平方和。这样一来，便有

$$S_T^2 = S_A^2 + S_B^2 + S_{AB}^2 + S_E^2 \tag{7.3.42}$$

（四）检验统计量的抽样分布

根据公式（7.3.42），显然存在

$$\frac{S_T^2}{\sigma^2} = \frac{S_A^2}{\sigma^2} + \frac{S_B^2}{\sigma^2} + \frac{S_{AB}^2}{\sigma^2} + \frac{S_E^2}{\sigma^2} \tag{7.3.43}$$

又由于

$$rsl - 1 = (r-1) + (s-1) + (r-1)(s-1) + rs(l-1) \tag{7.3.44}$$

利用由χ^2分布的性质，可得定理

$$\frac{S_T^2}{\sigma^2} \sim \chi^2(rsl-1) \tag{7.3.45}$$

$$\frac{S_A^2}{\sigma^2} \sim \chi^2(r-1) \tag{7.3.46}$$

$$\frac{S_B^2}{\sigma^2} \sim \chi^2(s-1) \tag{7.3.47}$$

$$\frac{S_{AB}^2}{\sigma^2} \sim \chi^2((r-1)(s-1)) \tag{7.3.48}$$

$$\frac{S_E^2}{\sigma^2} \sim \chi^2[(r-1)(s-1)] \tag{7.3.49}$$

根据 F 分布的定义，应有

$$F_A = \frac{S_A^2/(r-1)}{S_E^2/rs(l-1)} \sim F((r-1),rs(l-1)) \tag{7.3.50}$$

$$F_B = \frac{S_B^2/(s-1)}{S_E^2/rs(l-1)} \sim F((s-1),rs(l-1)) \tag{7.3.51}$$

$$F_{AB} = \frac{S_{AB}^2/(r-1)(s-1)}{S_E^2/rs(l-1)} \sim F((r-1)(s-1),rs(l-1)) \tag{7.3.52}$$

（五）检验标准

对于显著性水平 α，查 F 分布表得：$F_\alpha(r-1,rs(l-1))$，$F_\alpha(s-1,rs(l-1))$，$F_\alpha((r-1)(s-1),rs(l-1))$，如果 $F_A > F_\alpha(r-1,rs(l-1))$，则说明因素 A 的影响是显著的，如果 $F_B > F_\alpha(s-1,rs(l-1))$，说明因素 B 的影响显著，如果 $F_B > F_\alpha((r-1)(s-1),rs(l-1))$，说明因素 A 和 B 的交互影响显著。

［例 7.9］ 为了研究 3 种不同的工艺方法和 3 种不同的灯丝配方对灯泡寿命的影响，对每种水平组合进行了两次试验，得到的数据如表 7.12 所示。试在显著性水平 0.05 条件下，分析工艺方法和灯丝配方对灯泡寿命是否有显著影响。

表 7.12　　灯泡寿命数据表

		灯丝配方					
		B_1		B_2		B_3	
工艺方法（A）	A_1	13.2	15.0	16.1	17.3	18.0	17.0
	A_2	14.4	15.6	13.7	14.3	14.5	15.7
	A_3	14.0	13.6	16.3	17.1	17.1	16.1

解： 本例属于等重复两因素方差分析，提出假设：

$$\begin{cases} H_{0A}: \text{因素 A 对试验结果影响不显著} \\ H_{1A}: \text{因素 A 对试验结果影响显著} \\ H_{0B}: \text{因素 B 对试验结果影响不显著} \\ H_{1B}: \text{因素 B 对试验结果影响显著} \\ H_{0AB}: \text{因素与搭配对试验结果影响不显著} \\ H_{1AB}: \text{因素与搭配对试验结果影响显著} \end{cases} \tag{7.3.53}$$

已知 $r=3$，$s=3$，$l=2$

经计算得：

$\overline{X}_{1..} = \dfrac{96.6}{6} = 16.1$，$\overline{X}_{2..} = \dfrac{88.2}{6} = 14.7$，$\overline{X}_{3..} = \dfrac{94.2}{6} = 15.7$，

$\overline{X}_{.1.} = \dfrac{85.8}{6} = 14.3$，$\overline{X}_{.2.} = \dfrac{94.8}{6} = 15.8$，$\overline{X}_{.3.} = \dfrac{98.4}{6} = 16.4$，

$\overline{X}_{...} = \dfrac{279}{18} = 15.5$

$\overline{X}_{11.} = 14.1$，$\overline{X}_{12.} = 16.7$，$\overline{X}_{13.} = 17.5$

$\overline{X}_{21.} = 15$，$\overline{X}_{22.} = 14$，$\overline{X}_{23.} = 15.1$

$\overline{X}_{31.} = 13.8$，$\overline{X}_{32.} = 16.7$，$\overline{X}_{33.} = 16.6$

$S_T^2 = 36.56$，$S_A^2 = 6.24$，$S_B^2 = 14.04$，$S_E^2 = 5.36$，

$S_{AB}^2 = 36.56 - 6.24 - 14.04 - 5.36 = 10.92$

所以，

$$F_A = \frac{\dfrac{S_A^2}{(r-1)}}{\dfrac{S_E^2}{rs(l-1)}} = \frac{\dfrac{6.24}{(3-1)}}{\dfrac{5.36}{3\times3\times(2-1)}} = \frac{3.12}{0.596} = 5.23 \tag{7.3.54}$$

$$F_B = \frac{\dfrac{S_B^2}{(s-1)}}{\dfrac{S_E^2}{rs(l-1)}} = \frac{\dfrac{14.04}{(3-1)}}{\dfrac{5.36}{3\times3\times(2-1)}} = \frac{7.02}{0.596} = 11.78 \tag{7.3.55}$$

$$F_{AB} = \frac{\dfrac{S_{AB}^2}{(r-1)(s-1)}}{\dfrac{S_E^2}{rs(l-1)}} = \frac{\dfrac{10.92}{2\times2}}{\dfrac{5.36}{3\times3\times(2-1)}} = \frac{3.12}{0.596} = 4.58 \tag{7.3.56}$$

$\alpha = 0.05$ 的条件下，查表 $F_{0.05}(2,9) = 4.26$，$F_{0.05}(4,9) = 3.63$

所以，

$$F_A > F_{0.05}(2,9),\ F_B > F_{0.05}(2,9),\ F_{AB} > F_{0.05}(4,9)$$

均接受 H_1，表明工艺方法、灯丝配方以及它们的组合都对灯泡寿命有显著性影响。

Python 计算过程：

```
import pandas as pd
importnumpy as np
data = pd.DataFrame(pd.read_excel("C:/Users/Desktop/例 7.9 数据——表7.12.xlsx", header=None))
r=3 #3 种工艺方法(行数)
s=3 #3 种灯丝配方(列数)
k=2 #重复次数
AX_mean = []
for i in range(3):
   X = data.iloc[i,:]
   x_mean = sum(X)/(s*k)
   AX_mean.append(x_mean)
print("各工艺方法下均值分别为:",AX_mean)
BX_mean = []
for j in range(3):
   X = data.iloc[:,(k*j):(k*j+k)]
   x_mean = X.mean().mean()
   BX_mean.append(x_mean)
print("各灯丝配方下均值分别为:",BX_mean)
Xm = float(format(sum(AX_mean)/r,'.2f'))
print("所有情况下总均值为:",Xm)
CX_mean = []
for i in range(3):
      for j in range(3):
      X = data.iloc[i,(k*j):(k*j+k)]
```

```
    x_mean = sum(X)/k
    CX_mean.append(x_mean)
print("各灯丝配方工艺方法下均值分别为:",CX_mean)
ST2 = 0
for i in range(3):
    for j in range(6):
        s = (data.iloc[i,j] - Xm)**2
        ST2 = ST2 + s
ST2 = float(format(ST2,'.2f'))
print("总离差平方和为:",ST2)
SA2 = 0
for i in range(3):
    s = (AX_mean[i] - Xm)**2
    SA2 = SA2 + s
SA2 = float(format(SA2*6,'.2f'))
SB2 = 0
for j in range(3):
    s = (BX_mean[j] - Xm)**2
    SB2 = SB2 + s
SB2 = float(format(SB2*6,'.2f'))
print("由因素 A 引起的变异平方和为:",SA2,"由因素 B 引起的变异平方和:",SB2)
SE2 = 0
for i in range(3):
    for j in range(3):
        s = np.var(data.iloc[i,(k*j):(k*j+k)])
        SE2 = SE2 + s
SE2 = float(format(SE2*2,'.2f'))
print("随机误差平方和为:",2*SE2)
SSAB = float(format(ST2 - SA2 - SB2 - SE2,'.2f'))
print("交互作用对应的平方和为:",SSAB)
```

```
FA = format((SA2/2)/(SE2/9),'.2f')
FB = format(SB2/2/(SE2/9),'.2f')
FAB = format((SSAB/4)/(SE2/9),'.2f')
print("计算得 F 统计量 FA、FB、FAB 分别为:",FA,',',FB,',',FAB)
```

Python 输出结果：

各工艺方法下均值分别为：[16.1, 14.7, 15.7]

各灯丝配方下均值分别为：[14.3, 15.8, 16.4]

所有情况下总均值为：15.5

各灯丝配方工艺方法下均值分别为：[14.1, 16.7, 17.5, 15.0, 14.0, 15.1, 13.8, 16.7, 16.6]

总离差平方和为：36.56

由因素 A 引起的变异平方和为：6.24

由因素 B 引起的变异平方和为：14.04

随机误差平方和为：10.72

交互作用对应的平方和为：10.92

计算得 F 统计量 FA、FB、FAB 分别为：5.24, 11.79, 4.58。

第八章　时间序列分析

第一节　时间序列

一、时间序列的概念和编制

自然界和社会活动领域，普遍存在着随着时间变化而不断发生变化的现象。应用统计学不仅要从静态上揭示现象在具体时间、地点、条件下的数量特征和数量关系，而且要从动态上反映其发展变化的过程及其规律性，对现象进行动态研究的基本方法就是编制时间序列。

从统计学意义上讲，时间序列也称“动态数列”，是将某一统计指标在各个不同时间上的数值按照时间先后顺序编制而成的序列。例如，每年的GDP、每日的股票价格指数、公司每月的销售额等都是时间序列。时间序列由两个基本因素构成：一是现象的观察值所属的时间及其长度；二是现象在一定条件下的指标数值。时间序列的编制目的在于通过对时间序列中各期数值的对比分析，说明现象的发展过程及其变化规律。因此，保证同一数列各期指标数值的可比性是编制时间序列的基本原则。具体来说，就是在同一序列中，各时期长短应该相等、总体范围应该一致、指标内容和计算方法及度量单位应该统一。

二、时间序列的种类

时间序列按照其构成要素中统计指标值的表现形式，分为绝对数时间序列、相对数时间序列和平均数时间序列三种。

（一）绝对数时间序列

绝对数时间序列的统计指标是总量指标，时间序列值反映的是现象的总量水平。依据指标值的时间特点，又可分为“时期序列”和“时点序列”。时期序列反映现象在一段时期内发展的结果，描述的是过程总量；时点序列反映现象在一定时点上的瞬间水平。例如，每年的 GDP 序列是时期序列，而年底的总人口数的时间序列就是时点序列。

与时点序列相比，时期序列的特点是：

第一，可加性。时期序列中各时间上的指标值可以相加，结果表示现象在更长一段时间内的总量。例如，企业的各月销售额序列中，将每三个月的销售额相加，可以得到季度的销售额；将四个季度的销售额相加，可以得到一年的销售额。相反，时点序列中各时点上的指标值是不能相加的，因为各时点上的指标值只表明现象在该时点上所处的状态，相加后的数值并不能代表现在这几个时点上的状态，相加是没有意义的。例如，每年底人口总数的时间序列中，任何两个数值加起来是没有意义的。能否可加是由指标本身的性质决定的。

第二，指标值大小与所属时间长短有直接联系。由于时期序列具有可加性，所以，每一指标值所属的时间越长，指标值越大。同理，由于时点序列不具有可加性，指标值的大小与其时点间隔的时间长短没有关系，例如，年末的人口数不一定比月底的人口数大。

第三，指标值采用连续登记的方式获得。时期序列中，各指标值反映现象在一段时间内发展的结果，因而必须把该时段内现象所发生的数量逐一登记，并进行累计，才能得到所需的指标值。时点序列的指标值是采用间断登记方式获得的。依据时点序列的性质，只要在某一时点进行统计就能获得指标值，无需对两个时点间现象所发生的数量逐一登记。

（二）相对数时间序列和平均数时间序列

由相对指标或平均指标数值按时间顺序排列形成的序列就是相对数时间序列或平均数时间序列。相对指标或平均指标都是两个指标相比后形成的，因此，从构成上看，相对数时间序列和平均数时间序列是由绝对数时间序列派生的。它们可以由两个时期序列派生而成，如单位产品成本、第三产业占国内生产总值比重的时间序列；也可以由两个时点序列派生而成，如男性占人口比重时间序列；还可以是时期序列（分子）与时点序列（分母）共同派生的结果，如职工平均工资时间序列。

无论是相对数时间序列还是平均数时间序列都不能相加。

三、时间序列分析

任何一个时间序列在其起伏变化的数值中包含了产生该序列的系统的历史行为的全部信息，由此人们希望根据这些时间序列，尽可能多地从中提取出需要的准确信息，从而能够找出相应系统的发展变化规律。用来实现上述目的的整个统计方法称为“时间序列分析”。它是一种根据动态数据揭示系统动态结构和规律的统计方法，是统计学科的一个十分活跃的分支。

一个时间序列受到许多因素的共同影响，统计学对时间序列的分析思路是：不具体描述时间序列与其影响因素之间的关系，而是把各影响因素分别看作一种作用力。时间序列是它们作用的合力，可以按照作用特点和影响效果将影响因素归为 4 类，即长期趋势、季节波动、循环波动和随机波动。这 4 种类型的变动叠加在一起，形成了时间序列，因而可以通过对这 4 种变动形式的考察来研究时间序列的变动。

长期趋势（T）是指时间序列在较长持续时间内展现出来的总态势。它具体表现为时间序列随着时间推移呈现不断增加或减少的趋势，也可以表现为只围绕某一常数值波动而无明显增减变化的水平趋势。长期趋势是由固定的因素作用于同一方向而形成的，它们对时间序列的发展起着主导的、支配性的作用，因此，也常说形成时间序列长期趋势的因素是主导因素。

季节波动（S）是指时间序列由于受到自然季节因素（气候条件）或人文习惯季节因素（节假日）影响而出现的周期性波动。按日、周、月、季记录的时间序列常常反映季节的波动，按年记录的时间序列中不会出现季节波动。由于季节变动是规律的自然现象，因此，时间序列的季节波动是很规律的，表现为周期的长度是一样的，相同周期点上的数值接近。例如，冷饮的销售量受季节影响很明显，表现为以一年的 12 个月为一个周期的季节波动，每年的每个月的销售量相差不大，在 7 月、8 月达到一年销售的高峰。

循环变动（C）是指时间序列中出现的以若干年为周期、上升与下降交替出现的循环往复的运动。经济增长中繁荣—衰退—萧条—复苏—繁荣的循环是最常见的循环变动。另外，某些固定资产或耐用消费品周期性更新导致的需求量变动，某些农产品的生产量因供给对市场价格变化反映的滞后而出现循环性起伏变动，也是循环变动的典型例子。

季节变动和循环变动都表现为涨落相间的起伏运动，但两者是本质截然不同的两种波动形式。从周期的规律来说，季节变动有固定周期，如年、月、周、日；循环变动的周期都在一年以上，规律性较低，一般研究其平均周期。从波动的成因来说，季节变动主要是由自然因素和制度性因素引起的，循环变动则是由经济系统内部的因素引起的，如投资的周期性波动导致经济总量增长出现周期性波动。

随机变动（I）是指时间序列由于偶然性因素的影响而表现出来的不规则波动，主要是由许多无法确切解释的不重要因素引起的。

时间序列是上述四种变动的叠加组合，时间序列分析中对这四类变动的组合形式提出了两种假设：

（1）加法模型：它假定 4 种变动因素相互独立，时间序列各时期发展水平是各个构成因素的总和，即

$$Y = T + S + C + I \tag{8.1.1}$$

（2）乘法模型：它假定 4 种变动因素之间存在着交互作用，时间序列各时期发展水平是各个因素的乘积，即

$$Y = T \cdot S \cdot C \cdot I \tag{8.1.2}$$

两种模型中，加法模型较简单，各分量与原始时间序列有相同的单位。乘法模型中长期趋势与序列值有相同的单位，其余的均表示为长期趋势的比率。实际应用中，乘法模型应用得比较多。

我们注意到这样一个事实：长期趋势、季节变动和循环变动有明确的影响因素，它们的变化是有规律的，而随机性波动的影响因素是不可控制、不可识别的偶然因素，其变化看起来是杂乱无章的。基于这种认识，我们把涉及前三种变动的时间序列分析称为“确定性时间序列分析”，而把随机变动分析称为“随机性时间序列分析”。一方面，虽然确定性变动控制着时间序列变动的基本样式，但毕竟不是时间序列变动的全部。另一方面，用随机理论来考察，许多偶然因素共同作用的随机性波动，其实也并非完全杂乱无章，

而有一定的规律性。人们根据随机理论，对随机时间序列进行分析的方法，自20世纪20年代问世以来，引起了广大理论研究者和实际工作者的极大重视，现在是十分活跃的研究领域。

时间序列分析的主要方法可分类如下：

- 时间序列分析
  - 确定性时间序列分析
    - 趋势变动分析
    - 季节变动分析
    - 循环变动分析
  - 随机性时间序列分析 AR、MA、ARMA

第二节　时间序列的动态分析指标

常用的动态分析指标有水平指标和速度指标两类。水平指标包括发展水平、平均发展水平、增长量和平均增长量；速度指标有发展速度、增长速度、平均发展速度和平均增长速度。

一、发展水平和平均发展水平

发展水平是指时间序列中各期指标的数值。第一期指标值称为“最初水平”，最后一期称为“最末水平”。在对比分析中，所分析研究时期的水平称为“报告期水平”，作为比较基础时期的水平称为“基期水平”，随着研究内容和目的的变化，基期和报告期的选择也有所不同。

平均发展水平也称为“序时平均数”，是对时间序列中各期发展水平的平均，表明现象在一段时期内的一般水平。序时平均数作为一种平均数，与一般（静态）平均数相同的是，它们都消除了现象的个别差异，反映现象总体的一般水平；两者相比所不同的是，序时平均数舍弃的是现象在不同时间上的数量差异，能够从动态上说明现象在一定时期内发展变化的一般趋势，一般平均数消除的是总体各单位某一标志值在同一时间上的差异，因此，它是从静态上说明总体各单位的一般水平。

不同时间序列中指标值的表现形式不同，平均发展水平的计算方法也不同。

（一）绝对数时间序列的序时平均数

绝对数时间序列又分为时期序列和时点序列，时期序列和时点序列的序时平均数的计算方法是最基本的，是计算相对数和平均数时间序列序时平均数的基础。

1. 时期序列的序时平均数

设有时期序列 a_1，a_2，…，a_n，则它的序时平均数 $\bar{a}$ 计算公式为：

$$\bar{a} = \frac{\sum_{i=1}^{n} a_i}{n} \tag{8.2.1}$$

2. 时点序列的序时平均数

时点序列的指标值反映现象在某一时点上的瞬间水平，要正确计算其平均数，从理论上说，应当掌握每一时点上的指标值，然后计算平均单位时点的指标数值。在统计学中，一般是将一天看作一个时点，即以“天”作为最小时间单位。这样便有连续时点序列和间断时点序列的区分。资料逐日登记的是连续时点序列；资料不是逐日登记，而是间隔较长一段时间（旬、月、季或年）后再登记一次，形成的就是间断时点序列。这两种时点序列的计算方法是不同的。

连续时点序列的序时平均数的计算方法类似于（8.2.1），将每日的序列值相加再除以总天数。

[例 8.1] 某商品 8 月份的库存量记录如表 8.1 所示：

表 8.1　　某商品 8 月份的库存量记录表

日期（月）	1-4	5-7	8-13	14-20	21-24	25-28	29-31
库存量（台）	49	53	35	28	42	37	50

解： 8 月份的平均库存量

$$= \frac{49 \times 4 + 53 \times 3 + 35 \times 6 + 28 \times 7 + 42 \times 4 + 37 \times 4 + 50 \times 3}{4 + 3 + 6 + 7 + 4 + 4 + 3}$$

$$= 39.58 \approx 40 \text{（台）}$$

间断时点序列的序时平均数是要先计算各相邻两期发展水平的平均数，然后再进行简单平均求序时平均数，计算公式为：

$$\bar{a}=\left(\frac{a_1+a_2}{2}+\frac{a_2+a_3}{2}+\cdots+\frac{a_{n-1}+a_n}{2}\right)\div(n-1)$$

$$=\frac{\frac{1}{2}a_1+a_2+\cdots+a_{n-1}+\frac{1}{2}a_n}{n-1} \tag{8.2.2}$$

式（8.2.2）是间隔相等的间断时点序列序时平均数的计算公式，对于间隔不等的间断时点序列的序时平均数，要考虑时间间隔，用时间间隔为权数进行加权算术平均，计算公式为：

$$\bar{a}=\left(\frac{a_1+a_2}{2}\times f_1+\frac{a_2+a_3}{2}\times f_2+\cdots+\frac{a_{n-1}+a_n}{2}\times f_{n-1}\right)\div(f_1+f_2+\cdots+f_{n-1}) \tag{8.2.3}$$

[例 8.2] 某城市人口资料如表 8.2 所示，根据其计算该城市人口平均数。

表 8.2　　某城市人口资料表

时间	2003 年 1 月 1 日	2003 年 6 月 1 日	2003 年 8 月 1 日	2004 年 1 月 1 日
人口数（万人）	68.3	68.38	38.39	68.40

解： 某城市平均人口

$$=\frac{\frac{68.3+68.38}{2}\times 5+\frac{68.38+68.39}{2}\times 2+\frac{68.39+68.40}{2}\times 5}{5+2+5}$$

$=68.37$（万人）

（二）相对数时间序列和平均数时间序列的序时平均数

相对数时间序列是派生序列，它是两个时期序列或两个时点序列对比的结果，也可能是时期序列和时点序列相对比的结果。因此，要计算相对数时间序列的序时平均数，不能就序列中的相对数直接进行平均，而必须分别求出分子指标和分母指标时间序列的序时平均数，然后再进行对比。分子指标和分母指标时间序列的序时平均数的计算又回到了时期序列和时点序列序时平均数的计算上。相对数时间序列序时平均数的计算公式为：

$$\bar{c} = \frac{\bar{a}}{\bar{b}} \tag{8.2.4}$$

$\bar{c}$ 代表相对数时间序列的序时平均数；

$\bar{a}$ 代表分子指标时间序列的序时平均数；

$\bar{b}$ 代表分母指标时间序列的序时平均数。

一般平均数的分子是总体单位标志总量，分母则是总体单位总量，它们均是总量指标，因此，平均数时间序列的序时平均数的计算方法与相对数时间序列的序时平均数的计算方法相同，如式（8.2.4）所示。

二、增长量和平均增长量

增长量是指时间序列中报告期水平与基期水平之差，表明该变量在一定时期内增减变化的绝对量。其基本计算公式为：

$$增长量 = 报告期水平 - 基期水平 \tag{8.2.5}$$

由于采用的基期不同，增长量有逐期增长量和累计增长量之分。设有时间序列 a_0，a_1，a_2，…，a_n，逐期增长量是报告期水平与前一期水平之差，表明报告期较前期增减的绝对量；累计增长量是报告期水平与某一固定时期水平之差，说明报告期较某一固定时期增减的总量，用公式表示：

$$逐期增长量:\Delta_i = a_i - a_{i-1}(i = 1,2,\cdots,n) \tag{8.2.6}$$

$$累计增长量:\Delta_i = a_i - a_0(i = 1,2,\cdots,n) \tag{8.2.7}$$

两者的关系是：累计增长量等于逐期增长量之和。

平均增长量是逐期增长量的平均数，表明现象在一段时期内平均每期增减变化的数量，用公式表示为：

$$平均增长量 = \frac{逐期增长量之和}{逐期增长量个数} \tag{8.2.8}$$

三、发展速度和增长速度

发展速度是时间序列中报告期水平与基期水平之比，表明现象发展变化的相对程度，计算公式为：

$$发展速度 = \frac{报告期水平}{基期水平} \tag{8.2.9}$$

由于采用的基期不同，发展速度分为环比发展速度和定基发展速度。环比发展速度是报告期水平与前一期水平之比，表明现象逐期发展的方向和程度；定基发展速度是报告期水平与某一固定时期水平之比，表明现象在较长时期内总的发展方向和程度。用公式表示为：

$$\text{环比发展速度} = \frac{a_i}{a_{i-1}}(i = 1,2,\cdots,n) \tag{8.2.10}$$

$$\text{定基发展速度} = \frac{a_i}{a_0}(i = 1,2,\cdots,n) \tag{8.2.11}$$

环比发展速度与定基发展速度的关系是：定基发展速度等于各环比发展速度的连乘积，相邻两个定基发展速度之比等于相应的环比发展速度。

增长速度也称为“增长率”，是增长量与基期水平之比，表明现象的相对增长速度，其计算公式为：

$$\text{增长速度} = \frac{\text{增长量}}{\text{基期水平}} = \frac{\text{报告期水平} - \text{基期水平}}{\text{基期水平}} = \text{发展速度} - 1 \tag{8.2.12}$$

我们最常见到的经济增长率就是国内生产总值的增长速度。增长速度与发展速度一样，可分为环比增长速度和定基增长速度，均等于对应的发展速度减1。

需要指出的是，与发展速度不同的是环比增长速度和定基增长速度之间没有换算关系。

四、平均发展速度和平均增长速度

平均发展速度是各个时期环比发展速度的平均数，表明现象在一个较长时期内平均发展变化的程度。平均增长速度则表明现象在一个较长时期内平均增长变化的程度，平均增长速度等于平均发展速度减1。

平均发展速度的计算方法通常有两种：水平法和累积法。

水平法也称为“几何平均法”。设有时间序列 a_1，a_2，…，a_n，用它计算平均发展速度的公式为：

$$\overline{X} = \sqrt[n-1]{\frac{a_2}{a_1} \times \frac{a_3}{a_2} \times \cdots \times \frac{a_n}{a_{n-1}}} = \sqrt[n-1]{\frac{a_n}{a_1}} \tag{8.2.13}$$

式中：$\overline{X}$ 表示平均发展速度，$n-1$ 是环比发展速度的个数。

应用水平法计算平均发展速度的思路是：从最初发展水平 a_1 出发，每期按平均发展速度 $\overline{X}$ 发展，经过 $n-1$ 期后达到最末期水平 a_n，也就是 $a_1\overline{X}^{n-1}=a_n$。

从水平法的计算过程中，我们不难发现，它实际上只涉及最初水平和最末水平，而没有反映中间各期水平的变化，因此，适用于中长期计划中侧重期末水平而不考虑中间发展情况的问题中。

累积法也称为“方程法”。它的基本思想是从最初水平出发，每期按平均发展速度发展达到的各期水平之和等于各期的实际水平之和，计算公式为：

$$a_1\overline{X}+a_1\overline{X}^2+\cdots+a_1\overline{X}^{n-1}=a_2+a_3+\cdots+a_n \tag{8.2.14}$$

$$\overline{X}+\overline{X}^2+\cdots+\overline{X}^{n-1}=\frac{\sum_{i=2}^{n}a_i}{a_1} \tag{8.2.15}$$

解方程所得的正根即为所求的平均发展速度。由于求解方程过程繁琐，可以查表直接求得。

[例 8.3] 某地区 1999 年国民收入为 12 亿元，如果到 2010 年翻两番，年平均递增速度应为多少？若年平均递增速度为 8.1%，则经过多少年后可达到 60 亿元？

解：由几何平均法得：

$$\bar{x}=\sqrt[n]{\frac{a_n}{a_0}}=\sqrt[11]{\frac{4\times 12}{12}}=113.43\% \tag{8.2.16}$$

即年平均增长速度为 13.43%。

如果按 8.1% 速度递增，则：

$$a_0(1+8.1\%)^n=a_n \tag{8.2.17}$$

$$\frac{a_0}{a_n}=(1.081)^n \tag{8.2.18}$$

$$n=\frac{\lg a_n-\lg a_0}{\lg 1.081}=\frac{\lg 60-\lg 12}{\lg 1.081}=20.67(\text{年}) \tag{8.2.19}$$

第三节　长期趋势分析

时间序列的长期趋势是时间序列在较长时间内呈现的持续向上或向下的

运动态势。时间序列之所以存在着长期趋势，是因为现象受到某些基本的、决定因素的影响，这些因素的影响越强烈，时间序列的长期趋势就越明显。因此，通过对时间序列长期趋势的分析，可以掌握现象发展、变化的内在机理，说明主导因素对其作用的效果；长期趋势是现象运动、发展和变化的基本态势，这种态势不仅存在于过去，而且可能继续延伸到未来。对时间序列长期趋势的研究，可以帮助我们对序列的未来进行预测，预测是时间序列分析的主要任务之一。另外，测定出时间序列的长期趋势后，把它从时间序列中分离出来，有助于更好地研究季节变动、循环变动和不规则变动。

对时间序列长期趋势的研究，开展得比较早。经过长期的摸索，到 20 世纪 30 年代后，逐渐形成了一些成熟的方法。在这里，我们只介绍移动平均法、数学曲线拟和法和 HP 滤波。

一、移动平均法

长期趋势分析的主要内容是把时间序列中由主导因素作用的趋势值从时间序列中分离出来，也称“长期趋势测定”。移动平均法是一种简单而灵活的方法，它是通过对原有时间序列的修匀来测定长期趋势的。设有时间序列 X_1，X_2，X_3，X_4，…，X_n，移动平均法的具体做法是：在时间序列中，对前 n 项数值先计算平均数，把这个平均数对应于 n 项数值的中间项，以 $n=3$ 为例，前 3 项数值（X_1，X_2，X_3）的平均数对应于序列的第二项值（X_2），它就是第二项序列值（X_2）的趋势值；接下来，从第一次计算平均数的首个序列值向下移动一个，再取 n 个序列值进行平均，即 X_2，X_3，X_4 再计算平均数，仍然对应于中间项的序列值，本次求出的平均数是 X_3 的趋势值，依此类推，顺次往下计算平均数，移动平均法的名字由此得来。

用移动平均法测定长期趋势是利用了平均数的性质。时间序列由主导因素的作用会呈现出稳定的长期趋势，由于同时受偶然因素影响，会使序列值偏离其趋势值，或者增大，或者减小，而在对几项序列值计算平均数时，就可以把增大或减小的作用消除掉，显示出长期趋势来。

应用移动平均法时，关键是要确定移动项数。有两点需注意：一是移动项数为偶数时，其平均数对应的是两个时期的中间，此时，移动平均数不能作为趋势值，为此，需要进行二次移动平均，即相邻的两个移动平均数再作一次移动平均计算，对应于相应的项作为其趋势值。二是对于具有周期性波动的序列，移动的步长应尽可能与周期性波动的周期一致，这是为了消除周期的影响。

［**例 8.4**］某企业历年产品销售情况如表 8.3 所示，试分析其长期趋势的影响。

表 8.3　　某企业历年产品销售量数据表

年	季度	销售量 Y_t（万元）	移动平均数 $N=4$	二次移动平均数	t	t^2	tY_t	$\hat{Y}_t=T$
2001	1	16	—	—	1	1	16	22.16
	2	23	—	—	2	4	46	23.01
	3	28.6	23.68	24.56	3	9	85.8	23.86
	4	27.1	25.45	26.24	4	16	108.4	24.71
2002	1	23.1	27.03	27.53	5	25	115.5	25.56
	2	29.3	28.03	28.25	6	36	175.8	26.41
	3	32.6	28.48	28.54	7	49	228.2	27.26
	4	28.9	28.6	28.58	8	64	231.2	28.11
2003	1	23.6	28.55	25.53	9	81	212.4	28.96
	2	29.1	28.5	28.59	10	100	291	29.81
	3	32.4	28.68	28.91	11	121	356.4	30.66
	4	29.6	29.15	29.73	12	144	355.2	31.51
2004	1	25.5	30.3	31.13	13	169	331.5	32.36
	2	33.7	31.95	32.63	14	196	471.8	33.21
	3	39	33.3	—	15	225	585	34.06
	4	35	—	—	16	256	560	34.91

解：做序列的折线图（见图 8－1）发现，销售量的总趋势是向上的，同时，有明显的以一年的 4 个季度为一周期的周期波动，所以移动平均法中，取移动平均项数 $N=4$。

$$\text{前 4 项移动平均数}=\frac{16.0+23.0+28.6+27.1}{4}=23.68$$

它对应的是第 2、3 项的中间。需要以相邻两项移动平均再计算一次移动

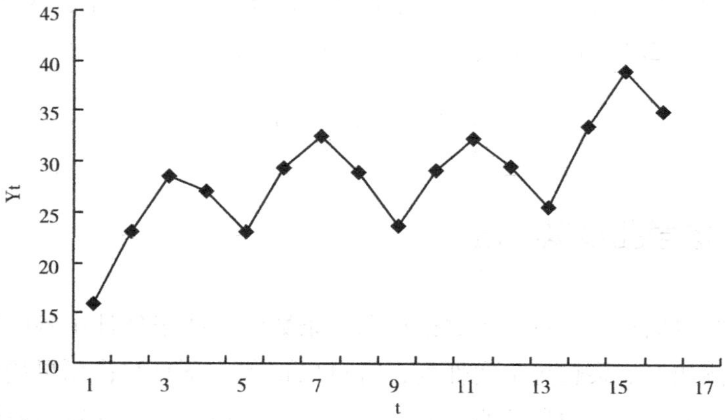

图 8-1 某企业历年产品销售量折线图

平均数，如$\frac{23.68+25.45}{2}=24.56$，对应于第 3 项，也就是第 3 项的趋势值，依此类推可以计算出其他的序列值。

应用移动平均法测定长期趋势变动要注意以下的几个问题：

第一，移动平均项数 N 的确定。利用移动平均法测定趋势变动的基本原理就是修匀序列、消除随机变动。如果 N 取得很大，则修匀作用较强，但对趋势变化的反应能力较差；反之，N 取得小，移动平均数的敏感度高，对趋势变化的反应能力较大，但修匀效果相应减弱。N 的大小应根据时间序列的特点来决定。

第二，时间序列经过移动平均后会造成信息的损失。奇数项移动平均所形成的新序列，头尾各减少$\frac{1}{2}(N-1)$ 项，偶数项移动平均所形成的新序列，头尾各减少$\frac{N}{2}$项。

第三，我们这里介绍的是简单移动平均法，它适用于线性趋势测定。如果序列呈现出非线性趋势，则要用到加权移动平均法。

加权移动平均法是对各期指标值进行加权后计算移动平均数，移动平均数代表移动平均中间项的长期趋势。加权移动平均法，一般计算奇数项加权移动平均数，各期权数以二项展开式为计算基础，使得中间项时期指标值的权数最大，两边对称，逐期减少。

设加权移动平均项数为 N，则取（$N-1$）次二项展开式的系数作为权数，计算时间序列中对应指标值的加权平均数。例如，对于 $N=3$，应以 $(a+b)^2=a^2+2ab+b^2$ 的系数1，2，1进行加权，可得：

$$M_t = \frac{y_{t-1} + 2y_t + y_{t+1}}{4}, t = 2,3,\cdots,(n-1) \tag{8.3.1}$$

二、数学曲线拟和法

数学曲线拟和法是对原始数据拟和一条数学曲线来估计出各时期的长期趋势值。例如，如果趋势是线性的，就可以拟和一条直线；如果趋势是指数曲线型的，就可以拟和指数曲线方程。在曲线拟和时，以时间序列值 Y 作为因变量，以时间 t（给 t 赋值为1，2，…，n）作为自变量，选择合适的数学曲线形式进行拟和，估计出相应的参数，然后把时间 t 代回到已估计出参数的曲线方程中，所求出的 $\hat{Y}_t$ 就是相应时间序列的趋势值。

以直线方程为例。实际的时间序列值是在曲折变化中向上或向下运动的，拟和一条直线相当于找到了贯穿在其中的一条主线——趋势线，而实际序列值或在直线上，或在直线下，这是由除主导因素以外的其它因素作用的结果。

设有时间序列 Y_1，Y_2，…，Y_n，对其拟和直线方程为

$$\hat{Y}_t = a + bt \quad t = 1,2,\cdots,n。 \tag{8.3.2}$$

$\hat{Y}_t$ 为 Y_t 的估计值或趋势值。估计 a、b 常用的方法是最小二乘法（OLS）。OLS 估计参数的原理是时间序列值与它们各自的估计值之间的离差平方和最小，也就是满足：

$$Q = \sum_{t=1}^{n} (Y_t - \hat{Y}_t)^2 = \min \tag{8.3.3}$$

$$Q = \sum_{t=1}^{n} (Y_t - a - bt)^2 = \min \tag{8.3.4}$$

如估计 a、b，Q 对 a、b 分别求偏导，并等于0，则

$$\frac{\partial Q}{\partial a} = 2\sum_{t=1}^{n}(Y_t - a - bt)(-1) = 0 \tag{8.3.5}$$

$$\frac{\partial Q}{\partial b} = 2\sum_{t=1}^{n}(Y_t - a - bt)(-t) = 0 \tag{8.3.6}$$

整理后得：

$$\begin{cases} \sum_{t=1}^{n} Y_t = na + b\sum_{t=1}^{n} t \\ \sum_{t=1}^{n} Y_t \cdot t = a\sum_{t=1}^{n} t + b\sum_{t=1}^{n} t^2 \end{cases} \tag{8.3.7}$$

解方程得：

$$b = \frac{\sum_{t=1}^{n} (t - \bar{t})(Y_t - \bar{Y}_t)}{\sum_{t=1}^{n} (t - \bar{t})^2} \tag{8.3.8}$$

$$a = \bar{Y}_t - b\bar{t} \tag{8.3.9}$$

式中，$\bar{Y}_t = \frac{1}{n}\sum_{t=1}^{n} Y_t$，$\bar{t} = \frac{1}{n}\sum_{t=1}^{n} t$。

[例 8.5] 利用 OLS 对［例 8.4］数据拟和直线。

解：先对时间序列中时间赋值，如表 8.3 所示。

设 $\hat{Y}_t = a + bt$，则根据 OLS 原理有：

$$\begin{cases} \sum Y_t = na + b\sum t \\ \sum Y_t t = a\sum t + b\sum t^2 \end{cases} \tag{8.3.10}$$

根据表 8.3 的计算结果有

$$\begin{cases} 456.5 = 16a + b \times 136 \\ 4170.2 = 136a + b \times 1496 \end{cases} \tag{8.3.11}$$

解方程得 $a = 21.31$，$b = 0.85$

于是 $\hat{Y}_t = 21.31 + 0.85t$ (8.3.12)

将时间 t 代入方程，可得 $\hat{Y}_t$，也就是趋势值 T，结果如表 8.3 所示。

三、Hodrick – Prescott 滤波方法

在宏观经济学中，人们非常关心序列组成成分中的长期趋势，Hodrick – Prescott 滤波是被广泛使用的一种方法。该方法在 Hodrick 和 Prescott（1980）分析战后美国经济周期的论文中首次使用。下面我们简要介绍这种方法的原理。

设 $\{Y_t\}$ 是包含趋势成分和波动成分的经济时间序列，$\{Y_t^T\}$ 是其中含

有的趋势成分，$\{Y_t^C\}$ 是其中含有的波动成分。则

$$Y_t = Y_t^T + Y_t^c,\ t = 1,2,\cdots,T \tag{8.3.13}$$

计算 HP 滤波就是从 $\{Y_t\}$ 中将 $\{Y_t^T\}$ 分离出来。一般地，时间序列 $\{Y_t\}$ 中的不可观测部分趋势 $\{Y_t^T\}$ 常被定义为下面最小化问题的解：

$$\min \sum_{t=1}^{T} \{(Y_t - Y_t^T)^2 + \lambda [c(L) Y_t^T]^2\} \tag{8.3.14}$$

其中：$c(L)$ 是延迟算子多项式

$$c(L) = (L^{-1} - 1) - (1 - L) \tag{8.3.15}$$

将式（8.3.15）代入式（8.3.14），则 HP 滤波的问题就是使下面损失函数最小，即

$$\min\left\{ \sum_{t=1}^{T} (Y_t - Y_t^T)^2 + \lambda \sum_{t=2}^{T-1} [(Y_{t+1}^T - Y_t^T) - (Y_t^T - Y_{t-1}^T)]^2 \right\} \tag{8.3.16}$$

式（8.3.16）显示，损失函数由两个平方项合计而成，每一项达到最小，可使损失函数实现最小。$Y_t - Y_t^T$ 表示未知趋势值要接近原始值，称为“满足跟踪性”。它随序列原始值变化而变化。第二项实现最小，则趋势值前后项之间差距最小，所得到的趋势线是平滑的。最小化问题用 $[c(L)Y_t^T]^2$ 来调整趋势的变化，并随着 λ 的增大而增大。这里存在一个权衡问题，要在趋势要素对实际序列的跟踪程度和趋势光滑度之间作一个选择。$\lambda = 0$ 时，满足最小化问题的趋势等于序列 $\{Y_t\}$；λ 增加时，估计趋势中的变化总数相对于序列中的变化减少，即 λ 越大，估计趋势越光滑；λ 趋于无穷大时，估计趋势将接近线性函数。

一般地，λ 的取值如下：

$$\lambda = \begin{cases} 100, 年度数据 \\ 1600, 季度数据 \\ 14400, 月度数据 \end{cases} \tag{8.3.17}$$

HP 滤波的运用比较灵活，它不像阶段平均法那样依赖于经济周期峰和谷的确定。它把经济周期看成宏观经济波动对某些缓慢变动路径的偏离，这种路径在期间内单调地增长，所以称之为趋势。HP 滤波增大了经济周期的频率，使周期波动减弱。

[例 8.6] 利用 HP 滤波方法求中国 GDP 季度时间序列的趋势项。中国季度 GDP 时间序列数据的取值范围从 1992 年第 1 季度至 2012 年第 4 季度。HP

滤波的结果如图 8－2 所示。

图 8－2 显示，1992 年至 2012 年中国 GDP 序列在逐年增长的基础上呈现出明显的季节效应（如实线所示），而经过 HP 滤波提取出的趋势序列具有明显的长期增长的非线性趋势性（如曲线所示）。

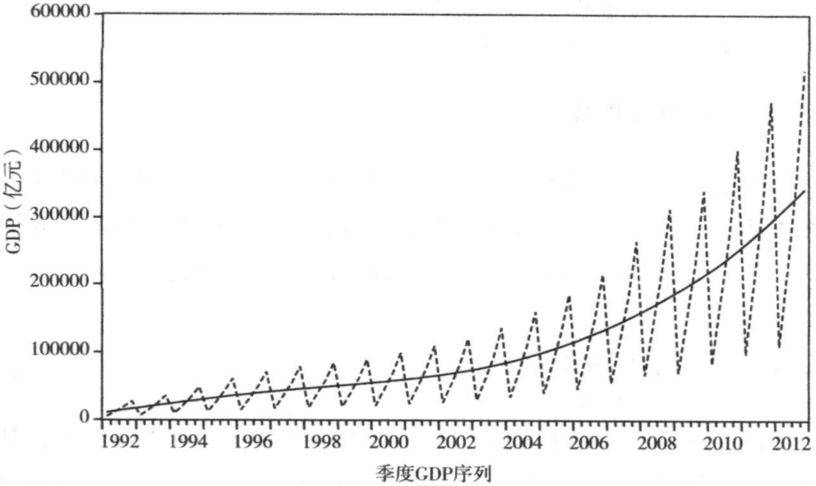

图 8－2　季度 GDP 序列和季度 GDP 序列趋势折线图

注：虚线表示 GDP 序列，实线表示趋势序列折线图。

第四节　季节变动和循环变动分析

一、季节变动分析

时间序列的季度、月度观测值常常显示出月度和季度的循环变动。例如，冰激凌的销售额在每一年的夏季最高，玩具的销售额在圣诞节期间达到顶峰。季节性变动掩盖了经济发展的客观规律，因此，我们在利用月度和季度时间序列进行计量分析之前，需要对时间序列数据进行季节变动分析。

季节变动是时间序列波动的第二个重要特征。进行季节变动分析，可以了解季节因素影响作用的大小，掌握季节变动的规律；同时通过季节变动分析可以消除时间序列中的季节波动，使时间序列更明显地反映趋势及其他因素的影响。季节调整是季节变动分析的重要内容。季节调整就是从时间序列中去除季节变动要素，从而显示出序列潜在的趋势循环分量。趋势循环分量能够真实地反映经济时间序列运动的客观规律，我们一般用它来进行经济分析。只有季度和月度数据才能做季节调整。季节调整的方法有测定季节指数、X11、Censun X12、移动平均比率法等。

（一）测定季节指数

季节指数的测定方法是：首先，根据历年（至少要 3 年）同月（或同季）的数据，求出该月（或该季）的平均数；其次，求出总的月（或季）的平均数；最后，将各月（或季）的平均数除以总的平均数，得到的就是季节指数。

$$季节指数=\frac{同月(或季)平均数}{总月(或季)平均数} \tag{8.4.1}$$

历年同月（或季）的指标值，由于处在季节的相同时期，所以，其数值相差不大，进行平均后，可以得到由于季节作用在季节同一时期的指标数值。所有月（或季）的平均水平消除了季节的作用，是一般水平。同月（或季）平均值与月（或季）总平均水平相比，结果可能大于 1，等于 1，或者小于 1，分别表示旺季，无影响，或淡季。以月份资料计算的季节指数之和为 1200%，以季度资料计算的季节指数之和为 400%。实际计算中，由于计算的偏差，可能季节指数之和不等于 1200% 或 400%，这时要进行调整。

调整系数 $=\frac{1200(或400)}{各月(季)指数之和}$，然后用各月季节指数乘以调整系数，调整后的季节指数之和等于 1200% 或 400%。

[例 8.7] 对［例 8.4］中数据进行季节变动分析。

解： 将表 8.3 数据整理如表 8.4 所示：

表 8.4　　某企业产品销售量季节变动分析表

季度	1	2	3	4	
2001	16.0	23.0	28.6	27.1	
2002	23.1	29.3	32.6	28.9	
2003	23.6	29.1	32.4	29.6	

续表

季度	1	2	3	4	
2004	25.5	33.7	39.0	35.0	
各年同季平均数	22.05	28.78	33.15	30.15	总平均数（28.53）
季节指数（%）	77.29	100.88	116.19	105.68	400.04
整理后的季节指数（%）	77.28	100.87	116.18	105.67	400

首先，计算各年同季度平均数，如第 1 季度 $=\frac{16.0+23.1+23.6+25.5}{4}=22.05$；

其次，求出所有季度的总平均数 $=\frac{16.0+23.1+\cdots+35.0}{16}=28.53$；

最后，计算季节指数，结果如表 8.4 所示，季节指数的合计为 400.04%；

计算调整系数 $=\frac{400}{400.04}=0.9999$；

用各季度的季节指数分别乘以 0.9999，得到调整后的季节指数。

从季节指数看，一季度是淡季，三季度是旺季，二、四季度基本与平均数持平。

我们在［例 8.7］的季节指数计算中，会发现一个问题：数据具有长期趋势。由于长期趋势的作用，各年同季的数据也有长期趋势，后面年的季度高于前面年的季度数据。这样，在计算历年同季平均数时，平均后的结果不仅是季节因素的影响结果，也包括长期趋势的作用。因此，对于有长期趋势的季节变动进行分析时，要先剔除长期趋势，然后再计算季节指数。具体步骤是：

第一步，根据历年同月（或季）的资料，计算步长为 12 个月（或 4 季）的移动平均数，得到趋势值 T；

第二步，将实际数值 Y 除以相应的趋势值 T，得到已不包含趋势变动的数值 Y/T；

第三步，将计算得到的不包含趋势变动的 Y/T 值按时间顺序排列，计算季节指数。

［例 8.8］ 对［例 8.4］数据剔除长期趋势后进行季节变动分析。

解： 将表 8.3 有关数据整理如表 8.5 所示。先将原始数据除以长期趋势值 T，得到 Y/T；然后将 Y/T 按历年同季度的顺序整理，如表 8.5 所示；最后计算季节指数，如表 8.6 所示。可以发现，与没有剔除长期趋势数据相比，季节变动的规律没有变，只是相应数值作了调整，更符合实际情况。

表 8.5　　　　某企业产品销售量季节变动分析表

年	季度	销售量 Y（万元）	移动 T 平均数（$N=4$）	Y/T(%)
2001	1	16.0	—	—
	2	23.0	—	—
	3	28.6	24.56	116.45
	4	27.1	26.24	103.28
2002	1	23.1	27.53	83.91
	2	29.3	28.25	103.72
	3	32.6	28.54	114.233
	4	28.9	28.58	101.12
2003	1	23.6	28.53	82.72
	2	29.1	28.59	101.78
	3	32.4	28.91	112.07
	4	29.6	29.73	99.56
2005	1	25.5	31.13	81.91
	2	33.7	32.63	103.28
	3	39.0	—	—
	4	35.0	—	—

表 8.6　　　　某企业产品销售量变动的季节指数表

Y/T 年	1	2	3	4	
2001	—	—	116.45	103.28	
2002	83.91	103.72	114.23	101.12	
2003	82.72	101.78	112.07	99.56	
2004	81.91	103.28	—	—	
各年同季度平均数	82.85	102.93	114.25	101.32	总平均数（100.34）
季节指数	82.57	102.58	113.86	100.98	400

（二）X11 季节调整方法

X11 季节调整法是 1965 年美国商务部人口普查局研究开发的季节调整程

序。这一方法历经了多次演变，已成为一种相当经典的季节调整方法。X11方法是基于移动平均法的季节调整方法。它的特征在于除了能适应各种经济指标的性质，根据各种季节调整的目的，选择计算方式外，在不做选择的情况下，也能根据事先编入的统计基准，按照数据的特征自动选择计算方式。在计算过程中可根据数据中的随机因素的大小，采用不同长度的移动平均方法，随机因素越大，移动平均长度越大。X11 方法是通过几次迭代来进行分解的，每一次对组成因子的估算都进一步精化。

X11 季节调整方法包括乘法模型和加法模型。加法模型将序列分解为趋势循环要素与季节要素、不规则要素的和（见式 8.4.2）；乘法模型将时间序列分解为趋势循环要素与季节要素、不规则要素的乘积（见式 8.4.3）。其中，乘法模型只适用于序列值都为正的情形。应当注意，季节调整的观测值的个数是有限制的，X11 季节调整方法需要至少 4 个整年度的月度或季度数据，最多能调整 20 年的月度数据或 30 年的季度数据。

（三）Census X12 季节调整方法

美国商务部国势普查局的 X12 季节调整程序是在 X11 方法的基础上发展而来的，包括 X11 季节调整方法的全部功能，并对 X11 方法进行了以下三方面的重要改进：第一，扩展了贸易日和节假日影响的调节功能，增加了季节、趋势循环和不规则要素分解模型的选择功能；第二，新的季节调整结果稳定性诊断功能；第三，增加了 X12 - ARIMA 模型的建模和模型选择功能。

1. 季节调整的模型选择

X12 季节调整方法的核心算法是扩展的 X11 季节调整程序。共包括 4 种季节调整的分解形式：乘法、加法、伪加法和对数加法模型。注意采用乘法、伪加法和对数加法模型进行季节调整时，时间序列中不允许有零和负数。

（1）加法模型的一般形式为：

$$Y_t = TC_t + S_t + I_t \qquad (8.4.2)$$

式中，TC_t 表示趋势循环要素，S_t 表示季节要素，I_t 表示不规则要素。在加法模型中，季节要素和趋势循环要素的影响用绝对量来表示，与所要分析的现象的计量单位相同，分析起来比较直观。它的局限性是各经济变量之间的计量单位不同，缺乏可比性。

（2）乘法模型的一般形式为：

$$Y_t = TC_t \times S_t \times I_t \qquad (8.4.3)$$

与加法模型相比，乘法模型的主要特点在于以相对数表示季节要素，因而可以避免计量单位的影响，增强了不同经济变量之间的可比性，但也带来直观性差的问题。

（3）对数加法模型是通过对乘法模型取自然对数得到的特殊形式的加法模型。其一般形式为：

$$\ln Y_t = \ln TC_t + \ln S_t + \ln I_t \qquad (8.4.4)$$

（4）伪加法模型是由英国中央统计局开发的。其一般形式为：

$$Y_t = TC_t(S_t + I_t - 1) \qquad (8.4.5)$$

该模型主要是对某些非负时间序列进行季节调整。它具有这样的性质：在每一年中相同月的出现接近于零的正值。在这些月份含有接近于零的季节因子。受这些小因子的影响，时间序列值偏离其趋势值。使用伪加法模型进行季节调整，当 $Y_t \approx 0$ 时，通过减去一个估计量 $TC_t(S_t - 1)$，使得这些月份的调整后结果 TC_tI_t 更接近于序列趋势的估计值。例如，在一年的特定时期，农产品产量就是这样的时间序列。

2. X12 季节调整方法的核心算法

设 Y_t 表示一个无奇异值的月度时间序列，通过预测和回推来扩展序列使得在序列的尾端不需要对季节调整公式进行修改。把 Y_t 分解为趋势循环项 TC_t、季节项 S_t 和不规则要素 I_t。现以加法模型为例，介绍 X12 季节调整方法的核心算法（为叙述简便而不考虑补欠项的问题）。共分为三个阶段：

（1）季节调整的初始估计

第一，通过中心化 12 项移动计算平均趋势循环要素的初始估计：

$$TC_t^{(1)} = \left(\frac{1}{2}Y_{t-6} + Y_{t-5} + \cdots + Y_t + \cdots + Y_{t+5} + \frac{1}{2}Y_{t+6}\right)/12 \qquad (8.4.6)$$

第二，计算 SI 项的初始估计：

$$SI_t^{(1)} = Y_t - TC_t^{(1)} \qquad (8.4.7)$$

第三，通过 3×3 移动平均计算季节因子 S 的初始估计：

$$\hat{S}_t^{(1)} = (SI_{t-24}^{(1)} + 2SI_{t-12}^{(1)} + 3SI_t^{(1)} + 2SI_{t+12}^{(1)} + SI_{t+24}^{(1)})/9 \qquad (8.4.8)$$

第四，消除季节因子中的残余趋势：

$$S_t^{(1)} = \hat{S}_t^{(1)} - (\hat{S}_{t-6}^{(1)} + 2\hat{S}_{t-5}^{(1)} + \cdots + 2\hat{S}_{t+5}^{(1)} + \hat{S}_{t+6}^{(1)})/24 \tag{8.4.9}$$

第五，季节调整结果的初始估计：

$$TCI_t^{(1)} = Y_t - S_t^{(1)} \tag{8.4.10}$$

（2）计算暂定的趋势循环要素和最终的季节因子

第一，利用 Henderson 移动平均公式计算暂定的趋势循环要素：

$$TC_t^{(2)} = \sum_{j=-H}^{H} h_j^{(2H+1)} TCI_{t+j}^{(1)} \tag{8.4.11}$$

第二，计算暂定的 SI 项：

$$SI_t^{(2)} = Y_t - TC_t^{(2)} \tag{8.4.12}$$

第三，通过 3×5 项移动平均计算暂定的季节因子：

$$\hat{S}_t^{(2)} = (SI_{t-36}^{(2)} + 2SI_{t-24}^{(2)} + 3SI_{t-12}^{(2)} + 3SI_t^{(2)} + 3SI_{t+12}^{(2)} + 2SI_{t+24}^{(2)} + SI_{t+36}^{(2)})/15 \tag{8.4.13}$$

第四，计算最终的季节因子：

$$S_t^{(2)} = \hat{S}_t^{(2)} - (\hat{S}_{t-6}^{(2)} + 2\hat{S}_{t-5}^{(2)} + \cdots + 2\hat{S}_{t+5}^{(2)} + \hat{S}_{t+6}^{(2)})/24 \tag{8.4.14}$$

第五，季节调整的第二次估计结果：

$$TCI_t^{(2)} = Y_t - S_t^{(2)} \tag{8.4.15}$$

（3）计算最终的趋势循环要素和最终的不规则要素

第一，利用 Henderson 移动平均公式计算最终的趋势循环要素：

$$TC_t^{(3)} = \sum_{j=-H}^{H} h_j^{(2H+1)} TCI_{t+j}^{(2)} \tag{8.4.16}$$

第二，计算最终的不规则要素：

$$I_t^{(3)} = TCI_t^{(2)} - TC_t^{(3)} \tag{8.4.17}$$

[例 8.9] 利用 X12 季节调整乘法模型对中国季度时间序列数据（[例 8.6] 中数据）进行季节调整。季节调整后的各序列可输出，各序列折线图如图 8-3 所示。

从图 8-3（a）中可以看出，中国季度 GDP 序列具有明显的季节变动特征，且季节变动幅度随时间的推移有变大的趋势；图 8-3（b）是 X12 调整后的趋势序列的折线图，从中可以看出，季节要素和不规则变动已基本被消除；图 8-3（c）是 X12 调整后的季节指数序列；图 8-3（d）是 X12 调整后的不规则要素序列，从中看出序列具有随机趋势。

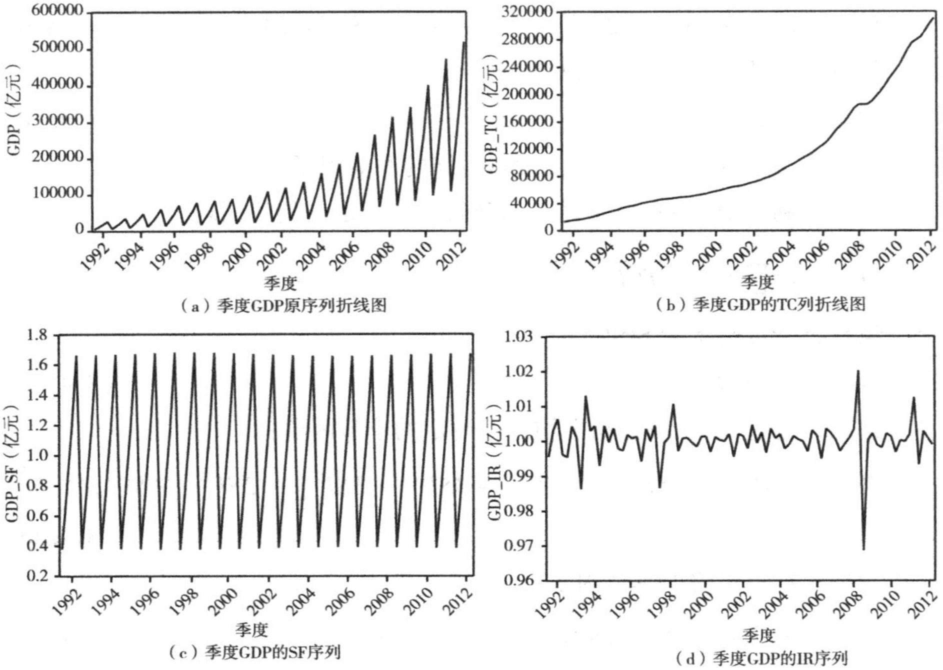

图 8-3　季度 GDP 的季节调整结果

（四）移动平均比率方法

移动平均比率乘法模型和加法模型的算法如下：

第一，对时间序列 Y_t 进行中心化移动平均，得到趋势循环序列 TC_t

$$TC_t = \begin{cases} \left(\frac{1}{2}Y_{t-6} + Y_{t-5} + \cdots + Y_t + \cdots + Y_{t+5} + \frac{1}{2}Y_{t+6}\right)/12\text{（月度数据）} \\ \left(\frac{1}{2}Y_{t-2} + Y_{t-1} + Y_t + Y_{t+1} + \frac{1}{2}Y_{t+2}\right)/4\text{（季度数据）} \end{cases} \tag{8.4.18}$$

第二，计算 SI 序列

$$SI_t = \begin{cases} Y_t/TC_t\text{（乘法模型）} \\ Y_t - TC_t\text{（加法模型）} \end{cases} \tag{8.4.19}$$

第三，对于月度数据 SI 序列分别计算第 j 个月（$j=1, 2, \cdots, 12$）的月度平均值，得到季节因子 s_j。类似的，对于季度数据可以用同样的方法计算季节因子 s_j，$j=1, 2, 3, 4$。

第四，调整季节因子使它们乘积等于 1，或和等于 0：

$$
S_j = \begin{cases} \dfrac{s_j}{\sqrt[k]{s_1 \times s_2 \times \cdots \times s_k}}(\text{乘法模型}) \\ s_j - \dfrac{1}{k}\sum_{i=1}^{k} s_i(\text{加法模型}) \end{cases} \tag{8.4.20}
$$

称 S_j 为标准化的季节因子，对于季度数据 $j=1$，2，3，4，$k=4$，即同一季度的季节因子相同；对于月度数据 $j=1$，2，…，12，$k=12$，即同一月份的季节因子相同。

第五，计算季节调整的最终结果：

$$
TCI_t = \begin{cases} \dfrac{Y_t}{S_j}(\text{乘法模型}) \\ Y_t - S_j(\text{加法模型}) \end{cases} ,t = 1,2,\cdots,T;j = 1,2,\cdots,k \tag{8.4.21}
$$

在式（8.4.21）中，S_j 应与 Y_t 所在的月份（或季度）对应，对于季度数据 $k=4$，月度数据 $k=12$。移动平均比率法与 X12 方法最大的不同是：X12 方法中季节因子在不同年份是不同的，而移动平均比率方法则是相同的。

[例 8.10] 利用移动平均比率方法的乘法模型对中国季度时间序列数据（[例 8.6] 中数据）进行季节调整。季节调整后的各序列可输出，各序列折线图如图 8 – 4 所示。

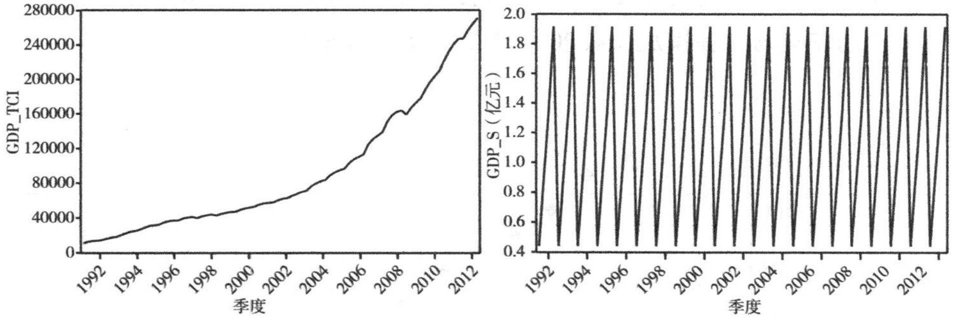

（a）季度GDP的TCI序列　　（b）季度GDP的S序列

图 8 – 4 季度 GDP 的季节调整

二、循环变动分析

循环变动与季节变动的主要区别在于：前者变动的周期在一年以上且周期长短不一，类似于经济周期，而后者是周期在一年以内的有规律的波动。分析循环变动可以探索循环变动规律，或者将循环变动从时间序列中剔除。

在测定循环变动的方法中，常用的是剩余法。

按照时间序列分解模型的假定，从中逐次消除长期趋势、季节变动，即：

设 $Y=T\cdot S\cdot C\cdot I$,

其中，Y 和 T 的度量单位相同，其他变量均为相对数。从 Y 中剔除 T 和 S 后有：

$$\frac{Y}{T\cdot S}=C\cdot I \qquad (8.4.22)$$

对剩余的 $C\cdot I$ 进行移动平均，进一步消除随机波动的影响，余下的就是循环变动。

[例 8.11] 对［例 8.4］数据进行循环变动分析，并绘图说明其循环变动规律。

解： 借用前面计算出的长期趋势和季节指数，如表 8.7 所示。

首先，对原始数据分别除以 T 和 S，得到包含 $C\cdot I$ 的序列。

其次，对该序列计算 $N=3$ 的移动平均数，消除 I 的作用。

最后，以时间为横轴，循环变动相对数为纵轴，绘图如图 8－5 所示。因为数据偏少，循环波动还没有一个周期，从 2001 年 4 季度～2003 年 4 季度一直处于向下运动，并探底，从 2004 年 1 季度开始回升。

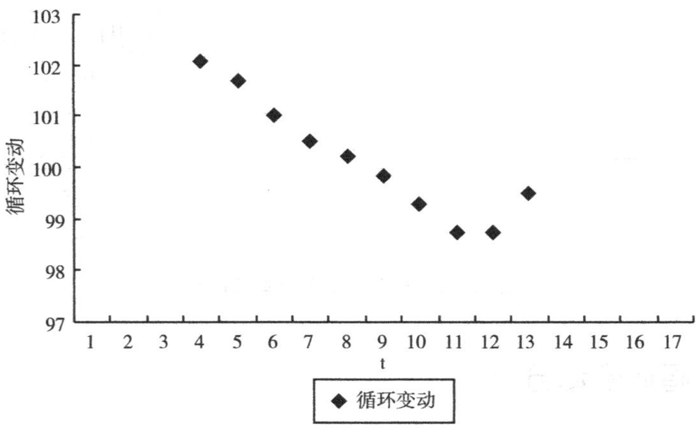

图 8－5　某企业产品销售量循环变动散点图

表 8.7　　某企业产品销售量的循环变动分析表

年	月	销售量 Y（万元）	T	S(%)	Y/(T·S)	移动平均数（N=3）
2001	1	16.0	—	82.57	—	—
	2	23.0	—	102.58	—	—
	3	28.6	24.56	113.86	102.27	—
	4	27.1	26.24	100.98	102.28	102.06
2002	1	23.1	27.53	82.57	101.62	101.67
	2	29.3	28.25	102.58	101.11	101.02
	3	32.6	28.54	113.86	100.32	100.52
	4	28.9	28.58	100.98	100.14	100.21
2003	1	23.6	28.53	82.57	100.18	99.85
	2	29.1	28.59	102.58	99.22	99.27
	3	32.4	28.91	113.86	98.43	98.75
	4	29.6	29.73	100.98	98.60	98.75
2004	1	25.5	31.13	82.57	99.21	99.50
	2	33.7	32.63	102.58	100.68	—
	3	39.0	—	113.86	—	—
	4	35.0	—	100.98	—	—

第五节　平稳时间序列分析

前面讨论的时间序列分析都没有分析时间序列的随机成分，都把它在计算平均值的过程中剔除掉了。事实上，看起来随机时间序列是杂乱无章的，但是，研究表明，它也是有规律可循的，可以用数学模型进行拟合。我们这里提到的随机性时间序列是指样本容量很大、时间间隔比较短（分、时、天、月等）的序列。

随机性时间序列分析是 20 世纪 40 年代分别由 Norbort Wiener 和 Andrei Kolemogoner 独立给出的，他们对发展时间序列的参数模型拟和和推断过程作出了巨大贡献，提供了与此相关的重要文献，促进了时间序列分析在工程领域的应用。20 世纪 70 年代，G. P. Box 和 G. M. Jenkins 发表专著《时间序列分析：预测和控制》，使时间序列分析的应用成为可能。随机性时间序列分析（以下简称“时间序列分析”）的内容十分丰富，限于篇幅，本书只介绍初步的知识，以便为以后的深入学习奠定基础。

一、平稳时间序列相关概念

（一）平稳时间序列

时间序列分析的基础是从对平稳时间序列的建模开始的。“平稳时间序列”是指：时间序列 $\{z_t\}$ 是平稳的。

如果 $\{z_t\}$ 有有穷的二阶中心矩，而且满足：

(1) $u_t = Ez_t = c$；

(2) $r(t,s) = E[(z_t - c)(z_s - c)] = r(t-s,0)$

则称 $\{z_t\}$ 是平稳的。

平稳时间序列的特征为：

①有穷二阶矩意味着期望和自协方差存在；

②平稳时间序列任意时刻所对应的随机变量的均值相等；

③自协方差函数只与时间间隔有关，而与时间起点无关。

均值是常数，表示序列值接近，有一条直线能贯穿所有数据；而自相关函数只与时间间隔有关，表示只要时间间隔确定，序列的相关性是相同的，这意味着序列的相关性是恒定的，为建模奠定了基础。

平稳时间序列建模的基础是计算自相关函数和偏自相关函数。

（二）自相关函数（ACF）

定义如下：

$$\rho_k = \frac{r_k}{r_0} = \frac{\sum (z_t - \bar{z})(z_{t+k} - \bar{z})}{\sum (z_t - \bar{z})^2} \tag{8.5.1}$$

ρ_k 表示自相关函数，$\bar{z}$ 表示序列的均值，k 表示时间间隔。

可以发现，自相关函数与相关系数的计算公式是一样的。之所以称为“自相关函数”，是因为相关系数的变量是性质完全不同的两个变量，而自相关函数的两个变量是在同一性质的时间序列的两个不同时间下取值，反映的是自身的不同时间间隔的相关性。ACF 值越大，序列前后值之间相关性越强，可以用模型表示其相关性特征。

（三）偏自相关函数（PACF）

在时间序列中，由于前后序列值之间的相互影响，它们之间的联系会通过序列值而传递。例如，有三个序列值 y_1，y_2，y_3，y_1 影响 y_2，y_2 影响 y_3，在 y_3 中包含前两个序列值的作用和影响，因此，在考察 y_1 与 y_3 的相关性时，就包含了 y_2 的信息和影响。为了准确地衡量 y_1 与 y_3 的相关性，要把 y_2 在它们之间的影响扣除掉。

设有时间序列 z_t，z_{t+1}，z_{t+2}，…，z_{t+k-1}，z_{t+k}，偏自相关函数用来考察扣除 z_t 和 z_{t+k}之间 z_t，z_{t+1}，z_{t+2}，…，z_{t+k-1}影响之后的 z_t 和 z_{t+k}之间的相关性。为将 PACF 值量化，扣除中间序列值对两端序列值的影响是通过建立线性模型来实现的，z_{t+1}，z_{t+2}，…，z_{t+k-1}对 z_t 和 z_{t+k}的线性估计为：

$$\hat{z}_t = \beta_1 z_{t+1} + \beta_2 z_{t+2} + \cdots + \beta_{k-1} z_{t+k-1} \tag{8.5.2}$$

$$\hat{z}_{t+k} = \alpha_1 z_{t+1} + \alpha_2 z_{t+2} + \cdots + \alpha_{k-1} z_{t+k-1} \tag{8.5.3}$$

用 φ_{kk}表示偏自相关函数，k 表示时间间隔，则：

$$\varphi_{kk} = \frac{\operatorname{cov}[(z_t - \hat{z}_t),(z_{t+k} - \hat{z}_{t+k})]}{\sqrt{\operatorname{var}(z_t - \hat{z}_t)}\ \sqrt{\operatorname{var}(z_{t+k} - \hat{z}_{t+k})}} \tag{8.5.4}$$

我们发现，用上述方法计算偏自相关函数的过程十分复杂，每计算一次，要先估计两个线性模型，为此，人们提出了它的递推公式：

$$\phi_{11} = \rho_1$$

$$\phi_{k+1,k+1} = \left(\rho_{k+1} - \sum_{j=1}^{k} \rho_{k+1-j}\phi_{kj}\right)\left(1 - \sum_{j=1}^{k} \rho_j \phi_{kj}\right)^{-1} \tag{8.5.5}$$

$$\phi_{k+1,j} = \phi_{kj} - \phi_{k+1,k+1}\phi_{k,k+1-j}, j = 1,2,\cdots,k$$

其中，$\phi_{k+1,k+1}$ 表示间隔 $k+1$ 的 PACF 值，$\phi_{k+1,j}$ 是为计算 $\phi_{k+1,k+1}$ 需要的中间变量。

[例 8.12] 设动态数据 16，12，15，10，9，17，11，16，10，14，求样本均值、样本自相关函数（SACF）和偏自相关函数（SPACF）（各求前 3 项）。

解：

$$(1)\ \bar{z} = \frac{1}{10}\sum z_t = 13 \tag{8.5.6}$$

$$(2)\ \rho_1 = \frac{\gamma_1}{\gamma_0} = \frac{\frac{1}{n}\sum[(z_t-\bar{z})(z_{t+1}-\bar{z})]}{\frac{1}{n}\sum(z_t-\bar{z})^2} = \frac{(16-13)(12-13)+\cdots+(10-13)(14-13)}{(16-13)^2+\cdots+(14-13)^2} = -0.53 \tag{8.5.7}$$

$$\rho_2 = \frac{\gamma_2}{\gamma_0} = 0.24 \tag{8.5.8}$$

$$\rho_3 = \frac{\gamma_3}{\gamma_0} = -0.218 \tag{8.5.9}$$

$$(3)\ \phi_{11} = \rho_1 = -0.53 \tag{8.5.10}$$

$$\phi_{22} = \frac{\rho_2 - \rho_1\phi_{11}}{1-\rho_1\phi_{11}} = -0.057 \tag{8.5.11}$$

$$\phi_{33} = \frac{\rho_3 - \rho_2\phi_{21} - \rho_1\phi_{22}}{1-\rho_1\phi_{21}-\rho_2\phi_{22}} = -0.169 \tag{8.5.12}$$

$$\phi_{21} = \phi_{11} - \phi_{22}\phi_{11} = -0.560 \tag{8.5.13}$$

（四）AR、MA、ARMA 模型

AR、MA、ARMA 模型是时间序列的三个基本模型。它们的形式分别为：

形如 $z_t = \phi_1 z_{t-1} + \phi_2 z_{t-2} + \cdots + \phi_p z_{t-p} + a_t$，$\{a_t\}$ 是白噪声序列，称为“自回归模型”，简称为“AR 模型”。AR 模型就是当前序列值用以前序列值来解释的模型。

形如 $z_t = a_t - \theta_1 a_{t-1} - \theta_2 a_{t-2} - \cdots - \theta_q a_{t-q}$ 模型为滑动平均模型，简称为“MA 模型”。MA 模型序列值用随机因素来解释。

形如 $z_t = \phi_1 z_{t-1} + \phi_2 z_{t-2} + \cdots + \phi_p z_{t-p} + a_t - \theta_1 a_{t-1} - \theta_2 a_{t-2} - \cdots - \theta_q a_{t-q}$，称为“自回归滑动平均模型”，简称“ARMA 模型”。它是前两个模型的结合。

二、时间序列模型的识别

时间序列模型的建立包括模型识别、参数估计、假设检验和预测等内容。本书只介绍模型识别。

模型识别的方法有很多种，最常用的就是利用三种模型的 ACF、PACF

的不同特性来判断。研究表明，ACF、PACF在不同的时间序列中会表现出两种特性：拖尾性和截尾性。“拖尾性”，是指随着计算的时间间隔的增加，ACF或PACF会趋近于0，但不会等于0，就像拖着一条长长的尾巴；“截尾性”，是指在某一时间间隔以后，ACF或PACF都等于0，好像尾巴被截断了。

适应AR模型的序列的ACF是拖尾的，PACF是截尾的；适应MA模型序列的ACF是截尾的，PACF是拖尾的；适应ARMA模型序列的两个函数都是拖尾的。因此，我们可以根据一个序列的两个函数的特征，初步判断它适应的模型。

[**例8.13**] 一个N=250的序列值，其ACF、PACF的计算结果如表8.8所示：

计算结果表明，ACF(ρ_k) 随着计算的间隔k的增加而逐渐衰减，但不等于零；PACF(φ_{kk}) 在$k=1$后，与0接近，是截尾的。可以初步判断序列值适合AR模型。

表8.8　　某序列值的ACF、PACF值

k	1	2	3	4	5	6	7	8
ρ_k	0.88	0.76	0.67	0.57	0.48	0.4	0.34	0.28
φ_{kk}	0.88	0.01	-0.01	0.11	0.22	-0.01	0.01	-0.02

利用 HP 滤波方法求产出缺口案例分析

设 $\{Y_t\}$ 为我国季度 GDP 指标，利用季节调整方法将 GDP 中的季节因素（S）和不规则因素（I）去掉，得到 TC（仍然用 Y_t 表示）序列。潜在产出 Y_t^T 用 HP 滤波中的趋势成分替代，GDP 取值从 1997 年 1 季度至 2007 年 4 季度。GAP 代表产出缺口，计算公式如下：

$$Gap_t = 100 \times \frac{Y_t - Y_t^T}{Y_t^T} \tag{1}$$

潜在产出指经济系统中所有要素充分利用后的产出水平，是宏观经济学中的概念，要将其量化，可以用直接方法和间接方法。前者需要核算各生产要素的充分利用水平，这是很困难的。后者是基于现有 GDP 水平后平滑得到的。因为实际 GDP 是不断波动的，而潜在 GDP 是产出的均衡水平，可以用贯穿于实际 GDP 中的趋势值表示。

首先，利用季节指数法去掉 GDP 序列中的季节因素（S）和不规则因素（I），得到 T C 序列；然后，通过 PYTHON 程序计算 HP 滤波中的趋势成分即潜在产出 Y_t^T。

代码如下：

```
importnumpy as np
import pandas as pd
importmatplotlib. pyplot as plt
#定义 HP 滤波函数
def hp(y, lamb):
    def D_matrix(N):                      #HP 滤波计算所用工具矩阵构造
        D = np. zeros((N - 1,N))          #(N - 1,N) 元素全为 0
        D[:,1:] = np. eye(N - 1)          #后(N - 1,N - 1)对角线元素置 1
        D[:,:-1] - = np. eye(N - 1)       #前(N - 1,N - 1)对角线元素置 -1
        ##构造出得矩阵如下所示
        """
```

```
    [[ -1.  1.  0… 0.  0.  0. ]
     [ 0. -1.  1… 0.  0.  0. ]
     [ 0.  0. -1… 0.  0.  0. ]
     …
     [ 0.  0.  0… 1.  0.  0. ]
     [ 0.  0.  0… -1. 1.  0. ]
     [ 0.  0.  0… 0. -1.  1. ]]
     """
     return D
  N = len(ts)                                  #本例中共44个季度
  D1 = D_matrix(N)
  D2 = D_matrix(N - 1)
  D = D2@ D1                                   #此处为矩阵乘法
  g = np.linalg.inv((np.eye(N) + lamb * D.T@ D))@ ts
  #根据HP滤波计算公式分解出来的趋势部分用向量表示为g = [I + λD^T * D]^-1 * Y,其中np.linalg.inv为矩阵求逆
    return g
#将不同λ值代入求得趋势序列,并画图
plt.figure(figsize = (11,11))
df = pd.read_excel("/Applications/GDP季度97-07.xlsx")
ts = df.iloc[:,2]
print(ts)
#尝试不同的λ
for i,l in enumerate([0.1,1,10,100]):
    plt.subplot(3,2,i+1)
    g = hp(ts,l)
    plt.plot(ts, label ='original')
    plt.plot(g, label ='filtered')
    plt.legend()
    plt.title('$\lambda $ ='+ str(l))
plt.show()
```

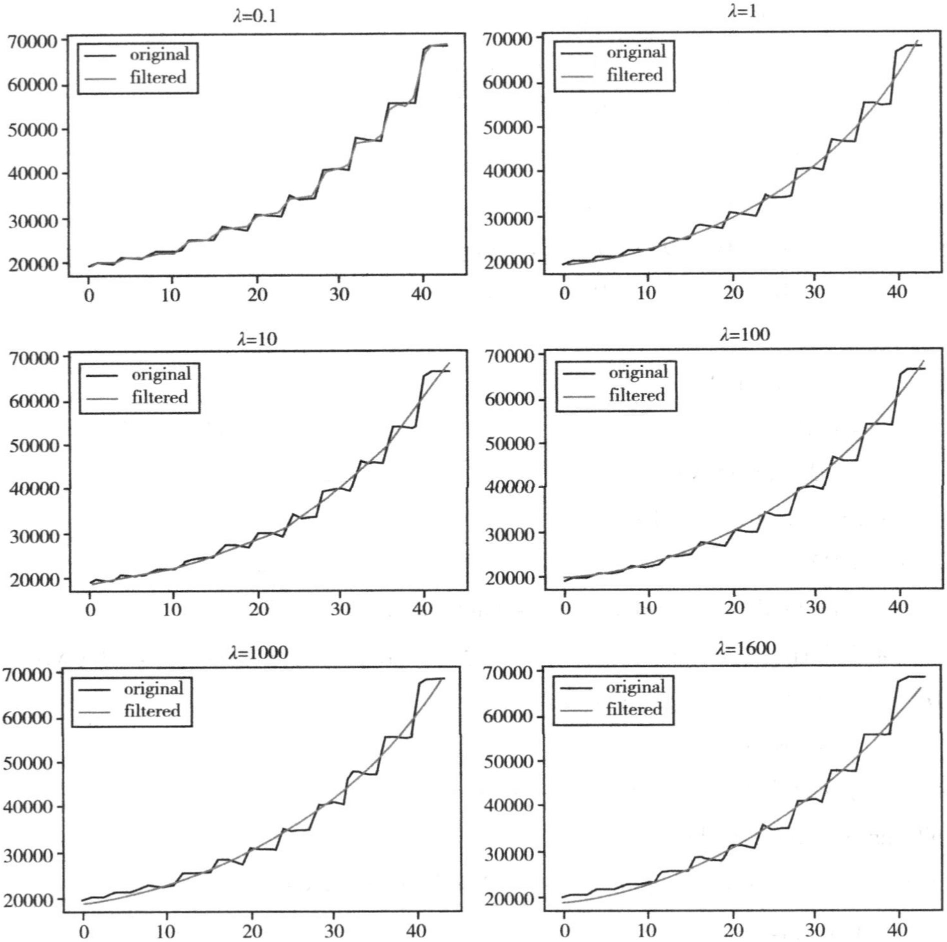

从 HP 滤波的趋势分解效果来看：λ 值越大，HP 滤波分解出来的趋势部分越平滑；λ 值越小，HP 滤波分解出来的趋势部分与原序列越接近。由于本书数据为季度数据，根据一般经营，最终选取 λ = 1600 的 HP 滤波结果作为 GDP 的趋势项来作为潜在产出。同时利用公式（1）求出产出缺口 GPA_t。原始数据、趋势序列及计算出的产出缺口值等数据在表 8.9、图 8 - 6 中显示。

表 8.9　　　　产出缺口估计值

日期	GDP 季度	GDP - TC	GDP - HP	Yt - YtHP	GAP
Mar - 97	16689. 10	19491. 88	18516. 76	975. 12	5. 0027
Jun - 97	19163. 60	20014. 78	18936. 55	1078. 23	5. 3872

续表

日期	GDP 季度	GDP - TC	GDP - HP	Yt - YtHP	GAP
Sep - 97	20500. 90	19976. 85	19356. 95	619. 90	3. 1031
Dec - 97	23361. 50	20137. 71	19779. 24	358. 47	1. 7801
Mar - 98	18049. 10	21080. 28	20205. 10	875. 19	4. 1517
Jun - 98	20296. 60	21198. 11	20636. 41	561. 70	2. 6497
Sep - 98	21775. 60	21218. 96	21075. 63	143. 34	0. 6755
Dec - 98	25074. 20	21614. 07	21525. 53	88. 53	0. 4096
Mar - 99	19361. 90	22613. 56	21989. 02	624. 54	2. 7618
Jun - 99	21567. 70	22525. 67	22469. 01	56. 65	0. 2515
Sep - 99	23050. 80	22461. 57	22968. 85	- 507. 28	- 2. 2584
Dec - 99	26583. 90	22915. 43	23491. 89	- 576. 46	- 2. 5156
Mar - 00	21329. 90	24912. 06	24041. 19	870. 88	3. 4958
Jun - 00	24043. 40	25111. 33	24619. 42	491. 91	1. 9589
Sep - 00	25712. 50	25055. 23	25229. 82	- 174. 59	- 0. 6968
Dec - 00	29194. 30	25165. 61	25875. 93	- 710. 32	- 2. 8226
Mar - 01	24086. 40	28131. 49	26561. 17	1570. 32	5. 5821
Jun - 01	26726. 60	27913. 71	27288. 53	625. 17	2. 2397
Sep - 01	28333. 30	27609. 03	28061. 98	- 452. 95	- 1. 6406
Dec - 01	31716. 80	27340. 01	28885. 87	- 1545. 86	- 5. 6542
Mar - 02	26295. 00	30711. 01	29764. 28	946. 73	3. 0827
Jun - 02	29194. 80	30491. 54	30700. 32	- 208. 78	- 0. 6847
Sep - 02	31257. 30	30458. 29	31697. 67	- 1239. 38	- 4. 0691
Dec - 02	34970. 30	30144. 54	32759. 93	- 2615. 38	- 8. 6761
Mar - 03	29825. 50	34834. 42	33889. 87	944. 56	2. 7116
Jun - 03	32537. 30	33982. 50	35088. 66	- 1106. 16	- 3. 2551
Sep - 03	35291. 90	34389. 76	36358. 04	- 1968. 29	- 5. 7235
Dec - 03	39767. 40	34279. 67	37699. 09	- 3419. 42	- 9. 9751
Mar - 04	34544. 60	40346. 05	39111. 61	1234. 44	3. 0596
Jun - 04	38700. 80	40419. 76	40593. 32	- 173. 56	- 0. 4294
Sep - 04	41855. 00	40785. 09	42142. 67	- 1357. 58	- 3. 3286
Dec - 04	46739. 80	40289. 90	43758. 01	- 3468. 10	- 8. 6079
Mar - 05	40453. 30	47247. 07	45436. 85	1810. 22	3. 8314
Jun - 05	44793. 10	46782. 66	47174. 53	- 391. 87	- 0. 8376

续表

日期	GDP 季度	GDP - TC	GDP - HP	Yt - YtHP	GAP
Sep - 05	48047. 80	46819. 59	48967. 51	- 2147. 93	- 4. 5877
Dec - 05	54024. 80	46569. 60	50812. 04	- 4242. 43	- 9. 1099
Mar - 06	47078. 90	54985. 38	52702. 98	2282. 40	4. 1509
Jun - 06	52673. 30	55012. 87	54632. 56	380. 31	0. 6913
Sep - 06	56064. 70	54631. 56	56594. 45	- 1962. 90	- 3. 5930
Dec - 06	63621. 60	54842. 09	58582. 54	- 3740. 46	- 6. 8204
Mar - 07	57159. 30	66758. 69	60589. 50	6169. 19	9. 2410
Jun - 07	64781. 60	67658. 98	62605. 66	5053. 32	7. 4688
Sep - 07	69482. 10	67705. 98	64625. 20	3080. 77	4. 5502
Dec - 07	78669. 30	67813. 27	66645. 48	1167. 79	1. 7221

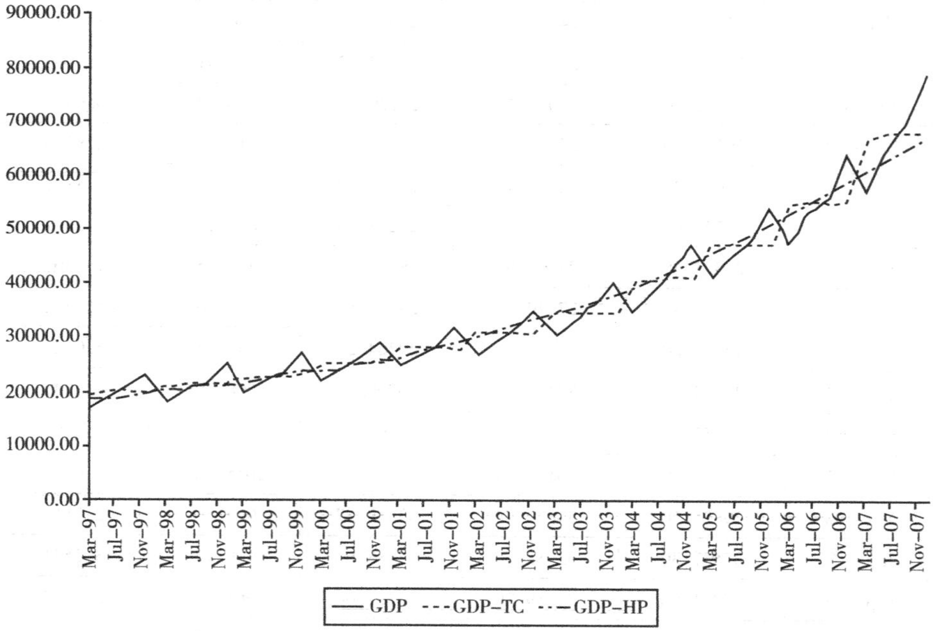

图 8 - 6 GDP 的 HP 滤波值

测度产出缺口后，我们来看一下它在实际经济问题分析中的应用。熟悉的菲利普斯曲线用来描述物价与失业率之间的关系。由于我国失业率登记制度不完善，学者们常用产出缺口代替失业率考察中国菲利普斯曲线是否存在。首先，选取 1997 年 1 季度至 2007 年 4 季度的月度 CPI 指数，采用季度几何平均值法将其转化为季度数据，画出 CPI 和 GAP 的散点图如图 8 - 7。

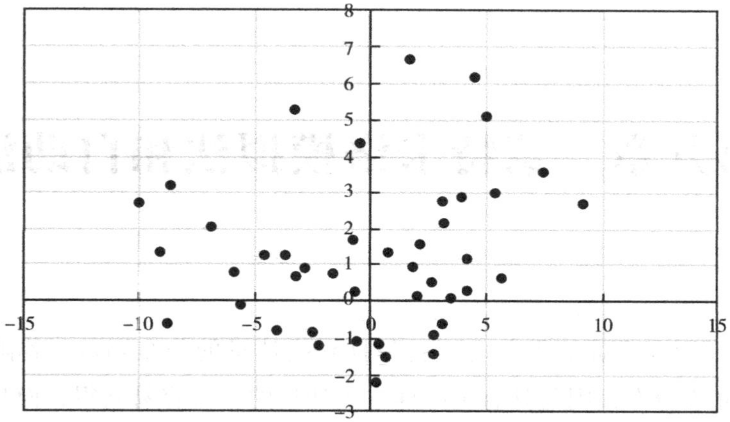

图 8－7　CPI 和产出缺口值的散点图

可以看出，两者之间并不存在明显的线性关系。为进一步探究中国产出缺口与通货膨胀率的关系，图 8－8 画出 CPI 和 GAP 的走势图。

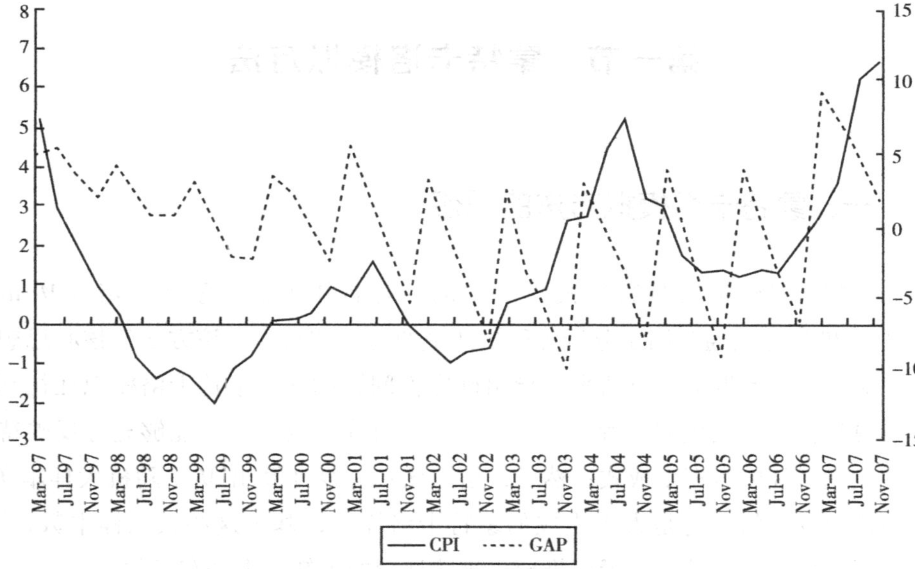

图 8－8　CPI 和产出缺口值图

观察图 8－8 可以发现，中国的产出缺口有很强的季节特征，其中，第一季度的 GAP 值最大，第四季度 GAP 值最小。去除季节性的影响可以发现，中国的产出缺口和 CPI 的走势有一定的正相关关系。

第九章　蒙特卡洛模拟法和自助法

数理统计学研究的重心之一就是推导统计量的分布函数。若随机变量 $\{X_t\}$ 是正态分布，则与其有关的样本统计量的分布容易获得，而且是数理统计学的基础内容。若随机变量 $\{X_t\}$ 是非线性的动态过程，得到与其相关的样本统计量的临界值则不容易。这时常用的方法有三种：近似法、大样本或渐近分布法、数值模拟法。蒙特卡洛模拟法和自助法均属于数值模拟法。

第一节　蒙特卡洛模拟方法

一、蒙特卡洛模拟方法的思想

蒙特卡洛模拟法是数值模拟法中的一种常用方法。蒙特卡洛（*Monte Carlo*）模拟方法通常用于分析各种统计量的特性和行为。该方法的核心思想是：利用随机问题的解方法来推导出确定性问题的解。蒙特卡洛模拟往往利用计算机模拟数据生成过程，大致思路是：首先，设定一个能够充分反映待研究问题特征的数据生成式；然后，运用该式反复计算出 M 组随机大样本 T 的所涉及变量值，这是人工生成的蒙特卡洛样本，基于这些人工样本数据，通过反复使用某统计量，近似推导出该统计量的未知样本分布函数。

例如，若想了解平稳自回归过程的均值的分布函数的形式，这时，原始数据生成过程为：

$$y_t = \rho y_{t-1} + \phi + \varepsilon_t,\ t = 1,2,\cdots,T \tag{9.1.1}$$

其中，$\varepsilon_t \sim N(0,1)$，$|\rho| < 1$，$\phi \in (-\infty,\infty)$，并设 $y_0 \sim N[\mu,(1-\rho^2)^{-1}]$，

$\mu = \phi/(1-\rho)$。

显然，必须已知参数值（ρ，ϕ），才能用蒙特卡洛模拟方法生成样本（y_1，y_2，…，y_T），进而得出：

$$\bar{y} = T^{-1}\sum_{t=1}^{T} y_t \tag{9.1.2}$$

假设$\rho=0.5$，$\phi=3$，$T=50$，这时$\mu=6$，将参数值代入式（9.1.1），并利用计算机生成$\{\varepsilon_t\}$的一组随机数，因能生成一个样本组（y_1，y_2，…，y_{50}）。根据式（9.1.2）计算$\bar{y}_1$，独立重复上述试验1000次，便可生成（$\bar{y}_1$，$\bar{y}_2$，…，$\bar{y}_{1000}$）。此时，可以计算1000个$\bar{y}$的均值和方差，从而得到其分布，若试验的次数M增大，会发现它的方差就减小。

蒙特卡洛模拟最广泛的应用是在非平稳过程中，当序列非平稳时，检验统计量不再服从标准的分布。也可以说，统计量不能用解析函数表示，它们需要用维纳过程来表示其分布。维纳过程是随机变量的集合，这样，统计量的分布会随着维纳过程的变化而变化，这也就是其无法用解析式表示的原因。为了得到非平稳序列统计量的临界值，人们多采用蒙特卡洛模拟数据的方法，按照数据生成过程模拟产生数据，然后拟合模型后计算相应的统计量值，当这种试验以几万次甚至更多次方式不断重复后，得到了足够多的统计量值，从而得出其分布。在这方面，最典型的应用是 Dickey－Fuller（DF）检验统计量临界值的确定。

设对序列$\{y_t\}$进行单位根检验的模型如式（9.1.3）：

$$y_t = \rho y_{t-1} + \varepsilon_t \tag{9.1.3}$$

提出的假设是：H_0：$\rho=1$；H_1：$\rho<1$

检验使用的统计量是：

$$t = \frac{\hat{\rho}}{SE(\hat{\rho})} \tag{9.1.4}$$

在H_0成立的条件下，t统计量的分布是非标准的，需要用蒙特卡洛模拟方法来得到其临界值。首先，在H_0成立的条件下，按照数据生成过程得到$\{y_t\}$。需要给出序列的初始值和确定样本容量T，并让计算机产生误差序列$\varepsilon_t \sim N(0,1)$，在此基础上按照式（9.1.3）得到$y_2$，$y_3$，…，$y_T$，即：

$$y_2 = y_1 + \varepsilon_2$$

$$y_3 = y_2 + \varepsilon_3$$

……

$y_T = y_{T-1} + \varepsilon_T$

其次，$\{y_t\}$ 拟合模型（9.1.3），并得到 t 统计量值。重复上面的过程 N 次，得到 N 次重复试验结果。通过这样的重复得出 t 统计量的分布值。将 N 个 t 值按照从小到大的顺序排列，5% 的临界值就等于该分布的第 5 个百分点。

二、蒙特卡洛模拟方法的步骤

一般进行蒙特卡洛模拟的步骤是：

第一步，按所需的数据生成过程（datagenrtating process，DGP）形成相关数据，其误差项由给定的分布产生；

第二步，对数据进行相关的回归分析，并计算检验统计量；

第三步，保存统计量值，返回第一步，并重复 N 次。为使统计量值有意义，N 的取值要很大，一般在几万次以上；

第四步，将 N 次统计量值排序，得到相应概率的临界值。例如，$\alpha = 0.01$，若相应的临界值是 -1.968，表示 $P(t < -1.968) = 0.01$，也就是 N 个统计量值排序后，$N \times 0.01$ 所对应的值是 -1.968。

［例 9.1］模拟 DF 检验 t 统计量临界值

定义随机序列 $\{x_t\}$，若 $x_t = \rho x_{t-1} + \varepsilon_t$，其中 $\rho = 1$，$\{\varepsilon_t\}$ 为平稳序列，且 $E(\varepsilon_t) = 0$，$cov(\varepsilon_t, \varepsilon_{t-s}) = \mu_s < \infty$，$s = 0,1,2,\cdots$ 则称 $\{x_t\}$ 为单位根过程。

检验序列 $x_t = \rho x_{t-1} + \varepsilon_t$ 是否存在单位根，原假设 H_0：$\rho = 1$，统计量 $t_{\hat{\rho}} = \dfrac{\hat{\rho} - \rho_0}{s(\hat{\rho})} \sim t(T-1)$，当 $T \to \infty$ 时，$\sqrt{T}(\hat{\rho} - \rho_0) \sim N(0, \sigma^2(1-\rho^2))$，所以当原假设成立时，统计量 $\sqrt{T}(\hat{\rho} - \rho_0)$ 的极限分布方差为 0，$t_{\hat{\rho}}$ 不再服从 t 分布。为了得到 $t_{\hat{\rho}}$ 统计量的分布，用蒙特卡洛方法模拟单位根过程，然后计算 $t_{\hat{\rho}}$ 统计量，重复多次试验，模拟次数越多 $t_{\hat{\rho}}$ 统计量的模拟结果越接近其真实分布。

用 Python 语言实现 $t_{\hat{\rho}}$ 统计量的模拟，代码如下：

import math

importnumpy as np　##导入 numpy 库，是 python 的一个扩展程序库，支持大量的维度数组和矩阵运算

```
T = [ ]
fr = 50000 ##试验重复次数
for i in range(0,fr):
    e = [ ]
    Yt = [ ]
    Yt.append(0)
    mu = 0
    sigma = 1
    e = np.random.normal(mu,sigma,100) ##生成服从标准正态分布的残差序列
    s = 0
    for i in e:
        Yt.append(Yt[s] + i) ##生成 Yt 单位根序列
        s = s + 1
    x = Yt[0:len(Yt) - 1] ##滞后一期的值
    y = Yt[1:len(Yt)]
    xmean = np.mean(x)
    ymean = np.mean(y)
    squr = 0
    xs = 0
    ys = 0
    for i in range(0,len(e)):
        squr = squr + e[i]**2
        xs = xs + (x[i] - xmean)*(y[i] - ymean)
        ys = ys + (x[i] - xmean)**2
    rou = xs/ys  ##计算系数估计值
    t = (rou - 1)/(math.sqrt(squr/((len(x) - 2)*ys)))  ##计算 t 统计量
    T.append(t)
T = sorted(T)  ##对统计量进行大小排序
a1 = int(fr/100)
a5 = int(fr/100*5)
```

```
a10 = int(fr/100*10) ##1% ,5% 和 10% 分位
print(T[a1])
print(T[a5])
print(T[a10]) ##输出临界值
```

经过 50000 次模拟得出，单位根检验 t 统计量 1%、5% 和 10% 的临界值结果如下：

```
=============== RESTART: D:/anaconda/Lib/idlelib/MonteCarlo.py ===============
-3.29438620804
-2.76864999887
-2.49414532652
```

第二节　自助法

一、Bootstrap 方法简介

自助法（Bootstrap Method）是一种从给定训练集中有放回的均匀抽样，也就是说，每当选中一个样本，它等可能地被再次选中并被再次添加到训练集中。自助法由 BradleyEfron 于 1979 年在 *Annals of Statistics* 上发表。当样本来自总体，能以正态分布来描述时，其抽样分布为正态分布；但当样本来自的总体无法以正态分布来描述时，则以渐进分析法、自助法等来分析。该方法充分利用了给定的观测信息，不需要模型其他的假设和增加新的观测，并且具有稳健性和效率高的特点，在小样本问题中应用广泛。

Bootstrap 方法一经提出就受到了广泛的关注。20 世纪 80 年代以来，越来越多的学者从理论和应用方面对其进行了更深入的探索和扩展。在理论研究方面，早期的研究主要集中于对 Bootstrap 抽样方法的阐述及扩展（Hall，1992；Hinkley，1997；Lahiri，2003a），以及 Bootstrap 方法与有着相同重复抽样思想的 Jackknife 方法的比较（Efron，1982；Wu，1986；Shao 和 Tu，1995）。

近年来，关于 Bootstrap 的理论研究更多地集中于以 Bootstrap 重复抽样思想为指导，针对不同数据类型和抽样对象而展开的方法创新。具体来讲包括 Sieve Bootstrap 方法、Block Bootstrap 方法、Stationary Bootstrap 方法、Wild Bootstrap 方法、Pairs Bootstrap 方法、Bayesian Bootstrap 方法等。本书在后文中会使用到

Sieve Bootstrap 方法。Sieve Bootstrap 方法是由 Bühlmann（1997）提出的，其主要思路是：在拟合参数模型的基础上，对模型残差序列进行有放回的随机重复抽样，利用抽样所得的残差序列计算得到原序列的若干个 Bootstrap 序列，进而进行统计分析。其主要适用于时间序列的抽样分析及统计检验中。

在应用研究方面，Bootstrap 方法在经济学、金融学、计算机科学、医学、军事等领域均得到了广泛的应用及发展，尤其是当这些领域的研究中涉及统计检验及统计推断时，运用 Bootstrap 方法可以有效地进行假设检验、区间估计、参数估计，以及统计检验。具体到计量经济学研究领域，Bootstrap 方法可以有效地应用于经济时间序列的平稳性检验，面板数据模型的统计检验、非平稳非线性时间序列模型的统计检验、模型参数及结构的稳定性检验等。

自助法的基本步骤如下：

第一步，采用重复有放回的抽样技术从原始样本中抽取一定数量（一般为原始样本容量大小）的样本；

第二步，根据抽出的样本计算感兴趣的统计量 T；

第三步，重复上述 N 次（一般大于 1000），得到 N 个统计量 T；

第四步，计算上述 N 个统计量 T 的样本方差，得到统计量的平均值及方差；

第五步，根据均值和方差进行总体参数的估计。

二、bootstrap 法区间估计

[**例 9.2**] 某小镇居民家庭每户月平均收入（元）如下：

1515 1800 1449 1860 2100 3015 4515 5025 4695 5025 5970 1485 2700 2400 1464 3750 5055 5400 4140 4245 6000 3525 3741 4428 5325

数据的平均值为 3625.08，做如下分析：

1. 基于经验分布的百分位数法区间估计。

将数据进行有放回的抽样，每次抽 25 个，重复 10000 次，然后计算每次抽取的 25 个样本的均值，共产生 10000 个样本均值，从小到大排序找出临界值。同时计算原数据的均值和标准差进行比较。

Python 程序代码如下：

```
importnumpy as np
```

```
importmatplotlib. pyplot as plt
income = [1515,1800,1449,1860,2100,3015,4515,5025,4695,5025,5970,1485,2700,2400,1464,3750,5055,5400,4140,4245,6000,3525,3741,4428,5325]
def bootstrap_replicate(data,func):
    in_sample = np. random. choice(data,len(data))
    returnfunc(in_sample) ##构建一个随机抽取样本容量为原始样本个数的样本的函数
def draw_in_reps(data,func,size = 1):
    in_replicates = np. empty(size)
    for i in range(size):
        in_replicates[i] = bootstrap_replicate(data,func)
    return in_replicates ##调用抽样函数,构建计算样本统计量的函数
in_replicates = draw_in_reps(income,np. mean,size = 10000) ##调用函数进行有放回地抽样,并求每次试验抽取的25个样本的均值
in_replicates = sorted(in_replicates) ##排序
print(in_replicates[250],in_replicates[10000 - 250]) ##输出样本均值在2.5%和97.5%分位数的值
in_std = np. std(in_replicates)
print(in_std) ##输出样本均值的标准差
income_mean = np. mean(income)
income_std = np. std(income)/ np. sqrt(len(income))
print(income_mean)
print(income_std) ##计算原始样本均值及标准差
```

```
>>>
============ RESTART: D:/anaconda/Lib/idlelib/Bootstrap-sample.py ============
(3037.5599999999999, 4221.0)
301.750921785
3625.08
300.272174775
```

求得自助估计量在0.025和0.975分位数上的临界值为［3037.59，4221］，标准差为301.75；样本总体的均值为3625.08，标准差为300.27，可以看出总体均值在经验分布的置信区间内，因此，结果是稳健的。

2. 基于正态分布的置信区间。

由于实验次数多，根据中心极限定理可认为样本均值服从正态分布，画

出样本均值的频率分布直方图，可看出其分布的特点，验证中心极限定理。

从输出的频率分布直方图上可以看出，抽取的样本均值近似服从正态分布，在此基础上计算总体均值的置信区间。

Python 程序代码如下：

```
# Make a histogram of the results
_ = plt. hist(in_replicates,bins = 500, normed = True)
plt. show()
print(np. mean(in_replicates) - 1.96 * in_std, np. mean(in_replicates) + 1.96 * in_std)
```

```
>>> print(np.mean(in_replicates)-1.96*in_std,np.mean(in_replicates)+1.96*in_std)
(3031.8752653007191, 4214.7388786992806)
```

结果显示（见图 9-1），基于正态分布计算出总体均值的置信区间为[3031.88，4214.74]，与经验分布求得的区间相差很小，总体均值也落在区间内。

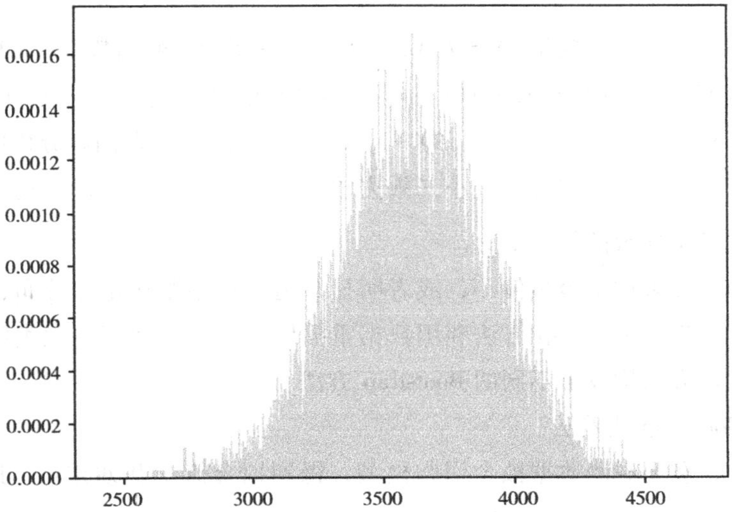

图 9-1　基于正态分布的区间估计值

3. t 百分位数方法。

根据每次抽样结果计算 t 统计量，将结果从小到大排序，得到临界值 $t_{\frac{\alpha}{2}}$ 和 $t_{1-\frac{\alpha}{2}}$，据此计算置信区间。

Python 程序代码如下：

```
T = [ ]
for i in range(0,10000):
    t = (in_replicates[i] - np.mean(in_replicates))/in_std
    T.append(t)
T = sorted(T)
print(T[250],T[10000 - 250])
TT1 = np.mean(in_replicates) + T[250] * in_std
TT2 = np.mean(in_replicates) + T[10000 - 250] * in_std
print(TT1,TT2)
```

输出结果为，$t_{0.975} = -1.95$，$t_{0.025} = 1.94$，计算得出置信区间为［3037.59，4221］。

三、bootstrap 法估计回归系数

考虑一般的回归模型，$Y = f(X,\beta) + \varepsilon$，其中 f 为一般函数，ε 为独立同分布的随机变量，$E(\varepsilon) = 0$，$var(\varepsilon) = \sigma^2$。给定观测值 (x_1,y_1)，(x_2,y_2)，(x_3,y_3)，…，(x_n,y_n)，则有 $y_i = f(x_i,\beta) + \varepsilon_i$，$i = 1,2,3,\cdots,n$，在回归分析中，关于参数估计方法很多，主要有最小二乘方法和最大似然估计法，通过这些估计方法可以求出参数的估计值 $\hat{\beta}$。

然而，如果样本容量偏小，或者明显知道变量不服从正态分布，则很难获得满意效果。Bootstrap 方法利用数据重抽样可以有效地解决此类问题，不同的重抽样方法构成了不同的 Bootstrap 方法。

1. Bootstrap 残差法。

首先，利用观测数据拟合回归模型，得到拟合值 $\hat{y}_i$ 和残差 $\hat{\varepsilon}_i$。其次，从拟合的残差集合 $\{\hat{\varepsilon}_i\}$ 中，有放回的随机抽取 Bootstrap 残差集 $\{\hat{\varepsilon}_t^*\}$。值得注意的是，实际上，$\{\hat{\varepsilon}_t^*\}$ 不是独立的，但可看作是近似独立的。最后，令 $Y_i = \hat{y}_i + \hat{\varepsilon}_t^* = f(x_i,\hat{\beta}) + \hat{\varepsilon}_t^*$，生成一个 Y_i 的 Bootstrap 集合，对观测数据 X 回归 Y^*，从而获得 Bootstrap 参数估计 $\hat{\beta}$。重复多次上述过程可得 $\hat{\beta}$ 的经验分布函数，然后便可进行统计推断。这种情形的 Bootstrap 法称为 Bootstrap 残差法。

Bootstrap 残差法依赖于所选的模型是否恰当地拟合给定的观测数据，以及残差具有常数方差的假设，若假设条件不满足则考虑其他方法。

2. 成对 Bootstrap 法。

如果观测数据的响应变量和自变量是从某群体中随机观测出来的，这时，我们可将数据 $z_i = (x_i, y_i)$ 看作一个整体，视为从因变量和自变量的联合分布中得到随机变量 $Z_i = (X_i, Y_i)$ 的观测值。我们可从数据集 $z_i = (x_i, y_i)$ 随机有放回地得到 Bootstrap 集合 $\{z_i^*\}$，接着拟合回归模型以得到 Bootstrap 参数估计 $\hat{\beta}^*$。多次重复该过程，然后同 Bootstrap 残差法一样进行统计推断。这种情形的 Bootstrap 法称为成对 Bootstrap 法。

成对 Bootstrap 法比 Bootstrap 残差法稳定，原因如下：

（1）成对 Bootstrap 法不依赖回归模型的适当性，残差方差的稳定性以及其他回归假设。

（2）在自变量不是固定的情况下，成对 Bootstrap 法更加直接地匹配了原始数据的生成机制。

［**例 9.3**］ *房屋销售回归参数估计实例。某地区房屋销售面积及价格的数据见表 9.1，利用 bootstrap 方法进行参数估计。*

表 9.1　　　　房屋销售数据

序号	面积（平方米）	销售价格（万元）	序号	面积（平方米）	销售价格（万元）
1	137.97	145	9	106.69	62
2	104.5	110	10	138.05	133
3	100	93	11	53.75	51
4	124.32	116	12	46.91	45
5	79.2	65.32	13	68	78.5
6	99	104	14	63.02	69.65
7	124	118	15	81.26	75.69
8	114	91	16	86.21	95.3

首先，对数据进行简单的一元线性回归分析，自变量为房屋面积，因变量为房屋销售价格。Python 程序代码如下，得到自变量系数的平均值为

0.8946，标准差为 0.1275。

(1) 使用 Bootstrap 残差法对数据进行回归，并估计参数的平均值和标准差。为确保结果的可信度，这里进行 20000 次试验。

Python 程序代码如下：

```
import numpy as np
x = [137.97, 104.50, 100.00, 124.32, 79.20, 99.00, 124.00, 114.00,
106.69,138.05,53.75,46.91,68.00,63.02,81.26,86.21]
y = [145.00,110.00,93.00,116.00,65.32,104.00,118.00,91.00,62.00,
133.00,51.00,45.00,78.50,69.65,75.69,95.30]
for i in range(len(x)):
    S_xy + = (x[i] - np.mean(x)) * (y[i] - np.mean(y))
    S_xx + = pow(x[i] - np.mean(x),2)
    S_yy + = pow(y[i] - np.mean(y),2)
    b1 = S_xy/S_xx
    b0 = np.mean(y) - b1 * np.mean(x)
    return b1,b0
res = y - b1 * x + b0
b1s = [ ]
b0s = [ ]
for i range(size):
    res_smp[i] = np.random.choice(data,len(data))
    y_s = b1 * x + b0 + res_smp
    for i in range(len(x)):
        S_xy_s + = (x[i] - np.mean(x)) * (y_s[i] - np.mean(y_s))
        S_xx + = pow(x[i] - np.mean(x),2)
        S_yy_s + = pow(y_s [i] - np.mean(y_s),2)
        b1_s = S_xy_s/S_xx
        b0_s = np.mean(y_s) - b1 * np.mean(x)
        return
    b1s.append(b1_s)
```

```
b = np.mean(b1s)
sb = np.var(b1s)
```

输出结果 $\hat{\beta}^*$ 均值为0.8838542，标准差为0.1016。

（2）使用成对Bootstrap法对数据进行回归，其他参数保持不变，估计参数的平均值和标准差。

Python程序代码如下：

```
importnumpy as np
x = [137.97, 104.50, 100.00, 124.32, 79.20, 99.00, 124.00, 114.00,
106.69,138.05,53.75,46.91,68.00,63.02,81.26,86.21]
y = [145.00,110.00,93.00,116.00,65.32,104.00,118.00,91.00,62.00,
133.00,51.00,45.00,78.50,69.65,75.69,95.30]
##导入数据,x为商品房面积,y为销售价格
def draw_bs_pairs_linreg(x, y, size = 1):
    inds = np.arange(len(x))#选用pair中的一个变量长度作为指数
    b1 = np.empty(size)#初始化两个空list用于存储每次实验得到的参数
    b0 = np.empty(size)
    for i in range(size):#重复size次实验
        bs_inds = np.random.choice(inds, size = len(inds))#抽取和变量
长度相当个数的指数
        for i in bs_inds:
            b = int(i)
            bs_x = [ ]
            bs_y = [ ]
            bs_x.append(x[b])
            bs_y.append(y[b])#依据指数选取成对的变量
            return
        #计算回归系数
        for i in range(len(x)):
            S_xy + = (x[i] - np.mean(x)) * (y[i] - np.mean(y))
            S_xx + = pow(x[i] - np.mean(x),2)
```

```
                S_yy + = pow(y[i] - np.mean(y),2)
                b1 = S_xy/S_xx
                b0 = np.mean(y) - b1 * np.mean(x)
                return
            print(b1, b0)
        return b1,b0
    b1,b0 = draw_bs_pairs_linreg(x, y, size = 500)
```

输出结果 $\hat{\beta}^*$ 均值为 0.8944，标准差为 0.1182。

（3）结果分析。从三组 β 的估计量可以得出，使用 Bootstrap 方法估计的系数标准差明显小于直接使用 OLS 估计的值，说明 Bootstrap 方法可以更好地减小回归误差。而在此房屋价格数据的基础上，使用 Bootstrap 残差法的效果要优于成对 Bootstrap 法，其估计量的标准差更小，主要原因是数据的残差较稳定，但一般来说成对 Bootstrap 法比 Bootstrap 残差法更加稳定。总之，Bootstrap 方法可以更好地减小回归误差。

四、自助法在单位根检验中的应用

单位根及协整检验的统计量多基于蒙特卡洛模拟（Monte Carlo Simulation）的参数类检验方法而得到其分布的临界值的。由于参数的极限分布是非标准的，需要依赖于事先设定的模型形式。尤其对于随机扰动项的分布假定，一旦实际生成的数据与设定存在偏差，检验结果就会出现偏误。另外，参数解析式的结构都很复杂，推导过程过于烦琐，因此越来越多的研究将非参数的 Bootstrap 方法应用于非平稳及非线性模型统计检验的研究中。Bootstrap 方法的核心思想是不依赖于外在的分布，每个样本总是其背后总体的最好代表，因此基于样本自身寻找其背后总体分布是最好的方法。于是通过对样本数据有放回地重复抽样获取数据逼近总体分布，进行参数区间估计、假设检验以及统计量分布模拟。

在传统的计量经济学研究中，常常事先假定残差项服从正态分布，进而生成数据进行统计推断，如蒙特卡洛（Monte Carlo）模拟实验方法等。但事实上，残差项的分布多数情况下是非标准的，也是未知的。另外，基于渐近理论的统计研究中，估计量解析式的推导过程也过于繁琐。与传统方法不同，

Bootstrap 方法并不需要对总体分布作假设或事先推导估计量的解析式，它要做的仅仅是重构样本并不断计算估计值。它本质上是一种非参数方法。因此，在分布假设太牵强或者解析式太难推导时，Bootstrap 就成为解决问题的另一种有效思路。越来越多的研究发现，在统计研究中，基于 Bootstrap 方法所得的检验方法及检验统计量明显地优于基于大样本下的渐近理论所得的检验方法和检验统计量。Hall and Horowitz（1996）的研究证实了在基于广义矩估计（GMM）的统计检验中，Bootstrap 方法的使用能够有效减少名义水平和真实水平间的误差，明显地优于大样本下的渐近理论。Diebold and Chen（1996）在含有内生断点的结构稳定性检验中发现，相较于渐近近似理论，Bootstrap 方法的引入能够有效改善检验统计量有限样本性质。Davidson and MacKinnon（1999）发现，相较于渐近近似理论下所得的检验统计量，Bootstrap 方法下检验统计量 Size 的扭曲程度明显较低，说明基于 Bootstrap 方法的检验统计量犯“弃真”错误的概率更小，Bootstrap 方法在计量分析中的优越性越来越显著（严方笠，2020）。

［**例 9.4**］Bootstrap 方法模拟单位根检验统计量

本书以 Sieve Bootstrap 方法为例，说明 Bootstrap 方法得到统计量分布的步骤。利用 Sieve Bootstrap 方法得到检验统计量分布的思路是：首先，对序列拟合模型后得到的残差进行中心化处理，随后按序有放回地随机抽样，利用残差的抽样结果替代模型中原有的残差序列；其次，利用抽样后的残差序列及模型参数估计值生成新的序列，对新的序列重新拟合模型，利用拟合结果计算检验统计量值；最后，重复上述过程足够多次，将结果排序后得到统计量的分布及临界值。

Sieve Bootstrap 应用于单位根检验的过程为：

第一步，令 y_t 的差分值为 Δy_t，然后拟合 Δy_t 的 p 阶自回归模型，得到残差 $\{\varepsilon_t\}$ 序列，即：

$$\begin{aligned}\Delta y_t &= \hat{a}_1 \Delta y_{t-1} + \cdots + \hat{a}_p \Delta y_{t-p} \\ \varepsilon_t &= \Delta y_t - \sum_{i=1}^{p} a_i \Delta y_{t-1}\end{aligned} \tag{9.2.1}$$

第二步，对残差序列 $\{\varepsilon_t\}$ 进行中心化处理（$\varepsilon_t - \bar{\varepsilon}$，$\bar{\varepsilon}$ 为残差序列均值），并对中心化后的序列进行有放回重复随机抽样，得到残差序列的 Bootstrap 抽样序列 $\{\varepsilon_t^*\}$。

第三步，利用 $\{\varepsilon_t^*\}$ 序列和参数估计值，得到新的 $\{\Delta y_t^*\}$，即：

$$\Delta y_t^* = \hat{a}_1 \Delta y_{t-1}^* + \cdots + \hat{a}_p \Delta y_{t-p}^* + \varepsilon_t^* \tag{9.2.2}$$

第四步，利用 Δy_t 可以递推得到 $\{y_t\}$ 的 Bootstrap 抽样序列 $\{y_t^*\}$，其中，假设 $y_0^* = 0$。

$$y_t^* = y_0^* + \sum_{i=1}^{t} \Delta y_i^* \tag{9.2.3}$$

第五步，对 $\{y_t^*\}$ 序列拟合单位根检验式（），得到参数估计值及 t 统计量值，即：

$$\begin{aligned} y_t^* &= \hat{\rho} y_{t-1}^* + \sum_{k=1}^{p} \rho_k \Delta y_{t-k}^* \\ t^* &= \frac{\hat{\rho} - 1}{s(\hat{\rho})} \end{aligned} \tag{9.2.4}$$

第六步，重复第二步到第五步 B 次，得到 t 统计量的分布。

蒙特卡洛模拟方法及 Bootstrap 方法都是通过几万次的生成数据（数值模拟）方法，得到统计量的分布及临界值。但蒙特卡洛模拟在生成时，需要借助外在的分布，如 iidN(0，1) 生成序列，而 Bootstrap 方法根据实际序列拟合后的残差序列得到序列值，这是它们的根本区别。

第十章　非参数统计方法

前面介绍的总体参数估计和参数假设检验等是参数统计方法，是用样本来估计总体的参数和对参数进行假设检验。这些方法是以总体分布已知或对分布做出某种假设为前提的。然而，在现实生活中，往往并不知道总体为何种分布，而且对总体分布的假定不能随便做出，一旦假定错误的话，由此做出的推断就会造成错误的结论。于是，人们希望有一个对总体分布形式不做限制假定的检验技术，利用它能尽量从数据本身来获得所需要的信息，而非参数统计方法就是能满足这种需求的检验方法。非参数统计方法对总体分布的具体形式不做任何限制性假定，而且不以总体参数的具体数值估计为目的（非参数统计由此得名），主要是对总体的某些一般性假定进行统计推断。另外，它除了能处理数值型资料外，还能处理属性类资料，这是参数统计方法无法做到的。

较早明确提出非参数统计问题的是著名统计学家 K. 皮尔逊。1940 年，瓦尔德等人提出了游程检验方法；1945 年，威尔科克森提出了秩和检验。自威尔克斯提出“分布自由”概念以来，由于它比较直观地点明了非参数方法的实质，故而人们常把它们不做区分地加以互用。20 世纪 60 年代，瓦尔歇出版了《非参数统计手册》，系统地总结了到他那个时期的非参数统计研究的成果。迄今为止，非参数统计在统计学整个体系中仍然十分活跃。

本章主要介绍拟合优度检验、游程检验、等级相关检验、独立性和齐一性检验、威尔科克森秩检验等。

第一节 拟合优度检验

一、拟合优度检验原理

拟合优度检验就是根据样本资料，考察样本所来自的总体的分布与指定的分布之间是否吻合。进行拟合优度检验要用到χ^2分布，同其他假设检验的做法一样，是把样本结果与原假设为真时的期望结果相比较，做出判断的依据依然是样本结果与期望结果的差异程度。

拟合优度检验的基本思想是：把样本观察值划分成 k 个组，然后计算各组中实际发生的观察值频数f_i，在假设样本来自的总体为某一指定分布的情况下，估计每个组应该出现的频数，称为“理论频数”或“估计频数”，用 $\hat{f}_i$ 表示。$\hat{f}_i = np_i$，n 为样本容量，p_i 为在指定分布下第 i 个组中观察值出现的理论频率或概率。如果实际频数f_i 与理论频数 $\hat{f}_i$ 相差不大，则认为原假设是成立的，即样本所代表的总体的分布与指定的、假定的分布是一致的；反之，如果实际频数f_i 与理论频数 $\hat{f}_i$ 相差很大，显然，样本所属总体的分布不是指定的分布，它们的差异很显著。

K. 皮尔逊提出了检验统计量。他证明，当样本容量 n 充分大（$n \geqslant 50$）时，不论样本所属总体呈现什么样的分布，检验统计量为：

$$\chi^2 = \sum_{i=1}^{k} \frac{(f_i - \hat{f}_i)^2}{\hat{f}_i} \sim \chi^2(k - r - 1) \tag{10.1.1}$$

k 为对样本资料所划分的组数，r 为指定的分布中需要用样本进行估计的参数的个数。显然，实际频数与理论频数越接近，χ^2 就越小；实际频数与理论频数差异越大，样本所属总体分布与指定分布差距越大，χ^2 就越大。因此，在给定的显著性水平 α 下，原假设的拒绝域应该在χ^2 分布的右侧，即当$\chi^2 > \chi^2_\alpha(k-r-1)$，则拒绝原假设。

χ^2 拟合优度检验法在非参数统计中具有广泛的用途。它的优点在于不管事先给出的样本所属总体是何种分布，都可以用χ^2分布检验一个总体是否是这种分布。需要注意的是，由于这种方法是在n无限大时推导出来的，应用时n必须在50以上，而且理论频数$\hat{f}_i$不能太小；如果小于5，要对分组作适当的合并和调整，一般把相邻的组合并。

二、拟合优度检验步骤

总结拟合优度检验的思想和原理，得到它的一般检验步骤是：

第一步，根据问题提出假设。原假设为样本所属总体分布为某一指定的分布，备择假设是样本所属总体分布不是某一指定的分布。

第二步，对样本资料进行分组，并统计每个组的频数。

第三步，在原假设成立的条件下，计算每个组的理论频数。

第四步，计算χ^2检验统计量的值。

第五步，查表得χ^2检验临界值，将样本统计量的值与临界值比较，最后作出假设成立与否的结论。

[例10.1] 某大学微积分课程学生得分的经验分布规则是：10%的为A，30%的为B，40%的为C，15%的为D，5%的为E。在一次组织的由200名学生参加的测验中，22人得到A，58人得到B，71人得到C，20人得到D，其余的为E。如果给定的显著性水平为0.05，试从统计学的角度判断这次考试的分数分布是否与经验分布规则相吻合。

解： 本题要考察学生得分的分布与以往的经验分布是否一致，给出的经验分布可以当作是多项分布。多项分布是二项分布的推广，在多项试验中，可能出现的结果多于两个，每次试验时只有其中的某一个结果出现，各个结果发生的概率保持不变。

H_0：本次考试的分数分布与经验分布相吻合

H_1：本次考试的分数分布与经验分布不相吻合

在假设H_0成立的条件下，即考试的分数按经验分布规则分布，计算各等级的学生理论人数$\hat{f}_i$，如表10.1所示：

表 10.1　　某大学微积分课程学生得分情况表

	A	B	C	D	E	合计
经验分布比率%	10	30	40	15	5	100
经验分布人数 $\hat{f}_i$	20	60	80	30	10	200
实际人数 f_i	22	58	71	20	29	200

计算拟合优度检验统计量

$$\chi^2 = \sum_{i=1}^{k} \frac{(f_i - \hat{f}_i)^2}{\hat{f}_i} = \frac{(22-20)^2}{20} + \cdots + \frac{(29-10)^2}{10} = 40.71 \quad (10.1.2)$$

在给定显著性水平 0.05 条件下，查表得

$$\chi^2_{0.05}(k-r-1) = \chi^2_{0.05}(4) = 9.488 \quad (10.1.3)$$

k 表示数据分组个数，为 5；r 为用样本计算的参数个数，这里没有用样本计算的参数，取值为 0，所以，χ^2 分布的自由度是 4。因为，$\chi^2 = 40.71 > \chi^2_{0.05}(4) = 9.488$，拒绝原假设，本次考试的成绩分布与经验分布不一致，从样本看，可能是由得 E 的学生比以往多造成的。

[**例 10.2**] 为测定某种产品的某种成分含量，取样品 200 个，形成分组统计资料如表 10.2 所示，检验该成分含量是否服从正态分布（$\alpha = 0.05$）。

表 10.2　　某种产品某种成分含量分组表

按某种成分含量分组	频数
5 - 15	5
15 - 25	18
25 - 35	32
35 - 45	52
45 - 55	45
55 - 65	30
65 - 75	14
75 - 85	4
合计	200

解： 提出假设，

H_0：成分含量服从正态分布

H_1：成分含量不服从正态分布

为检验正态分布，需要根据样本值计算参数μ和σ^2。对表10.2中的数据计算组中值，结果如表10.3所示。

$$\hat{\mu} = \overline{X} = \frac{\sum_{i=1}^{8} X_i f_i}{\sum_{i=1}^{8} f_i} = \frac{8800}{200} = 44 \tag{10.1.4}$$

$$\hat{\sigma}^2 = S^2 = \frac{\sum_{i=1}^{8} (X_i - \overline{X})^2 f_i}{\sum_{i=1}^{8} f_i} = \frac{47200}{200} = 236 \tag{10.1.5}$$

表10.3　　某种产品某种成分含量分布分析表

	f_i	组中值	$X_i f_i$	$(X_i - \overline{X})f_i$	理论频率 p_i	理论频数 $\hat{f}_i = np_i$	$\frac{(f_i - \hat{f}_i)^2}{\hat{f}_i}$
5－15	5	10	50	5780	0.02	4 }	0.45
15－25	18	20	360	10368	0.08	16 }	
25－35	32	30	960	6272	0.17	34	0.12
35－45	52	40	2080	832	0.25	50	0.08
45－55	45	50	2250	1620	0.24	48	0.19
55－65	30	60	1800	7680	0.16	32	0.13
65－75	14	70	980	9464	0.06	12 }	
75－85	4	80	320	5184	0.02	4 }	0.25
合计	200	—	8800	47200	1	200	1.22

在H_0成立的条件下，对数据进行标准化处理，$\frac{X-\hat{\mu}}{\hat{\sigma}}$，查正态分布表得每个组的理论概率值$p_i$以及理论频数，并对频数小于5的组进行合并，将前面两个及最后两个组各合并成一个组。最后，计算样本统计量

$$\chi^2 = \sum_{i=1}^{k} \frac{(f_i - \hat{f}_i)^2}{\hat{f}_i} = 1.22 \tag{10.1.6}$$

$$\chi^2_{0.05}(k-r-1) = \chi^2_{0.05}(6-2-1) = 7.815 \tag{10.1.7}$$

$\chi^2 = 1.22 < \chi^2_{0.05}$，接受原假设，成分含量服从正态分布。

第二节 游程检验

游程检验也称为“瓦尔德随机性检验”。它既可用于检验样本的随机性，也可用于检验两个样本是否具有相同的分布。所谓“游程”，是指在由两个元素组成的任一序列中，每一种元素被另一元素分隔成一些子列，这每个子列称为“一个游程”，游程之和称为“游程总数”。例如，一个序列由 X 和 Y 两元素组成：$\underline{XX}\,Y\,\underline{X}\,YYY\,\underline{XX}\,Y\,\underline{X}\,YYY$，开头两个 X 是一个游程，随后一个 Y 是一个游程，一个 X 是一个游程，…，这个序列一共有 8 个游程。

游程检验的基本思想是：把来自不同总体的两个样本的观察值混合在一起，按从小到大的顺序排列，如果分属不同样本的观察值能够充分交织，显然这两个总体没有什么区别，即两个总体的分布形式一样；如果第一个样本观察值始终排列在一起，第二个样本观察值也排列在一起，可以断定两个样本来自的总体是不同的。由此我们可以得出，如果两个样本所属总体不同，则游程总数很少，极端的情况是，一个样本观察值在前，一个在后，只有 2 个游程。相反，如果两个样本来自的总体是一致的，则游程数不应该太少，研究表明，也不能太多。游程太多，就显示出一种规则，比如两个样本观察值交替出现。事实上，如果两个样本来自相同的总体，把它们排序时，它们的大小顺序是随机形成的，不会显示出什么规则，因此，游程数也不会太多。可见，游程数可以作为游程检验的统计量。游程检验用于检验样本随机性的原理与此类似。样本的随机性指样本的取值是随机的，尽管是一个样本，但是要把样本区分成两种性质的观察值，好像是两个样本，因此，可以通过游程数来检验它们能否融合在一起，如果能，意味样本所属总体在这两种性质的观察值的取值上是随机的，样本所属总体具有随机性。如果游程数太多或太少，显示出某种规律，意味着总体对两种性质观察值的取值不是随机的，而是有某种规律，则样本不具有随机性。

瓦尔德等人导出了游程数分布的极限形式，并给出了相应的临界值表。游程检验表根据两个样本的容量 n 和 m 以及显著性水平 α，给出了相应的游程临界上限值和下限值。如果实际的游程数小于下限值或大于上限值，表明游程数太少或太多，就应该拒绝原假设。查表时，要求 n 和 m 不大于20，两者中只要有一个大于20，就不能通过查表来作显著性检验。对于大样本，游程数的分布近似于均值为 $\frac{2nm}{n+m}+1$，方差为 $\frac{2nm(2nm-n-m)}{(n+m)^2(n+m-1)}$ 的正态分布，可通过正态分布来检验。

[例10.3] 某种股票在过去的28个交易日中的交易情况如下所示（+表示价格上升，－表示价格下降）

+，+，+，－，－，+，－，－，－，+，+，－，+，－，+，－，－，+，+，－，+，+，－，+，+，－，+，－

试按0.05的显著性水平检验这种股票价格的变化是否具有随机性。

解： 由上述资料得，游程总数 $U=18$，用 n 表示+号数，m 表示－号数，则 $n=15$，$m=13$。在给定的显著性水平下，查游程检验表，得到临界值的下限值为9，上限值为21，$9<18<21$，所以，接受原假设，股票价格变化是随机的。

[例10.4] 为检查燃料添加剂对长途客车行驶里程的影响，抽取12辆车进行检测，得到的数据资料如表10.4所示，在0.05显著性水平下，分析添加剂对客车行驶里程的影响是否存在差别。

表10.4　　不同燃料添加剂下的车辆行驶里程

车辆编号	1	2	3	4	5	6	7	8	9	10	11	12
添加剂A	39	44	37	41	24	44	32	38	42	46	50	41
添加剂B	35	43	45	34	42	47	34	28	39	42	44	47

解： 将A、B两序列打乱后，按从小到大的顺序排列，在B序列数值下加下划线以示区别，得到数列如下：

24 <u>28</u> 32 <u>34</u> <u>34</u> <u>35</u> 37 38 39 <u>39</u> 41 41 42 <u>42</u> <u>42</u> <u>43</u> <u>44</u> 44 44 <u>45</u> 46 <u>47</u> <u>47</u> 50

统计得，总游程数 $U=13$，$n=12$，$m=12$，在给定的显著性水平下，查游程检验表，得到临界值的下限值为7，上限值为19，$7<13<19$，所以，接受原假设，两种添加剂对客车行驶里程影响没有差别。

第三节　等级相关检验

在现实生活中，人们经常想知道两个变量之间的关系，比如，居民收入与消费支出的关系、性别与寿命的关系等。在统计学中，通常用相关系数来衡量两个变量之间的线性相关程度，一般用于定量型数据中，比如学习成绩、年龄、温度、收入、产量等数据。但是，在实践中，有的数据是表明等级或顺序的定性数据，如学生的考试成绩分成优秀、良好、中等、及格和不及格，工人按技术水平分为一级工和二级工等。对这类数据的两个变量间的关系的度量，就不能用相关系数加以测定，而要用等级相关的非参数方法——Spearman 秩相关检验和 Kendall 和谐相关检验。

一、Spearman 秩相关检验

Spearman 秩相关检验就是利用 Spearman 秩相关系数测定变量间等级相关程度的一种非参数统计分析方法。

给定的一列有关等级或顺序的数据对（x_1，y_1），（x_2，y_2），…，（x_n，y_n），要检验它们所代表的变量 X 和 Y 是否相关，用 Spearman 秩相关检验时，先要找出所有的 x_i 在 X 样本中的秩 R_i，以及所有的 y_i 在 Y 样本中的秩 S_i，再对每一对观察值的秩进行比较，记 $d_i = R_i - S_i$。Spearman 秩相关系数与相关系数的 r 的计算方法类似。

我们知道，变量 X 和 Y 之间的相关系数 r 的计算公式是：

$$r = \frac{\sum_{i=1}^{n}(x_i - \overline{X})(y_i - \overline{Y})}{\sqrt{\sum_{i=1}^{n}(x_i - \overline{X})^2}\sqrt{\sum_{i=1}^{n}(y_i - \overline{Y})^2}} \tag{10.3.1}$$

令 $\overline{R} = \frac{1}{n}\sum_{i=1}^{n}R_i = \frac{n+1}{2}$，$\overline{S} = \frac{1}{n}\sum_{i=1}^{n}S_i = \frac{n+1}{2}$

则 Spearman 秩相关系数 r_s 为：

$$r_s = \frac{\sum_{i=1}^{n}(R_i - \bar{R})(S_i - \bar{S})}{\sqrt{\sum_{i=1}^{n}(R_i - \bar{R})^2}\sqrt{\sum_{i=1}^{n}(S_i - \bar{S})^2}} = 1 - \frac{6\sum_{i=1}^{n} d_i^2}{n(n^2 - 1)} \qquad (10.3.2)$$

r_s 的取值在 -1 和 1 之间，即 $|r_s| \leqslant 1$。当 $r_s = 1$ 时，表明 X 和 Y 之间是完全正相关关系；当 $r_s = -1$ 时，表明 X 和 Y 之间是完全负相关关系；当 $r_s = 0$ 时，表明 X 和 Y 之间是完全不相关；当 $r_s < 0$ 时，表明两变量间是负相关，反之，则是正相关。

关于 r_s 的检验，可以直接从 Spearman 秩相关系数检验临界值表中查出临界值。在给定的显著性水平下，如果样本统计量值大于临界值，则认为两变量之间存在显著的相关关系。当样本容量 $n > 30$ 时，则根据 $z = r_s\sqrt{n-1} \sim N(0,1)$ 来进行检验。

[例 10.5] 某研究机构对某地区 10 家市场调查公司进行调查，以此了解有关市场调查公司的质量信息。其中一项调查结果给出了有关专家对 10 家市场调查公司机构人员综合分析能力排序和公司发展潜力排序，有关数据见表 10.5，试分析公司职工综合能力排序与公司发展潜力排序是否有关联。($\alpha = 0.1$)

表 10.5　　　公司职工综合能力与公司发展潜力排序表

公司	公司职工分析能力排序 x_i	公司发展潜力的排序 y_i	$d_i = x_i - y_i$	d_i^2
1	4	6	−2	4
2	6	8	−2	4
3	8	5	3	9
4	3	1	2	4
5	1	2	−1	1
6	2	3	−1	1
7	5	7	−2	4
8	10	9	1	1
9	7	4	3	9
10	9	10	−1	1
合计				38

解： $n = 10$，提出假设，

H_0：公司职工综合能力排序与公司发展潜力排序无关联

H_1：公司职工综合能力排序与公司发展潜力排序有关联

计算两指标排序的差值及其平方值如表 10.5 所示：

计算统计量

$$r_s = 1 - \frac{6\sum_{i=1}^{n} d_i^2}{n(n^2-1)} = 1 - \frac{6 \times 38}{10(100-1)} = 0.77 \tag{10.3.3}$$

$\alpha = 0.1$，查表得临界值为 0.564，$r_s = 0.77 > 0.564$，所以，接受 H_1，公司职工综合能力排序与公司发展潜力排序显著正相关。

二、Kendall 和谐相关系数及其检验

Kendall 和谐相关系数与 Spearman 秩相关系数，在性质上大体相同，所不同的只是 Spearman 秩相关系数反映的是两个变量之间的相关关系，而 Kendall 和谐相关系数则可以用来衡量多个变量之间的相关关系。

X_1，X_2，…，X_n 是容量为 n 的样本，对每个样本单位作 k 次处理，得到数据表 10.6：

表 10.6　　Kendall 和谐相关系数数据表

观察值 处理 / 样本	1	2	…	k
1	X_{11}	X_{12}	…	X_{1k}
2	X_{21}	X_{22}	…	X_{2k}
…	…	…	…	…
n	X_{n1}	X_{n2}	…	X_{nk}

在第 j 个处理中，对 n 个样本单位的观察值进行评秩，$j = 1, 2, \cdots, k$。把各行的各个观察值的秩加起来，用 R_i 表示，则 Kendall 和谐相关系数的计算公式为：

$$r_k = \frac{12\sum_{i=1}^{n} R_i^2}{k^2 n(n^2-1)} - \frac{3(n+1)}{n-1} \tag{10.3.4}$$

对于样本容量较小的情况，r_k 的检验统计量为

$S = \sum_{i=1}^{n}(R_i - \overline{R})^2$，对于显著性水平 α，该检验的否定域是

$$P(S \leqslant S_\alpha) = \alpha \tag{10.3.5}$$

当样本容量较大时，r_k 的检验统计量为

$$\chi^2 = k(n-1)r_k \sim \chi^2(n-1) \tag{10.3.6}$$

[例 10.6] 某公司人事部门的 3 位经理去招聘人才，给 6 位应聘者的评分资料如表 10.7 所示，试在 0.05 的显著性水平下，分析经理们给应聘者评价的符合程度。

表 10.7　　应聘者得分情况表

得分秩 经理 / 应聘者	1	2	3	合计
1	1	1	6	8
2	6	5	3	14
3	3	6	2	11
4	2	4	5	11
5	5	2	4	11
6	4	3	1	8

解： 已知 $n=6$，$k=3$，提出假设

H_0：经理们给应聘者的评价一致

H_1：经理们给应聘者的评价不一致

把各行的各个观察值的秩求和如表 10.7 所示，计算 Kendall 和谐相关系数 r_k，

$$r_k = \frac{12\sum_{i=1}^{n} R_i^2}{k^2 n(n^2-1)} - \frac{3(n+1)}{n-1} = \frac{12 \times (8^2 + 14^2 + \cdots + 8^2)}{3^2 \times 6 \times (6^2-1)} - \frac{3(6+1)}{6-1} = 0.162 \tag{10.3.7}$$

初步判断评判的结果不一致，

$$\overline{R} = \frac{1}{n} \sum_{i=1}^{6} R_i = \frac{1}{6}(8 + 14 + 11 + 11 + 11 + 8) = 10.5 \tag{10.3.8}$$

r_k 的检验统计量为

$$S = \sum_{i=1}^{n} (R_i - \overline{R})^2 = (8 - 10.5)^2 + (14 - 10.5)^2 + \cdots + (8 - 10.5)^2 = 22.5 \tag{10.3.9}$$

$\alpha = 0.05$，查表得临界值为 103.9，$S = 22.5 < 103.9$，小概率事件发生，接受 H_1，经理们给应聘者的评价不一致。

第四节 独立性检验与齐一性检验

独立性检验与齐一性检验都要用到 χ^2 分布，两者是 χ^2 分布的重要应用领域。

一、独立性检验

如果两个变量之间没有任何联系，我们说它们是独立的。在统计学中，我们对于相关、独立的问题并不陌生。最常用到的是用相关系数来衡量两个变量之间的线性相关程度，比如，收入高低与教育程度存在着一定的联系，用受教育年限反映教育程度，搜集到与之相对应的收入资料，就可以计算相关系数，相关系数的大小反映它们相关程度的高低。然而，在现实问题中，有时只有定性数据，例如，把收入分为高、中、低，把教育程度划分为文盲、初等、中等和高等，这时研究收入与受教育程度的关系就不能用相关系数，这就是独立性检验要解决的问题。因此，独立性检验就是要用 χ^2 分布来检验分别进行分组的两个变量之间的关联问题。

独立性检验时，首先要把两个变量及其它们的分类列成表，以便明确它们之间的关系。设有变量 A、B，它们的分类和频数如表 10.8 所示：

表 10.8　　独立性检验数据表

变量 B / 频数 f / 变量 A	B_1	B_2	…	B_c	合计
A_1	f_{11}	f_{12}	…	f_{1k}	$f_{1\cdot}$
A_2	f_{21}	f_{22}	…	f_{2k}	$f_{2\cdot}$
…	…	…	…	…	…
A_r	f_{r1}	f_{r2}	…	f_{rk}	$f_{r\cdot}$
合计	$f_{\cdot 1}$	$f_{\cdot 2}$	…	$f_{\cdot c}$	$f_{\cdot\cdot}$

表 10.8 中，f_{ij}表示 A_i 和 B_j 同时发生的频数，

$$f_{\cdot j} = \sum_{i=1}^{r} f_{ij} \tag{10.4.1}$$

式（10.4.1）表示 B_j 发生的频数和，

$$f_{i\cdot} = \sum_{j=1}^{c} f_{ij} \tag{10.4.2}$$

式（10.4.2）表示 A_i 发生的频数和，

$$f_{\cdot\cdot} = \sum_{j=1}^{c} f_{\cdot j} = \sum_{i=1}^{r} f_{i\cdot} = \sum_{i=1}^{r}\sum_{j=1}^{c} f_{ij} \tag{10.4.3}$$

式（10.4.3）为观察总数。

独立性检验的思想是：如果变量 A 与 B 相互独立，那么，根据概率论中的独立性规则，就应该有 A 与 B 同时发生的概率应等于 A 和 B 各自发生概率的乘积；反之，便说明它们不独立。因此，在独立性假设下，分别计算 A 和 B 各类别发生的理论概率，并估计相应的频数，最后把实际频数与理论频数相比较，做出假设能否成立的判断。

假定 A 和 B 相互独立，则有

$$P(A_iB_j) = P(A_i)P(B_j), i = 1,2,\cdots,r \quad j = 1,2,\cdots,c \tag{10.4.4}$$

$$P(A_i) = \frac{f_{i\cdot}}{f_{\cdot\cdot}},\ P(B_j) = \frac{f_{\cdot j}}{f_{\cdot\cdot}} \tag{10.4.5}$$

这样就有

$$P(A_iB_j) = P(A_i)P(B_j) = \frac{f_{i\cdot}f_{\cdot j}}{f_{\cdot\cdot}f_{\cdot\cdot}} \tag{10.4.6}$$

A_i 和 B_j 同时发生的理论频数为

$$\hat{f}_{ij} = f_{..} \times P(A_iB_j) = f_{..} \times \frac{f_{i\cdot}}{f_{..}} \times \frac{f_{\cdot j}}{f_{..}} = \frac{f_{i.} \times f_{\cdot j}}{f_{..}} \tag{10.4.7}$$

独立性检验的统计量为

$$\chi^2 = \sum_{i=1}^{r}\sum_{j=1}^{c}\frac{(f_{ij}-\hat{f}_{ij})^2}{\hat{f}_{ij}} \sim \chi^2[(r-1)(c-1)] \tag{10.4.8}$$

在原假设成立时，f_{ij}与 $\hat{f}_{ij}$接近，χ^2 取值很小，当f_{ij}与 $\hat{f}_{ij}$差异较大时，A 与 B 不独立，χ^2 取值增大，所以，原假设的拒绝域在χ^2 分布的右侧。因此，对于给定的显著性水平 α，如果$\chi^2 > \chi^2_\alpha[(r-1)(c-1)]$，则拒绝原假设。

[**例 10.7**] 为了了解男性、女性对不同酒类的偏好是否存在差异，某超市随机从顾客中选取成年男性 80 名、成年女性 70 名进行调查，资料如表 10.9 所示，试在显著性水平 0.1 条件下，判断性别对三种酒的偏好是否存在差别。

表 10.9　　性别对酒类选择情况表

	葡萄酒	白酒	啤酒	合计	$P(A_i)$
男	20（26.67）	40（37.33）	20（16.00）	80	80/150
女	30（23.33）	30（32.67）	10（14.00）	70	70/150
合计	50	70	30	150	1
$P(B_j)$	50/150	70/150	30/150		

解：已知 $r=2$，$c=3$，提出假设

H_0：性别对酒类的偏好没有差别

H_1：性别对酒类的偏好有差别

在原假设成立的条件下，估计各组的理论频数 $\hat{f}_{ij}$，$\hat{f}_{ij} = f_{..} \times P(A_iB_j) = f_{..} \times \frac{f_{i\cdot}}{f_{..}} \times \frac{f_{\cdot j}}{f_{..}} = \frac{f_{i\cdot} \times f_{\cdot j}}{f_{..}}$，男组葡萄酒的理论频数为 $=150 \times 80/150 \times 50/150 = (80 \times 50)/150 = 26.67$，其他各组的计算依此类推，结果列于表 10.9 中，括号内的数字即是。计算统计量

$$\chi^2 = \sum_{i=1}^{r}\sum_{j=1}^{c}\frac{(f_{ij}-\hat{f}_{ij})^2}{\hat{f}_{ij}} = \frac{(20-26.67)^2}{26.67} + \frac{(40-37.33)^2}{37.33} + \cdots$$

$$+\frac{(10-14)^2}{14}=6.13 \tag{10.4.9}$$

对于给定的显著性水平0.1，查表$\chi^2_{0.1}[(2-1)(3-1)]=4.61$，7 $\chi^2=6.13>4.61$，拒绝原假设，男女对酒的偏好存在显著性差异。

二、齐一性检验

从r个总体中分别抽取一个样本，样本大小各为n_1，n_2，…，n_r，对每个样本都按相同的标准进行分组，假设分为c组，把样本值按组归类。所谓“齐一性检验”，就是指根据样本调查结果，判断进行相同分类的不同总体之间是否会存在显著性差异。

不同的总体按相同的标准进行分类，分组情况以及各组的频数如表10.10所示：

表10.10　　齐一性检验数据表

频数 分类f / 总体X	C_1	C_2	…	C_r	合计
X_1	f_{11}	f_{12}	…	f_{1c}	$f_{1\cdot}=n_1$
X_2	f_{21}	f_{22}	…	f_{2c}	$f_{2\cdot}=n_2$
…	…	…	…	…	…
X_r	f_{r1}	f_{r2}	…	f_{rc}	$f_{r\cdot}=n_r$
合计	$f_{\cdot1}$	$f_{\cdot2}$	…	$f_{\cdot c}$	$f_{\cdot\cdot}=n=n_1+n_2+\cdots+n_r$

如果总体X_1，X_2，…，X_r没有显著性差异，那么，在同一个组别中各总体发生的频数应该相差不大。假定各个总体是一致的，这样，在同一个组别中每一个总体发生的频率应该相等，即有：

$$p_j=\frac{f_{\cdot j}}{n},\quad j=1,2,\cdots,c, \tag{10.4.10}$$

用频率代替概率有，

$$\hat{f}_{ij}=n_i\times p_j,\ i=1,2,\cdots,r,\ j=1,2,\cdots,c, \tag{10.4.11}$$

$\hat{f}_{ij}$是f_{ij}的估计数或理论频数。根据K. 皮尔逊定理，有

$$\chi^2 = \sum_{i=1}^{r} \sum_{j=1}^{c} \frac{(f_{ij} - \hat{f}_{ij})^2}{\hat{f}_{ij}} \sim \chi^2(r-1)(c-1) \qquad (10.4.12)$$

［例 10.8］某学校为进行教学方法改革，从同一年级中选出条件相近的 90 名学生，分成两个班采用两种方式授课，学期结束后举行综合考核，考试标准分为 A、B、C、D、E 五个等级，具体资料见表 10.11 所示，试在显著性水平 0.1 的条件下，检验两种教育方法的教学效果是否相同。

表 10.11　　两种授课方式下学生考核成绩表

班级 \ 人数 \ 等级	A	B	C	D	E	合计
甲	7 (8.0)	9 (8.4)	16 (11.6)	5 (8.8)	3 (3.2)	40
乙	11 (10.0)	10 (10.5)	10 (14.5)	15 (11.0)	4 (4.0)	50
合计	18	19	26	20	7	90
比例	0.2	0.21	0.29	0.22	0.08	1

解： 已知 $r=2$，$c=5$，$n=90$，提出假设

H_0：两种教育方法的效果一样

H_1：两种教育方法的效果不一样

在 H_0 成立的条件下，先估计不同成绩等级的学生频率

$P_1=18/90=0.2$，$P_2=19/90=0.21$，$P_3=26/90=0.29$，$P_4=20/90=0.22$，$P_5=7/90=0.07$

然后估计各个班级不同成绩等级的学生人数

甲班 A 等的学生人数是 $=0.2\times40=8$

乙班 A 等的学生人数是 $=0.2\times50=10$

依此类推，具体结果列在表中括号内，计算统计量

$$\chi^2 = \sum_{i=1}^{r} \sum_{j=1}^{c} \frac{(f_{ij} - \hat{f}_{ij})^2}{\hat{f}_{ij}} = \frac{(7-8)^2}{8} + \frac{(9-8.4)^2}{8.4} + \cdots + \frac{(4-4.0)^2}{4.0} = 3.371 \qquad (10.4.13)$$

$\alpha=0.1$，查表 $\chi^2_{0.1}[(2-1)(5-1)]=7.779$，

$\chi^2=3.371<7.779$，接受原假设，两种教育方法没有显著性差异。

第五节　威尔科克森秩检验

威尔科克森秩检验是20世纪40年代由威尔科克森（F. Wilcoxon）提出的，它利用配对以及不配对的两个样本观察值的秩来检验两个样本所来自的总体分布是否相同。

一、威尔科克森不配对样本秩和检验

从总体 $F(x)$ 和 $G(y)$ 中，分别抽取容量为 n、m 的两个样本，样本容量不同所以称为不配对检验，$x_i(i=1, 2, \cdots, n)$ 与 $y_j(j=1, 2, \cdots, m)$ 为样本观察值，假设检验的问题是 $F(x)$ 和 $G(y)$ 是否相同，提出原假设 $F(x) = G(y)$。

威尔科克森不配对样本秩和检验的基本思想是：把 x_1，x_2，…，x_n 和 y_1，y_2，…，y_m 混合在一起，按从小到大的顺序排列并统一编号，规定每个数据在排列中所对应的序数为该数的秩，对于相同的数值，用它们的序数的平均数作为秩。将容量较小的样本的各个观察值秩的和记作 R，以 R 为统计量。显然，如果两个分布没有差异，则它们的样本值会随机地融合在一起；相反，如果有显著性差异，则一个样本值排序在前，另一个样本值就会排序在后，这时，排在前面的样本的秩的和就很小，而排在后面的样本的秩的和就很大。因此，可以说，两总体没有差别时，统计量 R 的值居中，而两总体有显著性差异时，统计量 R 的值或者很小，或者很大。威尔科克森给出了统计量 R 的临界值表，在给定的显著性水平 α 下，有 $P(R_1 < R < R_2) = 1 - \alpha$，如果 $R_1 < R < R_2$，就接受 H_0，表明 $F(x)$ 和 $G(y)$ 没有显著性差异。如果样本容量 n、m 比较大，可以用正态分布检验。已经证明，当 n、m 比较大时，

$$R \sim N\left(\frac{n(n+m+1)}{2}, \frac{nm(n+m+1)}{12}\right) \tag{10.5.1}$$

[例 10.9] 某企业市场开发部想了解在甲、乙两个地区的产品推销是否有差异，分别从两个地区随机确定了10名和8名推销员作为受试对象，每个

推销员在半年内完成的推销额资料如表 10.12 所示：在显著性水平 0.05 条件下，用威尔科克森样本秩和检验法判断两地区的销售水平是否存在差异。

表 10.12　　两地区推销员推销额资料表

地区	销售额（万元）									
	1	2	3	4	5	6	7	8	9	10
甲地	330	280	387	480	300	520	420	384	250	440
乙地	460	270	246	378	390	230	338	371		

解：提出假设

H_0：两地区的销售水平没有差别

H_1：两地区的销售水平有差别

将两组销售资料混合在一起，按由小到大的顺序排列，两地区销售额的秩如表 10.13 所示：

表 10.13　　两地区销售额的秩表

地区	销售额（万元）									
	1	2	3	4	5	6	7	8	9	10
甲地	330	280	387	480	300	520	420	384	250	440
甲地的秩	7	5	12	17	6	18	14	11	3	15
乙地	460	270	246	378	390	230	338	371		
乙地的秩	16	4	2	10	13	1	8	9		

乙地的样本容量小，它的销售额秩的和 $R=1+2+4+8+9+10+13+16=63$，$\alpha=0.05$，$n=8$，$m=10$，查表得：$R_1=57$，$R_2=95$，$R_1<R<R_2$，接受 H_0，两地区的销售水平没有差别。

二、威尔科克森配对样本带符号秩和检验

威尔科克森配对样本带符号秩和检验要求样本是配对的，在进行检验时，既考虑了样本值的秩次，同时也考虑了每对样本值大小的符号。在具体检验时，首先要把每对样本值相减，然后对相减后的差值的绝对值进行排序，确

定各个差值的秩次，最后考虑秩次的正负号，计算出正的秩次和与负的秩次和，以较小的秩次和作为T统计量。如果出现相等的样本值，可以剔除（它们的差值为0），对于差值相等的，在确定秩次时，取序号的均值作为秩次。在确定显著性水平α及n的条件下，若$n<25$时，从威尔科克森T值表中查出临界值T_{α}。当检验统计量值（T）小于等于T_{α}时，拒绝H_0，反之，当检验统计量值（T）大于T_{α}时，接受H_0。当$n\geqslant25$时，T近似服从正态分布，即$T\sim N\left(\frac{n(n+1)}{4},\frac{n(n+1)(2n+1)}{24}\right)$。

[例 10.10] 为了比较我国化工行业上市公司的效益变化情况，收集了本年和前一年上市公司每股净收益指标，如表10.14所示，试在0.05显著性水平下，确定每股净收益是否有所变化？

表 10.14　　我国化工行业上市公司效益变化情况表

公司	本年每股净收益（元）	上年每股净收益（元）
北京化二	1.56	0.16
齐鲁石化	0.26	0.12
扬子石化	0.87	0.95
赤天化	0.24	0.20
沧州大化	0.95	0.02
氯碱化工	0.13	0.05
上海石化	1.51	0.95
鲁北化工	0.35	0.02
三星石化	0.42	0.31
辽通化工	0.37	0.59
石油大明	1.49	1.25
吉林化纤	1.10	1.00

解：提出假设

H_0：本年每股净收益和上年没有变化

H_1：本年每股净收益和上年有变化

两年股票每股净收益的绝对差值及其排序后的秩如表10.15所示：

表 10.15　我国化工行业上市公司效益变化排序表

公司	差值（本年－上年）	差值绝对值	秩	正秩	负秩
北京化二	1.4	1.4	12	12	
齐鲁石化	0.14	0.14	6	6	
扬子石化	-0.08	0.08	2.5		2.5
赤天化	0.04	0.04	1	1	
沧州大化	0.93	0.93	11	11	
氯碱化工	0.08	0.08	2.5	2.5	
上海石化	0.56	0.56	10	10	
鲁北化工	0.33	0.33	9	9	
三星石化	0.11	0.11	5	5	
辽通化工	-0.22	0.22	7		7
石油大明	0.24	0.24	8	8	
吉林化纤	0.10	0.10	4	4	
合计	—	—	—	68.5	9.5

以较小的带负号的秩次和 $T=9.5$ 作为统计量值，$n=12$，在 $\alpha=0.05$ 条件下，查表得 $T_{0.05}(12)=17$，$T=9.5<17$，拒绝原假设，两年的收益情况已经发生变化。

第十一章　统计指数

统计指数是用来描述社会经济现象动态变动的程度，在社会经济生活中应用十分广泛，最常见的指数有物价指数、股价指数，工农业生产指数等。通过编制指数可以帮助人们认识复杂社会经济现象的综合变动的方向和程度，分析总量变动中单个影响因素产生的效应。

第一节　统计指数的基本问题

一、指数的概念

统计指数是反映社会经济现象数量变动情况的一种特有的统计分析方法。它通常是由被研究对象两个时期数值对比得到的结果，用来反映所研究现象在时间上的发展变化及其程度，简称为“指数”。

指数起源于商品价格的比较。1675 年，英国经济学家沃汉（R. Vaughan）为了验证劳资双方的货币交换的公正性，以谷物、家禽、布帛等为样本，将 1650 年的这些物品的市场价格与 1352 年作比较，首开物价指数研究之先河。1738 年，法国人 Drtot 把路易十八和路易十二时代的商品价格，分别加起来再进行比较，这就是综合指数的最初来源，它用一个数值综合反映许多商品价格变化的不同情况。1764 年，意大利贵族 G. Carls 把 1750 年粮食、葡萄酒、植物油的价格分别与 1500 年这三种商品的价格相比，最后对相除的结果求算术平均数，这是平均指数的原始模型。在此之后，指数的编制方法不断得到发展和完善，并且应用范围突破了物价指数。

从指数的发展历史看，指数是一种相对数，是两个不同时期数值相比、用以反映现象变动的相对数。从这个意义上讲，所有相对数都可以称为指数，这是广义的指数概念。但是，统计指数的真正意义并不在于此，而在于可以把不能直接加总的内容综合在一起，反映复杂现象的总变动。例如，物价指数是综合成百上千种商品的价格变化后得到的，自行车的价格和电视机的价格无法相加，电视机涨价了，自行车降价了，假设我们最后得出零售商品物价指数为 104.5%，它是综合了诸如自行车、电视机等很多种商品得到的。因此，从狭义上讲，统计指数是指专门用来综合反映数量上不能直接相加的社会经济现象总体数量变动情况的相对数。本书所讨论的是狭义上的指数。

二、指数的分类

指数按分类的标志不同可分为以下几种主要类型：

1. 按被研究指标的性质不同，可以分为数量指数和质量指数。指标分为数量指标和质量指标。数量指数是指指数计算时所用的指标是数量指标，反映的是现象总的规模水平的变动，如产品产量指数、商品销售量指数等；质量指数是指指数计算时所用的指标是质量指标，反映的是现象相对水平或平均水平变动，如价格指数、产品成本指数等。区分数量指数和质量指数是必要的，因为它们的编制方法不同。

2. 按编制方法不同分为综合指数和平均指数。综合指数是把不同度量的因素转化为可以同度量的因素以后，通过加总对比而计算的指数。平均指数是以个体指数为变量，采用加权平均数的形式编制的指数。

3. 按研究范围不同，可分为个体指数和总指数。个体指数是反映一个项目或变量变动的相对数，如一种商品的价格或销售量的相对变动水平；总指数是反映多个项目或变量综合变动的相对数，如多种商品的价格或销售量的综合变动水平。

4. 按计算形式不同，可分为简单指数和加权指数。简单指数又称“不加权指数”，它把计入指数的各个项目的重要性视为相同；加权指数则对计入指数的项目依据重要程度赋予不同的权数，而后再进行计算。目前应用的主要是加权指数。

5. 按对比场合不同，可分为时间性指数和区域性指数。其中时间性指数又可分为定基指数和环比指数。在指数序列中，若所有各期指数均使用同一基期计算，则称为“定基指数”；若所有各期指数均以上一个时期为基期计算，则称为“环比指数”。

第二节　综合指数

一、综合指数的编制方法

统计总指数的编制方法主要有两种形式，一种是综合指数法，另一种是平均指数法。综合指数是通过加总个别现象，然后对比得到的总指数。由于复杂现象总体是不能直接加总的，因而必须寻找一个适当的媒介因素，使其转化为可以加总的形式。另外，综合指数是两个不同时期的总量在对比，媒介因素只起到将不能加总的变成能加总的作用，在对比中不应该反映它的变化，因此，媒介因素的时期应该固定。因此综合指数的编制要点主要体现在以下两个方面：

1. 使用同度量因素。

所谓“同度量因素”，是指把不能直接加总的各因素转化为能够加总的现象总量的媒介因素。以产量指数编制为例，不同种类产品的计量单位不同，它们的产量是不能直接相加的。我们知道，价格是价值的货币表现，用价格把各种产品的不同实用价值转化为价值后，即可加总；同理，由于各种产品价格所代表的使用价值各不相同，也不能直接加总，但通过各自的产量把各种产品的不同使用价值转化为价值后也就可以加总了。在这两个转化过程中，价格和产量分别都起了同度量因素的作用。如果我们用 q 和 p 分别代表各种产品（或商品）的数量和价格，则上述两个转化过程可用公式表达如下：

产量转化为价值：$\sum qp$　　(11. 2. 1)

价格转化为价值：$\sum pq$　　(11. 2. 2)

在式（11. 2. 1）中“p”是同度量因素，在（11. 2. 2）式中“q”是同度量因素。很显然，同度量因素的大小对转化成的总量指标的大小具有权衡轻重的作用，故同度量因素亦称“权数”。

2. 确定同度量因素的固定时期。

同度量因素时期水平的选择主要有以下四种不同做法，并相应形成了综合指数编制四种不同的方法：

（1）基期水平法。即把同度量因素固定在基期水平上来编制指数。用基期水平作权数的指数公式称为拉氏（Laspeyres）公式，其质量指标和数量指标公式分别为：

$$I_p = \frac{\sum p_1 q_0}{\sum p_0 q_0} \tag{11.2.3}$$

$$I_q = \frac{\sum p_0 q_1}{\sum p_0 q_0} \tag{11.2.4}$$

拉氏质量指标指数是以基期的物量为权数，目的是说明在物量水平不变的前提下，物价综合变动的程度；拉氏数量指数是以基期的物价为权数，目的是说明在物价水平不变的前提下，物量综合变动的程度。

（2）报告期水平法。即把同度量因素固定在报告期水平上来编制指数。用报告期水平作权数的指数公式称为派式（Paasche）公式，其质量指标指数和数量指标指数公式分别为：

$$I_p = \frac{\sum p_1 q_1}{\sum p_0 q_1} \tag{11.2.5}$$

$$I_q = \frac{\sum p_1 q_1}{\sum p_1 q_0} \tag{11.2.6}$$

派式质量指标指数以报告期物量为权数，旨在说明在报告期物量水平条件下，物价综合变动的程度；派式数量指标指数以报告期物价为权数，旨在说明在报告期物价水平条件下，物量综合变动的情况。

（3）交叉时期水平法。即同度量因素取基期水平和报告期水平的平均值来编制指数。其质量指标指数和数量指标指数公式为：

$$I_p = \frac{\sum p_1\left(\frac{q_0 + q_1}{2}\right)}{\sum p_0\left(\frac{q_0 + q_1}{2}\right)} = \frac{\sum p_1 q_0 + \sum p_1 q_1}{\sum p_0 q_0 + \sum p_0 q_1} \tag{11.2.7}$$

$$I_q = \frac{\sum q_1\left(\frac{p_0 + p_1}{2}\right)}{\sum q_0\left(\frac{p_0 + p_1}{2}\right)} = \frac{\sum p_0 q_1 + \sum p_1 q_1}{\sum p_0 q_0 + \sum p_1 q_0} \tag{11.2.8}$$

公式（11.2.7）和公式（11.2.8）也称为马埃公式。我们发现，两公式的分子实际上是拉式公式的分子与派式公式的分子之和，其分母是拉式公式的分母与派式公式的分母之和。马埃公式的计算结果介于拉氏公式和派式公式的计算结果之间。

（4）固定时期水平法。即将同度量因素固定在某一特定时期的水平上来编制指数。用某一个固定时期水平作权数的指数公式称为杨格公式，其质量指标指数和数量指标指数公式分别为：

$$I_p = \frac{\sum p_1 q_n}{\sum p_n q_n} \tag{11.2.9}$$

$$I_q = \frac{\sum p_n q_1}{\sum p_n q_0} \tag{11.2.10}$$

式中 p_n、q_n 分别代表某一固定时期的物价水平和物量水平。

杨格公式的权数一旦确定，多年不变。因此利用杨格公式便于指数编制，易观察现象的长期变化趋势；在指数数列中，不同时期指数相互换算方便。但杨格公式的权数应随社会经济现象的发展适时进行调整，以防止用久的权数与客观现实形成背离，使指数产生偏误。杨格公式的权数一般是每 5 年调整一次，最长不要超过 10 年。

二、综合指数的编制方法举例

［例 11.1］ 我们以商品销售价格指数和销售量指数为例说明综合指数的编制方法。有关资料计算如表 11.1 所示。

1. 利用拉氏指数公式。

销售价格指数：

$$I_p = \frac{\sum p_1 q_0}{\sum p_0 q_0} = \frac{29850}{29500} = 101.19\% \tag{11.2.11}$$

销售量指数：

表 11.1　　　　综合指数计算表

商品名称	计量单位	销售量		销售价格（元）		销售额（元）			
		报告期 q_1	基期 q_0	报告期 p_1	基期 p_0	报告期 p_1q_1	基期 p_0q_0	假定 p_0q_1	假定 p_1q_0
甲	台	60	50	350	350	21000	17500	21000	17500
乙	件	50	50	178	180	8900	9000	9000	8900
丙	吨	200	150	23	20	4600	3000	4000	3450
合计	—	—	—	—	—	34500	29500	34000	29850

$$I_q = \frac{\sum p_0q_1}{\sum p_0q_0} = \frac{34000}{29500} = 115.25\% \tag{11.2.12}$$

销售价格指数说明居民在维持基期生活水平的情况下，由于三种商品平均价格上涨了 1.19%，报告期与基期相比多支出了 $\sum p_1q_0 - \sum p_0q_0 = 29850 - 29500 = 350$（元）

2. 利用派式指数公式。

销售价格指数：

$$I_p = \frac{\sum p_1q_1}{\sum p_0q_1} = \frac{34500}{34000} = 101.47\% \tag{11.2.13}$$

销售量指数：

$$I_q = \frac{\sum p_1q_1}{\sum p_1q_0} = \frac{34500}{29850} = 115.58\% \tag{11.2.14}$$

销售量指数说明居民在维持报告期生活水准的情况下，由于三种商品平均价格上涨了 1.47%，而多支出 $\sum p_1q_1 - \sum p_0q_1 = 34500 - 34000 = 500$（元）

销售量指数说明由于三种商品的销售量平均增长了 15.58%，报告期销售额比基期增长了 $\sum p_1q_1 - \sum p_0q_1 = 34500 - 29850 = 4650$（元）

3. 利用马埃指数公式。

销售价格指数：

$$I_p = \frac{\sum p_1\left(\frac{q_0 + q_1}{2}\right)}{\sum p_0\left(\frac{q_0 + q_1}{2}\right)} = \frac{\sum p_1q_0 + \sum p_1q_1}{\sum p_0q_0 + \sum p_0q_1}$$

$$= \frac{29850 + 34500}{29500 + 34000} = \frac{64350}{63500} = 101.39\% \quad (11.2.15)$$

销售量指数：

$$I_q = \frac{\sum q_1\left(\frac{p_0 + p_1}{2}\right)}{\sum q_0\left(\frac{p_0 + p_1}{2}\right)} = \frac{\sum p_0q_1 + \sum p_1q_1}{\sum p_0q_0 + \sum p_1q_0} = \frac{34000 + 34500}{29500 + 29850} = \frac{68500}{59350}$$

$$= 115.42\% \quad (11.2.16)$$

销售价格指数说明了三种商品平均价格上涨了 1.3%。由于价格上涨，居民报告期比基期多支出了 850 元。

销售量指数说明了三种商品的销售量平均增长了 15.42%。由于销售量增长，报告期销售额比基期增加了9150 元。

4. 利用杨格指数公式。

假定某一固定时期的商品的价格和销售量如表 11.2 所示：

表 11.2　　综合指数计算表

商品名称	计量单位	销售量			销售价格（元）			销售额（元）			
		报告期	基期	固定期	报告期	基期	固定时期	p_1q_n	p_0q_n	p_nq_1	p_nq_0
		q_1	q_0	q_n	p_1	p_0	p_n				
甲	台	60	50	40	350	350	320	14000	14000	19200	16000
乙	件	50	50	40	178	180	160	7120	7200	8000	8000
丙	吨	200	150	100	23	20	20	2300	2000	4000	3000
合计	—	—	—	—	—	—	—	23420	23200	31200	27000

销售价格指数：

$$I_p = \frac{\sum p_1q_n}{\sum p_0q_n} = \frac{23420}{23200} = 100.95\% \quad (11.2.17)$$

销售量指数：

$$I_q = \frac{\sum p_nq_1}{\sum p_nq_0} = \frac{31200}{27000} \times 100\% = 115.56\% \quad (11.2.18)$$

价格指数说明了在固定时期销售量水平的基础上，由于三种商品价格平均上涨了 0.95%，居民报告期比基期多支出了 200 元。

销售量指数说明了在固定时期的价格水平基础上，由于三种商品的销售量平均增长了 15.56%，报告期销售额比基期增加了 4200 元。

四种计算方法的结果很接近，但各不相同。事实上，这三种商品的价格和销售量的综合变动应该有一个客观的、真实的值，编制的指数最大可能的与这个真实的值接近才是最好的。多年来，经过人们的研究和实践总结，形成了一个习惯性的编制规则：质量指标以报告期的数量指标为同度量因素，数量指标以基期的质量指标为同度量因素。就［例 11.1］而言，销售量指数应该选用拉氏的，上涨 15.25%，价格指数应该选用派式的，上涨 1.47%。

第三节　平均指数

在计算综合指数时，要求有完整的报告期和基期的数量指标和质量指标，指数的编制对资料的要求比较高。如果需要的资料达不到要求，就不能运用综合指数的计算公式。平均指数是总指数的另一种重要的编制方法，它对资料的要求不那么严格。正因为如此，平均指数在实际统计工作中的应用十分广泛。

平均指数首先通过对比计算个别现象的个体指数，然后将个体指数加以平均得到总指数。由于总体中不同个体的重要程度不同，因此在平均指数的编制过程中，必须对个体指数进行适当加权。平均指数同综合指数既有联系又有区别。联系表现为在一定的资料条件下，平均指数可以作为综合指数的一种变形来使用。在指数的编制中，综合指数是把复杂总体中不能直接加总的因素，先过渡为价值量，然后进行加总，在这个基础上进行对比，最终得到总指数。平均指数是先计算个体指数，再用报告期或基期的价值量指标作为权数，加权平均后得到总指数。在一定的权数下，平均指数可以转化为综合指数。所不同的是，平均指数不仅仅可以作为综合指数的一种变形来使用，由于自身的特殊功能，还可以独立作为总指数的一种编制方式，这正是它的价值所在。

平均指数根据计算形式不同，主要包括算术平均指数、调和平均指数和固定权数平均指数。

一、算术平均指数

算术平均指数在计算时采用的是加权算术平均数形式，权数用价值总量指标，可以是基期的，也可以是报告期的。以商品价格和销售量指数的编制为例，设商品价格为 p，销售量为 q，则以基期销售额 p_0q_0 和报告期销售额 p_1q_1 为权数的加权算术平均指数为：

$$\bar{k}_q = \frac{\sum k_q p_0 q_0}{\sum p_0 q_0} = \frac{\sum \frac{q_1}{q_0} p_0 q_0}{\sum p_0 q_0} \tag{11.3.1}$$

$$\bar{k}_q = \frac{\sum k_q p_1 q_1}{\sum p_1 q_1} = \frac{\sum \frac{q_1}{q_0} p_1 q_1}{\sum p_1 q_1} \tag{11.3.2}$$

$$\bar{k}_p = \frac{\sum k_p p_0 q_0}{\sum p_0 q_0} = \frac{\sum \frac{p_1}{p_0} p_0 q_0}{\sum p_0 q_0} \tag{11.3.3}$$

$$\bar{k}_p = \frac{\sum k_p p_1 q_1}{\sum p_1 q_1} = \frac{\sum \frac{p_1}{p_0} p_1 q_1}{\sum p_1 q_1} \tag{11.3.4}$$

其中，$\bar{k}_q$、$\bar{k}_p$ 分别为总的销售量指数和价格指数，k_q、k_p 分别为个体的销售量指数和价格指数。从上述四个公式中，我们发现只有式（11.3.1）是综合指数的变形，其余的都不是。遵循指数编制的习惯性规则，我们说，加权算术平均指数在使用基期的价值量指标为权数时，可以编制数量指标指数。

[例 11.2] 某单位生产甲、乙、丙三种商品，个体产量指数及总产值资料如表 11.3 所示：计算产量总指数。

表 11.3　　　　某单位商品总产值及产量指数表

产品名称	产值（万元）		2004 比 2003 产量增长（%）
	2003	2004	
甲	200	220	2
乙	100	130	1
丙	250	300	6

解:

$$\bar{k}_q = \frac{\sum k_q p_0 q_0}{\sum p_0 q_0} = \frac{\sum \frac{q_1}{q_0} p_0 q_0}{\sum p_0 q_0}$$

$$= \frac{1.02 \times 200 + 1.01 \times 100 + 1.06 \times 250}{200 + 100 + 250} \times 100\% \qquad (11.3.5)$$

$$= \frac{570}{550} \times 100\% = 103.6\%$$

也就是说，2004 年总的产量比 2003 年增长了 3.3%，由此产值增加了 20 万元。

二、调和平均指数

加权调和平均指数采用加权调和平均数的形式计算总指数，权数是基期或报告期的价值量指标。仍以销售量和价格指数为例，具体公式如下：

$$\bar{k}_q = \frac{\sum p_0 q_0}{\sum \frac{1}{k_q} p_0 q_0} = \frac{\sum p_0 q_0}{\sum \frac{1}{\frac{q_1}{q_0}} p_0 q_0} \qquad (11.3.6)$$

$$\bar{k}_q = \frac{\sum p_1 q_1}{\sum \frac{1}{k_q} p_1 q_1} = \frac{\sum p_1 q_1}{\sum \frac{1}{\frac{q_1}{q_0}} p_1 q_1} \qquad (11.3.7)$$

$$\bar{k}_p = \frac{\sum p_0 q_0}{\sum \frac{1}{k_p} p_0 q_0} = \frac{\sum p_0 q_0}{\sum \frac{1}{\frac{p_1}{p_0}} p_0 q_0} \qquad (11.3.8)$$

$$\bar{k}_p = \frac{\sum p_1 q_1}{\sum \frac{1}{k_p} p_1 q_1} = \frac{\sum p_1 q_1}{\sum \frac{1}{\frac{p_1}{p_0}} p_1 q_1} \qquad (11.3.9)$$

显然，总有式（11.3.9）是综合指数的变形。因此，加权调和平均数在使用报告期的价值量指标为权数编制质量指标指数时，与综合指数的结果一致。

[**例 11.3**] 某企业生产的三种产品的单位成本及总成本资料如表 11.4 所示：计算三种产品单位成本总指数。

表 11.4　　　　某企业三种产品总成本及单位成本资料表

产品名称	总成本（万元）		单位成本指数（100%）
	报告期	基期	
甲	85	50	98
乙	355	270	105
丙	180	150	100

解：单位成本是质量指标，三种产品的单位成本指数各不相同，根据资料，用报告期总成本做权数，用加权调和平均指数公式计算单位成本的总指数为：

$$\bar{k}_p = \frac{\sum p_1 q_1}{\sum \frac{1}{k_p} p_1 q_1} = \frac{\sum p_1 q_1}{\sum \frac{1}{\frac{p_1}{p_0}} p_1 q_1}$$

$$= \frac{85 + 355 + 180}{\frac{1}{0.98} \times 85 + \frac{1}{1.05} \times 355 + \frac{1}{1.0} \times 180} \times 100\%$$

$$= \frac{620}{604.83} \times 100\% = 102.5\% \qquad (11.3.10)$$

计算结果表明，企业的三种产品的单位成本总体上比基期上涨了 2.5%，为此单位支出增加 15.17 万元。

三、固定权数的平均指数

固定权数的平均指数在统计实践中得到比较多的应用。我国的零售商品价格指数、农副产品价格指数、职工生活费用价格指数等，基本上都是采用固定权数平均指数的形式编制的。固定权数平均指数的应用非常方便，权数一般固定在较长时期内使用，可以大大减少指数编制的工作量，而且，由于在不同时期采用同样的权数具有较强的可比性，也有利于对指数数列的分析。

固定权数的平均指数不再是综合指数的变形，而是有独立意义的总指数的一种编制方法。

固定权数的平均指数所使用的权数可以根据有关的统计资料来确定，一般采用相对数，如比重，但也可以是绝对数。在计算方法上，有固定权数的加权算术平均法和加权调和平均法两种。

固定权数平均指数的加权算术平均法计算公式为：

$$\bar{k}_q = \frac{\sum k_q w}{\sum w} = \frac{\sum \frac{q_1}{q_0} w}{\sum w} \tag{11.3.11}$$

$$\bar{k}_p = \frac{\sum k_p w}{\sum w} = \frac{\sum \frac{p_1}{p_0} w}{\sum w} \tag{11.3.12}$$

固定权数平均指数的加权算术平均法计算公式为：

$$\bar{k}_q = \frac{\sum w}{\sum \frac{1}{k_q} w} = \frac{\sum w}{\sum \frac{1}{\frac{q_1}{q_0}} w} \tag{11.3.13}$$

$$\bar{k}_p = \frac{\sum w}{\sum \frac{1}{k_p} w} = \frac{\sum w}{\sum \frac{1}{\frac{p_1}{p_0}} w} \tag{11.3.14}$$

我们在本章第五节以实例说明固定权数平均指数的编制方法。

第四节　指数体系与因素分析

基于综合指数的编制原理和方法，我们可以获得一种重要的经济统计分析方法，即指数因素分析法，简称为“因素分析”。指数因素分析是要说明总指数的变动是由哪些因素引起的，影响程度如何，而这种分析方法的基础在于建立合适的指数体系。

一、指数体系

在统计学中，指数体系是指在经济上有联系，在数量上保持一定关系的三个或三个以上的指数构成的整体。例如，

工业总产值指数 = 产品产量指数 × 出厂价格指数

商品销售额指数 = 商品销售量指数 × 价格指数

确立指数体系，首先要看构成指数体系的各个指数的指标在经济分析上是否有联系，其次要看指数在数量上是否存在等价关系。如果满足这两个条件，就可以构成一个指数体系。在指数体系中，各指数指标的地位是不一样的，可以区分出总变动指标及影响其变动的指标。例如，销售额的变动要受销售量和价格的影响，销售额是总的变动结果，销售量和价格是影响其变化的因素。因此，为分析总变动指标与其影响因素，我们建立指数体系。一般把总变动指标指数放在左边，因素指标指数放在右边。对指数体系的理解，必须把握以下两点：

第一，在指数体系中，总变动指数与各因素指数之间的数量关系表现为两个方面：一是从相对量来看，总变动指数等于各因素指数的连乘积，例如，工业总产值指数 = 产品产量指数 × 出厂价格指数。二是从绝对量上看，总变动指数的变动差额等于各因素指数变动差额之和，例如，工业总产值增加额 = 由于产品产量变动而产生的增加额 + 由于出厂价格变动而产生的增加额。

第二，在指数体系中，为使总变动指数等于各因素指数的乘积，两个因素指数中通常一个为质量指标指数，另一个为数量指标指数，且各因素指数中权数必须是不同时期的。质量指标指数用报告期权数加权，数量指标指数用基期权数加权。

研究指数体系，其作用主要表现在以下两个方面：一是根据指数体系中各指数间的相互关系，由已知指数推算未知指数；二是利用指数体系进行因素分析，指数体系是因素分析的基本依据。因素分析法是测定和分析在现象的总变动中，各个因素的影响方向、程度和影响数额的方法。

二、因素分析

利用指数体系进行因素分析，可以对现象发展的相对变化程度及各个因

素的影响程度进行分析，也可以对现象发展变化的绝对数量及各因素的影响数额进行分析。

因素分析就是运用指数体系，分析现象的总变动以及各个因素的变动对总变动的影响。因素分析法可根据指数不同分为个体指数因素分析和总指数因素分析；根据影响现象总变动的因素的多少，可分为双因素分析和多因素分析；根据指标性质不同分为总量指标的因素分析和平均指标的因素分析。这里，我们主要讲述总量指标和平均指标的因素分析。

（一）总量指标的因素分析

总量指标的因素分析是指总变动指标是总量指标的因素分析。总量指标一般可以分解成两个或两个以上的因素指标的连乘积，例如，销售额 = 销售量 × 价格。总量指标的因素分析就是通过建立总量指标指数体系，分析每个因素变动对总量指标变动的影响效果，包括相对影响和绝对影响。

在具体分析中，先要编制总量指标指数，然后编制因素指标指数。在总量指标的影响因素中，不外乎是数量指标因素和质量指标因素。编织一个因素指数时，将其它因素作为同度量因素，并且将其时期固定；同时，按照指数编制的规则，数量指标指数以基期的质量指标为同度量因素，质量指标指数以报告期数量指标为同度量因素。因素分析步骤如下：

第一步，计算被分析指标变动的程度和绝对值；

第二步，计算各因素变动的程度和绝对额；

第三步，影响因素综合分析。从两个方面进行，即总变动程度，等于各因素变动影响程度之连乘积；总变动绝对额，等于各因素变动影响绝对额之和。

[**例 11.4**] 假定有如表 11.5 的资料，对销售额的变动进行因素分析。

表 11.5　　商品销售量及价格资料表

商品	单位	销售量（q）		价格（p）（元）		p_0q_0	p_0q_1	p_1q_1
		基期 q_0	报告期 q_1	基期 p_0	报告期 p_1			
甲	米	1500	1800	6.0	7.2	9000	10800	12960
乙	公斤	6000	6500	2.0	2.2	12000	13000	14300
丙	件	40000	44000	3.0	3.1	120000	132000	136400

解：因为销售额 = 销售量 × 价格，所以有

销售额指数 = 销售量指数 × 价格指数

它们构成一个指数体系，据此可以进行因素分析。

(1) 销售额的变动情况。从相对数角度看，

$$\bar{k}_{pq}=\frac{\sum p_1q_1}{\sum p_0q_0}=\frac{12960+14300+136400}{9000+12000+120000}\times 100\%$$

$$=\frac{163660}{141000}\times 100\%=116.07\% \tag{11.4.1}$$

销售额的绝对量变动为 163660 − 141000 = 22660（元）

(2) 销售量变动的影响。从相对数角度看，销售量的变动为：

$$\bar{k}_{q}=\frac{\sum p_0q_1}{\sum p_0q_0}=\frac{108000+13000+132000}{141000}\times 100\%$$

$$=\frac{155800}{141000}\times 100\%=110.5\% \tag{11.4.2}$$

从绝对数角度看，销售量的影响为 155800 − 14100 = 14800（元）

(3) 价格变动的影响。从相对数角度看，价格的变动为：

$$\bar{k}_{p}=\frac{\sum p_1q_1}{\sum p_0q_1}=\frac{163660}{155800}\times 100\%=105.04\% \tag{11.4.3}$$

从绝对数角度看，价格的影响为 163660 − 155800 = 7860（元）

三种变动中存在以下关系：116.07% = 110.5% × 105.04%

22660 = 14800 + 7860

综上所述，报告期的销售额比基期增加了 16.07%，增加额为 22660 元，其中，销售量增加了 10.5%，销售量的增加使得销售额增加了 14800 元；价格上涨了 5.04%，价格上升使销售额增加了 7860 元。

（二）平均指标的因素分析

平均指标因素分析的依据是平均指标指数体系。平均指标指数是由两个不同时期的平均指标对比形成的相对数。平均指标指数的基本公式为：

$$I=\frac{\overline{X_1}}{\overline{X_0}} \tag{11.4.4}$$

式中：$\overline{X_1}$和$\overline{X_0}$分别代表报告期和基期的平均数。

平均指标因素分析是测定和分析总平均指标的总变动中，各构成因素变动对其影响程度、方向和绝对效果。

由平均指标的计算公式

$$\overline{X}=\frac{\sum x_i f_i}{\sum f_i}=\sum x_i\cdot\frac{f_i}{\sum f_i} \tag{11.4.5}$$

可见，在分组条件下，平均指标的变动受两个因素变动的影响：一个是各组平均水平 x_i 的变动；另一个是各组单位数在总体单位数中所占比重 $\frac{f_i}{\sum f_i}$。平均指标可看作是两个因素指标共同影响的结果，这就可以建立与之相对应的平均指标指数体系。在这个指数体系中，各组平均水平变动时，应将各组权数固定在报告期；当分析各组权数结构变动时，应将各组平均水平固定在基期。平均指标变动所形成的平均指标指数体系是：

$$\frac{\overline{X_1}}{\overline{X_0}}=\frac{\dfrac{\sum x_1f_1}{\sum f_1}}{\dfrac{\sum x_0f_0}{\sum f_0}}=\frac{\dfrac{\sum x_1f_1}{\sum f_1}}{\dfrac{\sum x_0f_1}{\sum f_1}}\times\frac{\dfrac{\sum x_0f_1}{\sum f_1}}{\dfrac{\sum x_0f_0}{\sum f_0}} \tag{11.4.6}$$

式中：$\dfrac{\dfrac{\sum x_1f_1}{\sum f_1}}{\dfrac{\sum x_0f_0}{\sum f_0}}$是平均指标指数，也称为“可变构成指数”，它反映总平均指标变动的程度和方向，变动的绝对额为$\left(\dfrac{\sum x_1f_1}{\sum f_1}-\dfrac{\sum x_0f_0}{\sum f_0}\right)$；$\dfrac{\dfrac{\sum x_1f_1}{\sum f_1}}{\dfrac{\sum x_0f_1}{\sum f_1}}$称为固定构成指数，它反映各组平均水平这一因素变动的程度和方向，此因素对总平均指标影响的绝对差额为$\left(\dfrac{\sum x_1f_1}{\sum f_1}-\dfrac{\sum x_0f_1}{\sum f_1}\right)$；$\dfrac{\dfrac{\sum x_0f_1}{\sum f_1}}{\dfrac{\sum x_0f_0}{\sum f_0}}$称为结构

影响指数，它反映各组权数结构变动的程度和方向，此因素对总平均指标影响的绝对差额为$\left(\frac{\sum x_0 f_1}{\sum f_1}-\frac{\sum x_0 f_0}{\sum f_0}\right)$。

平均指标指数体系也存在相对数和绝对数关系，即

$$\frac{\frac{\sum x_1 f_1}{\sum f_1}}{\frac{\sum x_0 f_0}{\sum f_0}}=\frac{\frac{\sum x_0 f_1}{\sum f_1}}{\frac{\sum x_0 f_1}{\sum f_1}}\times\frac{\frac{\sum x_0 f_1}{\sum f_1}}{\frac{\sum x_0 f_0}{\sum f_0}} \tag{11.4.7}$$

$$\left(\frac{\sum x_1 f_1}{\sum f_1}-\frac{\sum x_0 f_0}{\sum f_0}\right)=\left(\frac{\sum x_1 f_1}{\sum f_1}-\frac{\sum x_0 f_1}{\sum f_1}\right)+\left(\frac{\sum x_0 f_1}{\sum f_1}-\frac{\sum x_0 f_0}{\sum f_0}\right) \tag{11.4.8}$$

平均指标的因素分析步骤如下：

第一步，计算总平均指标变动影响的程度和绝对额；

第二步，计算各因素变动影响的程度和绝对额；

第三步，影响因素综合分析。

[例 11.5] 某企业职工人数及平均工资情况如表 11.6 所示，试对总平均工资的变动进行因素分析。

表 11.6　　某企业职工人数及平均工资资料表

	工人数（人）		平均工资（元）		x_1f_1	x_0f_0	x_0f_1
	基期 f_0	报告期 f_1	基期 x_0	报告期 x_1			
技工	350	280	936	1020	285600	327600	262080
普工	150	420	540	600	252000	81000	226800
合计	500	700	—	—	537600	408600	488880

解：（1）报告期、基期所有工人的总平均工资$\overline{X_1}$，$\overline{X_0}$分别为

$$\overline{X_1}=\frac{\sum x_1 f_1}{\sum f_1}=\frac{537600}{700}=768\text{（元）} \tag{11.4.9}$$

$$\overline{X_0}=\frac{\sum x_0 f_0}{\sum f_0}=\frac{408600}{500}=817.2\text{（元）} \tag{11.4.10}$$

于是 $\frac{\overline{X_1}}{\overline{X_0}} = \frac{768}{817.2} \times 100\% = 93.98\%$ (11.4.11)

总平均工资的绝对变动额为：768 − 817.2 = −49.2（元）

(2) 固定构成指数

$$= \frac{\sum x_1 f_1 / \sum f_1}{\sum x_0 f_1 / \sum f_1} = \frac{768}{488880/700} = \frac{768}{698.4} \times 100\% = 109.97\% \quad (11.4.12)$$

假定人员构成不变，固定在报告期。由于技工、普工工资水平变化，平均工资水平上升9.97%，从绝对量来看增加69.6元（768 − 698.4 = 69.6）。

(3) 结构影响指数

$$= \frac{\sum x_0 f_1 / \sum f_1}{\sum x_0 f_0 / \sum f_0} = \frac{698.4}{817.2} \times 100\% = 85.5\% \quad (11.4.13)$$

假定工人工资水平不变，由于人员构成变化，总平均工资下降14.5%，绝对量下降118.8元（698.4 − 817.2 = −118.8）。总的来说，从相对量上有93.98% = 109.97% × 85.5%，从绝对量上有 −49.2 = 69.6 − 118.8。因为普通工人工资低，报告期人员猛增，而工资水平高的技工工人比例降低，所以总的工资水平降低。

第五节 居民消费价格指数的编制

指数在社会经济统计中应用很广泛。这一节以最常见的居民消费价格指数来进一步说明指数的编制方法及其在社会经济问题研究中的应用。

居民消费价格，是指居民支付购买消费品和获得服务项目的价格，它同人民生活休戚相关，在整个国民经济价格体系中占有重要地位。居民消费价格指数就是反映这种消费品和服务项目价格总变动趋势和程度的相对数，可用于分析居民实际收入水平和生活水平的变化，也是国民经济核算和宏观经济分析与决策的重要指标。

居民消费价格指数按研究的范围不同区分，有市县级、省（区）级居民消费价格指数和全国范围的居民消费价格指数；同时，还可分别按农村和城市编制，反映各地和全国城乡不同经济条件下居民消费价格的变动情况。

由于消费品和服务项目繁多，而且价格处于经常变动中，难以取得全面资料按综合指数公式计算，实际工作中，只能用抽样方法，选择代表规格品，对这些代表规格品的个体指数加以平均逐次计算类指数和总指数。因此，编制居民消费价格指数必须解决商品和服务项目分类、代表规格品选择、价格采集和权数确定等问题。

居民消费价格指数包括居民用于日常生活的全部商品和服务项目。按国家统计局《居民消费价格指数商品及服务项目目录》规定共分 8 个大类，即食品、烟酒及用品、衣着、家庭设备用品及维修服务、医疗保健及个人用品、交通和通讯、娱乐教育文化用品及服务、居住等。每个大类包括若干个中类，中类之下又有基本分类；根据全国城乡 9 万余户居民家庭消费支出调查资料中消费额较大的项目和习惯确定，共设 351 个基本分类。

代表规格品是按照消费量较大，其价格变动趋势和变动程度有较强代表性的合格品的要求选择的，并且都规定了最低数量指标，各地可根据当地实际情况适当增加。

对代表规格品价格的调查，首先，将各种类型的商店、农贸市场、服务网点分别以人均销售额、成交额和经营规模为标志，从高到低排队；其次，分别将销售额、成交额和经营规模累积起来，然后依据所需调查点的数量进行等距抽样选定价格调查点，实行定人、定点、定时的直接调查。一般性商品每月调查 2 ~ 3 次价格，对于与居民生活密切相关、价格变化比较频繁的商品，至少每 5 天调查一次。报告期内各调查点及各次调查采集到的价格，用简单算术平均法计算各种代表规格品的平均价格。

居民消费价格指数计算的程序是先基本分类指数，再中类、大类、最终由各大类指数加权平均为城市（或农村）居民消费价格总指数。基本分类指数是用简单几何平均法对若干种代表规格的个体指数进行平均，中类和大类指数及总指数则是用加权算术平均法逐层计算。

居民消费价格指数的权数是居民家庭用于各种商品和服务的支出额占所有消费品和服务支出总额的比重，反映调查商品和服务项目的价格变动在总指数形成中的影响程度，其资料来自城镇和农村居民住户的抽样调查。权数一经确定，一年内固定不变。

［**例 11.6**］说明居民消费价格指数计算的步骤。见表 11.7 和表 11.8。

表 11.7　　居民消费价格食品类指数计算表

类别及品名	规格等级	计量单位	权数	指数	指数×权数
食品大类指数			1000	106.3	
1. 粮食中类			60	101.8	6.10
大米基本分类			600	102.5	61.50
	特梗 散装大米	千克	—	105.1	
	乐惠牌 10 公斤袋装	千克	—	100.0	
	新大米 自销品牌 10 公斤袋装	千克	—	102.5	
面粉基本分类			50	103.1	5.16
	富强粉	千克	—	106.3	
	精致粉	千克		100.0	
粮食制品基本分类			322	100.8	32.46
其他			28	95.5	2.67
2. 淀粉及薯类中类			7	99.4	0.70
3. 豆干类及豆制品中类			20	99.2	1.98
4. 油脂中类			25	113.4	2.84
5. 肉禽及其制品中类			178	105.2	18.73
6. 蛋中类			20	103.2	2.06
7. 水产品中类			160	115.5	18.48
8. 菜中类			80	122.1	9.77
9. 调味品中类			15	102.4	1.54
10. 糖中类			10	98.4	0.98
11. 茶及饮料中类			35	100.1	3.50
12. 干鲜瓜果中类			80	106.3	8.50
13. 糕点饼干面包中类			40	100.0	4.00
14. 奶及奶制品中类			50	99.7	4.99
15. 在外用餐食品中类			190	100.6	19.11
16. 其它食品及食品加工服务中类			30	100.0	3.00

表 11.7 列出了食品大类包括的 16 个中类。其中，粮食中类包括大米、面粉、粮食制品和其他 4 个基本分类；大米和面粉的两个基本分类中又分别包括 3 种和 2 种代表规格。

第一步，由各代表规格品的单项指数计算基本分类指标。

例如，大米这一基本分类指数为：

$$I_{(大米)} = \sqrt[3]{1.051 \times 1.00 \times 1.025} \times 100\% = 102.5\% \tag{11.5.1}$$

第二步，根据基本分类指数计算中类指数。

例如，粮食中类指数为：

$$\begin{aligned} I_{(粮食)} &= \sum I_{(基)} W \\ &= (1.025 \times 600 + 1.031 \times 50 + 1.008 \times 322 + 0.955 \times 28)/1000 \times 100\% \\ &= 101.8\% \end{aligned} \tag{11.5.2}$$

第三步，各中类指数乘以相应的权数，便得到大类指数。

例如，食品大类指数便是该大类所含 16 个中类指数与相应权数乘积之和为 106.3%。

第四步，将 8 个大类指数分别乘以相应的权数，便得到总指数。

该市某月居民消费价格环比总指数为 102.8%（见表 11.8）。

表 11.8　　居民消费价格总指数计算表

类别其品名	规格等级	计量单位	权数	指数	指数×权数
居民消费价格指数			1000	102.8	
一、食品类			390	106.3	41.6
二、烟酒及用品类			30	100.7	3.02
三、衣着类			70	103.8	7.27
四、家庭设备用品及维修服务类			80	100.9	8.07
五、医疗保健和个人用品类			90	99.8	8.98
六、交通和通讯类			75	99.4	7.46
七、娱乐教育文化用品及服务类			152	101.2	15.38
八、居住类			113	98.5	11.13

第六节　核心消费价格指数

一、核心消费的概念

通货膨胀（以下简称“通胀”）用于描述一国或地区经济中大多数商品和劳务的价格在一段时间内的持续地普遍上涨的现象。目前各国主要用各种价格指数来衡量通货膨胀，但价格指数中所包含的一些项目会受突发事件的影响而发生临时性的剧烈波动。例如，恶劣天气、政治动荡等会引起某些项目价格的异常变化，从而引起价格指数的异常变化，使之不能真实地反映通货膨胀情况，从而对货币政策的制定造成一定的阻碍。为了寻找到一个能够真实、准确地反映通货膨胀长期变化趋势的指标，人们提出了核心通货膨胀的概念。

核心价格指数是近二十年来，一些发达国家统计部门公布的一种价格指数，是用来分析由货币因素影响的价格水平变动情况的一个重要指标。如英国、美国、日本、加拿大。

二、相关概念及计算方法

国内外学者普遍认为，“核心通胀率”作为术语最初是由 Eckstein（1981）提出的。他指出，核心通胀率是市场处于长期均衡状态时的通胀率，即“核心通货膨胀率用于刻画剔除外生冲击影响后的经济增长的长期路径，它反映了基于长期均衡的需求水平，反映了生产成本的长期变动趋势所引致的价格变动”。Bryan 和 Cecchetti 认为，核心通胀是可以预期的整体价格变化中可以长期持续的成分，因此，可以用来预测近期和中期的通胀水平。

Quah 和 Vahey 提出有两类外生的冲击会对测量的通胀产生潜在影响。这两类扰动因素的区别在于是否对实际产出产生作用：第一类扰动因素对产出没有影响；第二类扰动因素会对产出产生中长期影响。这两类因素相互之间是不相关的。他们将核心通胀定义为测量的通胀中对实际产出没有中长期影响的那一部分。

常见的计算核心通胀率的方法主要有剔除法、有限影响估计法、平滑技术法和模型法四种。

其中，剔除法、有限影响估计法、平滑技术法和部分的模型法都是基于以上提到的第一类定义而进行的，其估算的目的是从总体通胀率数据中将长期稳定或趋势性部分分离出来作为核心通胀率，因此，具体的方法就是对数据本身进行处理，包括从横向截面上的处理（剔除法、有限影响估计法）以及从纵向时间序列上的处理（平滑技术法）。

不同国家的计算口径也有所不同。以美国为代表，扣除了食品和能源项目后计算的消费价格指数；以日本为代表，扣除食品中的新鲜食品后计算的消费价格指数；以欧盟为代表，扣除食品和能源等项目的基础上再扣除烟酒项目后计算的消费价格指数。

核心价格指数的计算是根据加权算术平均指数的原理进行的，仅以扣除食品类为例说明计算方法。

假定，某个年度以上年度为对比期的消费价格总指数为 K，其所属 8 个大类的价格指数分别为 k_1，k_2，…，k_8，对应 8 个大类的权数分别为 f_1，f_2，…，f_8，则按加权算术平均指数的计算方法计算的价格总指数为：

$$K = \frac{f_1k_1 + f_2k_2 + \cdots + f_8k_8}{f_1 + f_2 + \cdots + f_8} \tag{11.6.1}$$

其中，$f_1 + f_2 + \cdots + f_8 = 1$。

若食品为第一大类，即权数为 f1，价格指数为 k1，那么，扣除食品类后的核心消费价格指数的计算方法为：

$$K^* = \frac{f_2k_2 + f_3k_3 + \cdots + f_8k_8}{f_2 + f_3 + \cdots + f_8} \tag{11.6.2}$$

三、基于 SVAR 模型的核心 CPI 的估算

影响我国总体通胀的因素主要有以下四种：由货币供应量变动引起的货币冲击，由需求增加引起的需求冲击，以技术冲击为代表的实际经济周期的冲击，输入型通胀影响的汇率冲击。

实际经济周期中的技术冲击反映了由技术进步、知识积累等引起的劳动生产率的永久提高。这种冲击带来的通胀变化虽然具有长期性，却不是货币政策的作用对象。

对于汇率冲击，国内一系列的研究证明汇率与通胀之间的联动都是短期的。长期来看，汇率对通胀的影响十分微弱。

新古典宏观经济学派提出了“实际经济周期理论”，认为经济的周期波动源于经济体系之外一些真实因素的冲击——“外部冲击”。这些外部冲击既有有利的（诸如技术进步），又有不利的（诸如石油危机或各种灾害等），其中最重要的是技术进步。当出现重大技术突破时，相应的投资会迅速增加，带动经济繁荣发展，同时由于资源紧缺而引起价格上升，政府会抑制经济过热，使之恢复常态。因此，由技术冲击引发的价格上涨是市场机制自动调节经济的一种表现，不需要用宏观经济政策来进行调节。

对于需求冲击，总需求的过度增长总是与货币数量的扩张相伴随的。货币政策作用的对象是总需求，货币政策通过利率来调节货币供应量，从而决定总需求曲线的位置，而总需求函数反映的是需求总量与价格水平之间的关系，这就是货币政策对通胀作用的传导过程。

由于货币政策可以作用于总需求，而货币供应量本身就是货币政策的一种手段，因此，在以上归纳的四种引起通胀的因素当中，货币政策能够有效应对的仅有货币冲击和需求冲击。

在本书中，根据以上的理论分析，引起通货膨胀波动的冲击可以归纳为 4 种，即实际经济冲击（μ_t^T）、货币冲击（μ_t^M）、需求冲击（μ_t^D）和汇率冲击（μ_t^X）。据此，我们可以确定一个包含 4 个内生变量的 SVAR 模型，将 p 阶的 SVAR(p) 转化成无穷阶的向量移动平均模型 VMA(∞) 形式：

$$\begin{pmatrix} y_t \\ m_t \\ \pi_t \\ e_t \end{pmatrix} = \begin{pmatrix} D_{11}(L) & D_{12}(L) & D_{13}(L) & D_{14}(L) \\ D_{21}(L) & D_{22}(L) & D_{23}(L) & D_{24}(L) \\ D_{31}(L) & D_{32}(L) & D_{33}(L) & D_{34}(L) \\ D_{41}(L) & D_{42}(L) & D_{43}(L) & D_{44}(L) \end{pmatrix} \cdot \begin{pmatrix} u_t^T \\ u_t^M \\ u_t^D \\ u_t^X \end{pmatrix} \tag{11.6.3}$$

$$\pi_t = D_{31}(L)u_t^T + D_{32}(L)u_t^M + D_{33}(L)u_t^D + D_{34}(L)u_t^X \tag{11.6.4}$$

按照上文对核心通胀的界定，核心通胀为总体通胀由货币冲击和需求冲击决定的部分，因此，式（11.6.4）中去掉等号右边的第一项及第四项，剩下的中间两项就是一般价格水平当中货币政策能够作用的成分，就可以看作是核心通胀率。

图 11－1 为最终估计得到的我国核心通胀序列。我们将总体通胀序列也一同描绘在图中进行对比。可以看出，1996 年以后①，我国出现了四轮通胀周期，在总体通胀曲线和核心通胀曲线中均有体现。第一轮为 1998—2002 年，90 年代中期以来的紧缩性货币政策使核心通胀的反应早于总体通胀，于 1998 年初率先达到谷底，出现了通货紧缩。此后几年国家一直采取积极的财政政策和以放松银根为主的稳健的货币政策。2001 年，受到扩张政策、油价和粮价上涨等外生冲击，总体通胀达到高峰；然而从核心通胀来看，仍然没有摆脱通货紧缩的阴影。第二轮通胀出现在 2004 年前后，受房地产市场价格上涨的影响，总体通胀在 2004 年第 2 季度之后达到一个新的高峰，核心通胀在第 1 季度就达到了波峰，但通胀率远远小于总体通胀率，保持在一个较为温和的水平。第三轮通胀发生在 2007—2008 年，此时国内物价受到肉类、粮食供应短缺，国际油价攀升等外部冲击的影响而出现了大幅的上涨，在同一时期，剔除了这些外部冲击的核心通胀率因货币供应量的放大而达到波峰，但仅仅达到 3.8%，远小于总体通胀的 8%。事实证明，这些外部的供给冲击

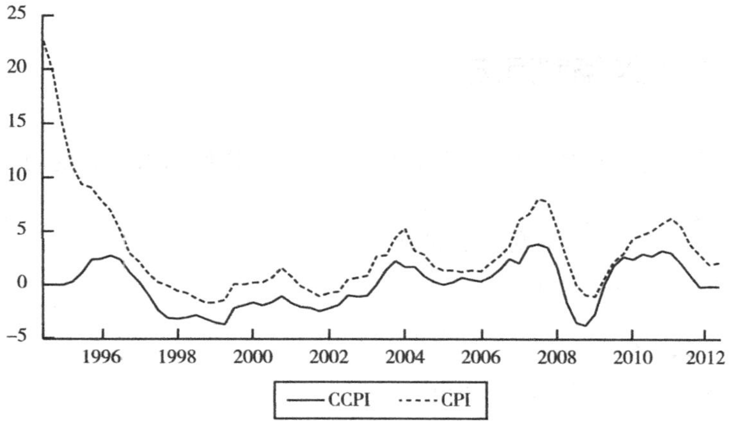

图 11－1　我国通胀率序列

① 图 11－1 中前几期两种通货膨胀曲线差异较大的原因是 VAR 模型在估计时，差分和滞后期引起的样本损失，因此 1996 年之前的部分忽略不计。

对总体通胀的影响是暂时性的，2008 年后又因全球金融危机迅速回落，跌至 -1%。2009 年后，国家采取的经济刺激政策使核心通胀又一次先于总体通胀做出反应开始回升，并于 2010 年后保持在较为稳定的水平，而总体通胀则涨幅较大，于 2011 年第 3 季度突破了 5%。

对比两条曲线的变动，可以归纳出估计所得的核心通货膨胀序列的特点：首先，核心通胀率整体小于总体通胀率，且其波动幅度也整体小于总体通胀的波动幅度，经计算，核心通胀序列的标准差（2.12）也远小于总体通胀序列的标准差（4.49）；其次，核心通胀序列与总体通胀序列的波动遵循着基本相同的路径，峰谷也是基本一致的，并在一定程度上领先于总体通胀的峰谷。本书所估计的核心通胀率，一方面能够反映总体通胀的基本走势，另一方面也能够排除一些短期剧烈波动的干扰，在一定程度上达到了我们预期的效果。

第七节　GDP 紧缩指数估算

一、含义及编制方法

国民经济物价平减指数，用来反映国民经济物价总水平的变动。

$$\text{GDP 紧缩指数} = \frac{\text{现价增加值}}{\text{不变价增加值}} \tag{11.7.1}$$

报告期不变价总产出：

$$Z_{01} = \sum (Z_{1i} / p_{zi}) \tag{11.7.2}$$

Z_{1i}：报告期 i 部门现价总产出

p_{zi}：i 部门总产出物价总指数

报告期不变价中间投入：

$$X_{01} = \sum (X_{1i} / p_{zi}) \tag{11.7.3}$$

X_{1i}：报告期 i 部门现价中间投入

p_{zi}：i 部门中间投入物价总指数

报告期不变价增加值：

$$N_{01} = Z_{01} - X_{01} \tag{11.7.4}$$

$$\text{GDP 紧缩指数} = \frac{Z_{11} - X_{11}}{Z_{01} - X_{01}} \tag{11.7.5}$$

国家统计局公布现价 GDP、不变价 GDP，按照式（11.7.1），可以得到 GDP 紧缩指数，见表 11.9 的第（1）、（2）、（3）栏。但是，不变价是在不断变化的。到目前为止，国民经济核算中使用的不变价有 1970 年价、1980 年价、1990 年价、2000 年价、2005 年价、2010 年价、2015 年价以及 2020 年价。也就是说，表 11.9 第（3）栏中的 GDP 紧缩指数是各年相对于不同不变价年份的价格变化，它们是不可比的，不能通用。因此，需要对 GDP 紧缩指数加以处理，以便使用。在处理中，在假定各期产品结构基本不变条件下，有：

$$\frac{\sum P_0 Q_t}{\sum P_0 Q_{t-1}} = \frac{\sum P_1 Q_t}{\sum P_1 Q_{t-1}} = \cdots = \frac{\sum P_t Q_t}{\sum P_t Q_{t-1}} \tag{11.7.6}$$

式（11.7.6）是计算产出增长率指数，但是，假定不变价使用不会对结果有影响，这成为经济增长率计算的依据，也是 GDP 紧缩指数计算的依据。

二、我国 GDP 紧缩指数的估算

（一）以 1978 年为定基的 GDP 紧缩指数估算

以 1978 年为基期，下面给出 GDP 紧缩指数估算方法。

1. 1979 年、1980 年情况。

因为 1979 年、1980 年使用的不变价同 1978 年是相同的（1970 年不变价），因此，1979 年、1980 年用各自的紧缩指数，除以 1978 年紧缩指数，得到以 1978 为 100 的紧缩指数，见表 11.9 的第（4）。以 1979 年为例：

$$\frac{\dfrac{\sum P_{79}Q_{79}}{\sum P_{70}Q_{79}}}{\dfrac{\sum P_{78}Q_{78}}{\sum P_{70}Q_{78}}} = \frac{\sum P_{79}Q_{79}}{\sum P_{70}Q_{79}} \times \frac{\sum P_{70}Q_{78}}{\sum P_{78}Q_{78}}$$

$$= \frac{\sum P_{79}Q_{79}}{\sum P_{78}Q_{78}} \times \frac{\sum P_{70}Q_{78}}{\sum P_{70}Q_{79}} = \frac{\sum P_{79}Q_{79}}{\sum P_{78}Q_{78}} \times \frac{\sum P_{78}Q_{78}}{\sum P_{78}Q_{79}}$$

$$= \frac{\sum P_{79}Q_{79}}{\sum P_{78}Q_{79}} \tag{11.7.7}$$

2. 1981 年以后各年定基（1978 = 100）指数情况。

首先，需要求不变价年的定基指数。例如，1990 年定基指数：

$$\frac{\sum P_{90}Q_{90}}{\sum P_{80}Q_{90}} \times \frac{\sum P_{80}Q_{80}}{\sum P_{78}Q_{80}} = 1.6829 \times 1.074 = 1.8198$$

是因为：

$$\frac{\sum P_{90}Q_{90}}{\sum P_{80}Q_{90}} \times \frac{\sum P_{80}Q_{80}}{\sum P_{78}Q_{80}} = \frac{\sum P_{90}Q_{90}}{\sum P_{78}Q_{80}} \times \frac{\sum P_{80}Q_{80}}{\sum P_{80}Q_{90}}$$

$$= \frac{\sum P_{90}Q_{90}}{\sum P_{78}Q_{80}} \times \frac{\sum P_{78}Q_{80}}{\sum P_{78}Q_{90}} = \frac{\sum P_{90}Q_{90}}{\sum P_{78}Q_{90}} \tag{11.7.8}$$

表 11.9　　　　1978—2020 年 GDP 紧缩指数表

年	现价 GDP (1)	不变价 GDP (2)	紧缩指数 (3) = (1)/(2)	1978 = 100 (4)	环比紧缩指数 (5) = (4) 当期值/(4) 上期值	经济增长率 (6) = (2) 当期值/(2) 上期值
1978	3678.7	3593	1.0238	1	1	1
1979	4100.5	3865.8	1.0607	1.0360	1.0360	1.0759
1980	4587.6	4168.6	1.1005	1.0748	1.0375	1.0783
1981	4935.8	4822.1	1.0235	1.1002	1.0236	1.1567
1982	5373.4	5257	1.0221	1.0987	0.9985	1.0901
1983	6020.9	5823.1	1.0339	1.1114	1.0115	1.1076
1984	7278.5	6707.8	1.0850	1.1663	1.0494	1.1519
1985	9098.9	7608.7	1.1958	1.2854	1.1020	1.1343
1986	10376.2	8289.6	1.2517	1.3454	1.0467	1.0894
1987	12174.6	9256	1.3153	1.4138	1.0508	1.1165
1988	15180.4	10294.7	1.4745	1.5850	1.1210	1.1122
1989	17179.7	10727.8	1.6014	1.7213	1.0860	1.0420
1990	18872.9	11148.3	1.6928	1.8196	1.0571	1.0391
1991	22005.6	20621	1.0671	1.9418	0.6303	1.8496

续表

年	现价GDP（1）	不变价GDP（2）	紧缩指数（3）=（1）/（2）	1978=100（4）	环比紧缩指数（5）=（4）当期值/（4）上期值	经济增长率（6）=（2）当期值/（2）上期值
1992	27194.5	23554	1.1545	2.1009	1.0819	1.1422
1993	35673.2	26824.5	1.3298	2.4199	1.1518	1.1388
1994	48637.5	30321.5	1.6040	2.9188	1.2061	1.1303
1995	61339.9	33642.9	1.8232	3.3177	1.1366	1.1095
1996	71813.6	36981.2	1.9418	3.5336	1.0650	1.0992
1997	79715	40397	1.9732	3.5907	1.0161	1.0923
1998	85195.5	43566.6	1.9555	3.5584	0.9909	1.0784
1999	90564.4	46904.5	1.9308	3.5135	0.9873	1.0766
2000	100280.1	50886.7	1.9706	3.5859	1.0206	1.0849
2001	110863.1	108639	1.0204	3.65939	0.5178	2.1349
2002	121717.4	118561.9	1.0266	3.6814	1.0060	1.0913
2003	137422	130463.2	1.0533	3.7772	1.0260	1.1003
2004	161840.2	143657.8	1.1265	4.0398	1.0695	1.1011
2005	187318.9	160027	1.1705	4.1975	1.03903	1.1139
2006	219438.5	211147.7	1.0392	4.3623	0.8878	1.3194
2007	270092.3	241195.8	1.1198	4.7004	1.0774	1.1423
2008	319244.6	264472.8	1.2070	5.0668	1.0779	1.0965
2009	348517.7	289329.9	1.2045	5.0562	0.9979	1.0939
2010	412119.3	320102.6	1.2874	5.4041	1.0688	1.1063
2011	487940.2	451480.1	1.0807	5.8406	0.8394	1.4104
2012	538580	486983.3	1.1059	5.9767	1.0233	1.0786
2013	592963.2	524803.1	1.1298	6.1060	1.0216	1.0776
2014	643563.1	563773.8	1.1415	6.1690	1.0103	1.0742
2015	688858.2	603470.9	1.1414	6.1688	0.9999	1.0704
2016	746395.1	736036.5	1.0140	6.2556	0.8883	1.2196
2017	832035.9	787170.4	1.0569	6.5203	1.0423	1.0694
2018	919281.1	840302.6	1.0939	6.7485	1.0349	1.0674
2019	986515.2	890304.8	1.1080	6.8354	1.0128	1.0595
2020	1015986.2	911205.3	1.1149	6.8781	1.0062	1.0234

1990 年的 GFP 紧缩指数是相对于 1980 年，用这个指数（1.6829）乘以 1980 年相对于 1978 年的指数，就得到了 1990 年相对于 1978 年的定基指数。

再比如，2000 年定基指数为：

$$\frac{\sum P_{2000}Q_{2000}}{\sum P_{90}Q_{2000}} \times \frac{\sum P_{90}Q_{90}}{\sum P_{78}Q_{90}} = 1.9706 \times 1.8196 = 3.5859$$

是因为：

$$\frac{\sum P_{2000}Q_{2000}}{\sum P_{90}Q_{2000}} \times \frac{\sum P_{90}Q_{90}}{\sum P_{78}Q_{90}} = \frac{\sum P_{2000}Q_{2000}}{\sum P_{78}Q_{90}} \times \frac{\sum P_{90}Q_{90}}{\sum P_{90}Q_{2000}}$$

$$= \frac{\sum P_{2000}Q_{2000}}{\sum P_{78}Q_{90}} \times \frac{\sum P_{78}Q_{90}}{\sum P_{78}Q_{2000}} = \frac{\sum P_{2000}Q_{2000}}{\sum P_{78}Q_{2000}} \quad (11.7.9)$$

以此类推，2000 年的定基指数为 3.5859，2005 年的定基指数为 4.1975，2010 年的定基指数为 5.4041，2015 年的定基指数为 6.1688，2020 年的定基指数是 6.8781。

其次，1981 年以后各年定基指数，用 1981 年以后各年 GDP 紧缩指数 × 不变价年的以 1978 年为基期的 GDP 紧缩指数。

（1）1981—1990 年定基指数，用各年 GDP 紧缩指数乘以 1980 年的定基指数（1.0749），例如，1988 年定基指数为：

$$\frac{\sum P_{88}Q_{88}}{\sum P_{80}Q_{88}} \times \frac{\sum P_{80}Q_{80}}{\sum P_{78}Q_{80}} = 1.4745 \times 1.0748 = 1.5847$$

是因为：

$$\frac{\sum P_{88}Q_{88}}{\sum P_{80}Q_{88}} \times \frac{\sum P_{80}Q_{80}}{\sum P_{78}Q_{80}} = \frac{\sum P_{88}Q_{88}}{\sum P_{78}Q_{80}} \times \frac{\sum P_{80}Q_{80}}{\sum P_{80}Q_{88}}$$

$$= \frac{\sum P_{88}Q_{88}}{\sum P_{80}Q_{88}} \times \frac{\sum P_{80}Q_{80}}{\sum P_{78}Q_{80}} = \frac{\sum P_{88}Q_{88}}{\sum P_{78}Q_{80}} \quad (11.7.10)$$

（2）1991—2000 年的 GDP 紧缩指数乘以 1.8196，例如，1998 年定基指数为：

$$\frac{\sum P_{98}Q_{98}}{\sum P_{90}Q_{98}} \times \frac{\sum P_{90}Q_{90}}{\sum P_{78}Q_{90}} = 1.9555 \times 1.8196 = 3.5584$$

是因为：

$$\frac{\sum P_{98}Q_{98}}{\sum P_{90}Q_{98}} \times \frac{\sum P_{90}Q_{90}}{\sum P_{78}Q_{90}} = \frac{\sum P_{98}Q_{98}}{\sum P_{78}Q_{90}} \times \frac{\sum P_{90}Q_{90}}{\sum P_{90}Q_{98}}$$

$$= \frac{\sum P_{98}Q_{98}}{\sum P_{78}Q_{90}} \times \frac{\sum P_{78}Q_{90}}{\sum P_{78}Q_{98}} = \frac{\sum P_{98}Q_{98}}{\sum P_{78}Q_{98}} \quad (11.7.11)$$

（二）环比 GDP 紧缩指数估算

环比指数的对比基期是上一年，因此，可以用 1978 年为基期的定基指数，得到环比 GDP 紧缩指数，见表 11.9 的第（5）栏。例如，2005 年 GDP 环比指数为：

$$\frac{\sum P_{05}Q_{05}}{\sum P_{78}Q_{05}} \div \frac{\sum P_{04}Q_{04}}{\sum P_{78}Q_{04}} = 4.1975 \div 4.0398 = 1.039$$

是因为：

$$\frac{\sum P_{05}Q_{05}}{\sum P_{78}Q_{05}} \div \frac{\sum P_{04}Q_{04}}{\sum P_{78}Q_{04}} = \frac{\sum P_{05}Q_{05}}{\sum P_{78}Q_{05}} \times \frac{\sum P_{78}Q_{04}}{\sum P_{04}Q_{04}}$$

$$= \frac{\sum P_{05}Q_{05}}{\sum P_{04}Q_{04}} \times \frac{\sum P_{78}Q_{04}}{\sum P_{78}Q_{05}} = \frac{\sum P_{05}Q_{05}}{\sum P_{04}Q_{04}} \times \frac{\sum P_{04}Q_{04}}{\sum P_{04}Q_{05}}$$

$$= \frac{\sum P_{05}Q_{05}}{\sum P_{04}Q_{05}} \quad (11.7.12)$$

显然，环比 GDP 紧缩指数不能用不变价 GDP 紧缩指数得到，因为所使用的不变价是不断变化的，只有将所使用的不变价固定后才能计算。但是，基于式（11.7.6）的假定，可以利用不变价 GDP 计算经济增长率，见表 11.9 的第（6）栏，而不需要对不变价进行改变。

第八节　综合评价指数

综合评价是将评价对象在各指标的表现值通过加权得到综合值的一种评

价方法。在综合评价指数的构建中，需要解决的问题有三个：指标选取、指标标准化、指标合成。本书就指标标准化及指标合成方法进行阐述。

一、指标标准化原则

当综合评价指数中多个指标处于不同量级时，直接进行线性组合会导致权重失效，所以，将各指标进行标准化是重要的一步。

1. 同一指标内部数据相对差距不变原则。

同一指标内部数据的相对差距是指不同的评价对象在一个指标上的不同表现的差异，即体现了数据的相对差距。标准化后的数值应该保持相对差距的不变性。一般情况下，综合评价选择的标准化方法都不应改变评价对象间的相对差距。

2. 不同指标之间的相对差距不确定原则。

在客观事物的发展过程中，不同指标的发展水平也不同。有些指标发展较快，总体水平可能较高；有些指标发展较慢，总体水平可能较低。数据标准化必须体现出这种差距。

3. 区间稳定性原则。

任意一个指标经过标准化后的指标值都要在一个确定的区间内，如最小值是 0，最大值是 1。

4. 总量恒定性原则。

任意一个指标经过标准化处理后，各评价对象的标准值之和为一恒定的常数。

5. 单调性原则。

标准化后的数据要保留原有数据的顺序关系。

6. 差异比不变原则。

标准化后的数据保留原有数据之间对于某个标准量的比较关系，即：

$$\frac{x_1 - x'}{x_2 - x'} = \frac{f(x_1) - f(x')}{f(x_2) - f(x')} \tag{11.8.1}$$

其中，x_1，x_2 为任意两个样本值，x'为一特定的标准值，$f(x)$ 为标准化函数。

7. 平移无关性原则。

将原始数据进行“平移”，标准化后的结果不变，即：

$$f(x+c)=f(x) \tag{11.8.2}$$

其中，c 为任意非零常数，$f(x)$ 为标准化函数。

8. 缩放无关性原则。

将原始数据“放大”或“缩小”，标准化后的结果不变。即 $f(cx)=f(x)$，c 为任意非零常数，$f(x)$ 为标准化函数。

二、指标标准化方法①

指标标准化方法分为线性标准化和非线性标准化。因非线性标准化方法要对评价对象有较为深刻的理解和认识，且确定转折点或临界点难度较大，应用不是特别广泛，故本书只总结线性标准化方法。

设第 i 个样本的第 j 个指标原始值为 x_{ij}，标准化后为 y_{ij}（$i=1,2,\cdots,n;j=1,2,\cdots,m$）。

1. Z－score 方法。

$$y_{ij}=\frac{x_{ij}-\bar{x}_j}{s_j},i=1,2,\cdots,n;j=1,2,\cdots,m \tag{11.8.3}$$

其中，$\bar{x}_j$ 为指标 j 的平均值，s_j 为指标 j 的标准差。

经过标准化后，指标的均值为0，标准差为1。事实上，这一方法假定的前提是数据服从正态分布，这样标准化后服从标准正态分布。

2. 极差化方法。

$$y_{ij}=\frac{x_{ij}-\min(x_j)}{\max(x_j)-\min(x_j)},i=1,2,\cdots,n;j=1,2,\cdots,m \tag{11.8.4}$$

标准化后指标最小值为0，最大值为1。但是，受极端值影响。

3. 极大化方法。

$$y_{ij}=\frac{x_{ij}}{\max(x_j)},i=1,2,\cdots,n;j=1,2,\cdots,m \tag{11.8.5}$$

标准化后指标的最大值为1，无固定最小值。

4. 极小化方法。

---

① 刘竞妍等：“综合评价中数据标准化方法比较研究”，《数字技术与应用》2018 年第 6 期，第 84－85 页。

$$y_{ij} = \frac{x_{ij}}{\min(x_j)}, i = 1,2,\cdots,n;j = 1,2,\cdots,m \tag{11.8.6}$$

标准化后指标的最小值为1，无固定最大值。

5. 均值化方法。

$$y_{ij} = \frac{x_{ij}}{\bar{x}_j}, i = 1,2,\cdots,n;j = 1,2,\cdots,m \tag{11.8.7}$$

标准化后各指标的均值为1，方差是变异系数的平方，均值化保留了各指标变异程度的信息。

6. 比重法。

$$y_{ij} = \frac{x_{ij}}{\sum_{i=1}^{n} x_{ij}} i = 1,2,\cdots,n;j = 1,2,\cdots,m \tag{11.8.8}$$

此标准化方法要求分母非负，当样本值大于或等于0时，标准化后的样本值在0和1之间，并且总和为1。

7. 向量归一法。

$$y_{ij} = \frac{x_{ij}}{\sqrt{\sum_{i=1}^{n} x_{ij}^2}} i = 1,2,\cdots,n;j = 1,2,\cdots,m \tag{11.8.9}$$

当样本值大于或等于0时，标准化后的样本值在0和1之间，并且 $\sum_{i=1}^{n} y_{ij}^2 = 1$。

8. 功效系数法。

$$y_{ij} = c + \frac{x_{ij} - m_j}{M_j - m_j} * d \tag{11.8.10}$$

其中，M_j 和 m_j 分别是指标 j 的满意值和不容许值，c、d 为已知的正常值，c 是平移指数，d 是缩放指数，由评价值根据实际需求设定。标准化后指标的最大值为 $c+d$，最小值为 c。但是，满意值和不容许值较难确定，通常用极大值和极小值代替。

依据标准化方法选择原则，以上标准化方法均具有单调性和差异比不变性的特征。也就是说，标准化不会改变指标数据原有的顺序，也不会改变对于某个标准量的比较关系，但是其余的选择原则中，有的方法满足，有的方法不满足。

本书举例说明它们之间的差异，尤其在极端值对内部数据差异的影响方面。

以1980—2019年城镇居民人均消费支出数据为例，见图11－2，变异系数为1.0211；对数据利用前文的标准化方法从方法1到方法7分别进行标准化，并给出变异系数，见图11－3至图11－9。

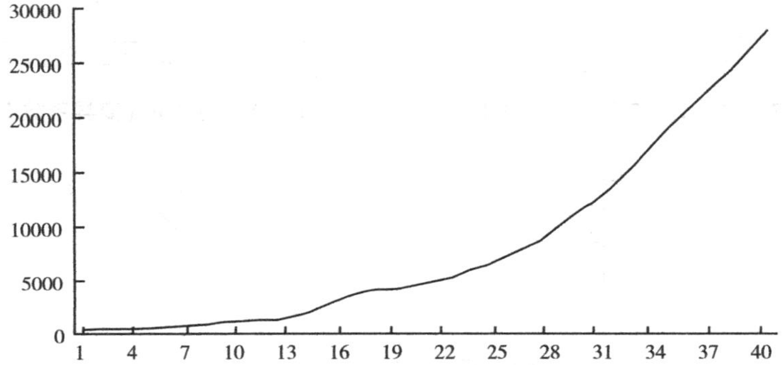

图11－2　1980—2019年城镇居民人均消费支出
（变异系数：1.021）

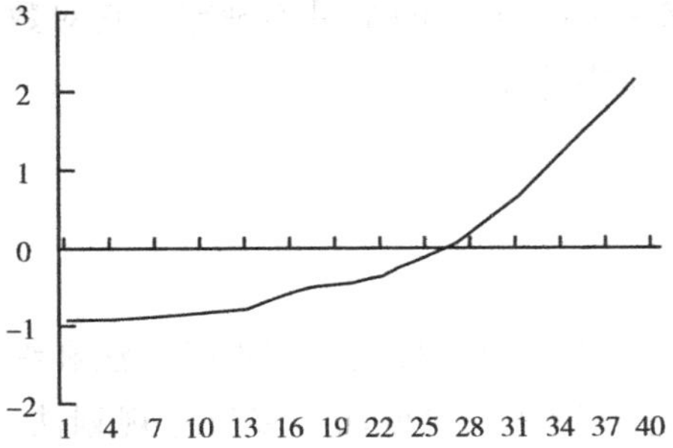

图11－3　方法1（变异系数无穷大）

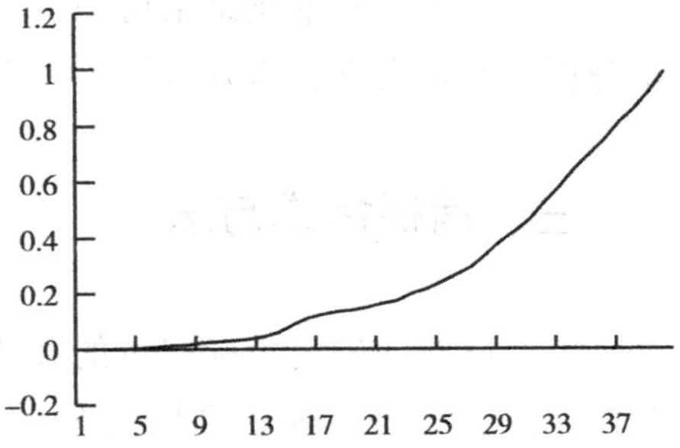

图11－4　方法2（变异系数1.077）

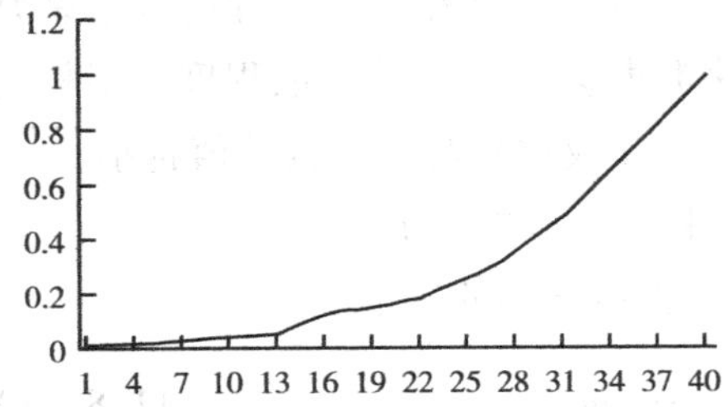

图11－5　方法3（变异系数1.021）

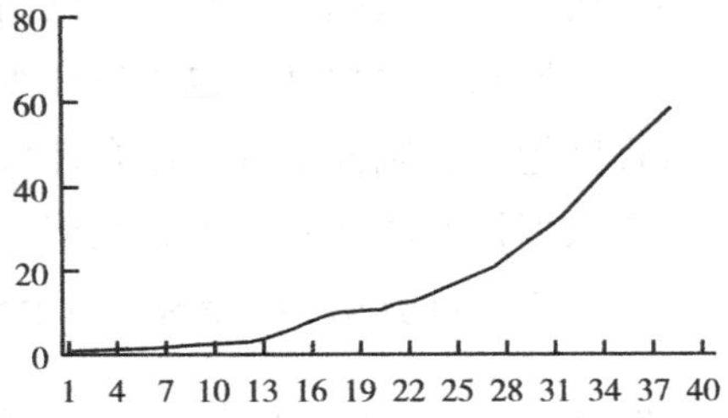

图11－6　方法4（变异系数1.021）

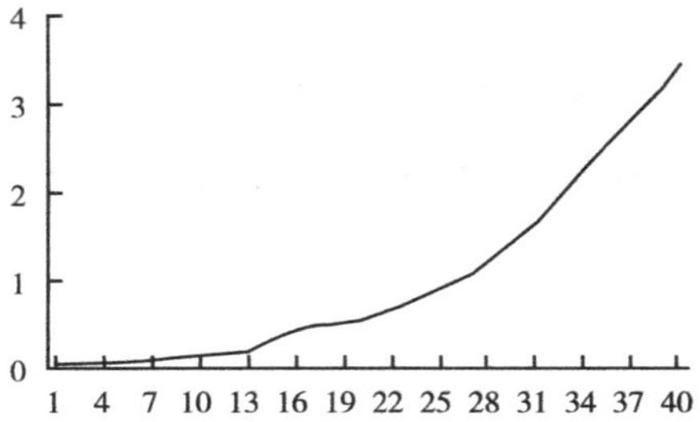

图 11－7　方法 5（变异系数 1.021）

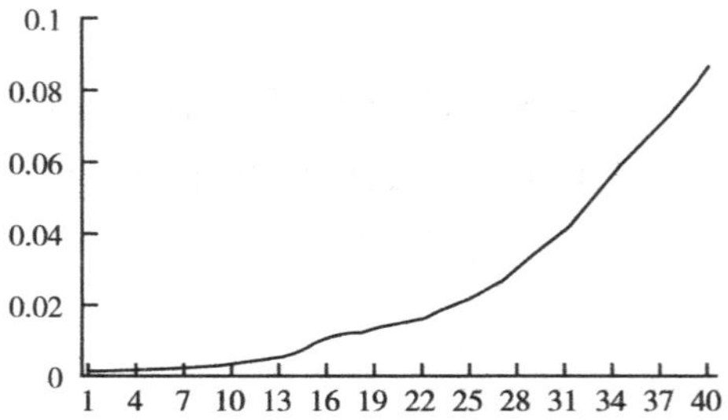

图 11－8　方法 6（变异系数 1.020）

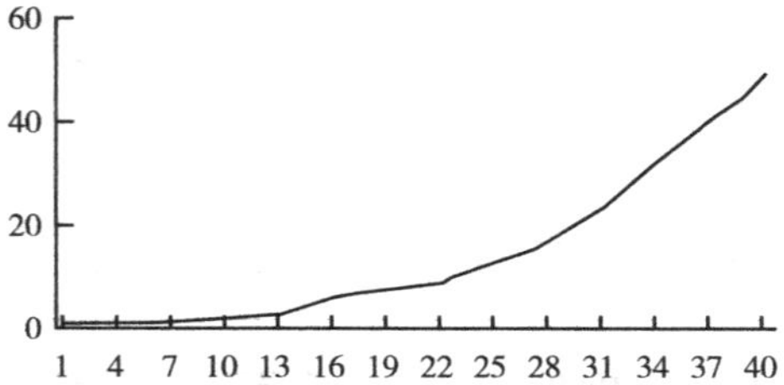

图 11－9　方法 7（变异系数 1.021）

从以上各种标准化结果可知，只有 Z－score 方法的结果不理想，它对数据分析的假定太强，实际数据不一定服从正态分布。

三、指标合成方法

目前已有的确定指标权重的方法可以分为主观赋权法、客观赋权法和综合赋权法。常用的客观赋权法有：主成分分析法、熵值法、多目标规划法、相关系数法、离差及均方差法等。这里只谈一下熵值法。

“熵”在信息论中是一种对不确定性的度量。信息量越大，不确定性就越小，所以，熵就越小。根据熵的特性，可以通过计算一个事件的熵值来判断其随机性和无序程度，也可以用熵值来判断某个指标的离散程度，指标的离散程度越大，则该指标对综合评价的影响（权重）越大，其熵值越小。

在数据标准化的基础上，熵值法计算权重的步骤如下：

第一步，计算第 j 项指标第 i 个样本值占该指标的比重

$$p_{ij} = \frac{x_{ij}}{\sum_{i=1}^{n} x_{ij}} \quad i = 1,2,\cdots,n \quad j = 1,2,\cdots,m \tag{11.8.11}$$

第二步，计算第 j 项指标的熵值

$$e_j = -k\sum_{i=1}^{n} p_{ij}\ln(p_{ij}),\ j = 1,2,\cdots,m \tag{11.8.12}$$

其中，$k = \dfrac{1}{\ln(n)} > 0$，如果 $p_{ij} = 0$，则定义 $\lim\limits_{p_{ij}\to 0} p_{ij}\ln p_{ij} = 0$。

第三步，计算信息的熵冗余度

$$d_j = 1 - e_j,\ j = 1,2,\cdots,m \tag{11.8.13}$$

第四步，计算各指标权重

$$w_j = \frac{d_j}{\sum_{j=1}^{m} d_j},\ j = 1,2,\cdots,m \tag{11.8.14}$$

参 考 文 献

1. ［美］安德森等．商务与经济统计．北京：中信出版社，2003 年．

2. 陈强．高级计量经济学．北京：高等教育出版社，2014 年．

3. ［美］道格拉斯 A 林德．商务与经济统计方法：全球数据集．北京：机械工业出版社，2009 年．

4. ［美］戴维 R. 商务与经济统计．北京：中信出版社，2003 年．

5. 宫春子等．统计学原理．北京：机械工业出版社，2021 年．

6. 高铁梅．计量经济分析方法与建模（中高级）．北京：清华大学出版社，2020 年．

7. 耿修林．商务经济统计学．北京：科学出版社，2003 年．

8. ［美］格雷厄姆．卡尔顿．抽样调查导论．北京：中国统计出版社，2003 年．

9. 黄良文等．统计学原理．北京：中国统计出版社，2000 年．

10. 贾俊平等．统计学．北京：中国人民大学出版社，2012 年．

11. 李心愉．应用经济统计学．北京：北京大学出版社，2003 年．

12. 王红云等．统计学——基于统计模型与实验．北京：高等教育出版社，2021 年．

13. 王明慈等．概率论与数理统计．北京：高等教育出版社，1999 年．

14. 肖筱南．新编概率论与数理统计．北京：北京大学出版社，2002 年．

15. 徐国祥等．统计预测和决策．上海：上海财经大学出版社，1998 年．

16. 徐国祥等．统计指数理论及应用．北京：中国统计出版社，2009 年．

17. 谢忠秋等．应用统计学．北京：机械工业出版社，2020 年．

18. 于俊年．计量经济学．北京：对外经济贸易大学出版社，2000 年．

19. 袁卫等．统计学．北京：高等教育出版社，2009 年．

20. 张梅琳．应用统计学．上海：复旦大学出版社，2004 年．

21. 朱顺泉．经济金融数据分析及其 Python 应用．北京：清华大学出版社，2018 年．

附表 1　标准正态分布表

z	0. 00	0. 01	0. 02	0. 03	0. 04	0. 05	0. 06	0. 07	0. 08	0. 09
0. 0	0. 0000	0. 0040	0. 0080	0. 012	0. 0160	0. 0199	0. 0239	0. 0279	0. 0319	0. 0359
0. 1	0. 0398	0. 0438	0. 0478	0. 0517	0. 0557	0. 0596	0. 0636	0. 0675	0. 0714	0. 0753
0. 2	0. 0793	0. 0832	0. 0871	0. 0910	0. 0948	0. 0987	0. 1026	0. 1064	0. 1103	0. 1141
0. 3	0. 1179	0. 1217	0. 1255	0. 1293	0. 1331	0. 1368	0. 1406	0. 1443	0. 1480	0. 1517
0. 4	0. 1554	0. 1591	0. 1628	0. 1664	0. 1700	0. 1736	0. 1772	0. 1808	0. 1844	0. 1879
0. 5	0. 1915	0. 1950	0. 1985	0. 2019	0. 2054	0. 2088	0. 2123	0. 2157	0. 2190	0. 2224
0. 6	0. 2257	0. 2291	0. 2324	0. 2357	0. 2389	0. 2422	0. 2454	0. 2486	0. 2518	0. 2549
0. 7	0. 2580	0. 2612	0. 2642	0. 2673	0. 2704	0. 2734	0. 2764	0. 2794	0. 2823	0. 2852
0. 8	0. 2881	0. 2910	0. 2939	0. 2967	0. 2995	0. 3023	0. 3051	0. 3078	0. 3106	0. 3133
0. 9	0. 3159	0. 3186	0. 3212	0. 3238	0. 3264	0. 3289	0. 3315	0. 3340	0. 3365	0. 3389
1. 0	0. 3413	0. 3438	0. 3461	0. 3485	0. 3508	0. 3531	0. 3554	0. 3577	0. 3599	0. 3621
1. 1	0. 3643	0. 3665	0. 3686	0. 3708	0. 3729	0. 3749	0. 3770	0. 3790	0. 3810	0. 3830
1. 2	0. 3849	0. 3869	0. 3888	0. 3907	0. 3925	0. 3944	0. 3962	0. 3980	0. 3997	0. 4015
1. 3	0. 4032	0. 4049	0. 4066	0. 4082	0. 4099	0. 4115	0. 4131	0. 4147	0. 4162	0. 4177
1. 4	0. 4192	0. 4207	0. 4222	0. 4236	0. 4251	0. 4265	0. 4279	0. 4292	0. 4306	0. 4319
1. 5	0. 4332	0. 4345	0. 4357	0. 4370	0. 4382	0. 4394	0. 4406	0. 4418	0. 4429	0. 4441
1. 6	0. 4452	0. 4463	0. 4474	0. 4484	0. 4495	0. 4505	0. 4515	0. 4525	0. 4535	0. 4545
1. 7	0. 4554	0. 4564	0. 4573	0. 4582	0. 4591	0. 4599	0. 4608	0. 4616	0. 4625	0. 4633
1. 8	0. 4641	0. 4649	0. 4656	0. 4664	0. 4671	0. 4678	0. 4686	0. 4693	0. 4699	0. 4706
1. 9	0. 4713	0. 4719	0. 4726	0. 4732	0. 4738	0. 4744	0. 4750	0. 4756	0. 4761	0. 4767
2. 0	0. 4772	0. 4778	0. 4783	0. 4788	0. 4793	0. 4798	0. 4803	0. 4808	0. 4812	0. 4817
2. 1	0. 4821	0. 4826	0. 4830	0. 4834	0. 4838	0. 4842	0. 4846	0. 485	0. 4854	0. 4857
2. 2	0. 4861	0. 4864	0. 4868	0. 4871	0. 4875	0. 4878	0. 4881	0. 4884	0. 4887	0. 4890
2. 3	0. 4893	0. 4896	0. 4898	0. 4901	0. 4904	0. 4906	0. 4909	0. 4911	0. 4913	0. 4916
2. 4	0. 4918	0. 4920	0. 4922	0. 4925	0. 4927	0. 4929	0. 4931	0. 4932	0. 4934	0. 4936
2. 5	0. 4938	0. 4940	0. 4941	0. 4943	0. 4945	0. 4946	0. 4948	0. 4949	0. 4951	0. 4952

续表

z	0. 00	0. 01	0. 02	0. 03	0. 04	0. 05	0. 06	0. 07	0. 08	0. 09
2. 6	0. 4953	0. 4955	0. 4956	0. 4957	0. 4959	0. 496	0. 4961	0. 4962	0. 4963	0. 4964
2. 7	0. 4965	0. 4966	0. 4967	0. 4968	0. 4969	0. 497	0. 4971	0. 4972	0. 4973	0. 4974
2. 8	0. 4974	0. 4975	0. 4976	0. 4977	0. 4977	0. 4978	0. 4979	0. 4979	0. 498	0. 4981
2. 9	0. 4981	0. 4982	0. 4982	0. 4983	0. 4984	0. 4984	0. 4985	0. 4985	0. 4986	0. 4986
3. 0	0. 4986	0. 4987	0. 4987	0. 4988	0. 4988	0. 4989	0. 4989	0. 4989	0. 499	0. 499

附表 2　t 分布的临界值

自由度	上单侧				
	0.10	0.05	0.025	0.01	0.005
1	3.078	6.314	12.706	31.821	63.657
2	1.886	2.920	4.303	6.965	9.925
3	1.638	2.353	3.182	4.541	5.841
4	1.533	2.132	2.776	3.747	4.604
5	1.476	2.015	2.571	3.365	4.032
6	1.440	1.943	2.447	3.143	3.707
7	1.415	1.895	2.365	2.998	3.499
8	1.397	1.860	2.306	2.896	3.355
9	1.383	1.833	2.262	2.821	3.250
10	1.372	1.812	2.228	2.764	3.169
11	1.363	1.796	2.201	2.718	3.106
12	1.356	1.782	2.179	2.681	3.055
13	1.350	1.771	2.160	2.650	3.012
14	1.345	1.761	2.145	2.624	2.977
15	1.341	1.753	2.131	2.602	2.947
16	1.337	1.746	2.120	2.583	2.921
17	1.333	1.740	2.110	2.567	2.898
18	1.330	1.734	2.101	2.552	2.878
19	1.328	1.729	2.093	2.539	2.861
20	1.325	1.725	2.086	2.528	2.845
21	1.323	1.721	2.080	2.518	2.831
22	1.321	1.717	2.074	2.508	2.819
23	1.319	1.714	2.069	2.500	2.807
24	1.318	1.711	2.064	2.492	2.797
25	1.316	1.708	2.060	2.485	2.787

续表

自由度	上单侧				
	0. 10	0. 05	0. 025	0. 01	0. 005
26	1. 315	1. 706	2. 056	2. 479	2. 779
27	1. 314	1. 703	2. 052	2. 473	2. 771
28	1. 313	1. 701	2. 048	2. 467	2. 763
29	1. 311	1. 699	2. 045	2. 462	2. 756
30	1. 310	1. 697	2. 042	2. 457	2. 750
40	1. 303	1. 684	2. 021	2. 423	2. 704
60	1. 296	1. 671	2. 000	2. 390	2. 660
120	1. 289	1. 658	1. 980	2. 358	2. 617
∞	1. 282	1. 645	1. 960	2. 326	2. 576

附表 3　F 分布的临界值（$\alpha=0.05$）

分母自由度 N_2	分子自由度 N_1											
	1	2	3	4	5	6	7	8	9	10	11	12
1	161	200	216	225	230	234	237	239	241	242	243	244
2	18.5	19.0	19.2	19.2	19.3	19.3	19.4	19.4	19.4	19.4	19.4	19.4
3	10.1	9.55	9.28	9.12	9.01	8.94	8.89	8.85	8.81	8.79	8.76	8.74
4	7.71	6.94	6.59	6.39	6.26	6.16	6.09	6.04	6.00	5.96	5.94	5.91
5	6.61	5.79	5.41	5.19	5.05	4.95	4.88	4.82	4.77	4.74	4.71	4.68
6	5.99	5.14	4.76	4.53	4.39	4.28	4.21	4.15	4.10	4.06	4.03	4.00
7	5.59	4.74	4.35	4.12	3.97	3.87	3.79	3.73	3.68	3.64	3.60	3.57
8	5.32	4.46	4.07	3.84	3.69	3.58	3.50	3.44	3.39	3.35	3.31	3.28
9	5.12	4.26	3.86	3.63	3.48	3.37	3.29	3.23	3.18	3.14	3.10	3.07
10	4.96	4.10	3.71	3.48	3.33	3.22	3.14	3.07	3.02	2.98	2.94	2.91
11	4.84	3.98	3.59	3.36	3.20	3.09	3.01	2.95	2.90	2.85	2.82	2.79
12	4.75	3.89	3.49	3.26	3.11	3.00	2.91	2.85	2.80	2.75	2.72	2.69
13	4.67	3.81	3.41	3.18	3.03	2.92	2.83	2.77	2.71	2.67	2.63	2.60
14	4.60	3.74	3.34	3.11	2.96	2.85	2.76	2.70	2.65	2.60	2.57	2.53
15	4.54	3.68	3.29	3.06	2.90	2.79	2.71	2.64	2.59	2.54	2.51	2.48
16	4.49	3.63	3.24	3.01	2.85	2.74	2.66	2.59	2.54	2.49	2.46	2.42
17	4.45	3.59	3.20	2.96	2.81	2.70	2.61	2.55	2.49	2.45	2.41	2.38
18	4.41	3.55	3.16	2.93	2.77	2.66	2.58	2.51	2.46	2.41	2.37	2.34
19	4.38	3.52	3.13	2.90	2.74	2.63	2.54	2.48	2.42	2.38	2.34	2.31
20	4.35	3.49	3.10	2.87	2.71	2.60	2.51	2.45	2.39	2.35	2.31	2.28
22	4.30	3.44	3.05	2.82	2.66	2.55	2.46	2.40	2.34	2.30	2.26	2.23
24	4.26	3.40	3.01	2.78	2.62	2.51	2.42	2.36	2.30	2.25	2.21	2.18
26	4.23	3.37	2.98	2.74	2.59	2.47	2.39	2.32	2.27	2.22	2.18	2.15
28	4.20	3.34	2.95	2.71	2.56	2.45	2.36	2.29	2.24	2.19	2.15	2.12
30	4.17	3.32	2.92	2.69	2.53	2.42	2.33	2.27	2.21	2.16	2.13	2.09

续表

分母自由度 N_2	分子自由度 N_1											
	1	2	3	4	5	6	7	8	9	10	11	12
40	4.08	3.23	2.84	2.61	2.45	2.34	2.25	2.18	2.12	2.08	2.04	2.00
60	4.00	3.15	2.76	2.53	2.37	2.25	2.17	2.10	2.04	1.99	1.95	1.92
120	3.92	3.07	2.68	2.45	2.29	2.17	2.09	2.02	1.96	1.91	1.87	1.83
200	3.89	3.04	2.65	2.42	2.26	2.14	2.06	1.98	1.93	1.88	1.84	1.80
∞	3.84	3.00	2.60	2.37	2.21	2.10	2.01	1.94	1.88	1.83	1.79	1.75

分母自由度 N_2	分子自由度 N_1											
	15	20	24	30	40	50	60	100	120	200	500	∞
1	246	248	249	250	251	252	252	253	253	254	254	254
2	19.4	19.4	19.5	19.5	19.5	19.5	19.5	19.5	19.5	19.5	19.5	19.5
3	8.70	8.66	8.64	8.62	8.59	8.58	8.57	8.55	8.55	8.54	8.53	8.53
4	5.86	5.80	5.77	5.75	5.72	5.70	5.69	5.66	5.66	5.65	5.64	5.63
5	4.62	4.56	4.53	4.50	4.46	4.44	4.43	4.41	4.40	4.39	4.37	4.36
6	3.94	3.87	3.84	3.81	3.77	3.75	3.74	3.71	3.70	3.69	3.68	3.67
7	3.51	3.44	3.41	3.38	3.34	3.32	3.30	3.27	3.27	3.25	3.24	3.23
8	3.22	3.15	3.12	3.08	3.04	2.02	3.01	2.97	2.97	2.95	2.94	2.93
9	3.01	2.94	2.90	2.86	2.84	2.80	2.79	2.76	2.75	2.73	2.72	2.71
10	2.85	2.77	2.74	2.70	2.66	2.64	2.62	2.59	2.58	2.56	2.55	2.54
11	2.72	2.65	2.61	2.57	2.53	2.51	2.49	2.46	2.45	2.43	2.42	2.40
12	2.62	2.54	2.51	2.47	2.43	2.40	2.38	2.35	2.34	2.32	2.31	2.30
13	2.53	2.46	2.42	2.38	2.34	2.31	2.30	2.26	2.25	2.23	2.22	2.21
14	2.46	2.39	2.35	2.31	2.27	2.24	2.22	2.19	2.18	2.16	2.14	2.13
15	2.40	2.33	3.29	2.25	2.20	2.18	2.16	2.12	2.11	2.10	2.08	2.07
16	2.35	2.28	2.24	2.19	2.15	2.12	2.11	2.07	2.06	2.04	2.02	2.01
17	2.31	2.23	2.19	2.15	2.10	2.08	2.06	2.02	2.01	1.99	1.97	1.96
18	2.27	2.19	2.15	2.11	2.06	2.04	2.02	1.98	1.97	1.95	1.93	1.92
19	2.23	2.16	2.11	2.07	2.03	2.00	1.98	1.94	1.93	1.91	1.89	1.88
20	2.20	2.12	2.08	2.04	1.99	1.97	1.95	1.91	1.90	1.88	1.86	1.84
22	2.15	2.07	2.03	1.98	1.94	1.91	1.89	1.85	1.84	1.82	1.80	1.78
24	2.11	2.03	1.98	1.94	1.89	1.86	1.84	1.80	1.79	1.77	1.75	1.73
26	2.07	1.99	1.95	1.90	1.85	1.82	1.80	1.76	1.75	1.73	1.71	1.69

续表

分母自由度 N_2	分子自由度 N_1											
	15	20	24	30	40	50	60	100	120	200	500	∞
28	20.4	1.96	1.91	1.87	1.82	1.79	1.77	1.73	1.71	1.69	1.67	1.65
30	2.01	1.93	1.89	1.84	1.79	1.76	1.74	1.70	1.68	1.66	1.64	1.62
40	1.92	1.84	1.79	1.74	1.69	1.66	1.64	1.59	1.58	1.55	1.53	1.51
60	1.84	1.75	1.70	1.65	1.59	1.56	1.53	1.48	1.47	1.44	1.41	1.39
120	1.75	1.66	1.61	1.55	1.50	1.46	1.43	1.37	1.35	1.32	1.28	1.25
200	1.72	2.62	1.57	1.52	1.46	1.41	1.39	1.32	1.29	1.26	1.22	1.19
∞	1.67	1.57	1.52	1.40	1.39	1.35	1.32	1.24	1.22	1.17	1.11	1.00

附表 4　χ^2 分布的临界值

自由度	显著性水平						
	0. 500	0. 250	0. 100	0. 050	0. 025	0. 010	0. 005
1	0. 454937	1. 32330	2. 70554	3. 84146	5. 02389	6. 63490	7. 87944
2	1. 38629	2. 77259	4. 60517	5. 99147	7. 37776	9. 21034	10. 5966
3	2. 36597	4. 10835	6. 25139	7. 81473	9. 34840	11. 3449	12. 8381
4	3. 35670	5. 38527	7. 77944	9. 48773	11. 1433	13. 2767	14. 8602
5	4. 35146	6. 62568	9. 23635	11. 0705	12. 8325	15. 0863	16. 7496
6	5. 34812	7. 84080	10. 6446	12. 5916	14. 4494	16. 8119	18. 5476
7	6. 34581	9. 03715	12. 0170	14. 0671	16. 0128	18. 4753	20. 2777
8	7. 34412	10. 2188	13. 3616	15. 5073	17. 5346	20. 0902	21. 9550
9	8. 34283	11. 3887	14. 6837	16. 9190	19. 0228	21. 6660	23. 5893
10	9. 34182	12. 5489	15. 9871	18. 3070	20. 4841	23. 2093	25. 1882
11	10. 3410	13. 7007	17. 2750	19. 6751	21. 9200	24. 7250	26. 7569
12	11. 3403	14. 8454	18. 5494	21. 0261	23. 3367	26. 2170	28. 2995
13	12. 3398	15. 9839	19. 8119	22. 3621	24. 7356	27. 6883	29. 8194
14	13. 3393	17. 1170	21. 0642	23. 6848	26. 1190	29. 1413	31. 3193
15	14. 3389	18. 2451	22. 3072	24. 9958	27. 4884	30. 5779	32. 8013
16	15. 3385	19. 3688	23. 5418	26. 2962	28. 8454	31. 9999	34. 2672
17	16. 3381	20. 4887	24. 7690	27. 5871	30. 1910	33. 4087	35. 7185
18	17. 3379	21. 6049	25. 9894	28. 8693	31. 5264	34. 8053	37. 1564
19	18. 3376	22. 7178	27. 2036	30. 1435	32. 8523	36. 1908	38. 5822
20	19. 3374	23. 8277	28. 4120	31. 4104	34. 1696	37. 5662	39. 9968
21	20. 3372	24. 9348	29. 6151	32. 6705	35. 4789	38. 9321	41. 4010
22	21. 3370	26. 0393	30. 8133	33. 9244	36. 7807	40. 2894	42. 7956

续表

自由度	显著性水平						
	0. 500	0. 250	0. 100	0. 050	0. 025	0. 010	0. 005
23	22. 3369	27. 1413	32. 0069	35. 1725	38. 0757	41. 6384	44. 1813
24	23. 3367	28. 2412	33. 1963	36. 4151	39. 3641	42. 9798	45. 5585
25	24. 3366	29. 3389	34. 3816	37. 6525	40. 6465	44. 3141	46. 9278
26	25. 3364	30. 4345	35. 5631	38. 8852	41. 9232	45. 6417	48. 2899
27	26. 3363	31. 5284	36. 7412	40. 1133	43. 1944	46. 9630	49. 6449
28	27. 3363	32. 6205	37. 9159	41. 3372	44. 4607	48. 2782	50. 9933
29	28. 3362	33. 7109	39. 0875	42. 5569	45. 7222	49. 5879	52. 3356
30	29. 3360	34. 7998	40. 2560	43. 7729	46. 9792	50. 8922	53. 6720
40	39. 3354	45. 6160	51. 8050	55. 7585	59. 3417	63. 3907	66. 7659
50	49. 3349	56. 3336	63. 1671	67. 5048	71. 4202	76. 1539	79. 4900
60	59. 3347	66. 9814	74. 3970	79. 0819	83. 2976	88. 3794	91. 9517
70	69. 3344	77. 5766	85. 5271	90. 5312	95. 0231	100. 425	104. 215
80	79. 3343	88. 1303	96. 5782	101. 879	106. 629	112. 329	116. 321
90	89. 3432	98. 6499	107. 565	113. 145	118. 136	124. 116	128. 299
100	99. 3341	109. 141	118. 498	124. 342	129. 561	135. 807	140. 169

附表 5　Spearman 等级相关系数检测临界值表

n	单侧检验	
	0. 05	0. 01
4	1. 000	
5	0. 900	1. 000
6	0. 829	0. 943
7	0. 714	0. 893
8	0. 643	0. 833
9	0. 600	0. 783
10	0. 564	0. 746
12	0. 506	0. 712
14	0. 456	0. 645
16	0. 425	0. 601
18	0. 399	0. 564
20	0. 377	0. 534
22	0. 359	0. 508
24	0. 343	0. 485
26	0. 329	0. 465
28	0. 317	0. 448
30	0. 306	0. 432

附表 6 Kendal 和谐相关系数 S 临界值表

k	n					n=3 的补充值	
	3	4	5	6	7	k	s
0.05							
3			64.4	103.9	157.3	9	54.0
4		49.5	88.4	143.3	217.0	12	71.9
5		62.6	112.3	182.4	276.2	14	83.8
6		75.7	136.1	221.4	335.2	16	95.8
8	48.1	101.7	183.7	299.0	453.1	18	107.7
10	60.0	127.8	231.2	376.7	571.0		
15	89.8	192.9	349.8	570.5	864.9		
20	119.7	258.0	468.5	764.4	1158.7		
0.01							
3			75.6	122.8	185.6	9	75.9
4		61.4	109.3	176.2	265.0	12	103.5
5		80.5	142.8	229.4	343.8	14	121.9
6		99.5	176.1	282.4	422.6	16	140.2
8	66.8	137.4	242.7	388.3	579.9	18	158.6
10	85.1	175.3	309.1	494.0	737.0		
15	131.0	269.8	475.2	758.2	1129.5		
20	177.0	364.2	641.2	1022.2	1521.9		

附表 7 威尔科克森配对秩检验临界值表

n	单侧检验		
	0.025	0.01	0.005
	双侧检验		
	0.05	0.02	0.01
6	0	—	—
7	2	0	—
8	4	2	0
9	6	3	2
10	8	5	3
11	11	7	5
12	14	10	7
13	17	13	10
14	21	16	12
15	25	20	16
16	30	24	20
17	35	28	23
18	40	33	28
19	46	38	32
20	52	43	38
21	59	49	43
22	66	56	49
23	73	62	55
24	81	69	61
25	89	77	68

附表 8　游程检验用 r 分布表

n_1 \ n_2	L / U	2	3	4	5	6	7	8	9	10	11	12	13	14	15
2	L											2	2	2	2
	U														
3	L					2	2	2	2	2	2	2	2	2	2
	U														
4	L				2	2	2	3	3	3	3	3	3	3	
	U				9	9									
5	L			2	2	3	3	3	3	3	4	4	4	4	4
	U			9	10	10	11	11							
6	L		2	2	3	3	3	3	4	4	4	4	5	5	5
	U			9	10	11	12	12	13	13	13	13			
7	L		2	2	3	3	3	4	4	5	5	5	5	5	5
	U				11	12	13	14	14	15	15	16	16	16	16
8	L		2	3	3	3	4	4	5	5	5	6	6	6	6
	U				11	12	13	14	14	15	15	16	16	16	16
9	L		2	3	3	4	4	5	5	5	6	6	6	7	7
	U					13	14	14	15	16	16	16	17	17	18
10	L		2	3	3	4	5	5	5	6	6	7	7	7	7
	U					13	14	15	16	16	17	17	18	18	18
11	L		2	3	4	4	5	5	6	6	7	7	7	8	8
	U					13	14	15	16	17	17	18	19	19	19
12	L	2	2	3	4	4	5	6	6	7	7	7	8	8	8
	U					13	14	16	16	17	18	19	19	20	20
13	L	2	2	3	4	5	5	6	6	7	7	8	8	9	9
	U						15	16	17	18	19	19	20	20	21
14	L	2	2	3	4	5	5	6	7	7	8	8	9	9	9
	U						15	16	17	18	19	20	20	21	22
15	L	2	3	3	4	5	6	6	7	7	8	8	9	9	10
	U						15	16	18	18	19	20	21	22	22

附表 9 相关系数检验表（H_0：$\rho=0$）

α / n−2	0.05	0.01	α / n−2	0.05	0.01
1	0.997	1.000	23	0.396	0.505
2	0.950	0.990	24	0.388	0.496
3	0.878	0.959	25	0.381	0.487
4	0.811	0.917	26	0.374	0.487
5	0.754	0.874	27	0.367	0.470
6	0.707	0.834	28	0.361	0.463
7	0.666	0.798	29	0.355	0.456
8	0.632	0.765	30	0.349	0.449
9	0.602	0.735	35	0.325	0.418
10	0.576	0.708	40	0.304	0.393
11	0.553	0.684	45	0.288	0.372
12	0.532	0.661	50	0.273	0.354
13	0.514	0.641	60	0.250	0.325
14	0.497	0.623	70	0.232	0.302
15	0.482	0.606	80	0.217	0.283
16	0.468	0.590	90	0.205	0.267
17	0.456	0.575	100	0.195	0.254
18	0.444	0.561	200	0.138	0.181
19	0.433	0.549	300	0.113	0.148
20	0.423	0.537	400	0.098	0.128
21	0.413	0.526	1000	0.062	0.081
22	0.404	0.515			